资源枯竭型企业跨区转移行为及其溢出和胁迫效应

李存芳 李丹萍 王世进 著

国家自然科学基金面上项目
教育部人文社科研究规划基金项目
江苏高校优势学科建设工程三期项目　　**资助**
上海市晨光学者计划
徐州市"双百工程"优秀专家计划

科学出版社

北　京

内 容 简 介

资源枯竭型企业的跨区转移行为及其溢出和胁迫效应，既是一类新兴的现实问题，又是一类理论前沿问题。本书采取科学的理论与实证研究思路，运用系统工程学、计量经济学、企业管理学与区域经济学的方法，以收集整理的1992~2020年中国境内资源枯竭型企业跨区转移的155个项目及其施行前提分析为基础，研究掌握了东部资源枯竭型企业的发展现状、退出特征与优势要素，以及中西部资源富集地的开发现状、产业集中度与优势要素；揭示了东部资源枯竭型企业与中西部资源富集地优势要素耦合的驱动机理；厘清了转移行为溢出效应与胁迫效应的形成机理、表现强度和影响因素；设计了转移行为"生态溢出效率"测度指标，获取了溢出效应与胁迫效应的比较研究结果；进而系统地提出了新发展理念下企业跨区转移行为有效调控与相关区域间"资源-经济-社会-生态"系统协调、可持续和高质量发展的政策建议。

本书适合战略管理、资源管理、区域经济、组织行为等领域的学者研究参考，以及资源枯竭型企业和相关政府部门的领导决策参考，也可作为实证研究方法的教学参考。

图书在版编目(CIP)数据

资源枯竭型企业跨区转移行为及其溢出和胁迫效应 / 李存芳，李丹萍，王世进著. —北京：科学出版社，2021.12

ISBN 978-7-03-070443-6

Ⅰ. ①资⋯ Ⅱ. ①李⋯ ②李⋯ ③王⋯ Ⅲ. ①企业经济-可持续性发展-研究-中国 Ⅳ. ①F279.2

中国版本图书馆CIP数据核字(2021)第223114号

责任编辑：刘翠娜 / 责任校对：王萌萌
责任印制：吴兆东 / 封面设计：蓝正设计

科学出版社 出版
北京东黄城根北街16号
邮政编码：100717
http://www.sciencep.com

北京捷迅佳彩印刷有限公司 印刷
科学出版社发行 各地新华书店经销

*

2021年12月第 一 版　开本：720×1000 1/16
2021年12月第一次印刷　印张：24 1/4
字数：480 000

定价：158.00元
(如有印装质量问题，我社负责调换)

序 一

获悉李存芳教授的研究团队经过多年努力将出版新著《资源枯竭型企业跨区转移行为及其溢出和胁迫效应》。李存芳教授所在的江苏师范大学，位于江苏省徐州市，正是一个因原先的优势资源经多年开采趋于枯竭而进行大规模产业转移和转型升级并取得显著成效的城市。这部著作立足于鲜活的现实生活，进行理论探讨，定能取得非常有价值的成果。为此，十分愿意应邀为其作序。

李存芳教授亲历了徐州这一煤炭资源枯竭型城市数十年来的变迁。他不仅在那里从事管理学的教学和研究工作，而且有机会到地方政府和企业进行调研并参与相关管理实务，对资源枯竭型企业转移、资源型城市和区域的可持续、高质量发展等问题，具有设身处地的感悟。特别是能够获得第一手资料，在第一时间与相关者交流，合作研究，发表了不少具有较高学术价值和现实意义的论文。在此基础上，从资源枯竭型企业跨区转移行为及其溢出效应和胁迫效应这一角度进行深入研究，并进一步拓展到探究东部资源枯竭型企业与中西部资源富集地资源产业升级协同，实现可持续发展，以及城市经济、社会、环境、生态协调发展问题的研究。这一研究选题获得国家自然科学基金面上项目资助。该专著即是李存芳教授研究团队完成该项目所形成的一个重要成果，这是他们在这一领域中长期研究所做出的很有价值的学术贡献。

经济发展中的资源枯竭问题以及资源枯竭型企业和地区的问题，是一个涉及面广泛的研究，可以在企业、产业、城市和省区四个层面展开。在企业层面上，主要关注如何实现资源枯竭型企业的有效退出、可持续发展问题，是否存在优势要素及如何有效发挥优势要素作用的问题；在产业层面上，主要关注如何实现产业转型，包括转型方式、路径、时期，如何进行替代产业的选择；在城市层面上，主要关注如何推进城市转型并保持社会稳定问题，包括资源产业从业人员的安置和再就业，历史欠账的处理，生态伤疤的修复等遗留问题；在省区层面上，主要关注如何助力企业退出、产业和城市转型，推进资源、经济、社会、环境、生态协调发展、高质量发展问题。按照系统思维方式来观察，这四个层面由微观、中观到宏观，"四位一体"，相互关联，牵一发而动全身。此前学术界对后三个层面问题的研究较多，成果不少，对于第一个层面上资源枯竭型企业关闭破产、改制重组、业态转型等退出途径，也有所涉及并形成了一些成果，但对于资源枯竭型企业跨区转移行为的研究，特别是其可能产生溢出效应和胁迫效应的专门研究较为少见。

该专著紧扣资源枯竭型企业跨区转移行为及其溢出效应和胁迫效应这个主题，循着资源枯竭型企业能否转移、如何转移、效应如何、如何调控的逻辑思路展开系统研究。历经对于1992~2020年我国境内资源枯竭型企业跨区转移的155个项目的调查研究，掌握了东部资源枯竭型企业的发展现状、退出特征与优势要素，以及中西部资源富集地的开发现状、产业集中度与优势要素，揭示了东部资源枯竭型企业与中西部资源富集地优势要素耦合的驱动机理，体现出作者清晰严谨的思路、求真务实的作风和深入执著的精神。作者运用系统工程学、计量经济学、企业管理学和区域经济学的方法，厘清了跨区转移行为溢出效应与胁迫效应的形成机理、表现强度和影响因素；提出了跨区转移行为"生态溢出效率"测度指标，获取了溢出效应与胁迫效应的比较研究结果。进而系统地提出了新发展理念下企业跨区转移行为有效调控与相关区域间"资源-经济-社会-生态"系统协调、可持续和高质量发展的政策建议，体现出作者关切资源枯竭型企业发展前景和践行新发展理念的社会责任心。

该专著的创新性和学术贡献主要体现在以下几个方面：

(1)从东部资源枯竭型企业与中西部资源富集地优势要素耦合的新思路，揭示资源枯竭型企业跨区转移行为及其效应的规律性。该专著认为跨区转移行为的本质在于东部资源枯竭型企业优势要素与中西部资源富集地优势要素的耦合。基于这种耦合关系的理论与实证研究，厘清了东部资源枯竭型企业跨区转移行为的特征，以及其溢出效应和胁迫效应的趋势，为发挥双方的比较优势，实现东部资源枯竭型企业可持续发展战略与中西部资源产业升级和高质量发展战略的协同共赢，提供了理论依据，形成了对于资源枯竭型企业跨区转移行为与战略管理理论研究的有益补缺。

(2)从东部资源枯竭型企业跨区转移行为正面溢出效应与负面胁迫效应系统分析的新方位，解决资源枯竭型企业跨区转移行为调控政策的偏颇性。该专著通过对于东部资源枯竭型企业跨区转移行为溢出效应、胁迫效应形成机理和强度变化趋势的全面研究，提出了相应的激励性或防控性政策措施。这些措施可以作为中西部资源开发调控政策的有益参考。

(3)以收集整理的1992~2020年我国境内资源枯竭型企业跨区转移的155个项目为基础，建立一套反映转移项目特征信息、转入区位特征信息的"数据库"。据此可以系统地分析东部资源枯竭型企业的运营困扰、优势要素、有效出路，中西部资源富集地的开发困扰、优势要素、发展需求，为厘清企业跨区转移行为实施的必要性和可行性、解析企业跨区转移行为溢出效应和胁迫效应的机理提供了科学依据。

(4)基于文献研究和访谈调查的初步提取，分别运用DEA-Malmquist指数、双对数函数计量模型和面板数据，对溢出效应和胁迫效应的影响因素进行系统分析，验证一些新因素，揭示它们的实际影响方式和影响程度。包括"市场化程度""产业发展水平""地方政府干预程度"和"知识产权保护力度"等反映溢出效应的主要影响因素；"环境规制""项目经营规模""项目发展方式水平"和"项目环保投资水平"等反映胁迫效应的主要影响因素。这一成果丰富了资源枯竭型企业跨区转移行为效应影响因素识别的方法论，具有较高的理论价值和实践价值。

（5）以东部资源枯竭型企业跨区转移行为溢出效应与胁迫效应的比较研究为重点，提出企业跨区转移行为"生态溢出效率"的新概念。按照作者的定义，这与世界可持续发展工商理事会（WBCSD）1992 年提出的"生态效率"概念有所区别。"生态效率"解释为一种经济输出与环境影响的比值关系，即经济体以单位环境的破坏所换来的经济产出。而"生态溢出效率"则解释为一种行为的溢出产出与环境影响的比值关系，即经济体以单位环境的破坏换来的体外的经济产出。"生态溢出效率"不仅可以测度企业跨区转移行为溢出效应与胁迫效应的比较关系，丰富了组织行为理论体系，而且反映了企业转移项目的环境破坏给转移项目以外的本产业乃至相关产业的经济贡献。

该专著的选题具有重要的理论意义和现实意义，研究中思路清晰、资料翔实、论证严谨、观点新颖、结论可信。当然，在这一领域，许多问题的研究还有待深入，这部著作可以是一个良好的开端。将来，李存芳教授和学术界有志于这一领域的研究者一定还会有更多的研究成果奉献给广大读者。

中国社会科学院学部委员
中国区域经济学会会长
2021 年 3 月 16 日

序　二

当前我国进入中国特色社会主义新时代，区域协调发展成为新发展阶段的国家重大需求。习近平总书记明确指出："一些城市特别是资源枯竭型城市、传统工矿区城市发展活力不足。"[1]"要发挥各地区比较优势，促进生产力布局优化。"[2]《中共中央关于制定国民经济和社会发展第十四个五年规划和二〇三五年远景目标的建议》中强调指出："推动西部大开发形成新格局，推动东北振兴取得新突破，促进中部地区加快崛起，鼓励东部地区加快推进现代化。""促进产业在国内有序转移，优化区域产业链布局，支持老工业基地转型发展。""鼓励企业兼并重组，防止低水平重复建设。""深入实施可持续发展战略，完善生态文明领域统筹协调机制，构建生态文明体系，促进经济社会发展全面绿色转型，建设人与自然和谐共生的现代化。"这些重要论述为贯彻新发展理念指明了方向，要求资源型产业着力进行供给侧结构性改革，优化调整国土空间布局，突出人与自然和谐共生，实现以"西部新一轮开发、东北再振兴、中部崛起和东部升级"为主的区域经济协调发展、高质量发展战略部署，形成以国内大循环为主体、国内国际双循环相互促进的新发展格局，塑造国际经济合作和竞争新优势，应对国际国内复杂形势挑战。

我国区域经济发展不平衡不充分，是与自然资源分布的不均衡和区域地理条件的差异性相关联。东部地区面对海洋、背负大陆，其中平原、丘陵交接，因开发开放较早、区位交通便捷、人才集聚较多、文化技术发达、经济基础厚实，成为全国社会经济发展的龙头和引擎。中部地区位居内陆，承东接西，丘陵与山地同在，并有较多平原分布其间，也是能源和各种金属、非金属矿产资源富集之地。西部地区地形复杂，大片山地、高原、盆地、草原、沙漠与少量平原并存，自然生态脆弱，少数民族分布众多，因开发开放较晚，经济发展和技术管理水平与东部差距较大，而各类矿产资源充裕，开发潜力很大。因此，推进区域经济协调发展和高质量发展，必须充分考虑不同区域的特点，尤其是对于中西部地区发展战略的实施，还必须充分考虑巩固脱贫攻坚、提升经济发展质量、维护民族团结和保护生态环境等重大战略问题。

我一直十分关注资源型城市和资源型地区经济社会可持续发展问题，早在20年前曾担任过甘肃省白银市政府经济转型顾问和辽宁省阜新市经济发展顾问，对

---

[1] 习近平谈治国理政. 第三卷. 北京：外文出版社.
[2] 习近平谈治国理政. 第二卷. 北京：外文出版社.

改革开放以来我国资源型产业和资源型城市的发展进程历历在目、认识较深。过去由于国民经济的快速发展需要大量能源资源的强力支撑，特别是我国中西部资源富集地区经济的后发赶超，使资源开发无论从规模上还是强度上都有较快的发展，一度形成了国家、集体、个人竞相粗放开发资源的局面。然而，我国在自然资源管理制度上的相对滞后和地方利益的强力驱动，又使得中西部地区的资源开发出现了产业集中度较低、开采较乱、浪费较大、安全隐患较多、环境破坏较重等诸多问题。近20年来的西部大开发战略和中部崛起战略的实施，在一定程度上加剧了上述这些问题。未来从新发展理念的角度审视，中西部地区资源开发必须规范，资源型产业集中度需要提升，产业发展质量亟需提高，环保措施更加有待增强。与资源富集的比较优势相比，中西部地区资源开发和生态环境保护既缺资金，更缺先进的技术、优秀的人才和科学的管理。

资源型城市是区域经济发展的特殊地区。由于持续不断地开发不可再生的能源及矿产资源，导致其资源量日趋枯竭，一大批矿山和企业先后不可避免地进入衰退或破产，直接引致"矿竭城衰"。2019年黑龙江省鹤岗市"低价房屋"引起了全国热议，激发了学界对于资源枯竭问题和东北振兴战略实施的再度思考。如果缺乏新的资源或产业接续，这些资源枯竭型企业也难以逃脱关闭破产的厄运。"四矿(矿工、矿山、矿业、矿城)"问题与"三农"问题相近，早已引起了各界高度关注。而这一问题的根本解决，需要突破两大约束，即资源枯竭型企业大批职工的再就业和产业的可持续发展，且后者是前者的有效支撑。必须清醒地看到，受矿产资源自然赋存偏远所限，一般矿山和企业区位较差，远离大城市或本身演化成一个资源型城市，产业结构单一，资产专用性很强，产权交易或转让困难，沉没成本和产业退出壁垒高，职工技能专一且就业面窄，产业转型比较优势弱，因此，突破上述两大约束难度很大，相关政策措施收效甚微。当然应该承认，此类资源枯竭型企业还具有一定的比较优势，特别是成熟的管理经验、复杂条件下的资源开采技术、具有专门知识的人力资源和吃苦耐劳的矿风。可是，"资源禀赋决定矿山生命周期"的传统发展模式又使得这类资源枯竭型企业的比较优势向现实经济优势的转变步履为艰。

面对资源枯竭型企业的困境和区域转型发展的需求，近些年来我国政府多次发文明确提出，"支持具有资金、技术、管理优势的大型企业跨地区、跨行业、跨所有制兼并重组。""进一步打破地方保护、区域封锁，鼓励企业跨地区开展兼并重组。""深入推进煤炭资源整合和煤矿企业兼并重组，调整优化产能结构，加快淘汰落后的生产能力"。备受高度关注的是，我国入世以来许多东部资源枯竭型企业，特别是一批具有百年开采历史的大型矿务集团，先后利用山西、陕西、贵州、内蒙古、新疆等中西部资源富集省区的优势区位，启动新的资源开发、加工和利用基地建设。此类大规模企业跨区转移的实践是否具有一定的科学规律和理论依据？此类资源枯竭型企业能否施行跨区转移？如果实施跨区转移，那么应该如何转移？此类跨区转移有何影响，是否存在正向溢出效应和负向胁迫效应？如果存在这些效应，那么这些效应的强度如何？应该采取何种调控政策措施？这一系列科学问题亟需深入探究和系统回答。

为此，李存芳教授及其团队在主持完成国家自然科学基金面上项目并形成这部新著中，采取系统工程学、计量经济学、企业管理学、区域经济学、资源经济学、生态经济学和组织行为学的理论和方法，通过长期大量的实际调查，展开理论解析和实证探究，科学地回答了上述问题。这是一部资源型企业发展战略问题研究的力作，有效丰富了企业战略管理的话语体系，具有重要的理论创新。不仅如此，对于我国东部省区资源枯竭型企业的战略调整和可持续、高质量发展，中西部省区的资源开发、产业升级，以及资源型城市或地区发展方式转变、环境保护和生态文明建设等，可以提供重要的借鉴参考。

"雄关漫道真如铁，而今迈步从头越。"期待作者以此为新的起点，进一步关注我国资源型产业发展和供给侧结构性改革实践中出现的新热点和难点问题，坚持原创性、思想性、科学性相统一，坚持用"国际语言"讲述中国经济管理故事，发挥团队优势，独辟蹊径，交叉融通，深入探究，突破瓶颈，在开启全面建设社会主义现代化国家、向第二个百年奋斗目标进军的新征程上，为构建有中国特色、中国气派的资源经济学科体系贡献更多新作，为国家宏观决策提供更多重要的咨询和参考依据。

沈镭

中国科学院地理科学与资源研究所研究员、博士生导师
中国自然资源学会执行秘书长
2021 年 3 月 7 日

前　言

迎着新千年的朝阳，幸受江苏省徐州矿务集团技术中心诚邀，专程前往参加一科技重点项目的评审鉴定，偶知一位昔日大学同窗即将赴山西省承包一大型煤矿的运营。出于对老同学的关心和专业的敏感，便问及此次"西行"是属于个人行为，还是组织行为。这一询问便使他打开了话匣子，"侃"起百年徐矿面临资源枯竭而作出了走向西部开发的大胆探索，但内部争议不少……

对于资源型企业面临资源枯竭时的出路，我们也不乏思考：产业转型、改制重组、关闭破产，等等，但徐州矿务集团却尝试了跨区转移，尽管颇有争议。在历史长河中对于一些新兴管理实践的争议不足为奇，而对这种"争议"的解析，不正是作为学者的神圣使命与重要责任吗？于是，我们从那时开始着力关注并精心梳理此前此后我国资源枯竭型企业的跨区转移行为。

"早在1992年12月，江苏省新光集团进入安徽省淮北市独资建设刘东煤矿，经技改后年产能达到45万吨；2001年2月，江苏省徐州矿务集团到新疆维吾尔自治区库车县投资2.3亿元开工建设年产400万吨的俄霍布拉克煤矿；2003年9月，山东省兖矿集团贵州能化公司控股开工建设五轮山煤矿，作为纳雍二电配套的煤矿，设计年产能300万吨，总投资7.4亿元；2004年7月，辽宁省阜新矿业集团出资80%与沈阳金山能源公司合资组建内蒙古白音华海州露天煤矿有限公司，与金山电厂配套开发年产2400万吨的煤矿；2011年11月，福建省紫金矿业集团通过其控股子公司出资1.75亿澳元（约合人民币11.54亿元），收购勇士公司持有的甘肃省礼县资源100%股权，获得5229万吨金矿石量；2017年5月，浙江省能源集团与山东能源新汶矿业集团共同投资160.9亿元，开发新疆伊犁年产20亿立方米煤制气项目获批；2020年5月，河北省开滦集团在内蒙古规划投资近20亿元建设的第一座设计年产能500万吨的特大型煤矿红树梁矿通过准格尔旗政府批复全面开工建设；……"

对于这一个个生动的管理实践案例的跟踪，时间跨度接近30年之久，区域跨度多达十几个省（市、自治区）的几十个县（市、区），产业跨度涉及煤炭、石油、黑色和有色金属等多个产业，我们深深感到我国东部资源枯竭型企业的跨区转移行为是实现"战略双赢"的重要行为，可在较大程度上解决企业资源衰退期的生存与发展问题，保持相关区域的稳定与和谐；发挥衰退期企业的比较优势，弥补中西部资源富集地资源开发出现的技术与管理"空心化"；促进社会就业、技术扩散与制度变迁，带动中西部地区经济的协调发展。而针对这一"战略双赢"行为深处的许多基础理论问题,比如资源枯竭型企业能否转移,如何转移,有何影响,能否产生溢出效应和胁迫效应,溢出效应和胁迫效应的强度如何,以及相关政府何以调控这一行为,等等,有待系统地探究。这也就成了本书深入探究的主题。

本书采取科学的理论与实证研究思路,运用系统工程学、计量经济学、企业管理学、区域经济学、资源经济学和生态经济学的方法,以收集整理的1992～2020年我国境内资源枯竭型企业跨区转移的155个项目及其施行前提分析为基础,研究掌握了资源枯竭型企业的发展现状、退出特征与优势要素,以及中西部资源富集地的开发现状、产业集中度与优势要素;揭示了东部资源枯竭型企业与中西部资源富集地优势要素耦合的驱动机理;厘清了企业跨区转移行为溢出效应与胁迫效应的形成机理、表现强度和影响因素;提出了企业跨区转移行为"生态溢出效率"测度指标,获取了溢出效应与胁迫效应的比较研究结果。进而系统地提出了新发展理念下企业跨区转移行为有效调控与相关区域间"资源-经济-社会-生态"系统协调、可持续和高质量发展的政策建议。本书得到的主要结论有:

(1)东部资源枯竭型企业与中西部资源富集地双方优势要素的耦合正是企业跨区转移行为的本质。东部资源枯竭型企业由于长期开发而面临着严峻的资源枯竭和可持续发展问题,但还具有关键技术、高效管理、优秀人才、足够资金等优势要素。中西部资源开发既存在产业集中度较低、资源开发浪费较多、安全和新的地质灾害隐患较大、生态环境破坏较重等发展劣势,也具有丰厚资源、优惠政策、富余人力、通畅物流等优势要素。双方优势要素的系统耦合度高低不仅可以反映出东部资源枯竭型企业与中西部资源富集地之间相互影响、协同作用的程度强弱,以及企业跨区转移行为驱动强度的高低,而且可以作为企业跨区转移目标地选择的科学依据。双方均应高度重视自身条件短板的补足,以进一步提高系统耦合度。这不仅是助力企业走出资源枯竭困境,实现可持续发展的迫切需要,而且是加快中西部资源产业落后产能淘汰、转型升级及新型工业化进程,实现区域创新、协调、绿色、开放、共享发展的可行举措。

(2)东部资源枯竭型企业跨区转移行为既有产业内溢出效应,还有产业间溢出效应,其强度变化和影响因素作用具有一定规律。一方面,通过示范模仿渠道和竞争优化渠道形成了产业内溢出效应。东部资源枯竭型企业跨区转入,产生了一种"技术运用、管理方法、经营模式"等方面的示范和优势,激励了当地同行企业的模仿和边干边学行为,产生了溢出效果;加剧了市场竞争程度和对当地企业的竞争压力,迫使当地企业优化管理模式与资源配置,加大研发投入或者施行引进、消化、吸收、再创新,推动了当地企业资源开发技术与管理水平、竞争能力和经营效益的提升。同时,也会反向形成对于转入企业的竞争压力,迫使转入企业进一步优化管理模式,开展资源开发技术和管理的创新或者引进更加先进的技术与管理,也将导致更高层次的溢出。另一方面,因其参与中西部资源富集地的产业分工，嵌入当地产业链，形成与当地企业的投入产出关联，产生一种技术与管理的新挑战，促进当地产业间关联企业改进技术与管理，提升管理水平、产品质量和全要素生产率，即形成了产业间溢出效应，只是这种产业间的溢出效应强度会低于其产业内的溢出效应强度，因为资源产业的产业专门性相对较强，产业关联性相对较弱。不仅如此，中西部资源富集地政府的科技项目资金投入在实现与当地企业自身研发资金投入和人力资本储备有机结合时，对于东部资源枯竭型企业跨区转移行为溢出效应的强化作用大于挤出作用。而且，这种溢出效应还会受到一些重要因素的影响，按照影响强度依次递减排序有"市场化程度""产业发展水平""地方政府干预程度""知识产权保护力度"等因素。

(3) 东部资源枯竭型企业跨区转移行为胁迫效应的产生是胁迫强化流与胁迫弱化流交互作用的结果，其强度变化和影响因素作用具有一定规律。东部资源枯竭型企业直接投资地域越大，产生土地塌陷、固体废物、废水、废气和粉尘的数量越多，对于自然环境功能胁迫的程度越高；相关政府和企业的环境修复投资规模越大，这种自然环境功能胁迫的程度越低。这类胁迫的正向强化流作用高于负向弱化流作用，而且双向作用对比的省际差异较大。它反映了省际间的资源禀赋、地层结构、承接转移企业投资规模和开采方式差异，还揭示了省际间环境修复工程实施针对性和有效性的差异。同时，东部资源枯竭型企业跨区转移行为环境胁迫的门限效应呈现"倒 U 形"变化趋势。当环境规制处于较低强度水平时，东部资源枯竭型企业的转入会加大中西部资源富集地环境胁迫的强度。随着环境规制的进一步增强，东部资源枯竭型企业的跨区转移行为对于中西部资源富集地的环境胁迫效应会明显减弱。而环境规制不断增强，又会使得东部资源枯竭型企业跨区转移行为对中西部资源富集地环境胁迫效应的抑制作用随之减弱。过强的环境规制会降低转入企业竞争发展的积极性与环境保护的主动性。不仅如此，东部资源枯竭型企业跨区转移行为胁迫效应还会受到一些重要因素的影响，按影响强度依次递减排序有"环境规制""项目经营规模""项目发展方式水平""项目环保投资水平"等因素。

(4) "生态溢出效率"能够科学测度东部资源枯竭型企业跨区转移行为溢出效应与胁迫效应的比较关系，对于企业跨区转移行为有效调控，转入地产业升级和区域高质量发展的相关政策制定提供了重要依据。"生态溢出效率"与 1992 年世界可持续发展工商理事会提出的"生态效率"概念有着本质的区别，解释为一种转移行为的溢出效应与其胁迫效应的比值，即东部资源枯竭型企业的跨区转移行为以对于当地单位环境的破坏所换来的体外的经济产出增量。"生态溢出效率"可以分解为"纯技术效率"和"规模效率"，而且"纯技术效率"整体上要高于"规模效率"。"生态溢出效率"偏低的主要致因依其投入冗余程度由高到低排序为相关省区废气排放量、固体废物排放量、土地压占沉陷破坏量、废水排放量。"生态溢出效率"还与产能显著相关，高产能省区的"生态溢出效率"明显高于产能一般的省区，但"生态溢出效率"的增长率却明显低于产能一般的省区。这是由高产能省区的产业基础相对优势与产能一般省区的技术进步相对优势所决定的。而从整体分析，"生态溢出效率"呈现上升趋势，主要原因在于技术进步的有效实现。

囿于主客观条件制约，本书在某些方面尚有一定局限性，如能克服样本容量与取样区域的限制，幸许会得出更有价值的研究结论。希望本书能够引出研究者们后续更多更好的研究成果。

本书在研究过程中吸收引用了许多学者的学术思想和研究成果，尽管力争标注清楚，但因资料浩繁，有的文献亦经转载，难以确保一一准确，如有疏漏，敬请谅解，谨致谢意。

本书的研究工作得到了国家自然科学基金委员会、教育部社会科学司、中国煤炭工业协会、江苏省教育厅、上海市教育委员会、徐州市人民政府、江苏师范大学、华东师范大学等单位的经费资助；本书的付梓得到了科学出版社专家的大力支持和热情指导，在此一并深表谢意。

著　者
2021 年 2 月 21 日

目　录

序一
序二
前言

第1篇　绪　论

第1章　资源枯竭与企业跨区转移行为 ·· 3
  1.1　资源枯竭型企业的问题与前途 ·· 3
  1.2　企业跨区转移行为及相关问题的范畴 ·· 5
    1.2.1　资源枯竭型企业 ·· 5
    1.2.2　跨区 ·· 6
    1.2.3　企业转移行为 ·· 6
    1.2.4　溢出效应 ·· 6
    1.2.5　胁迫效应 ·· 7
  1.3　企业跨区转移行为及相关问题的研究价值 ····································· 7
    1.3.1　研究的理论价值 ·· 7
    1.3.2　研究的实践价值 ·· 8
  1.4　企业跨区转移行为及相关问题的研究方法与路径 ··························· 10
    1.4.1　研究方法 ··· 11
    1.4.2　技术路线 ··· 12
  1.5　本章小结 ·· 14

第2章　资源枯竭型企业跨区转移行为及相关问题的理论分析 ··················· 15
  2.1　企业跨区转移行为及相关问题研究的理论基础 ····························· 15
    2.1.1　产业区域转移理论 ·· 15
    2.1.2　工业空间转移理论 ·· 20
    2.1.3　工业区位理论 ··· 22
    2.1.4　技术扩散理论 ··· 27
    2.1.5　经济增长理论 ··· 31
    2.1.6　企业环境效应理论 ·· 33
  2.2　企业跨区转移行为及相关问题的研究进展 ··································· 37
    2.2.1　企业跨区转移行为形成特征的研究 ······································ 37
    2.2.2　企业跨区转移行为溢出效应的研究 ······································ 52

2.2.3　企业跨区转移行为胁迫效应的研究 ··· 56
　2.3　企业跨区转移行为及相关问题研究的启示 ·· 62
　2.4　本章小结 ·· 65

第3章　资源枯竭型企业跨区转移行为的施行前提 ··· 66
　3.1　资源枯竭型企业跨区转移行为描述的原始资料 ······································ 66
　3.2　企业核心竞争力的涵义与决定模型 ·· 67
　　3.2.1　企业核心竞争力的内涵与特性 ··· 67
　　3.2.2　企业核心竞争力的决定因素与决定模型 ·································· 70
　3.3　企业核心竞争力评价指标与模糊综合评价 ·· 72
　　3.3.1　企业核心竞争力评价的基本原则与指标体系 ··· 72
　　3.3.2　企业核心竞争力的模糊综合评价 ··· 74
　3.4　企业跨区转移前实施核心竞争力评价的必要性 ······································ 75
　　3.4.1　核心竞争力的融合性警示缺乏核心竞争力的企业难以协整和转移 ······· 76
　　3.4.2　核心竞争力的延展性启示拥有核心竞争力的企业能够变迁和转移 ······· 76
　　3.4.3　核心竞争力的独占性提示具备核心竞争力的企业应该拓展和转移 ······· 78
　3.5　企业核心竞争力评价与跨区转移行为的例证 ·· 79
　3.6　本章小结 ·· 83

第2篇　资源枯竭型企业跨区转移行为的驱动机理

第4章　资源枯竭型企业与资源富集地的跨区系统耦合实现 ····························· 87
　4.1　企业发展现状与有效出路分析 ·· 87
　　4.1.1　企业运营困扰 ·· 87
　　4.1.2　企业优势要素 ·· 88
　　4.1.3　企业有效出路 ·· 89
　4.2　资源富集地开发现状与发展需求分析 ·· 91
　　4.2.1　资源富集地开发困扰 ·· 91
　　4.2.2　资源富集地优势要素 ·· 92
　　4.2.3　资源富集地发展需求 ·· 96
　4.3　企业与资源富集地的跨区系统耦合关系分析 ·· 97
　　4.3.1　耦合条件 ·· 97
　　4.3.2　耦合动因 ·· 99
　4.4　企业与资源富集地的跨区系统耦合机制形成 ··· 102
　　4.4.1　系统要素的互动机制 ·· 102
　　4.4.2　系统供需的匹配机制 ·· 103
　　4.4.3　系统发展的协同机制 ·· 104
　　4.4.4　系统耦合的保障机制 ·· 105

4.5　本章小结 ... 106

第5章　资源枯竭型企业与资源富集地的跨区系统耦合度 ... 107
5.1　跨区系统耦合度的内涵 ... 107
　　5.1.1　跨区系统耦合度定义 ... 107
　　5.1.2　跨区系统耦合度判别准则 ... 108
5.2　跨区系统耦合度模型的选择 ... 110
5.3　跨区系统耦合度模型的构建 ... 111
　　5.3.1　系统评价指标的设计与优化 ... 111
　　5.3.2　系统评价指标的灰色关联度计算 ... 114
　　5.3.3　系统耦合度的测算与判别 ... 115
5.4　跨区系统耦合度的测算例证 ... 115
　　5.4.1　跨区系统耦合度的测算过程 ... 115
　　5.4.2　跨区系统耦合度的比较分析 ... 120
5.5　本章小结 ... 122

第3篇　资源枯竭型企业跨区转移行为的溢出效应

第6章　资源枯竭型企业跨区转移行为溢出效应的机理 ... 127
6.1　溢出效应形成过程 ... 127
6.2　产业内溢出效应形成机理 ... 128
　　6.2.1　产业内溢出效应形成机理分析 ... 128
　　6.2.2　产业内溢出效应形成机理检验 ... 130
6.3　产业间溢出效应形成机理 ... 137
　　6.3.1　产业间溢出效应形成机理分析 ... 137
　　6.3.2　产业间溢出效应形成机理检验 ... 139
6.4　本章小结 ... 152

第7章　资源枯竭型企业跨区转移行为溢出效应的强度 ... 155
7.1　溢出效应强度测度的模型构建 ... 155
　　7.1.1　建模基础分析 ... 155
　　7.1.2　模型设计 ... 156
7.2　溢出效应强度测度的数据采集 ... 157
　　7.2.1　样本数据来源 ... 157
　　7.2.2　变量数据确认 ... 158
7.3　溢出效应强度测度的结果分析 ... 161
　　7.3.1　计量结果 ... 161
　　7.3.2　稳健性检验 ... 164

    7.4   本章小结 ··· 166

第8章　资源枯竭型企业跨区转移行为溢出效应的影响因素 ········ 168
    8.1   溢出效应影响因素的初步提炼 ··· 168
    8.2   溢出效应影响因素的理论假设 ··· 170
        8.2.1   市场化程度 ·· 171
        8.2.2   产业开放程度 ··· 171
        8.2.3   产业发展水平 ··· 172
        8.2.4   地方政府干预程度 ·· 172
        8.2.5   知识产权保护力度 ·· 173
    8.3   溢出效应影响因素的检验模型构建 ······································ 173
    8.4   检验模型变量说明与数据来源 ··· 174
        8.4.1   被解释变量及其数据来源 ·· 175
        8.4.2   解释变量及其数据来源 ··· 177
    8.5   检验结果讨论 ··· 178
        8.5.1   不分组回归分析 ·· 178
        8.5.2   分组回归分析 ·· 180
    8.6   稳健性检验 ··· 182
        8.6.1   稳健性检验一 ·· 182
        8.6.2   稳健性检验二 ·· 183
    8.7   本章小结 ··· 184

第4篇　资源枯竭型企业跨区转移行为的胁迫效应

第9章　资源枯竭型企业跨区转移行为胁迫效应的机理 ··············· 187
    9.1   自然环境的主要功能阐释 ··· 187
        9.1.1   维持功能 ··· 187
        9.1.2   调节功能 ··· 188
        9.1.3   净化功能 ··· 188
    9.2   胁迫效应的机理分析 ·· 188
        9.2.1   胁迫效应的强化流 ··· 189
        9.2.2   胁迫效应的弱化流 ··· 192
    9.3   胁迫效应的机理检验 ·· 195
        9.3.1   机理假设的提出 ·· 195
        9.3.2   检验变量的选择 ·· 196
        9.3.3   检验模型的构建 ·· 196
        9.3.4   样本数据的收集 ·· 197
        9.3.5   检验结果的分析 ·· 198

	9.3.6 稳健性检验	206
9.4	本章小结	206
第 10 章	资源枯竭型企业跨区转移行为胁迫效应的强度	208
10.1	胁迫效应强度变化趋势分析与假设	208
10.2	胁迫效应强度门限计量模型构建	210
10.3	模型指标设计	212
	10.3.1 环境污染指数	212
	10.3.2 企业跨区转入程度	212
	10.3.3 环境规制强度	213
	10.3.4 控制变量	213
10.4	指标数据采集与处理	214
10.5	检验结果综合分析	215
	10.5.1 单位根检验	215
	10.5.2 门限效应检验与门限值估计	217
	10.5.3 门限模型检验结果分析	217
10.6	稳健性检验	220
10.7	本章小结	222
第 11 章	资源枯竭型企业跨区转移行为胁迫效应的影响因素	223
11.1	胁迫效应影响因素的初步提炼	223
11.2	胁迫效应影响因素的理论假设	225
	11.2.1 环境规制	225
	11.2.2 项目经营规模	225
	11.2.3 项目环保投资	226
	11.2.4 项目发展方式	226
11.3	胁迫效应影响因素的检验模型设定	227
	11.3.1 测度变量选择	227
	11.3.2 计量模型设计	228
11.4	检验模型变量数据来源及处理	228
	11.4.1 被解释变量	229
	11.4.2 解释变量	229
11.5	检验结果分析	230
	11.5.1 环境规制影响的检验与讨论	231
	11.5.2 项目经营规模影响的检验与讨论	232
	11.5.3 项目环保投资影响的检验与讨论	233
	11.5.4 项目发展方式影响的检验与讨论	234

11.6 稳健性检验 235
    11.6.1 被解释变量替代性检验 235
    11.6.2 解释变量替代性检验 236
11.7 本章小结 236

第5篇 资源枯竭型企业跨区转移行为溢出效应与胁迫效应的比较

第12章 资源枯竭型企业跨区转移行为溢出效应与胁迫效应的比较分析 241
12.1 比较分析的必要性 241
    12.1.1 系统分析的视角 241
    12.1.2 机理分析的视角 242
12.2 比较分析指标的设定 244
12.3 比较分析指标的特征与意义 245
    12.3.1 比较分析指标的特征 245
    12.3.2 比较分析指标的意义 247
12.4 本章小结 248

第13章 资源枯竭型企业跨区转移行为溢出效应与胁迫效应的比较检验 249
13.1 比较检验的方法选择 249
    13.1.1 比较检验方法的特征需求 249
    13.1.2 比较检验方法的确定 250
13.2 比较检验的数据来源 250
13.3 比较检验的静态分析 253
    13.3.1 生态溢出效率的综合分析 253
    13.3.2 生态溢出效率的区域特征分析 256
    13.3.3 生态溢出效率的改善途径及潜力分析 258
13.4 比较检验的动态分析 259
    13.4.1 生态溢出效率的全样本变化分析 259
    13.4.2 生态溢出效率的分区域变化分析 260
13.5 本章小结 261

第14章 研究结论与政策建议 263
14.1 研究结论 263
    14.1.1 企业跨区转移行为驱动机理研究结论 263
    14.1.2 企业跨区转移行为溢出效应研究结论 264
    14.1.3 企业跨区转移行为胁迫效应研究结论 266
    14.1.4 企业跨区转移行为溢出效应与胁迫效应比较研究结论 268
14.2 主要创新 269

  14.3 政策建议 ·· 270
参考文献 ·· 276
附录 1 中国境内资源枯竭型企业跨区转移项目概况汇总表 ················· 306
附录 2 访谈提纲汇集 ··· 360
附录 3 跨区系统评价指标斜率关联度计算程序 ··································· 362
后记 ·· 364

第1篇

绪　　论

第1章

第1章 资源枯竭与企业跨区转移行为

在自然界中，天然赋存于地下或出露于地表、具有开发利用价值的矿物或有用元素的集合体称为矿产资源(mineral resources)。目前我国已发现矿产资源172种，探明资源储量的162种，可分为四大类：能源矿产(如煤炭、石油、地热、铀等)、金属矿产(如铁、铬、铜、铝、锌等)、非金属矿产(如金刚石、石灰岩、黏土、磷、硫等)和水气矿产(如地下水、矿泉水、二氧化碳气等)。矿产资源的形成需要长达数百万年的地质成矿演化过程，具有明显的非可再生性、稀缺性、有限性等特性，以及一定的可利用周期。因此，对于这类资源进行开采和初级加工的资源型企业，也就存在着一种与资源的可利用周期紧密相关的生命周期。这就是说，资源枯竭是资源型企业发展进程中不可避免的阶段和困境，步入这一阶段和困境的资源型企业，也称为资源枯竭型企业。资源枯竭型企业面临着许多特有问题，而对于破解这些问题的有效出路——跨区转移行为必须引起高度重视。

本章从我国资源枯竭型企业面临的重大问题导入，探究其跨区转移行为的范畴、内涵与科学意义，继而引出本书研究的具体方法与技术路线。

1.1 资源枯竭型企业的问题与前途

为了满足国民经济快速发展的要求，我国的资源型企业，包括煤炭开采业、石油和天然气开采业、金属矿开采业等产业的企业，在相当长时期内进行着大规模高强度生产，作出了重大贡献，现在有一大批企业出现了较为明显的问题。正如《全国矿产资源规划(2016~2020年)》[1]所指出的"矿业经济下行、企业经营困难、国际竞争加剧，矿业发展的活力动力不足；同时，资源约束趋紧、生态问题突出、民生诉求多元等相互交织"，以及《中华人民共和国国民经济和社会发展第十四个五年规划和2035年远景目标纲要》[2]所强调的需要"实施采煤沉陷区综合治理和独立工矿区改造提升工程。""支持工矿废弃土地恢复利用。"另据调查统计资料显示，目前我国已有2/3的国有矿山进入中晚期[3]。对有色金属产业，已经关闭和即将关闭的矿山有355座，占矿山总数的46%。对煤炭产业，东部11个

---

[1] 国务院于2016年11月2日以国函〔2016〕178号文件印发关于全国矿产资源规划(2016~2020年)的批复。该项规划以2015年为基期，2020年为规划期，展望到2025年。

[2] 2021年3月11日第十三届全国人民代表大会第四次会议表决通过了关于国民经济和社会发展第十四个五年规划和2035年远景目标纲要的决议。

[3] 中国地质调查局《危机矿山资源潜力调查与评价》报告科学地评价了我国2020年之前危机矿山发展状况。

省(市)煤炭储量仅占全国煤炭储量的 8%,且储量达 10 亿吨的仅有山东省和河北省,两省储量占东部的 74.7%,开采量已超过 50%;原来 94 个重点企业的近 600 座矿山中,约有 1/3 进入资源枯竭状态,120 多座面临关闭;在 2000 多个地方企业中,资源枯竭矿山占比更高(李存芳等,2019a;于立等,2004;国家煤炭工业局,1999)。这类企业多数集中在东部省区的一些老工业基地,下岗职工人数多,再就业压力大,产业转型难。正如《全国资源型城市可持续发展规划(2013~2020 年)》[①]中强调的"资源枯竭城市历史遗留问题依然严重,转型发展内生动力不强。尚有近 7000 万平方米棚户区需要改造,约 14 万公顷沉陷区需要治理,失业矿工人数达 60 多万,城市低保人数超过 180 万。"不仅如此,随着资源逐渐枯竭,企业开采条件恶化、安全隐患突出,矿区水系破坏明显,土地沙化、塌陷严重,复垦和生态修复任务艰巨,直接导致"矿竭城衰"。"四矿(矿工、矿山、矿城、矿业)"问题已成为继"三农"问题之后引起中央高度关注的重大问题之一(朱训,2002),东北振兴、中部崛起等战略的实施也离不开这些问题的根本解决。

资源枯竭型企业的退出与发展是一个现实难题。由于国外大多数国家采取风险规避政策以及"长距离通勤模式(LDC)"[②],此类问题并不突出(Houghton,1993),因而也就缺乏可供借鉴的解决此类问题的成功经验。同时我国资源枯竭型企业的退出与发展,还伴随着经济体制的转轨与完善、资源型城市的转型与振兴、社会保障体系的健全与改进、美丽中国的建设与升华等特有问题,情况更加复杂。因此,研究资源枯竭型企业的有效退出和发展途径意义重大。

格外引人注目的是,随着国务院《探矿权采矿权转让管理办法》(1998 年)的实施及国有资源配置市场化的推进,我国许多东部资源枯竭型企业,尤其是一批拥有百年开采历史、资源枯竭的大型矿业集团,都相继调整了发展战略,选择资源比较富集的新疆、山西、陕西、贵州、内蒙古等中西部省区的理想区位,建立新的发展基地,实施跨区转移。如辽宁阜新矿业集团与沈阳金山能源股份有限公司合资,到内蒙古自治区西乌珠穆沁旗组建内蒙古白音华海州露天煤矿有限公司(阜矿集团控股 80%,金山公司占股 20%),建设矿井规模为年产 2400 万吨,作为金山发电公司的配套煤矿。北京华电煤业集团到新疆维吾尔自治区奇台县投资建设火电站,一期工程 120 万千瓦,二期工程 400 万千瓦。河北开滦集团到新疆维吾尔自治区察布查尔县投资 150 亿元,建设年产 200 万吨的煤液化项目和 1000 万吨的煤矿。山东钢铁集团到新疆维吾尔自治区喀什地区建设年产 300 万吨钢铁项目,总投资约 26 亿元。江苏徐州矿务集团与陕西省煤田地质局、宝鸡市政府按 60%、32.5%、7.5%的占股结构,合资建设年产 500 万吨的宝鸡郭家河煤矿。福建

---

① 国务院于 2013 年 11 月 12 日以国发〔2013〕45 号文件发布《国务院关于印发全国资源型城市可持续发展规划(2013~2020 年)的通知》。

② 在 20 世纪 80 年代后期国际采矿业采取的发展方式,不在偏远矿区建立新的居民点,而是依托近处的中心城镇,家属居住在中心城镇,雇员集中时间长距离通勤,轮岗上班。

紫金矿业集团到新疆维吾尔自治区富蕴县新建了 2×15 万吨直接还原球团矿项目，并延伸产业链，投资 35 亿元，实现产值超百亿元。中国石油集团到新疆维吾尔自治区库车县投资开发塔里木迪那气田，设计年产天然气 51 亿立方米、凝析油 56 万吨、油气当量 450 万吨，成为"西气东输"的主力气田之一。中国石化集团与四川省达州市签署协议，到宣汉县投资 400 亿元开发天然气资源，从 2007 年开始向重庆供气，到 2016 年就为达州市、宣汉县两级政府贡献企业年度所得税 3.5 亿元。据调查统计，从 1992 年到 2020 年，我国境内资源枯竭型企业已经实施和确定实施跨区转移项目 155 个（详见附录 1）。而且，随着《中共中央 国务院关于新时代加快完善社会主义市场经济体制的意见》（2020 年 5 月）的颁布实施，资源枯竭型企业跨区转移行为施行的速度还会进一步加快。对于这类企业跨区转移的行为有人惊喜，有人疑惑，有人隐忧。惊喜源于对东部资源枯竭型企业可行出路和中西部资源产业升级的期盼。东部资源枯竭型企业大多是具有一定竞争力的大型矿业集团，通过多年的经营积累了丰富的技术、管理经验和人力资本，国家又给了一定的融资政策，它们参与中西部开发，特别是参与中小型企业的提升改造将会带来溢出效应。疑惑源于对东部资源枯竭型企业跨区转移行为认识和研究的欠缺。隐忧源于对中西部资源富集地生态威胁和资源诅咒的忧虑。中西部资源富集地生态十分脆弱，环境承载力相对较低，资料显示，山西、内蒙古、新疆、宁夏、陕西、甘肃六省区，煤炭储量占全国的 65%，年产量占全国的 75%，但其水资源总量仅占全国的 8.3%，水土流失率达 15.2%。陕西省榆林地区张家峁井田内原来有 115 处泉水，采矿后干涸 102 处，总流量衰减 95.8%；神木县北部一带湖淖数量原有 869 处，采矿后减少到 79 处。资源开发对环境产生了明显的胁迫效应（张吉雄等，2019；沈镭和高丽，2013）。

到底应该如何看待和评价资源枯竭型企业的跨区转移行为，它是否具有一定的科学规律与理论依据？更进一步说，资源枯竭型企业能否施行跨区转移行为、跨区转移行为的施行前提如何？跨区转移行为有何动因、机理如何？跨区转移行为的溢出效应、胁迫效应如何？跨区转移行为的溢出效应与胁迫效应有何关系？如何构建这类跨区转移行为的调控机制？这些问题正是本书研究的主要内容。

1.2　企业跨区转移行为及相关问题的范畴

针对资源枯竭型企业跨区转移行为及相关问题的研究涉及诸多基本范畴（fundamental categories），为了保证研究过程的科学性和研究结果的可靠性，避免可能出现的歧义，需要对这些基本范畴进行准确的界定。

1.2.1　资源枯竭型企业

资源枯竭型企业（resources-exhausted enterprises）界定为对于矿产资源进行开

采与初级加工,并进入资源渐趋耗尽状态的法人企业。其产业类型包括煤矿采选业、石油和天然气开采业、金属和非金属矿采选业等;其产业特点是与国民经济的关联度高、对资源依存性强、对生态环境影响大、工作条件苦、安全事故多等,在国民经济中居于特殊地位;其企业特性是作业对象具有一定的可利用周期、作业环境具有不确定性;其产权特征是所有权与经营权分离;其发展阶段是位于企业生命周期"初开期、成长期、成熟期、衰退期"的第四阶段。

1.2.2 跨区

企业转移行为涉及的跨区(cross region)界定为跨区域,区域的划分标准采取中国统计年鉴的划分标准,即东部、中部和西部。东部地区包括海南、广东、福建、浙江、上海、江苏、山东、河北、天津、北京、辽宁11个省、直辖市。东部地区面对海洋、背负大陆,地处我国主要大江、大河的下游,地形以平原为主,平原与丘陵相间分布,水网发达、交通便捷,矿产资源比较贫乏,特别是能源资源更为短缺。由于开发历史悠久,地理位置优越,位居我国经济发展和对外开放的前沿,工业化、城市化水平较高,占有明显的人才、科技和经济优势,在全国社会经济发展中发挥着龙头和引擎作用。中部地区包括江西、湖南、湖北、安徽、河南、山西、吉林、黑龙江8个省。中部地区位于内陆,地理上承东启西,丘陵与山地同在,并有较多平原分布其间,能源和各种金属、非金属矿产资源丰富,是我国主要的基础工业(能源、原材料工业)基地。西部地区包括广西、云南、贵州、四川、重庆、陕西、甘肃、宁夏、青海、内蒙古、西藏和新疆12个省、自治区、直辖市。西部地区地形复杂,大片山地、高原、盆地、草原、沙漠与少量平原相间,生态环境脆弱,且少数民族分布众多。因开发历史较晚,经济发展和技术管理水平与东部地区差距较大,但地域广袤,能源矿产、金属和非金属矿产资源丰富,开发潜力很大。

1.2.3 企业转移行为

企业转移行为(shifting action of the enterprises)界定为企业将价值链中的全部业务或部分业务改换到其他区位的一种经济活动。这类企业转移行为的实施者是企业的高位决策层,承载体是企业跨区实施的各种类型的项目。这类企业转移行为既是企业跨区直接投资的实际表现,也是企业核心竞争力延展性的直观反映。

1.2.4 溢出效应

溢出效应(spillover effect)界定为资源枯竭型企业在跨区转移过后,无意识地进行了先进技术与管理的转让或传播。它的外部性是确定的,自立于市场机制之外,偶然间形成,溢出方也未得到补偿;它的有效性是不确定的,由于各类因素的干预，其效用并非一定能充分释放和吸收。对于转入地，策应资源枯竭型企业跨区转移的目标不仅在于弥补本地资本不足，而且在于获取溢出效应。这种溢出效应的本质是转入企业先进技术与管理的非自愿扩散，能够促进当地生产率的提高。

1.2.5 胁迫效应

胁迫效应(intimidation effect)界定为资源枯竭型企业在跨区转移过后，引起转入地自然环境系统的功能失常或失调，并殃及生物种群、群落和生态系统稳定性。自然环境系统的功能是指自然环境各种组成要素及其群体系统给人类生产、生活和生存发展所提供的全部服务，主要包括三类：维持功能、调节功能和净化功能。资源枯竭型企业的跨区转移行为，不仅具有一般的经济活动对于转入地自然环境系统的污染输入和功能弱化的表现，而且还具有自身从事资源开采产业对于转入地自然环境系统的结构破坏和功能伤害的特征，包括在建矿、开采、洗选、冶炼等不同工艺和不同进程中都会对于自然环境系统的功能形成不同程度的损伤。

1.3 企业跨区转移行为及相关问题的研究价值

围绕资源枯竭型企业的跨区转移行为，本书需要研究和回答的基本问题包括：资源枯竭型企业能否转移(转移前提)、如何转移(行为机理)、有何效应(行为作用)、何以调控(行为导向)等方面。进一步分析，需要解决的关键问题涉及：如何收集资源枯竭型企业跨区转移实践的大量样本，分析提炼企业跨区转移的行为特征，形成此类行为深化研究的基础；如何分析资源枯竭型企业跨区转移行为的施行前提，定量评判行为施行的可行性；如何探究资源枯竭型企业跨区转移行为的驱动机理，测度此类行为发生的驱动力；如何分析资源枯竭型企业跨区转移行为溢出效应的形成机理，测度此类行为溢出效应的强度，厘清此类行为溢出效应的影响因素；如何分析资源枯竭型企业跨区转移行为胁迫效应的形成机理，测度此类行为胁迫效应的强度，厘清此类行为胁迫效应的影响因素；如何进行资源枯竭型企业跨区转移行为溢出效应与胁迫效应的比较研究，测度两类效应比较的省际差异；如何针对研究的结论提出资源枯竭型企业跨区转移行为调控的政策措施。显然，展开这些研究不仅具有较高的理论价值，而且具有重大的实践价值。

1.3.1 研究的理论价值

本书研究的理论价值在于弥补已有相关研究成果的局限性(李存芳等，2017，2009，2008)。概括地说，本书研究的理论价值主要体现在以下几个方面：

(1)可以弥补资源枯竭型企业跨区转移行为和战略管理的研究不足。自从1909年韦伯提出各类工厂生产成本在地区间有着梯度变化的思想以来，对于一般产业梯度转移和企业区位转移的研究不断出现,形成了一些理论(韩会然等,2018;范黎波和王肃,2011;魏后凯等,2010),而对于资源型企业区位转移的研究主要是考虑传统区位因素的约束,不少是作为国家资源开发布局的论证。迄今为止,仍然缺乏针对资源枯竭型企业跨区转移的行为驱动机理、行为溢出效应和行为胁迫效应的系统探究。事实上,资源枯竭型企业的跨区转移行为是一种战略调整,可以发挥资源枯竭型企业的比较优势,促进技术溢出与效率提升、制度变迁与社会就业(李存芳等,2019b;武春友等,2012;谢伟等,2011;肖海林,2009;魏杰,2008),带动转入地经济的协调发展;可以在一定程度上解决资源枯竭型企业的困难,实现企业的可持续发展。而针对这一"双赢"战略的深层次基础理论问题(余壮雄等,2019;项保华,2007;哈罗德·孔茨和海因茨·韦里克,1993),比如资源枯竭型企业如何转移、有何效应、如何调控等缺乏系统探究。展开这项研究,既是对资源枯竭型企业跨区转移行为研究的有益补缺,又是对资源型企业战略管理研究内容的有效拓展。

(2)可以拓宽组织行为理论和产业组织理论的研究思路。资源枯竭型企业跨区转移行为的具体表现是跨区直接投资,它是否能够成为资源富集地加快资源科学开发、产业升级的有利之举,成为发展方式转变和区域"资源-经济-社会-生态"系统协同、可持续和高质量发展的有效选择(张仁杰和董会忠,2020;范英和朱磊,2014),或者会变成生态损害、掠夺和资源诅咒问题的转嫁?会孕育区域经济、社会和生态领域不可调和的矛盾与潜在的隐患?对于此类具有中国特色组织行为效应问题的回答,可以通过对我国资源枯竭型企业跨区转移行为溢出效应和胁迫效应的机理分析与实证研究,发现相关策略选择、组织管理变革和行为调整的理论依据,并构建基于生态溢出效率提升的转移行为系统激励机制和防控机制。而基于我国现阶段资源产业市场结构、企业行为和绩效的范式(周勇等,2019;金占明等,2014;金占明和王克稳,2012),对于以资源枯竭型企业跨区兼并、联合、重组为主要内容的转移行为机理和效应的深度探究,涉及西方产业组织理论中国化的新问题,将为我国区域产业结构和组织分析、区域资源有效配置提供一定的理论基础。展开这项研究,既是对组织行为理论研究内容的进一步丰富,又是对资源产业组织理论研究思路的有效创新。

1.3.2 研究的实践价值

在实践层面上,对于资源枯竭型企业跨区转移行为及其溢出效应与胁迫效应的研究具有不可低估的价值:

(1)有利于促进资源市场化配置机制的健全,以及中央与地方利益协调政策的完善。国务院《探矿权采矿权转让管理办法》(2014年)第四条规定:"国务院地质矿产主管部门负责由其审批发证的探矿权、采矿权转让的审批。省、自治区、直辖市人民政府地质矿产主管部门负责此外的探矿权、采矿权转让的审批。"原国土资源部《探矿权采矿权招标拍卖挂牌管理办法(试行)》(2003年)第二条规定:"探矿权采矿权招标拍卖挂牌活动,按照颁发勘查许可证、采矿许可证的法定权限,由县级以上人民政府国土资源行政主管部门负责组织实施。"《矿业权交易规则(试行)》(2017年)第九条规定:"以招标、拍卖、挂牌方式出让矿权的,矿业权交易平台依据出让人提供的相关材料发布出让公告,编制招标、拍卖、挂牌相关文件。"所有这些政策法规的相继出台反映了国有资源配置市场化的趋势(武康平等,2014;李存芳和周德群,2008)。同时,《全国矿产资源规划(2016~2020年)》又严肃指出:资源配置政府干预仍然较多,矿业权市场规则不完善,现代矿业市场体系尚不健全,资源开发经济调节和利益分配机制不够合理[①]。《中共中央关于坚持和完善中国特色社会主义制度、推进国家治理体系和治理能力现代化若干重大问题的决定》(2019年)又进一步强调:推进自然资源统一确权登记法治化、规范化、标准化、信息化,健全自然资源产权制度,落实资源有偿使用制度,实行资源总量管理和全面节约制度[②]。应该说,矿产资源配置还处于由行政手段向市场手段改革的过渡期。由于矿产资源与地方利益紧密相联,在1998年国有大中型矿业企业伴随国务院主管部委的撤销而下放地方管理后,各地难免采取一些地方保护政策,维护地方对矿产资源的优先占有、勘查和开发。地方保护的实质是保护落后,其结果总是在短期内有益于局部利益、不利于全局利益,而在长期发展上有害于双方利益。因此,展开这项研究是为健全矿产资源配置市场化机制、完善中央与地方利益协调政策提供一些有益参考。

(2)有利于促进东部资源枯竭型企业可持续发展问题的解决,中西部资源产业的结构优化、高质量发展,以及生态文明建设水平的提升。我国东部资源型企业大多是国有大型企业,它们相对于中西部企业的比较优势是多年的管理经验、在复杂条件下的开采技术、具有专门知识的人力资源和吃苦耐劳的矿风,以及由此整合而成的竞争力(霍国庆等,2010;李存芳等,2007a)。这是其他竞争对手难以模仿和超越的。例如江苏省徐州矿务集团长期致力于采煤技术进步和高产高效建设,拥有从极薄煤层到厚煤层、从缓倾斜煤层到急倾斜煤层的开采工艺和技术,以及开采深度超过1000米和防治水、火、瓦斯、煤尘、顶板等事故的经验。它们参与中西部资源开发必然带来技术溢出与合作效应和经济绩效的提高(武常岐和张林,2014;赵国浩和卢晓庆,2011)。但是,在传统的自然资源禀赋决定"矿山生命周期"的开发模式下,这种比较优势难以持续地转变成现实优势。尤为严重的是,由于绝大多数企业远离城市或本身演化成一个资源型城市,诸如枣庄、阜新、鸡西等,发展其他产业缺乏比较优势。资源的逐渐枯竭,不仅导致企业的衰

---

① 原文引自《全国矿产资源规划(2016~2020年)》的第一章第二节。
② 原文引自2019年10月31日中国共产党第十九届中央委员会第四次全体会议通过的《中共中央关于坚持和完善中国特色社会主义制度、推进国家治理体系和治理能力现代化若干重大问题的决定》。

退和大量员工的失业,尤其是开采条件的恶化和安全隐患的突出,还将引发土地塌陷复垦和生态修复任务的落空,直接导致"矿竭城衰",制约区域经济的可持续发展。而中西部地区资源丰富,却由于产业结构的原子化、资源管理体制的滞后性和地方利益的驱动力,出现了一些新问题。《全国资源型城市可持续发展规划(2013~2020年)》[①]强调:资源富集地区新矛盾显现,可持续发展压力较大。部分地区开发强度过大,资源综合利用水平低。生态环境破坏严重,新的地质灾害隐患不断出现。高耗能、高污染、高排放项目低水平重复建设,接续替代产业发展滞后。资源开发、征地拆迁等引发的利益分配矛盾较多,维稳压力大。资源开发与经济社会发展、生态环境保护之间不平衡、不协调的矛盾突出。调查资料显示,西部地区煤炭储量占全国总储量的60%,小型煤矿达到煤矿总数的85%,平均年产能不足15万吨,回采率不到15%,死亡人数占到了2/3;小型金属矿山周围已经形成了日渐扩散的重金属污染土地;采矿对环境的负面影响达到65%~75%(张吉雄等,2019;谢和平等,2012)。从产业组织理论和新发展理念审视,中西部资源的开发需要规范,产业集中度和产业水平亟待提高,源头保护制度需要健全,生态保护能力必须增强(马丽等,2020;中国煤炭工业协会,2011);与资源比较优势相比,资源开发不仅缺乏资金,更缺乏先进的技术、优秀的人才和科学的管理(张勇,2016;李新春和胡晓红,2012)。因此,展开这项研究,不仅是为解决东部资源枯竭型企业的可持续发展问题提供参考策略,而且是为实现中西部资源产业升级、发展方式转变、质量提高和生态文明建设水平提升提供参考路径(史丹,2018;魏杰和施成杰,2014;毛蕴诗和郑奇志,2012;李文华,2012;张国有,2009)。

1.4　企业跨区转移行为及相关问题的研究方法与路径

本书在进行相关理论分析的基础上,重点采取了实证研究的思路。实证研究一般有两类研究框架:一类是基于学者们的已有研究,探寻存在的问题或不足,进而展开研究修正,或者结合我国实际,考虑跨文化因素,研究国外的相关研究结论在国内背景下的有效性;另一类是基于实践背景发现科学问题,然后结合相关研究成果,探究科学问题的本质特征及其影响因素,提出相关理论假设,最后通过调查数据验证假设,进而得出新的结论。尽管前者相对而言易于达到创新性与可能性的统一,但是对于资源枯竭型企业跨区转移行为的研究而言,由于已有研究成果的不足与缺憾,加之我国境内已经出现了这类行为的大量实践案例,所以,本书选择了后者。

---

① 国务院于2013年11月12日以国发〔2013〕45号文件发布《国务院关于印发全国资源型城市可持续发展规划(2013~2020年)的通知》。

1.4.1 研究方法

针对资源枯竭型企业跨区转移行为及其溢出效应与胁迫效应研究需要解决的关键问题，以系统工程学(systems engineering)、计量经济学(econometrics)、企业管理学(enterprise management)和区域经济学(regional economics)的思想及理论为基础，综合运用企业战略管理、资源经济学、生态经济学、组织行为学、社会学、产业组织理论、模糊数学、多元统计分析、软件应用等多学科的理论与方法展开系统、深入的研究，体现理论研究与实证研究相结合、定性分析与定量分析相结合、动态分析与静态分析相结合，采用以下具体研究方法：

(1) 无干扰与实地调查法(unobtrusive and field investigation method)。它是一种将无干扰调查与实地调查相结合的研究方法，以无干扰调查(不干扰研究对象的行为)为基础、实地调查为补充和印证，实现两方面优势互补。本书先从 1992～2020 年"中国矿业网""中国能源网""中国煤炭资源网""中国煤炭网"和"中华石油信息网"等网站，以及《中国分行业规模以上工业企业经济指标统计》中资源型企业(煤炭开采和洗选业、石油和天然气开采业、黑色和有色金属矿采选业等产业的企业)的网站中收集，再到企业进行实地调查求证，以获取企业跨区转移项目的特征信息；并从中部 8 省、西部 12 省(市、自治区)的《统计年鉴》及其相关县(市、区、旗)的网站中收集相应的跨区转移项目承接区位特征信息，以此建立数据库，作为研究的基础。

(2) 精英访谈法(elite interviews method)。它是一种通过研究者与受访精英直面交谈来了解受访精英的心理和行为的研究方法。它能够简单而迅速地收集多方面的分析资料。因研究问题的性质和目的不同，它可采取不同标准化程度的形式，具体包括结构化访谈和非结构化访谈。本书以资源枯竭型企业跨区转移行为的特征、驱动因素、溢出效应和胁迫效应的影响因素等问题为重点，拟定访谈提纲，选择跨区转移企业的高层决策者、相关政府部门官员等进行半结构化访谈。

(3) 德尔菲法(Delphi method)。它是一种按照规定的程序，背靠背地征询专家对预测问题的意见或者判断，然后进行预测的方法，也称为专家调查法。它在本质上是一种反馈匿名函询法。它的主要流程是：在对所要预测的问题征得专家的意见之后，进行整理、归纳、统计，再匿名反馈给各位专家，征求意见，继而进行再集中、再反馈，直至得到一致的意见。本书针对资源枯竭型企业的核心竞争力强度、跨区转移行为的施行前提等关键问题，采用德尔菲法进行预测和评价。

(4) 模糊综合评判法(fuzzy comprehensive evaluation method)。它是一种基于模糊数学的综合评价方法，根据模糊数学的隶属度理论把定性评价转化为定量评价。它具有结果清晰、系统性强的特点，能较好地解决模糊的、难以量化的问题，适合各种非确定性问题的解决。本书针对资源枯竭型企业的核心竞争力强度、跨区转移行为的施行前提等关键问题，采用模糊综合评判法进行定性分析和定量评价。

(5) 灰色关联分析法(grey relational analysis)。它是一种根据灰色系统中因素之间发展趋势的相似或相异程度，来衡量因素间关联程度的一种方法。对于两个灰色系统之间的因素，因时间或对象不同而变化的关联性大小的量度，称为灰色关联度。在灰色系统发展过程中，若两个因素变化的趋势具有一致性，即同步变化程度较高，即可谓二者灰色关联程度较高；反之，则较低。它能够为一个灰色系统发展变化态势提供量化的度量，非常适合动态历程分析。本书采用东部资源枯竭型企业与中西部资源富集地各优势要素的统计序列曲线几何形状的相似度来评判优势要素间的关联度，并以此定义东部资源枯竭型企业与中西部资源富集地各优势要素的系统耦合度。同时，基于 MATLAB2013 软件编程，具体计算、比较不同企业与中西部不同资源富集省区的系统耦合度高低，以揭示资源枯竭型企业跨区转移行为的驱动机理。

(6) DEA-Malmquist 指数方法(DEA Malmquist index method)。它是一种基于数据包络分析(DEA)的 Malmquist 指数测算法。数据包络分析能够利用线性优化算法给出边界生产函数，在对于多个投入指标和多个产出指标问题的处理上，具有得天独厚的优势。由此发展而来的 DEA-Malmquist 指数方法可以克服价格信息不对称的问题，并且不限制经济主体的行为，成为生产效率变化的有效测算方法。考虑到研究主体的特征，本书运用 DEA-Malmquist 指数方法来有效测算中西部资源富集省区相关产业的全要素生产率(TFP)、生态溢出效率。

(7) 计量经济建模法(econometric modeling)。它是在一定经济理论的指导下，以反映事实的统计数据为依据，通过建立一个或一个以上的随机方程式，定量分析研究具有随机特性的经济变量关系的一种科学方法。它所建立的统计模型，既包括参数成份，又包括非参数成份；既克服了纯参数模型的拟合误差过大，又克服了纯非参数模型的估计误差过大的缺陷。它能够简洁有效地描述、概括某个真实经济系统的数量特征，更深刻地揭示出该经济系统的数量变化规律。本书基于资源枯竭型企业跨区转移行为溢出效应、胁迫效应及其影响因素的作用机理分析，分别建立资源枯竭型企业跨区转移行为溢出效应、胁迫效应的强度测度计量模型及其影响因素的非线性检验计量模型，收集大量时间序列数据和面板数据，通过 Eviews、Stata 软件进行静态和动态数据门限面板回归及实证分析。

1.4.2 技术路线

基于系统工程的思想，采取理论分析与实证分析相结合的研究思路，从资源枯竭型企业跨区转移的原始资料收集与分析入手，分析评判企业跨区转移行为的施行前提，把握企业跨区转移行为的主要特征，探究企业跨区转移行为的驱动机理，剖析企业跨区转移行为溢出效应、胁迫效应的形成机理，测度企业跨区转移行为溢出效应、胁迫效应的强度，检验企业跨区转移行为溢出效应、胁迫效应的影响因素，并进行企业跨区转移行为溢出效应与胁迫效应的比较研究，力图为资源枯竭型企业跨区转移行为的调控，以及资源富集省区产业升级、高质量发展和生态文明建设相关政策制定提供科学依据。设计研究的总体技术路线如图 1-1 所示。

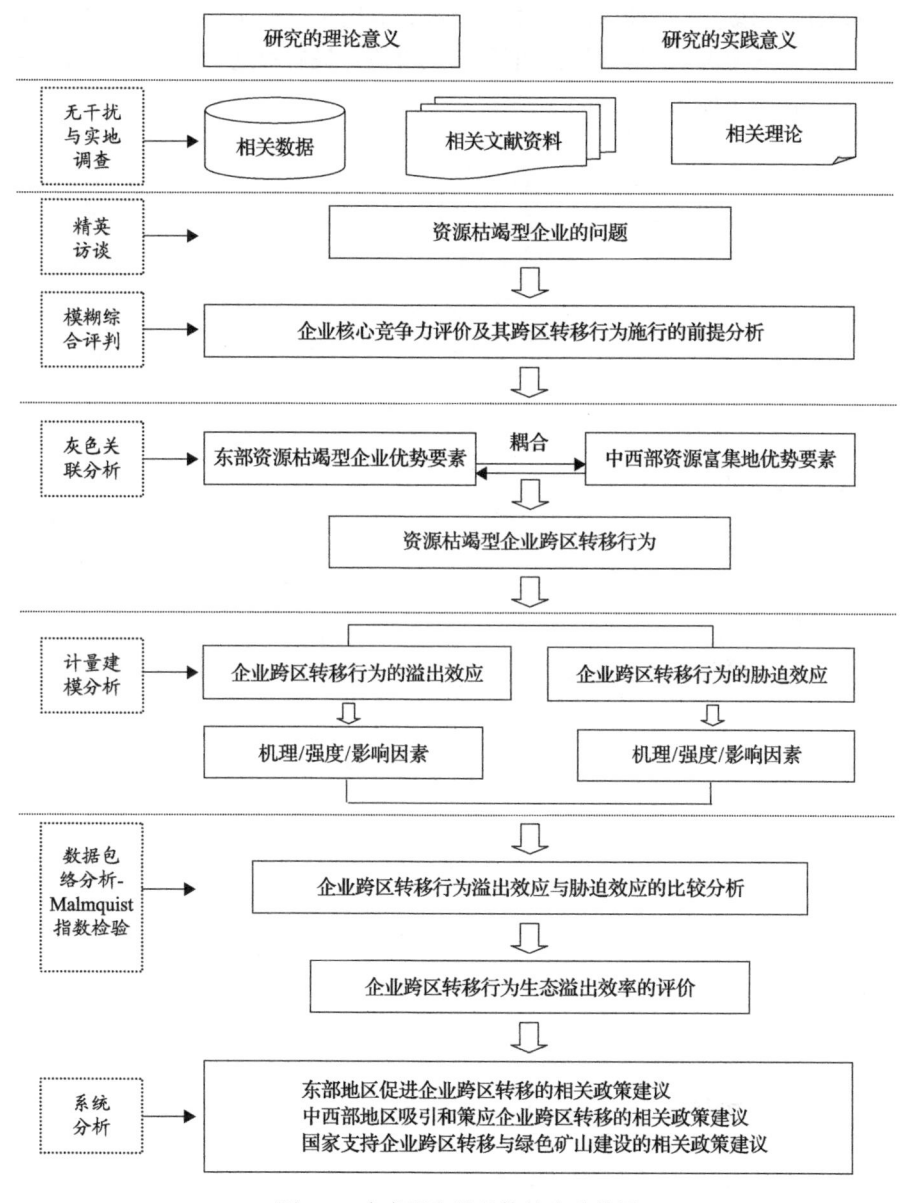

图 1-1　本书研究的总体技术路线图

1.5 本章小结

本章从资源枯竭型企业的根本问题——资源枯竭的现实切入,阐述了我国资源枯竭型企业存在的问题与跨区转移的现状,提出了进行资源枯竭型企业跨区转移行为及其溢出效应与胁迫效应研究的主题,界定了这一主题研究涉及的基本范畴,分析了这一主题研究的理论价值和实践价值,最后对这一主题研究的方法选择与路径设计做了梳理和说明。

第 2 章 资源枯竭型企业跨区转移行为及相关问题的理论分析

我国一大批资源枯竭型企业跨区转移行为的出现,并非一种偶然的经济现象,而是一类带有中国特色的管理实践问题。为了总结此类我国管理实践成功经验的独特性,探究此类我国管理实践的科学问题,必须梳理清楚现有相关领域的经典理论和研究文献,并准确地把握我国资源产业特殊的情境变量。这是研究我国资源枯竭型企业跨区转移行为科学问题产生背景、形成机理的重要基础和有效路径。

本章共分为 4 节。2.1 节分析资源枯竭型企业跨区转移行为及其溢出效应与胁迫效应相关理论的主要流派;2.2 节梳理国内外学者关于资源枯竭型企业跨区转移行为及其溢出效应与胁迫效应的研究进展;2.3 节综合分析现有研究的缺憾,提出本书研究的视角和重点;2.4 节进行本章主要内容的小结。

2.1 企业跨区转移行为及相关问题研究的理论基础

从理论基础上溯源和分析,资源枯竭型企业跨区转移行为及其溢出效应与胁迫效应问题的理论源流较为丰富,系统梳理和追溯发现其主要来自六个方面:一是产业区域转移理论,二是工业空间转移理论,三是工业区位理论,四是技术扩散理论,五是经济增长理论,六是企业环境效应理论。因为这类问题的本质在于企业因资源枯竭而实施跨区域转移,进而对转入地产生了溢出效应和胁迫效应。

2.1.1 产业区域转移理论

资源枯竭型企业跨区转移行为及其溢出效应与胁迫效应的一大理论基础是产业区域转移理论(theory of industrial regional transfer)。产业区域转移理论主要体现在两个层面上:一是从宏观层面或总体层面(产业发展层面)对于产业转移客观现象和规律的解释;二是从微观层面或个体层面(企业发展层面)对于产业转移客观现象和规律的解释。

1. 产业区域转移的宏观理论

早期的产业区域转移理论研究,主要是基于产业发展和产业经济的框架展开。

包括日本经济学家赤松要(Akamatsu)、美国经济学家弗农(Vernon)等主要是运用产业长期发展的历史分析手法来分析揭示产业转移的内在规律，先后形成了"雁行模式论"和"产品(产业)生命周期理论"。后来日本经济学家小岛清又给此前的"雁行模式论"穿上新古典经济理论嫁衣，建立了"边际产业扩张论"。此后产业区域转移理论分析也就进入了一个产业经济学理论和新古典经济学理论相结合并不断深化的时代。

1) 雁行模式论

赤松要于 1935 年发表《我国羊毛工业品的贸易趋势》一文，首次提出雁行模式(flying geese)的概念，此后在 1937～1974 年又进行了大量的研究。他认为日本国内产业成长的过程好似雁阵飞翔一样。由于国内经济和技术的落后，不得不把某些产品的市场向发达国家开放，等到这种产品的国内需求达到一定数量的时候，也就为本国生产这种产品准备了基本的市场条件和技术条件。换言之，这时国内已初步掌握了这种产品的生产技术，加之本国资源和劳动力价格的优势，该产品的进口也就逐步让位于本国自己生产了。随着生产规模的扩大、规模经济的利用以及廉价劳动力的优势，本国产品的国际竞争力不断上升，最终实现这种产品的出口，达到了经济发展和产业结构升级的目的。在这个过程中实际上经历了国内市场的产生、进口、国内生产(即进口替代)、出口、重新进口等阶段，在图表上呈现"倒 V 形"，宛如列队飞行的鸿雁。20 世纪 60 年代之后，随着经济发展进入新阶段，日本产生向海外进行产业转移的意愿和行为，此后赤松要进一步研究的"雁"就演变成不同的国家和地区了。

尽管对于赤松要的雁行模式仍有一些学者表示质疑，但经过许多日本学者证实，这种模式能够体现日本众多产业的发展路径，诸如纺织业、纺织机械、钢铁、机电、重化工业、汽车等产业。而且此后一些学者的研究认为雁行模式可以成为后发工业国和新兴工业化国家及地区产业发展的普适路径。那么，先进或发达国家的产业发展路径或者区域转移特点又如何呢？对此，美国经济学家弗农作了进一步的研究，并提出了产品(产业)生命周期理论。

2) 产品生命周期理论

产品生命周期理论(product life cycle)是美国哈佛大学教授弗农于 1966 年在其《产品周期中的国际投资与国际贸易》一文中首次提出的。

弗农认为产品生命是指产品的市场寿命，与人的生命要经历形成、成长、成熟、衰退的周期相似，产品也会经历开发、引进、成长、成熟、衰退的周期。如果国家的技术水平不同，这种周期产生的时间和过程也不相同，往往有着较大的差距和时差，进而促进了国际贸易和国际投资的形成和变化。依此，弗农把此类国家分成发达国家(创新国)、一般发达国家、发展中国家，并指出发达国家的特点是产品生产先行,接着是出口,最后是进口,即存在一种产品"生产—出口—进口"的路径(Vernon,1966)。这与赤松要的雁行模式中后发工业国或发展中国家的"进口—国内生产(进口替代)—出口"的产业发展路径既有联系,又有差异,可具体分析如下:

在发达国家(如美国)率先进行新产品开发,开启新产品导入期。为了提高新产品市场知晓度,企业必须排除各种障碍不断拓展市场,强化广告传播,增加生产规模,这一时期的产销活动主要集中在国内进行。随着成长期的进入,此项产品技术走向成熟,国内需求扩大,实施大规模生产,在满足国内市场需求的基础上着手向次发达国家(如欧洲、日本)出口。一旦进入成熟期,国内市场需求趋于饱和,同时对于次发达国家出口的增加,也使其掌握了此项产品的技术。又因次发达国家拥有相对较低的劳动力、原材料等成本优势,产品竞争力强于发达国家。为了保持竞争力,发达国家启动向着生产成本较低的国家和地区转移该项产品的生产,即启动对外投资,由此国内需求也将相应地改为由海外反向进口来实现。

弗农的产品生命周期理论也被进一步扩展成为产业生命周期理论。产业是生产同类产品的企业的集合。随着产品的兴盛衰落,产业也存在一个形成、发展、成熟和衰退的过程。起初因为在国内拥有技术、人力、物流等方面的一些垄断优势,产业得到较快发展。随着技术的逐步标准化,产业渐趋成熟,同类厂家又不断加入,引致市场竞争加剧,一批企业为了保住已有市场份额,降低生产成本,调整策略,到成本更低的区域去投资,形成产业转移。

应该指出,对于日本明治维新以来产业发展路径的总结是赤松要雁行模式理论形成的基础,而对于美国60年代前后产业发展过程,特别是美国跨国公司的对外投资活动的概括则是弗农产品生命周期理论形成的关键。如果将这两国当时的产业发展历程进行对比分析,也就是将赤松要雁行模式理论与弗农产品生命周期理论结合考虑,不难看出一个相对完整的国际产业转移模式。而日本经济学家小岛清(Kiyoshi Kojima)正是基于赤松要雁行模式理论和弗农产品生命周期理论,构建了新的对外投资和产业转移理论。

3) 边际产业扩张论

20世纪70年代中后期,日本经济学家小岛清提出边际产业扩张理论。这是一种基于赤松要雁行模式理论和弗农产品生命周期理论的结合,并构建于新古典国际贸易理论中的比较优势理论(the theory of comparative advantage),也称为"小岛清模式"。小岛清认为,边际产业扩张是对外直接投资的理论解释,即投资来源国向海外转移的应该是本国国内已经失去比较优势,而在投资对象国却具有或潜在具有比较优势的产业。如果企业能够把自己的经营资源从本国那些已经丧失比较优势的产业(即所谓的"边际产业")中退出,转移到其他国家的具有潜在比较优势的产业中,对转出国和转入国都是一种"双赢"的选择。应该看到,"边际产业"的转移最能显示两国的比较成本差距，从而最大限度地促进国际贸易；"边际产业"的转移最能有效地实现两国的产业升级，符合两国的利益；"边际产业"的转移也是最为有效的技术转移途径，由于此类产业中两国生产技术及管理水平差距最小，最易于转入国吸收消化，其波及效应最大（魏后凯等，2002）。如果说，赤松要雁行模式重点刻画了日本和其他后发工业国的产业发展路径，那么小岛清模式则主要勾勒出以对外直接投资为表现形式的产业转移的轨迹，以及由此在产业转出国和转入国形成的前后继起的产业发展形态（陈建军，2002）。

小岛清边际产业扩张论的提出，不仅解释了20世纪60年代到70年代日本一些低技术的劳动密集型产业对外直接投资和技术转移的动因，而且揭示了东亚地区产业雁行发展的机理。具体地说，日本利用向"亚洲四小龙"（the four Asian dragons）[①]的直接投资及技术转移，把在日本因经济发展、劳动力成本上升而丧失比较优势的劳动密集型产业转移到"亚洲四小龙"，不仅能够促使日本的产业升级，而且能够助力"亚洲四小龙"相关产业竞争力和经济发展水平的提升。而当"亚洲四小龙"的经济发展水平达到一定程度后，也会效仿日本当初的行为，将丧失比较优势的产业转移到"东盟"（ASEAN）[②]国家及地区，继而促进"亚洲四小龙"和"东盟"国家及地区的产业升级、产业结构调整和经济发展。由此，在日本、"亚洲四小龙"和"东盟"国家及地区之间的一种雁行发展形态自然形成。

从赤松要的"雁行模式论"到弗农的"产品生命周期理论"，以至小岛清的"边际产业扩张论"，逐步形成了国际或地区间由产业转移而实现产业升级、结构调整和经济发展的特征规律的宏观解释，对于资源枯竭型企业跨区转移行为驱动机理的分析具有十分重要的启示。

2. 产业区域转移的微观理论

对于产业区域转移微观层面的理论研究，在欧美国家的学术界重视较早，主要体现在企业对外直接投资及跨国公司的理论研究方面。自20世纪70年代中期开始，随着发达国家继续进行着大量资本输出，一些发展中国家也启动对外直接投资，并有不断发展的趋势。而以发达国家对外直接投资为中心的国际直接投资理论却很难对于如此复杂多样的对外直接投资行为作出相应的解释。

英国经济学家邓宁（Dunning）在总结前人研究的基础上，融合国际贸易理论、产业组织理论和区位理论的主要思路，于1977年首先提出国际生产折衷理论（eclectic theory of international production），并于1981年出版了《国际生产与多国

---

① 亚洲四小龙（the four Asian dragons）是指自1960年代末至1990年代期间，亚洲四个发展迅速的经济体：韩国、中国台湾、中国香港和新加坡。

② 东盟（ASEAN）是东南亚国家联盟（association of southeast asian nations）的简称，成员国包括马来西亚、印度尼西亚、泰国、菲律宾、新加坡、文莱、越南、老挝、缅甸和柬埔寨。

企业》论文集,又对其国际生产折衷理论作了系统地梳理和阐述。

国际生产折衷理论的核心是基于企业对外直接投资和跨国经营各类原因的深度分析,提出了企业对外直接投资的主要决定因素:所有权优势、内部化优势和区位优势。邓宁称之为"三优势模式"(ownership-intemazaton-location,OIL)。其中所有权优势是指企业拥有或能够得到它国企业没有或者无法得到的资产及其所有权,既包括有形资产(如自然资源、劳动力、技术),也包括无形资产(如技术专利权、商标权、管理技能);内部化优势是指企业为了避免外部市场的不完全性给其经营带来的不利影响,而能够通过内部化形式转移资产,提高利润;区位优势是指生产区域的政策和投资环境等方面的相对优势所产生的吸引力,包括劳动力、原材料、运输成本、市场规模和可达性、贸易障碍、经济结构以及政府相关政策与法规等方面的优势。它们不是企业固有,而是转入国所有。

为了从事有利的对外直接投资和产业转移,上述三个优势相互结合,缺一不可。一般而言,具有所有权优势的企业将其所拥有的优势加以内部化比向外出让更为有利,具有所有权优势和内部化优势的企业将其优势与转入国当地的生产要素结合比在本国运用更为有利。如果仅有所有权优势和内部化优势,而无区位优势,则意味着欠缺有利的投资区位,只能在国内运用有关优势组织生产,然后出口。如果没有内部化优势和区位优势,而仅有的无形资产优势,也难以在企业内部利用,只得转让给外国企业。

不仅如此,随着一些发展中国家对外投资和产业转移的出现,邓宁又提出了国际投资发展周期理论,也是他的国际生产折衷理论对后发工业国和发展中国家的对外投资演化过程的分析和应用。该理论认为:一个国家的对外投资倾向取决于其所处的经济发展阶段和所拥有的所有权优势、内部化优势及区位优势。邓宁按照人均国民收入把一个国家和地区的经济发展分成具有不同特征的四个阶段:第一阶段(人均国民收入在 400 美元以下),仅有少量的外来直接投资(即引进外资),几乎没有对外投资。第二阶段(人均国民收入在400～1500美元),外来直接投资持续增长,对外投资则相对较少,对外净投资(即对外投资与引进外资的差额)呈现负增长状态。第三阶段(人均国民收入在1500～4750美元),对外投资显著增长,但在总量上依旧小于引进外资的数量,在速度上却快于引进外资的增长,两者总量的差距逐渐缩小。第四阶段(人均国民收入在4750美元以上),对外投资将成为净值。当然这些变化都与国内企业的所有权优势,以及区位优势的变化紧密相关(尹德先和杨志波,2013;陈建军,2002)。

国际生产折衷理论并非对以往国际直接投资理论的简单总结归纳,而是从跨国公司国际生产这个高度,讨论所有权优势、内部化优势和区位优势三组变量对国际直接投资和产业转移的作用。该理论的主要贡献在于提出了所有权优势、内部化优势和区位优势的不同组合,会决定企业进入国际市场的进入模式,也决定着跨国公司国际生产的类型、行业和地理分布,显然对于资源枯竭型企业跨区转移行为的实现有着直接的借鉴作用。

2.1.2 工业空间转移理论

资源枯竭型企业在面临资源枯竭和企业发展的双重压力下实施跨区转移,因此,这类行为的另一大理论基础是工业空间转移理论。工业空间转移理论主要是研究以国内区域开发为重点的空间转移方向与趋势,探求较大尺度调整企业空间布局的途径。该理论创立以来形成了静态梯度转移理论、动态梯度转移理论等比较明显的学派(李存芳,2015)。这些学派的形成和发展与这门学科发展的时间顺序大体吻合。

1. 静态梯度转移理论

静态梯度转移理论的产生应该追溯到"杜能圈"理论。德国经济学家杜能(Thunen)于1826年提出的农业经济集约化水平由中心城市向四周农牧业区逐步降低,韦伯(Weber)于1909年提出的各种类型工厂的生产成本在地区间的变化梯度,以及英国经济学家马歇尔(Marshall)于1890年提出的外部规模经济思想等重要观点,形成了静态梯度理论的雏形(马歇尔,1983)。此后,美国经济学家弗农等研究认为各工业部门、产品都处于不同的生命循环阶段,也与生物的新陈代谢一样在发展过程中必须历经创新、发展、成熟和衰退四个阶段。随着这个循环的往复,产生了区域产业的梯级转移和升级,以此形成了区域经济静态梯度转移理论的初步思路(Vernon,1966)。基于此,一些区域经济学家结合城市发展与区域经济发展阶段等作了进一步研究,包括美国的汤普森(Thompson)于20世纪60年代后期出版了《城市问题的经济基础》、胡佛(Hoover)于20世纪70年代中期出版了《区域经济学导论》等,促进了区域经济静态梯度转移理论的发展(Hoover,1975)。

静态梯度转移理论认为,产业结构的优劣是经济发展水平及其盛衰的原因,而产业结构的优劣又取决于该区域主导专业化产业在产业生命循环四个阶段中所处的阶段。如果一个区域的主导专业化产业多是由处于创新阶段和发展阶段前期的部门(兴旺部门)组成,则被列为高梯度区域;如果一个区域的主导专业化产业多是由处于发展阶段后期和成熟阶段前期的部门(停滞部门)组成,则被列为中梯度区域;如果一个区域的主导专业化产业多是由处于成熟阶段后期或衰退阶段的部门(衰弱部门)组成,则被列为低梯度区域。高梯度区域具备的有利条件较多,新产品、新技术、新的生产管理与组织方式等创新活动大多在该区域产生、集聚,而且会随着时间的延伸和产业生命循环阶段的变化,逐步由高梯度区域依次向中梯度、低梯度区域一级一级地扩散、转移。梯度转移的方式有两种:局部扩展和大范围扩展。其中，局部扩展的支点是距离，即创新活动由处于高梯度区域的发源地按距离远近，向邻近的区域推移；大范围扩展的支点是接受新事物的能力，即创新活动由发源地蛙跳式地向距离远的、接受新事物能力强的区域推移。这种空间转移的趋势，汤普森称之为"工业区位下滤论"和"城市-区域增长循环"。

静态梯度转移理论肯定了因区域经济发展差异的存在而形成不同梯度的客观状况，揭示了梯度扩展的必然性及其形式。但同时该理论在与实践对接中也暴露出诸如梯度确定指标的单一和简单化、梯度及推移只限于宏观层面而忽视了中、微观层面，以及梯度的定位永恒化等欠缺。尽管如此，静态梯度转移理论对于区域之间的企业转移，包括资源枯竭型企业的跨区转移行为仍有着重要的指导作用。

2. 动态梯度转移理论

瑞典经济学家缪尔达尔（Myrdal）在《经济理论与不发达地区》一书中运用"循环累积因果论"分析区域经济发展，指出市场的作用力倾向于扩大而不是缩小区域间的差距，由于集聚经济效益，发达区域在市场机制作用下会处于持续、累积的加速增长之中，并同时产生扩散效应和回流效应（Myrdal，1957）。该研究奠定了区域经济动态梯度转移理论的基础。

此后，一些经济学家研究提出了一些区域经济不平衡增长的理论观点。美国经济学家赫希曼（Hirschman）在《经济发展战略》一书中指出："通过涓滴效应与极化效应显示的市场力量，如果导致极化优势，周密的经济决策将应运而生，以改变这一状态。实际上，经济决策在整个过程中都将发挥重要的影响。""在区域经济发展中，涓滴效应最终会大于极化效应而占据优势"（Hirschman，1958）。艾萨德（Isard）又进一步根据自身参与多个区域规划与开发的经验，出版了《区域分析方法》一书，系统地论述了区域开发的理论与方法（Isard，1960）。威廉姆逊（Williamson）在实证研究基础上发表了《区域不平衡与国家发展过程》一文，提出了经济增长与区域平衡发展之间的"倒U形"相关的观点，认为区域经济的高速增长必然导致新工业区和城镇的出现（Williamson，1965）。基于此，区域经济学家 Krumme 和 Hayter（1975）等作了进一步研究，促进了区域经济动态梯度转移理论的形成。

动态梯度转移理论在强调梯度是可变的前提下指出，高梯度地区若要保持其地位，必须做到既不断创新，又适时淘汰已进入成熟和衰退期的夕阳产业。同时，低梯度区域只要创新，就有机会赢得后发优势，成为高梯度区域。在这些变化中，有三种效应同时发挥作用，即极化效应、扩展效应和回程效应。极化效应是指发达区域具有一种自我发展的能力，可以不断地积累有利因素，促使城市带的发展水平梯度上升。在极化效应作用的同时，扩展效应也在起作用，因为随着城市带发展梯度上升,各生产要素从发达区域向不发达区域流动,使不发达区域得到不同程度的提高,区域发展差异得到缩小。回程效应是指由于发达区域具有比不发达区域更多的优势,同时不发达区域虽有扩展效应的帮助,但资金、移民等生产要素仍向发达区域集中,使发达区域竞争力得到增强。在市场机制的作用下,低梯度区域获得发展机会的大小归根到底取决于"扩展效应"与"回程效应"在该区域的作用力的对比(周起业,1989)。

总之,动态梯度转移理论克服了静态梯度转移理论僵化的一面,揭示了在市场力作用下缺乏自动缩小区域差别的均衡机制,却强化两极分化的规律,提出了加强国家干预的对策。无论是对高梯度区域还是对低梯度区域发展策略选择的论述,都更加贴近区域经济发展的实际。尽管其仍坚持了按高、中、低三种梯度的顺序依次转移的主张,难以解释一些反梯度转移的现象,但从一般意义上说,对于企业转移行为,包括资源枯竭型企业的跨区转移行为还是有着相当重要的借鉴作用。

2.1.3 工业区位理论

资源枯竭型企业跨区转移行为的实现,是对进入资源富集新区位的选择及其进一步发展,因此,对此类行为研究的又一大理论基础是工业区位理论(theory of the location of industries),也称为工业区位经济学(economics of the location of industries)。所谓工业区位理论是指研究工业活动空间分布规律的科学。这种理论基于某种工业区位决策的动机,在一系列简化的假设条件下用演绎的方法预测工业最优区位。由于假设条件和最优工业区位目标函数的不同,以及研究角度、方法的差异,工业区位理论形成了四个分支,即四个学派(李存芳,2015;王缉慈,1994),如表2-1所示。

表 2-1 工业区位理论代表人物和代表作一览表

学派	主要代表人物	代表作
微观成本学派	胡佛(Hoover),美国	《区位理论与皮革制鞋工业》(1937年)和《经济活动区位》(1948年)
	帕兰德尔(Palander),瑞典	《区位论研究》(1935年)
	韦伯(Weber),德国	《论工业区位》(1909年)
	龙哈德(Launhardt),德国	《国民经济学说的数学论证》(1885年)
区域市场学派	廖什(Lörsh),德国	《经济的空间分布》(1940年)
	克里斯塔勒(Christaller),德国	《德国南部的中心地》(1933年)
	俄林(Ohlin),瑞典	《贸易理论》(1924年)和《区际贸易与国际贸易》(1933年)
	费特尔(Fetter),美国	《市场区域的经济规律》(1924年)

续表

学派	主要代表人物	代表作
空间优化学派	弗里德曼(Friedman)，美国	《区域经济发展政策》(1966 年)
	贝里(Berry)，美国	《City Size Distribution and Economic Development》(1960 年)
	科洛索夫斯基，苏联	《经济区划原理》(1958 年)
	艾萨德(Isard)，美国	《区位与空间经济学》(1956 年)、《工业综合体分析和区域发展》(1959 年)
决策行为学派	沃尔普特(Wolpert)，美国	《Departures from the Usual Environment in Location Analysis》(1970 年)
	普莱德(Pred)，美国	《Behavior and Location: Foundations for a Geographical and Dynamic Location Theory, Part I》(1967 年)
	邓尼逊(Dennison)，英国	《工业区位理论》和《工业区位的政府统制》(1937 年)

资料来源：张秀生，卫鹏鹏《区域经济理论》，2005 年武汉大学出版社出版；胡佛《区域经济学导论》，1990 年商务印书馆出版，并经作者进一步整理。

1. 微观成本学派

微观成本学派认为决定企业区位选择和经济活动的目标函数是生产成本最低化。在此学派形成以前，德国农业经济和地理学家杜能在他的名著《农业和国民经济中的孤立国》中证明了"孤立国"的存在，阐明了农业空间分布问题，形成了著名的"杜能圈"理论，但并未涉及工业区位问题(杜能，1986)。龙哈德则第一次提出了著名的重量三角形和"价格漏斗"模型，阐明了以运输费用极小化为主要特征的最优区位，形成了工业区位理论的初步基础。

如果说龙哈德只考虑了运输费用这一种因素，那么韦伯则大大扩展了区位理论的内涵。韦伯首次提出了区位因素的概念，并将区位因素作了分类，尤其是将分析的重点放在运输成本、劳动力成本、集聚因素上；发现了在运输距离之外，产生运输费用差异的重要因素是原材料的特性；提出了等费线的概念，并以此作为区位分析的工具；分析了扩大生产规模、选择与其他工厂紧密相连的配置、实现企业间的协作对企业经济效益的影响，产生了规模经济、范围经济、协作经济的理论雏形。韦伯选择工业区位的程序比龙哈德要复杂一些，具体步骤是：首先根据运输费用的高低初步确定工业区位，然后根据劳动力成本修改工业区位，最后根据集聚因素确定工业区位布局(韦伯，1997)。

针对韦伯的研究，后来的学者又进一步作了一些重要补充。如帕兰德尔引入不完全竞争的概念，对等费线方法作了复杂化处理，提高了它的适应性。胡佛从历史的角度论述了不同经济发展阶段的区位结构，全面地考察了运输成本问题。他提出运输成本由终点费(包括码头、装卸、仓库、管理、维护等费用)和运行费(包括线路维修、管理、运输工具磨损、动能消耗、保险费、运输工人工资等)两部分组成,运行费与运输距离成正比,而终点费与运输距离无关,因此每吨公里的运费随运距增加而递减(Hoover,1948)。阿列克塞德提出,需要充分认识运输基础结构的重要性,因为它可以对特定区位赋予特殊的利益,但是它的建造是高价的。

应该看到,上述学派的研究基点基本上局限于单个经济单位,如农业种植类型区位、工厂企业区位、港口区位的空间分布等,研究结果是找到了一个静态的局部均衡模型,阐明了简单的生产、消费、决策之间的关系,还仅属于微观领域的研究,难以适用于企业的销售收入取决于交货价格的市场机制(李存芳,2015),但他们表达出来的生产成本最低化的思路无疑对于资源枯竭型企业跨区转移行为实施产生重要影响。

2. 区域市场学派

当微观成本学派以最低生产成本作为企业区位选择的主要目标时,区域市场学派则提出以追求最大的市场区域和最高利润为目标函数。这种变化的根源在于人们进一步研究发现,最低生产成本的区位并非能取得最大利润。微观经济学认为,最佳区位不是费用最小点,也不是收入最大点,而是收入与费用之差最大的点,即利润最大的点。为了保证最大利润,必须寻求最大市场的区位,相应地要求最大的吸引范围和腹地。换言之,这时产品的销售成为企业思考的中心问题。

20世纪20~40年代,费特尔提出的区位观点,被人们称为"贸易区边界区位理论"。他构建了两个贸易中心(工厂)分界线的抽象的经济模型。尽管该理论涉及的是商业区位问题,但由于近代经济生活中工厂往往设于市场附近,同时贸易中心也是工业集中地,因此也值得借鉴。

俄林突破了以往把区位问题当作一个孤立的问题来看待的传统观念,而把区位理论看成是贸易理论,并认为贸易理论必然以区位理论为基础。他一方面接受韦伯的假设,即假设资本和劳动力可以自由流动,进而考察区位的决定因素,认为工业区位取决于产品的运输难易程度以及原料产地与市场之间的远近;另一方面又离开韦伯的假设,即考察资本和劳动力不可能自由流动条件下的区位趋势,认为利息率、工资水平的区域差异是与资本和劳动力在各个区域的配置状况不同且不能自由流动相联系的;工业区位的选择和移动应当被看成是生产要素在各区域间重新配置、均衡关系变动的结果(Ohlin,1933)。

克里斯塔勒于1933年出版了《德国南部的中心地》一书,此后又发表了30多篇论文,提出了"中心地理论",揭示了城市、中心居民点发展的区域基础及等级-规模的空间关系。他探讨了中心地对周围区域承担中心服务职能,理论上必须最接近所属区域的地点,并从几何上推导出其吸引、服务区域为正六角形(Christaller,1966)。

廖什将生产区位和市场结合起来研究指出，生产者的目标是谋求最大利润，正确地选择区位要寻求最大的市场或市场区。他提出了关于工业企业配置的总体区位方程，即从总体均衡的角度寻求各有关企业最佳配置的平衡点；推导出一个企业的市场区在地理上形成一个六边形。这种六边形在现实经济生活中往往由于竞争者的不断出现，而产生多个六边形的重叠和挤压，最终形成蜂房结构的市场网，而且正是各种市场网的相互叠加导致了城市的形成(Lösch, 1954)。应该看到，廖什的理论创造与克里斯塔勒中心地理论是分别从工业配置要寻求最大市场，及中心居民点等级-规模体系这两个不同的角度推导出了相同的区位模型。

罗斯特朗又提出赢利边际理论的构想，此后经过史密斯做了进一步的发展。他们认为，由供求关系确定各地的产品价格；由生产成本和运费率共同确定各地产品的社会成本；反映空间差异的成本曲线和价格曲线的共轭部分是赢利区。企业的区位应该选在赢利区内(Smith, 1976)。

区域市场学派充分考虑到利润最大化区位与价格决策之间的权衡关系，追求单个行业的生产均衡下的区位选择，以及同质空间下的最优区位选择，仍难以解决生产力区位决策与区域经济的合理发展、区域开发与社会和自然生态之间的协调及空间结构的改善等问题(李存芳, 2015)。但其表达出来的谋求最大市场或市场区的思想，以及鉴于市场的变化，必须全面考虑运输成本、生产成本、总成本和总收入等因素，寻求最大利润配置点的定向原则，仍然应该成为资源枯竭型企业跨区转移行为决策者所考虑的重要因素。

3. 空间优化学派

微观成本学派、区域市场学派是基于19世纪下半叶至20世纪40年代资本主义商品经济、垄断竞争下大量区位决策实践的总结，其目标函数为单个企业生产成本最低化或市场区域最大化，而空间优化学派则将一定区域范围内所有经济客体、社会客体的最佳空间排列和空间结构作为目标函数。它是涉及农业、工业、第三产业、城镇居民点区位的综合区位理论。这种变化源于第二次世界大战后的世界经济发展、集聚区域转移、新技术手段应用，在很大程度上改变了原有的社会经济结构和生活环境，同时，影响区域经济发展因素的作用加强，各因素之间相互作用的方式更为复杂、程度更深，导致了空间优化学派的诞生与发展。

50年代初，德国学者奥托伦巴、美国学者达恩都分别提出了空间结构的概念。奥托伦巴认为经济形态和经营形态投影于地球表面，必然产生一定的农业经济结构的空间统一体。工业地理学应从空间统一体的观点来综合研究工业区位问题。达恩将全部区位问题分为企业阶段、产业阶段以及社会经济总阶段，将静态的局部均衡论向与现实相结合的方向发展，将杜能圈的原理进一步深化，将地租概念引入到空间结构模型推导中，提出土地经营的纯收益是空间结构形成演变的主要动力。

艾萨德将研究的重点从部门的区位论转向区域工业综合体的分析，用替代的原则将单部门、单企业的最佳模型联系起来，组成一种包括生产企业、商业流通、运输、社会政策、环境生态的区域性综合模型，形成了总体的空间平衡理论。他认为工业综合体可以看成是一个特定区位上的一组经济活动，由于这些经济活动之间存在技术、生产和分配等多方面的联系而带来了很大的节约（Isard，1960，1956；Isard et al.，1959）。科洛索夫斯基则提出在一个工业点或一个完整的区域内，根据区域的自然条件、运输和经济地理位置，恰当地安置各企业，从而获得特定的经济效果。显然，这种地域生产综合体优势的发挥无疑是集聚因素作用的结果。

60年代初，贝里提出，应当着重研究空间结构、空间系统的组织和动态，包括农业与土地利用、工业区位、零售商业与服务性商业区、城市区位、运输网的布置等。而弗里德曼则认为任何一个区域的经济空间系统都可分为两部分：中心区和外围区。在区域经济发展过程中，中心区和外围区的边界和相互关系将不断变化，它们相互作用、相互影响，彼此重叠或组合，直至全国经济融入一个有机整体。而对空间结构理论进行系统的理论分析和模型推导的是德国学者博芬特尔。他基于韦伯、杜能、廖什区位论观点的综合，详细分析了决定空间结构及其差异的最主要因素：集聚、运费及经济对当地生产要素土地的依赖性，认为空间中同类性质的客体，如生产相同产品的工厂，提供同一种服务的第三产业，出售同样商品的市场等，它们之间总是存在着竞争关系。竞争的结果，便产生六角形顶点区位的景观结构模型，即理论上的最优排列（李存芳，2015；陆大道，1988）。

总而言之，空间优化学派是从不同的空间尺度、不同的层次和不同的角度去研究区域社会经济组合状态，分析各种客体在空间中的相互作用和相互关系，以及反映这种关系的客体空间集聚规模和集聚程度。应该说，它是在古典区位论基础上向实践应用方向发展的产物，其理论模型不仅考虑到经济因素，而且强调了过去不太受重视的社会因素，能够更好地刻画客体运动、分布的实际状态，但是由于在实践中空间结构状态受到多种因素的影响，除了运费、地租、集聚三个基本因素外，还有资源分布、地形特征、气候变化、历史文化、社会结构、周边区域的关系、决策者的决策标准与决策水平等，空间优化学派的理论仍有许多局限。尽管如此，其对区位选择、区域发展、区域规划，包括资源枯竭型企业跨区转移行为决策和研究仍有直接的参考意义。

4. 决策行为学派

简单的新古典理论在理性假设和完全信息假设下，用经济学术语定义了企业最优行为的一个标准模式。然而，它没有考虑到在不完全信息和不确定条件下企业内部的动态变化。信守"优化原则"的区位理论却难以解释现实中区位选择的"次优现象"。同时，企业的区位选择是一个复杂决策过程的结果，决不能忽视人的因素，特别是企业高层决策者的影响。

英国学者邓尼逊在20世纪30年代对古典区位论提出了批评，认为韦伯等的区位是一种技术联系的空间分析，而忽视了心理社会联系的另一面。他指出决策者的行为因素对企业区位选择有着重要影响。60年代后期美国学者普莱德对照原有区位理论，发现许多企业的选址并非理论上的最优位置。他考虑了不完全信息和非最佳化行为对区位选择的作用，构建了包含信息水平和信息利用能力的行为矩阵(Pred, 1967)。特别是把四个关键的因素：有限信息的作用、使用信息的能力、认知和心理地图、不确定性都纳入行为矩阵。并将企业沿着两个维度进行归类：信息的可获得性和使用信息的能力。一般来说，如果一个企业的决策者拥有较高信息水平和较强使用能力，那么所选择的区位将接近于古典的最优经济体，在最优点附近。相反，拥有信息少、利用能力差的企业决策者作出的选择很可能在盈利少或非盈利点区位，其中很多企业则会倒闭。沃尔普特于1970年又提出了区位决策中的"满意人"概念，认为行为目标不是最佳化，而是最大满足化，并对区位决策行为与非经济区位因素加以研究，即把非经济因素分析纳入到区位选择的总体分析框架中。应该指出，企业区位选择受到决策主体的兴趣和空间偏好的影响，区位选择的结果往往不是利润最佳区位，更多情况则是最满意的区位(李存芳，2015；Nitzan and Paroush, 1985)。

总之，用行为理论的方法研究企业区位选择的经济和其他方面的问题，关注了企业的实际行为，强调了决策的制定过程。它一方面是充分利用了对企业区位选择行为有价值的信息，同时也显示了这种方法的弱点。由于询问式和细致的经验工作大部分是描述性的和探索性的，而不是一个解释模型；行为方法过多地强调社会、心理和其他软变量，而忽略了新古典的经济因素。因此，行为方法和新古典方法的折衷组合可能对资源枯竭型企业跨区转移行为的研究更为有效。

2.1.4 技术扩散理论

技术扩散的理论研究启蒙于社会学领域。法国社会学家塔尔德(Tarde)在19世纪末研究发现，一个新思想的采纳和模仿率呈现一种S型时间过程曲线。美国学者莱恩和格罗斯也在对农业技术创新的研究中从田园社会学的视角验证了技术传递过程的S型曲线轨迹(Ryan and Gross, 1943)。美国经济学家曼斯菲尔德(Mansfield)又在技术创新与模仿之间的关系及其变动速度问题、技术推广等问题的研究中，对S型技术传播曲线进行了修正完善，由此开创了对技术扩散问题的宏观、定量分析，而且还形成了对熊彼特(Schumprter)创新理论的重要补充(Mansfield, 1961)。

进入 20 世纪 60 年代，技术作为一种生产要素越来越受到经济学家的重视，在研究区域经济活动时，技术是否流动常成为众多经济模型的假设条件之一，以研究其对区域经济增长的影响。技术扩散理论在复杂经济模型的研究中得到了发展，曾一度出现了两类极端的模型：一是波茨的技术完全扩散模型（Borts，1960）。该模型的含义是技术扩散瞬间完成、并无成本，无需考虑技术来源地与技术接受地之间的距离，也未计算技术传播所需的距离成本，空间与距离因素完全被忽视，与现实比照存在着较大的漏洞，受到了多方的否定与质疑。二是卡多尔的技术完全不扩散模型（Kaldor，1975）。该模型假设一个区域的高增长所导致的投资增长只能投资于该区域，而研发投资增长所带来的利益也完全由该区域获得，不存在技术扩散，技术进步的利益滞留于获得投资增长的区域，因而导致只有这一区域的经济和技术增长。虽然在一定程度上解释了为什么区域间生产率的差异长期存在，并不是短期现象，但是，对于技术完全不流动的假设，又走向另一极端，同样不切合实际。为了合理解释现实社会的技术扩散现象，一些区域经济学家和地理学家受到传染病学和社会学接触扩散理论的启发，进行了深入的研究，又提出了许多理论与模型，较为著名的有空间扩散理论（theory of spatial diffusion）、技术差距理论（theory of technology gaps）和新经济地理学理论（theory of new economic geography）等，以技术不完全扩散或缓慢扩散为基本假设，较好地解释了技术扩散的各种效应（林兰，2010；李青，2007）。

1. 空间扩散理论

早在 20 世纪 50 年代，瑞典人文地理学家哈格斯特朗（Hägerstrand）在《作为创新过程的空间扩散》（1953 年）一书中已经提出技术空间扩散的观点。他认为，技术的采用是通过"学习"或"交流"来实现的，因此技术扩散过程的关键因素是信息的"有效流动"，而对于信息"有效流动"的最大阻力在于空间距离。不仅如此，技术扩散在形式上具有三个阶段：初始扩散阶段、中期扩散阶段、饱和阶段。哈格斯特朗开创了对技术扩散理论的空间研究，并奠定了空间扩散理论的基础。到 60 年代末期，德国经济学家西伯特（Siebert）进一步研究认为区域具有异质性，技术具有不完全流动性质，或者说具有半流动性质，但存在缓慢的时间维与空间维扩散。这种技术扩散的关键是知识的流动，因此影响知识流动的因素也将影响技术的空间扩散。这些因素不仅与经济地理学家所指出的较高的人口密度与地理邻近等因素有关，还包括技术的发明者、接受者及其交流方式、专利体系、对创新和模仿的可行方式、利润条件、区域内企业的规模等因素。他还首次区分了正式与非正式的交流，发现在技术传播过程中政府研究机构比较愿意交流其研究成果，知识的流动性较高；而私人企业为了保持其竞争力，则会想方设法隐藏创新信息，知识的流动性较差。不仅如此，他认为企业与研究机构和大学临近，有助于建立并保持非正式的联系和交流，并将获得更多的扩散技术(Siebert，1969)。在此之后，大学对于区域技术扩散的作用日益受到学者们的重视(周密，2010)。

技术扩散的空间理论是地理学与技术扩散的一个更高层次上的交叉与综合，对技术进步的研究产生了深刻影响,有效弥补了技术进步相关研究的不足。但是，作为技术扩散的一个新视角，它的产生与发展是最近几十年来的事情，研究的重点还主要集中在对理论概念的解释上，与实际问题的结合及匹配尚显欠缺，还需要从经济学角度对技术空间扩散进行更微观层面的深度研究。尽管如此，它对于资源枯竭型企业跨区转移行为溢出效应的研究还是有着一定的指导作用。

2. 技术差距理论

20 世纪 60~80 年代，美国经济学家波西纳(Posner)、阿伯拉莫维茨(Abramovitz)和挪威经济学家费格伯格(Fagerberg)等从国际贸易角度出发，提出并逐步建立了技术差距理论(Fagerberg et al.，1994；Fagerberg，1988；Abramovitz，1986；Posner，1961)。他们把国家间的贸易与技术差距的存在联系起来，提出了四点假设：一是在一国的技术和经济发展水平之间存在着密切的关系；二是一国的经济增长率受到该国技术水平增长率的正影响；三是一个处于低水平的国家，可以通过模仿，提高其经济增长率；四是一国利用"技术差距"的能力，取决于动员和运用资源进行社会、制度和经济结构变革的能力。由此，可将一国产出水平看作是来自国外技术扩散的知识水平、本国创新的知识水平、一国利用知识能力的函数，即认为技术扩散、技术创新和本国利用知识的能力，是经济增长的主要因素。同时，认为工业化国家之间的贸易主要基于新产品和新工艺的引入，即创新。创新将致力于增加国与国之间的技术和经济差距，模仿或扩散则力图减少这种差距(董藩，2004；李平和刘志勇，2001)。

这一理论的主要贡献体现在：一是从技术的国际扩散角度对追赶或趋同的问题作出了解释。通过假设技术不完全扩散，运用"追赶"(catching up)与"掉队"(falling behind)等概念，研究发达国家与发展中国家技术差距如何收敛和发散。后发国家实现技术追赶必须具备两个条件：社会能力(social capability)与技术一致性(technological congruence)。社会能力是指能促使技术模仿或实现技术外溢的所有社会因素，技术一致性是指领先技术在落后区域的适应性。只有同时具备这两个条件，才有可能向技术领先者趋同。二是提出了知识的"溢出"概念。认为技术扩散之所以能够加快后发国家的经济增长速度，源于知识的溢出效应，即在发达国家的技术基础上节省研发费用。三是发现新兴工业化国家、半工业化国家的技术模仿和扩散对经济增长的贡献明显高于自主创新。当然在模仿和技术引进之后，还面临一个吸收与适应创新的问题，而且随着与工业化国家差距的缩小，以及一国工业化程度的提高，创新则变得越来越重要。创新会拉开区域间经济与技术差距，模仿或扩散则会缩小这种差距，区域创新扩散过程趋异或趋同的结果不确定，即技术实现扩散，但扩散不完全。显然，这一理论的提出对于有效分析和解释资源枯竭型企业跨区转移行为的溢出机理具有十分重要的指导作用。

3. 新经济地理学理论

20世纪90年代后，美国经济学家克鲁格曼(Krugman)和多拉尔(Dollar)等坚持取长补短，运用技术差距理论与空间扩散理论相结合的思路来解释生产的地理集中，提出了新的技术扩散理论，也称为新经济地理学理论(Krugman and Venables, 1996, 1995; Krugman, 1991, 1979; Dollar, 1986)。

克鲁格曼基于技术扩散和生命周期的相关研究，构建了伴随南北贸易的技术转移一般均衡模型，并运用产品的种类变量，来具体描述发达国家的新产品和新技术逐渐转移到发展中国家的周期过程，进而分析相应的投资变化及收入变化。他认为信息在近距离的流动比在远距离的流动更容易，因而在一个产业地理集中的区域，技术溢出的作用很大，也成为促使产业地理集中的主要原因之一。同时，发达国家会以一定的速率开发新技术并生产新产品，发展中国家则缺乏产品技术创新的能力。每种新产品(或技术)都将经历前期由发达国家发明、出口，后期才可转移到发展中国家来组织再生产。每种产品(或技术)在完成了这样的一个经济周期后，将由过去的"新"产品(或技术)转变成"老"产品(或技术)。技术转移和扩散使得发展中国家也能够生产过去由发达国家长期垄断生产的产品。

多拉尔进一步分析了克鲁格曼模型的优势与不足，将其扩展改造成一个两要素的新古典动态均衡模型，并且对南北贸易中的许多问题，如北方的贸易保护、南北资本收益率差别等，分别进行了深入的探究。同时，着重分析了技术创新、资本流动和产品生产从发达国家转移到发展中国家的动态过程，还对短期均衡和长期均衡分别进行了解析。应该指出，多拉尔模型的改进所取得的突出贡献主要表现在两个方面：一是由发达国家向发展中国家的技术转移率是与两区域间的生产成本落差成正比的。成本落差越大，实施技术转移项目的潜在经济利润就会越高，相应的技术转移项目也就会越多。同时也刺激越多的发展中国家企业模仿发达国家的先进技术。二是在长期均衡状态下，发达国家生产的产品种类数与发展中国家生产的产品种类数之间会形成一个相对稳定的比率。随着发达国家的"新"产品向着发展中国家的陆续扩散与转移，以及发达国家中"更新"产品的陆续诞生，一种发达国家既会向发展中国家出口"新"产品，又会由发展中国家进口"老"产品的国际贸易动态格局自然形成。产品创新和技术转移会持续地出现，贸易结构也处在连续不断的变化之中；同时，每个区域所生产的产品类别还在不断地更新。显然，有了如此扩展，新经济地理学理论的解释力得到了有效增强。

新经济地理学理论具有较强的政策启示，主要体现在两个层面：一是在发达国家层面上，应积极实施对本国技术创新活动的政策鼓励和支持，进而有效地提高本国的福利水平，这是不断进行新产品和新技术的开发和研究，以保持其国际贸易领先地位的需要。二是在发展中国家层面上，应该着力改善本国的贸易条件，积极引进外资和技术，同时增加本国的技术研发投入，提升本国的技术研发能力和吸收能力，这是缩小本国与发达国家之间的技术差距，提高本国技术、人力资源与生产资源的配置效率的需要(梁志成，2002)。

尽管新经济地理学理论在包括发达国家技术创新、转移和发展中国家吸收新技术的动态进程在内的一些经济细节被抽象掉了，出现一些缺陷，但是对于微观尺度的技术扩散路径、特征、方式、强度等还是有着较好的解释作用，能够起到对于资源枯竭型企业跨区转移行为溢出效应机理、强度研究的理论指导作用。

2.1.5 经济增长理论

经济增长(economic growth)通常是指在一个较长的时间跨度上一个国家人均产出(或人均收入)水平的持续增加。经济增长率的高低体现了一个国家或区域在一定时期内经济总量的增长速度，也是衡量一个国家或区域总体经济实力增长速度的标志。

西方经济增长理论是分析外商直接投资对区域经济增长贡献的基础，也是分析企业跨区转移行为溢出效应形成及其对区域经济增长贡献的基础。大量研究在考察外商直接投资对经济增长的影响时，均以新古典经济增长理论(new-classical theory of economic growth)或新经济增长理论(new economic growth theory)为基础，因而在此仅简要梳理这两种经济增长理论。

1. 新古典经济增长理论

美国经济学家索洛(Solow)和英国经济学家米德(Meade)等针对哈罗德-多马模型中假定资本和劳动在增长过程中的不可替代性，以及不存在技术进步的局限性，于20世纪50年代到60年代之间提出并逐步修正，形成了新古典经济增长理论。新古典经济增长理论的模型与哈罗德-多马模型的主要区别有：一是假设资本-产出比率是可变的，资本和劳动能够互相替代并按可变的比例组合。二是假设市场是完全竞争的，价格机制发挥主要调节作用，资本和劳动都可以得到充分利用。三是引入技术进步和时间因素，认为经济增长是由经济理论不能预见的所谓外生的技术进步所推动。

新古典经济增长模型也被称为"索洛-米德模型",它基于技术进步条件下的新古典生产函数:

$$Y=A(t)F(K,L) \qquad (2-1)$$

建立如下经济增长模型:

$$\Delta Y/Y = \alpha\Delta K/K + \beta\Delta L/L + \Delta A/A \qquad (2-2)$$

式中,Y 为总产出;K、L 分别为资本存量和劳动力投入量;A 为技术变化。

这一模型的基本含义是:经济增长率不仅取决于资本增长率、劳动增长率、资本和劳动对产出的贡献率(产出弹性),还取决于随时间变化而变化的技术进步。技术进步可以体现在物质资本上,也可以体现在人力资本上。技术进步是经济增长的长期动力源泉。"索洛–米德模型"不仅体现了凯恩斯主义,而且体现了新古典学派的经济思想,或者说是凯恩斯经济学与古典经济学的有机结合。由该模型所阐述的增长理论被称为新古典经济增长理论。

新古典经济增长理论的重要意义在于:突破了在经济增长理论中长期占统治地位的"资本积累是经济增长决定性因素"的观点,首次提出了"技术进步对经济增长产生最重要贡献"的见解,使人们认清了技术进步对于经济发展的重要性和关键性。但该理论的技术外生化会使得对技术的使用成为不需要支付成本的免费资源,进而使得技术进步以至经济增长带有很大的偶然性,并与把技术进步看成是经济增长源泉的观点难以协调,也与经济增长的现实越来越不相符。这也成为新古典经济学及其以前的经济增长理论的一大缺陷,需要进一步改进与完善,但其对于资源枯竭型企业跨区转移行为溢出效应的机理分析仍有一定的启示。

2. 新经济增长理论

美国经济学家罗默(Romer)和卢卡斯(Lucas)等在 20 世纪 80 年代中期之后提出了新经济增长理论,使历经二十余年沉寂的经济增长理论再现生机。

新经济增长理论又称为"技术内生化经济增长理论",建构的基础在于三方面:一是技术进步是经济增长的核心;二是大部分技术进步是源于市场激励而导致的有意识行为的结果;三是知识商品可反复使用,无需追加成本,现有成本只是生产开发本身的成本。新经济增长理论模型中的生产函数是一种产出量与资本、劳动、人力资本以及技术进步相关的函数形式,即

$$Y=F(K, L, H, t) \qquad (2-3)$$

式中,Y 为总产出;K、L 和 H 分别为物质资本存量、劳动力投入量与人力资本(无形资本)存量;t 为技术水平。

新经济增长理论与新古典经济增长理论的主要区别，或者说对于新古典经济增长理论的主要发展体现在：一是新经济增长理论把新古典经济增长理论模型中的"劳动力"的定义扩展成人力资本投资，把知识和专业化的人力资本引入增长模型。这里的人力资本不仅包括绝对的劳动力数量和该国所处的平均技术水平，而且还包括劳动力的教育水平、生产技能训练和相互协作能力的培养等。知识和专业化的人力资本积累可以产生递增收益并能相应地使得其他投入要素的收益递增，进而形成总的规模收益递增。这就从本质上厘清了经济增长能够持续的源泉与动力。二是新经济增长理论放弃了新古典经济增长理论模型中技术外生化的假定，突出了技术的内生性。强调大部分技术或知识经济主体是利润最大化的有意识投资的产物。投资可以刺激知识的积累，反之，知识的积累又可以促进投资的良性循环。三是新经济增长理论指出了边干边学以及知识溢出在经济发展中的重要作用。在经济发展过程中，企业可以从自己的投资活动中学到许多知识，其知识存量是投资量的函数。四是新经济增长理论强调发展中国家在经济发展过程中对外开放的重要性。国家间发展对外贸易既能够增加对外贸易的总量，又能够加快先进知识、技术和人力资本的国际传递，使得参与贸易各国的知识、技术和人力资本水平能够迅速提升，获取边干边学和知识溢出效应。五是新经济增长理论重新确立了政府政策在经济发展中的应有地位和重要作用。由于技术进步和知识积累都需要激励机制，由此可以进一步总结出一套维持并促进长期增长的经济政策。显然，这一理论能够成为分析资源枯竭型企业跨区转移行为溢出效应机理、强度和影响因素的重要指导。

2.1.6 企业环境效应理论

资源枯竭型企业跨区转移行为胁迫效应的理论基础是企业环境效应理论 (theory of enterprise environmental effect)。企业环境效应是指因企业的生产和经营活动对环境造成污染和破坏，从而导致环境系统的结构和功能发生变化的过程。企业环境效应理论主要体现在三个方面：一是环境库兹涅茨曲线理论；二是污染避难所假说；三是波特假说。

1. 环境库兹涅茨曲线理论

20 世纪 50 年代，美国经济学家库兹涅茨(Kuznets)针对欧美发达国家二战以后国内社会不公的突出矛盾，重点研究经济增长与收入分配状况的关系，首次提出了库兹涅茨曲线，认为经济增长与收入分配状况之间的关系呈现"倒 U 形"曲线，即在经济发展的初期，收入分配状况将会随经济的增长趋于恶化，但当人均国民收入增长到一定水平时，收入分配状况将逐步改善，最后达到比较公平的状况(Kuznets，1955)。

到了 90 年代初，美国经济学家格鲁斯曼(Grossman)和克鲁格(Krueger)在对全球 66 个国家不同城市的 14 种空气污染物和水污染物连续 12 年的变化情况进行调查和实证研究中发现，环境污染程度与人均国民经济收入之间也呈现"倒 U 形"关系，污染程度的峰值大约位于中等收入水平阶段(Grossman and Krueger，1991)。究其原因，主要在于：当经济发展处于较低阶段时，环境污染程度也较低；而当经济发展进入高速增长阶段时，随着人均收入的增加，资源耗费超过资源的再生能力，环境污染也随之加剧；但当经济发展到达更高阶段时，随着人均收入进一步增加，人们环保意识不断增强，对生态环境质量要求越来越高，于是开始积极寻求减少生态环境污染、降低资源消耗的新技术，并实施各种生态环境保护措施，环境污染逐步趋缓。由此，他们于 1995 年提出了环境库兹涅茨曲线(environmental Kuznets curve，EKC)的假说(Grossman and Krueger，1995)。该假说认为，在经济发展的初期阶段，随着人均收入的增加，环境污染由低趋高，到达某个临界点(拐点)后，随着人均收入的进一步增加，环境污染又由高趋低，环境得到改善和恢复，环境质量与经济发展的关系就会进入正相关阶段，即人均收入与环境污染程度之间呈现"倒 U 形"关联(钟锦文，2018；虞依娜和陈丽丽，2012)。

环境库兹涅茨曲线理论的提出对于环境资源经济学界而言是一个重要发现，它表明了经济增长对环境的影响不是绝对负向的，并不是经济增长一定会造成环境的恶化。这一理论的重要意义主要表现在：一是能够有效强化人们对环境保护与治理的意识。经济增长的过程中伴随着环境质量的下降，环境污染问题会成为全社会面临的问题，从而加强人们对环境保护与治理的意识，促进环境改善技术水平的提升，以及产业结构的合理化。二是能够对于发展中国家的经济发展作出预先估计。环境问题有了预先估计就未必会限制经济发展，相反能使发展中国家经济在先进的技术条件下得到更好发展，在发展的道路上避免对环境造成严重危害；也使发展中国家提前认识到，经济发展的过程中环境必然会出现恶化，但是在一定阶段后，环境质量会通过治理改善。环境库兹涅茨曲线理论所揭示的经济增长对环境的影响规律，对于分析和测度资源枯竭型企业跨区转移行为的胁迫效应具有重要启示。

2. 污染避难所假说

20 世纪 70 年代末，美国经济学家沃特(Walter)和盎格鲁(Ugelow)发现，发达国家制定了较为严格的环境规制，对环境质量要求较高，而发展中国家重点关注经济发展问题，对环境问题重视不够，污染产业不断由发达国家流向发展中国家，使发展中国家成为"污染避难所"(Walter and Ugelow，1979)。加拿大经济学家科普兰(Copeland)和泰勒(Taylor)又结合南北贸易模型从理论角度进一步证明，高收入国家因对环保产品的偏好而提高了环境规制的标准,并且通过自由贸易方式实施污染转移(Copeland and Taylor,2003,1994)。低收入国家和地区在承接高收入国家产业转移的同时,也承担了污染和能耗转移,这一现象被称作"污染天堂假说"或"污染避难所假说"(pollution haven hypothesis,PHH)。污染天堂假说认为当宽松的环境标准成为区域间相对竞争优势的来源,跨国公司尤其是污染密集型产业的公司便会将生产过程转移到这些区域,从而导致环境政策严格的发达国家不再从事污染密集型产业的生产,环境政策宽松的其他国家变为污染产业的集聚地(刘啟仁和陈恬,2020;张彩云,2019;余东华和邢韦庚,2019)。由于生产的转移过程通常都伴随着跨国公司的直接投资,这些环境政策宽松的国家也就成为跨国公司对外直接投资的东道国。

同时,这些直接投资的增加,对于东道国来说,不仅会提高经济总量,加快经济发展,而且会增加就业机会,提高人均收入。因此,为了促进本国的经济发展,各个国家都尽可能地争取外来资本的流入和生产的扩大。而根据污染天堂假说,外商直接投资会伴随产业转移流向环境标准较低的国家,由此各国为了吸引外商直接投资或避免本国资本外流便会降低本国的环境标准。如此相互竞争的结果,便导致全球环境标准下降,这种趋势也被称为"竞底假说"(race to the bottom)。它是污染天堂假说的深化。

其实,污染天堂假说和竞底假说的成立需要一个重要前提,即假定环境标准差异导致的相对竞争优势是吸引外商直接投资和产业转移的关键因素。然而,环境因素并非外商直接投资的唯一动因,一般在其他要素的影响相近、差异并非显著时,环境因素才会成为关键要素。显然,污染天堂假说和竞底假说在解释现实产业转移现象时难免存有一定的局限性,但是对于资源枯竭型企业跨区转移行为胁迫效应机理分析和强度测度仍有一定的借鉴作用。

3. 波特假说

20世纪90年代美国经济学家波特(Porter)和范德林德(van der Linde)基于理论分析与案例研究提出,标准较高但设计合理的环境规制(尤其是基于市场的环境政策,如税收、污染排放许可等)可以刺激企业的技术革新并能部分乃至全部抵消严守环境规制的成本,进而获得并保持国际市场的竞争优势(Porter and van der Linde,1995;Porter,1991)。这一观点被称为"波特假说",它展现了一种认识环境保护与经济发展关系的全新视角。

其实早在20世纪30年代英国经济学家希克斯(Hicks)也曾提及类似的观点(Hicks,1932),然而,能够系统而清晰地阐述环境保护与企业竞争优势之间存在"双赢"(win-win)结果可能性的还是波特和范德林德的研究。虽然此前的一些研究认为环境规制会产生对于企业生产经营的"挤出效应",影响企业产品竞争力的上升，但与之相反，波特假说则认为环境规制能够有效促进企业的技术创新活动，所形成的"创新补偿效应"不仅能够补偿生产成本的投入，而且能够促进企业生产率和经营绩效的上升，从而进一步提升企业的产品竞争力及全球价值链地位。

而波特假说成立的关键在于环境规制能否通过技术进步形成对于企业生产率的正向促进，这完全取决于创新补偿效应的强弱，创新补偿效应带有明显的时期特征。由短期审视，企业面对环境规制和资源约束，只能将用于技术创新的部分资源转向污染治理与环境改善，此时环境规制对企业创新挤出效应较强，而相应的创新补偿效应较弱，环境规制明显抑制技术创新(徐彦坤和祁毓，2017)。由长期审视，污染治理同样体现边际报酬递减规律，随着污染治理成本的不断增加，企业开展技术研发的压力和动力不断增强，投入逐步增加。环境规制对技术创新的抑制作用渐渐消减，而由其诱发的创新补偿效应逐渐强化(祁毓等，2016)。当企业适应了环境规制的各类影响，并能够协同进行治污处理和技术创新之时，环境规制对技术创新的抑制作用自然消除，创新补偿效应强于挤出效应，环境规制对技术进步和企业生产率的影响转为正向(盛鹏飞和魏豪豪，2020)。

对于这种现象的成因，波特和范德林德认为可能有五点：一是环境规制能够指明企业在资源利用效率方面的标准和差距，以及技术改进的可能方向；二是环境规制能够提高企业的信息收集和环保意识；三是环境规制能够降低企业对于环境有益投资的风险性；四是环境规制能够对企业施加持续创新与不断进步的压力；五是环境规制能够改变传统的竞争环境，保证企业不依赖规避环境投资而取得竞争优势(Porter and van der Linde，1995)。

波特假说受到政策研究者与主流工商业经营者的普遍关注。1997年新西兰经济学家杰菲(Jaffe)和帕尔默(Plamer)进一步从理论和经验上检验波特假说，并将波特假说区分为强波特假说、弱波特假说与狭义波特假说三类(Jaffe and Plamer，1997)。第一类，由于合理设计的环保法规会刺激企业创新，但这类创新对于企业是有利还是不利，并不确定，因此它被称为弱波特假说。第二类，由于在多数情况下，创新所带来的经济收益能够超过环境规制的遵行成本，从而增强企业竞争能力，因此它被称为强波特假说。第三类狭义波特假说认为，由于灵活的规制政策往往比传统的监管形式给予企业更大的创新激励，尤其是经济手段，更能够促进创新与提高竞争能力。据此，波特假说又引致学术界的热议和争鸣(沈能等，2020；余伟和陈强，2015)。有一批研究充分支持波特假说，如针对美国空气质量监管对于洛杉矶炼油厂生产率影响的研究，墨西哥环境标准的迅速提高对于食品加工商的生产率影响的研究，意大利环境监管对于生物燃料领域创新活动影响的研究等，都从不同视角证明了设计合理的环境规制能够引发广义上的创新，在环境监管约束下，能够刺激产业发展或创新活动(Costantini et al., 2015；Alpay et al.,

2002；Berman and Bui，2001)。另有一些研究对于波特假说进行了质疑甚至批评(Palmer et al.，1995)，认为波特假说的结论似乎为时过早，与企业利润最大化的假设并不相符。

尽管如此，波特假说关于环境规制将形成企业技术创新的"倒逼"机制，迫使企业从原有的要素驱动向着创新驱动转变的新思路，对于资源枯竭型企业跨区转移行为胁迫效应影响因素的分析和防范调控机制的构建具有十分重要的指导作用。

2.2 企业跨区转移行为及相关问题的研究进展

上节梳理分析的主要学术流派，为资源枯竭型企业跨区转移行为及其溢出效应和胁迫效应的研究奠定了理论基础。为了把握在此基础上进一步的研究现状和成果，还需要分别从企业转移行为形成特征、溢出效应和胁迫效应三个不同的视角，来查阅并梳理国内外相关文献。

2.2.1 企业跨区转移行为形成特征的研究

国内外学者对于企业跨区转移行为形成特征的研究，既有共性的一面，也有个性的一面，即分别从一般性企业转移行为形成特征与资源枯竭型企业转移行为形成特征入手。

1. 一般性企业转移行为形成特征研究

对于一般性企业转移行为形成特征的研究，学者主要从四个方面展开：

(1)关注企业转移行为的产生动因。由于切入点的不同，已形成了两类不同的研究视角。

一类视角是从产业、企业和产品系统的比较优势出发研究企业转移行为发生的动因。在实践调查层面上，刘易斯(1984)发现发达国家人口自然增长率下降、非熟练劳动力不足导致劳动密集型产业比较优势逐步丧失，最终使相关企业向发展中国家转移，即认为劳动力成本上升是企业转移行为发生的根本原因。普雷维什(1990)认为迫于发展的压力，发展中国家实行了进口替代战略，又成为企业转移行为发生的根源。卢根鑫(1994)发现国际产业贸易与国际产业投资所形成的重合产业是国际产业转移的基础条件，而商品生产技术构成的相似性与价值构成的相异性则是国际产业转移的必要条件。Dean 等(2009)、Gerasimchuk(2010)、Kirkulak 等(2011)及 Lan 等(2011)先后研究认为发达国家在本国环境规制履约成本相对较高的情况下，会把污染密集型产业向环境标准较低的国家转移，尤其是在墨西哥、巴西、中国以及其他人均收入仍然较低的国家，很多环境敏感性工程、高碳风险工程仍然能够获得大量的外国投资。这些研究表明实现污染转移也成为企业转移的又一动因。然而许和连和邓玉萍(2012)通过实证研究认为,FDI(外商直接投资)在地理上的集群有利于改善中国的环境污染,从整体上来说污染天堂假说在中国并不成立,但不同来源地的FDI对区域环境污染的影响程度存在显著差异,其中来自全球离岸金融中心的外资显著降低了中国的环境污染,东亚、欧美等发达国家的外资对环境污染的改善不明显。王文治和陆建民(2012)则提出中国要鼓励外资企业转移先进的减排技术,降低污染密集型行业的排污量。不仅如此,周立群和刘东勋(2001)针对中国"东业西移"的研究认为,中西部地区可以从经济发展水平较高的东部上游地区接收转移出来的劳动密集型产业,推动中西部地区的经济发展,同时使东部地区的存量资本得到有效调整,有力地推动东部地区的产业升级。后来学者作了进一步研究,Dunning 和 Lundan(2008)、Cui 等(2011)及 Dhyne 和 Guerin(2012)等先后认为寻求技术、品牌、管理经验等战略资产是发展中国家对外直接投资的主要动机。Ramasamy 等(2012)则认为寻求自然资源是中国对外直接投资的主要动机,李阳等(2013)基于我国江苏省 2007~2010 年对 60 个国家或地区投资面板数据的实证研究也得到了类似的结论。王方方和赵永亮(2012)通过实证研究印证了东道国实施关税对我国企业跨国直接投资区位选择具有显著正效应。栾秋琳和安虎森(2018)还建议以降低关税和增加配额的方式,对转移的我国企业实施单边贸易保护。

在理论分析层面上,大西胜明基于小岛清"边际产业扩张论"研究认为,企业转移是产业结构调整国际化的载体,因为产业结构调整总是伴随着企业跨国经营;Dunning(1977)利用 O-L-I 模型分析提出,产业组织决定的所有权优势(O)、要素赋存结构决定的区域优势(L)、交易成本决定的内部化优势(I),是解释企业对外直接投资和跨国经营的主要原因;Nakosteen 和 Zimmer(1987)则基于对企业转移行为的影响力不同,把影响企业转移的因素分为推力、拉力和阻力。这三种因素相互作用,在区位决策过程中都是非常重要的。缺少发展的空间一般是最重要的推力因素,其次是通达性差,第三则是劳动力市场。从某种意义上看,对大多数面临寻找一个新区位的企业来说,最重要的阻力因素是希望留住现有的员工,尤其是那些高度专业化的劳动力。当企业面临较高的雇佣、解雇和培训成本时,区域间转移的成本远高于区域内转移。这种阻力使得决策层尽量缩小转移的距离,这样企业原有的员工就可以继续为企业工作而不会增加企业转移的成本。也有利用国际贸易理论中的 H-O-S 模型研究认为,产业发展的雁行状态描述了一国或一地区的产业进化过程,但实质上反映了比较优势的转移及与此相关的企业转移。还有基于异质性理论模型研究认为,跨国企业的海外转移行为是生产水平型 FDI 与出口引致型 FDI(Kleinert and Toubal,2013),以及产业链布局的战略选择(高凤平等,2019)。

另一类视角是从企业赢利的空间界限出发探讨企业转移行为发生的动因。Smith(1971)提出，位于既定区位的企业有一个赢利的空间界限，并由其空间收入和成本状况共同决定。随着外部环境和发展条件的变化，企业的空间收入和成本状况会发生变化，这就造成企业赢利空间的改变，导致企业最优区位的变化。为了提高赢利水平和竞争力，企业将实施空间迁移。此后，Nakosteen 和 Zimmer(1987)提供了一个理论框架，认为在这个框架中，企业给收益设定一个固定值，如果企业超过这个收益率（或者在边际收益区域内），大多数企业会选择留在现在区位，而不会转移到最优区位。反之，需要进行区位转移，否则企业会失败。在此揭示了对优势利润区位的追求是企业转移行为发生的根本原因（曾康华和夏海利，2020；赵俊风和张聪群，2016），这与从产业、企业和产品系统的比较优势出发的研究并不矛盾，在一定意义上说是殊途同归（李存芳，2015）。

(2)关注企业转移行为的实施方式。由于研究侧重点的差异，也产生了两种不同的研究视角。

从企业成长的微观视角，学者提出了企业空间扩张模式，主要有：Taylar 的组织变形及区域演化模式、Hakanson 的全球扩张模式、Watts 的市场区扩大模式、Dicken 的全球转移模式(Dicken and Lloyd，1990)。四个模式各有侧重，但其共同点在于：企业扩张一般遵循市场区位扩张—销售区位扩张—生产区位扩张的顺序。进一步调查认为企业扩张转移主要在构建营销网络（选择率55.24%）、建立加工点（选择率38.10%）、对外投资（选择率31.43%)方面，而选择设立研发机构、转移生产设施和转移企业总部的要少得多，分别为 7.62%、6.67%和 5.71%(陈建军，2002)；还有提出企业转移应以创立品牌和知识创新与转移为主要目标(Liao，2008；Walter et al.，2007；Denize and Young，2007)，并为当地企业提供一个学习和获取知识、技术等各种先进资源的机会(Xu et al.，2012；Doytch and Uctum，2011)，也有认为应以扩大市场为主要目标（栾秋琳和安虎森，2018；齐子翔和于瀚辰，2015；Mayer et al.，2011；Ridel，2010)。应该说，都是从微观角度来解释企业的成长与扩张性转移。

从技术梯度的宏观视角分析，如果说静态梯度转移理论和动态梯度转移理论为企业转移行为的发生提供了一定的理论依据，那么，Friedman 提出的"核心-边缘"模型，把相关因素从狭窄的经济范围扩展到更广阔的范围，即将社会、政治变量引入模型，以此来说明空间的不平衡联系，为企业梯度转移行为的实现提供了可以吸收和借鉴的"合理内核"。我国学者夏禹龙等(1983)最早从国外引入"梯度理论"的概念，何钟秀(1983)将其概括为"国内技术转移的梯度推移规律"。刘再兴(1988)进一步研究认为梯度变化固然有朝着一个方向由上而下发展的趋势，但这不是绝对的；梯度分布不仅是指我国三大地带之间的梯度差，也包括各地带内部的城镇区与农业区之间的梯度差。而郭凡生(1986)提出了"反梯度理论"。如果把梯度推移看成是非平衡发展的渐进过程,那么,反梯度推移则是非平衡发展的突变过程。其实论争的焦点在于对其逻辑起点——梯度的内涵和外延的机械、静态把握。李国平和李具恒(2003)进一步研究提出了广义梯度理论,将梯度抽象为三个层面:一是指自然界中物质、能量等客观事物的梯度分布,二是指经济、社会、文化发展水平的梯度分布,三是指生态环境优劣程度的梯度分布,并揭示了其间的耦合关系,预设了梯度的层次等级差异性。而且强调,任何意义上的梯度既是梯度推移方,又是接受梯度推移的一方,即梯度推移是多维双向的。该理论丰富了传统梯度理论的内涵,扩展了思维和应用空间,提高了传统梯度理论在实践中的适用范围和适应能力(雒海潮等,2014;许抄军等,2011)。

(3)关注企业转移行为的进入模式。Makino 和 Beamish(1998)以1982年美国商业部的调查数据及1995年世界竞争力报告的数据来衡量所有权限制程度,经卡方检验表明,东道国(地区)管制程度与合资、独资两种进入模式的存活率均为负相关。Contractor(1990)研究发现,当地市场规模越大,企业更有可能以合资甚至均等股或少数股合资的模式进入。其主要原因在于,面对一个较大规模的当地市场,转移进入的企业更容易接近合资企业的潜在合作者及其当地的销售网络和售后服务点。而且研究认为如何激发对当地供应商的专用性投资激励,是跨国企业成功从事国际生产与贸易的关键课题(洪联英等,2013)。也有研究认为这样增加了收购进入的可能性(陈仕华等,2013)。学者又进一步研究了进入模式与绩效等问题(Ramasamy and Yeung,2010;Mario and Yasuo,2007)。Luo 和 Neale(1998)则具体针对跨国公司对华转移项目投资的研究,将外商的转移行为分为三个阶段:20世纪80年代的"机会试探者"、90年代的"战略投资者"和进入21世纪的"当地市场主导者"。在80年代的外国转移项目大都属于试探性投资,加之我国的限制性政策,中外合资模式居于主导地位;随着开放政策的完善,外国投资的战略性增强,到了90年代末期,独资方式取代合资模式成为主导的进入方式,其实这样也规避了与当地合作者的利润分享(Ilian and Yasuo,2005)。还有研究关注了进入模式与子公司的存活率问题。白涛等(2013)针对我国企业对外直接投资的实证研究发现,通过绿地投资方式建立的子公司存活率要高于并购方式建立的子公司。作为进入模式的拓展,学者认为在产品内国际分工的背景下,单个企业一般只从事产品生产的一个或者几个环节,产品生产的关联性使产业转移已不再是孤立地、分散地进行,倾向于整体性的集群式转移形式,即形成产业链式转入(李停,2016)。

(4)关注企业转移行为的区位因素。企业转移行为的区位因素是学者关注的重点(表2-2),具体的研究是从两个视角逐步展开。

表 2-2　一般性企业转移行为的区位因素汇总表

序号	研究学者	主要区位因素
1	陶佩和鲍春燕(2020)；金中坤和潘镇(2019)；栾秋琳和安虎森(2018)；王良举等(2017)；齐子翔和于瀚辰(2015)；胡平等(2014)；肖文和周君芝(2014)；周犀行和欧阳溥蔓(2013)；马捷等(2012)；Tokunaga 和 Jin(2011)；Mayer 等(2010)；Bala 和 Matthew(2010)；Ma 等(2008)；徐康宁和陈健(2008)；Birkinshaw 等(2006)；Rahman(2006)；贺灿飞(2005)；Tassey(2005)；Mucchielli 和 Puech(2003)；苏重基(2003)；Sun 等(2002)；Jiang 等(2001)；Coughlin 和 Segev(2000)；Cheng 和 Kwan(2000)；Wei(1999)；Devereux 和 Griffith(1998)；Qu 和 Green(1997)；Liu 等(1997)；鲁明泓(1997)；Chen(1996)；Wang 和 Swain(1995)；Gong(1995)；Friedman 等(1992)；Dunning(1973)	市场因素
2	陶佩和鲍春燕(2020)；刘晓敏(2020)；程衍生(2019)；朱华(2014)；王方方和赵永亮(2012)；贺灿飞(2005)；杨保良(2005)；Wei(1999)；Clegg(1998)；Dees(1998)；Liu 等(1997)；Dunning(1973)	贸易壁垒
3	曾康华和夏海利(2020)；赵永亮和葛振宇(2019)；韩会然等(2018)；蒋含明(2018)；颜燕等(2014)；陈艳莹和童旭(2013)；Ma 等(2008)；Christian 等(2008)；Jiang 等(2001)；Coughlin 和 Segev(2000)；Dees(1998)；Liu 等(1997)；李小建(1996)；Wei(1995)；Mariotti 和 Piscitello(1995)；Wang 和 Swain(1995)；Clickman 和 Wood(1988)；Henderson(1986)；Williamson(1985)；Dunning(1973)；Caves(1971)	成本因素
4	徐志伟和刘晨诗(2020)；赵永亮和葛振宇(2019)；金中坤和潘镇(2019)；沈静等(2019)；阎海峰和王启虎(2019)；黄璇和任宛竹(2017)；谢敏等(2017)；田馨予和雷平(2016)；朱华(2014)；关凤利等(2014)；罗若愚等(2014)；冀相豹(2014)；刘朝等(2014)；聂名华和柳杨(2014)；李秀娥和卢进勇(2013)；Wang 等(2012)；宗芳宇等(2012)；赵伟和向永辉(2012)；Arazmuradov(2012)；Alguacil 等(2011)；Buckley 等(2011)；Min 和 Myungduk(2010)；Berry 等(2010)；Amerighi 和 Peralta(2010)；Cantwell 等(2010)；Dikova 等(2010)；Kumar(2007)；Grosse 和 Trevino(2005)；Crozet 等(2004)；范丹宇(2002)；魏后凯等(2002)；Sun 等(2002)；Jiang 等(2001)；Cheng 和 Kwan(2000)；Fu(2000)；Wei(1999)；Clegg(1998)；Dees(1998)；Ferrer(1998)；鲁明泓(1997)；Qu 和 Green(1997)；Tse 等(1997)；Luo(1997)；Liu 等(1997)；Keith 和 Ries(1996)；Gong(1995)；Wang 和 Swain(1995)；Wei(1995)；Dunning(1973,1988)	制度因素
5	陶佩和鲍春燕(2020)；金中坤和潘镇(2019)；李存芳(2015)；朱华(2014)；肖文和周君芝(2014)；李阳等(2013)；Ramasamy 等(2012)；Kolstad 和 Wiig(2012)；尹国俊和杨雅娜(2012)；张健(2006)；杨宝良(2005)；苏重基(2003)；Dunning(1988)	资源因素
6	安同良和杨晨(2020)；王巍和马慧(2019)；张子珍(2016)；何兴强等(2014)；方慧等(2014)；叶娇和王佳林(2014)；李裕瑞等(2014)；胡平等(2014)；陈艳莹和童旭(2013)；尹国俊和杨雅娜(2012)；Vesna 等(2010)；Miguel(2006)；Teirlinck 和 Spithoven(2005)；He(2002)；Cheng 和 Kwan(2000)；Hou 和 Zhang(2001)；Wei(1999)；Broadman 和 Sun(1997)；Tse 等(1997)；Keith 和 Ries(1996)；Chen(1996)；Gong(1995)；Porter(1990)；Leung(1990)；Dunning(1988)	基础设施
7	金中坤和潘镇(2019)；刘岳平和付晓东(2018)；肖文和周君芝(2014)；李阳等(2013)；Julan(2012)；Ruey-Jer 等(2011)；Javorcik 等(2011)；Stein 和 Daude(2007)；张健(2006)；Porter(2005)；Hou 和 Zhang(2001)；Fu(2000)；Dees(1998)；Luo(1997)；Liu 等(1997)；Qu 和 Green(1997)；Dunning(1988)	文化差异

续表

序号	研究学者	主要区位因素
8	林柄权等(2020)；于瀚辰等(2019)；叶玉瑶等(2019)；韩会然等(2018)；谢敏等(2017)；皮建才和仰海锐(2017)；何兴强等(2014)；陈艳莹和董旭(2013)；周浩和陈益(2013)；Chen(2011)；Bala 和 Matthew(2010)；Hong(2007)；Li 和 Park(2006)；Cieslik(2005)；贺灿飞(2005)；杨宝良(2005)；Linda 和 Tuan(2003)；Mucchielli 和 Puech(2003)；魏后凯等(2002)；He(2002)；Kinoshita 和 Mody(2001)；Hou 和 Zhang(2001)；Guimaraes 等(2000)；Cheng 和 Kwan(2000)；Ford 和 Strange(1999)；Head 等(1999)；Wei(1999)；贺灿飞和梁进社(1999)；Shaver(1998)；Devereux 和 Griffith(1998)；Ellison 和 Glaeser(1997)；Qu 和 Green(1997)；Venables(1996)；Kogut 和 Chang(1996)；Smith 和 Florida(1994)；Wheeler 和 Mody(1992)；Coughlin 等(1991)；Porter(1990)；Leung(1990)；Dunning(1988)；Glickman 和 Woodward(1988)	集聚经济
9	曾祥炎等(2019)；吕大国等(2019)；叶娇和王佳林(2014)；胡平等(2014)；聂名华和柳杨(2014)；Kadokawa(2013)；尹国俊和杨雅娜(2012)；Gao(2012)；Bala 和 Matthew(2010)；孙永平和余佩(2008)；Wasseem(2007)；Sun 等(2002)；UNCTAD(2002)；Hou 和 Zhang(2001)；Noorbakhsh 和 Paloni(2001)；Coughlin 和 Segev(2000)；Fu(2000)；Dunning(1998)；Broadman 和 Sun(1997)；Horstman 和 Markusen(1992)；Krumme 和 Hayter(1975)	人力资本
10	孙瑞东和席强敏(2019)；刘岳平和付晓东(2018)；韩会然等(2018)；孙楚仁等(2018)；谢敏等(2017)；周浩等(2015)；肖文和周君芝(2014)；朱华(2014)；李裕瑞等(2014)；尹国俊和杨雅娜(2012)；Stein 和 Daude(2007)；贺灿飞(2005)；Porter(2005)；Crozet 等(2004)；He(2002)；Coughlin 和 Segev(2000)；Luo(1997)；Broadman 和 Sun(1997)；Qu 和 Green(1997)	地理区位条件

资料来源：Elsevier 全文期刊数据库 http://www.sciencedirect.com；中国期刊全文数据库 http://dlib.edu.cnki.net，并经作者整理。

一是从理论视角研究了区位因素与区位特征。Dunning(1973)研究认为企业是否对外投资取决于三个因素，其中包含了"区位优势"，并且，在《国际生产的决定》一文中，把区位因素归纳为四类：①市场因素，包括市场规模、市场增长、同顾客密切联系的程度、现有市场布局；②贸易壁垒，包括贸易壁垒程度(关税高低)、当地顾客喜爱本国产品的程度；③成本因素，包括接近供应来源、劳动力成本、原料成本、运输成本；④投资环境，包括对外国投资的政策法规和政局稳定程度。进一步研究又具体归纳出了一系列区位特征变量，并且指出全球化、NPD(新发展范式)和制度的内容与质量已成为现代企业竞争优势和国家区位引力的重要组成部分(Dunning，2006，1988)。而崔新建(2001)通过对外商对华投资内在规律的系统、深入研究，认为 Dunning 的国际生产折衷理论的"三个优势"间存在重叠和冲突，进而借助 Drucker 的企业理论，将跨国企业和东道国置于平等地位，建立了一个包含企业所有权和东道国区位优势两个变量的 OL 模型，强调了区位因素的决定作用。与之不同，张婷和李红(2016)则运用单国引力模型和系统广义矩与工具变量估计方法，探讨我国吸引亚洲国家和地区 FDI 的主要区位因素，以及亚洲各区域对我国 FDI 吸引力因素的敏感差异，进一步丰富了 Dunning 的区位因素理论。

Vernon 的产品生命周期理论实质上指出了一种国际生产区位转移的规律，在较大程度上解释了战后美国企业到西欧进行大量投资的动机。他在《经济活动区位》一文中，还提出处于创新期寡头(innovation-based oligopolies)、成熟期寡头(mature oligopolies)和衰老期寡头(senescent oligopolies)三个不同阶段的企业有着不同的区位行为(Vernon, 1974)。

Caves(1971)则从另一个理论方位研究认为，与东道国企业相比，外资企业在其投资环境中具有"外来身份"劣势，在原料购买、识别和发现市场机会、搜寻熟练劳动力、管理以及许多不可预见的不确定性因素方面比东道国企业付出更高的信息成本，这就使得外资企业往往作出风险回避型的区位选择。陈振汉和厉以宁(1982)也指出现实经济中存在若干"不确定因素"这一事实，不仅使传统微观经济分析中的单项成本因素的分析不适用了，甚至多种成本因素的综合分析也显得不够用了，必须加强对信息成本的分析。还有些学者对此做了进一步研究后认为，由于缺乏信息沟通和互信机制而带来较高的信息成本和在外国管理企业的困难，使一个风险回避型的企业，往往投资于那些基础设施条件较好、市场规模较大、资源丰裕度较高、具有集聚经济效应、且为人们所熟悉的地区(金中坤和潘镇，2019；Javorcik et al., 2011；Tsui-Auch and Möllering, 2010；Clickman and Wood, 1988)。

此外，Porter(1990)认为，一个区域之所以对 FDI 有吸引力，就在于它拥有良好的基础设施、服务设施和熟练的劳动力及大量的产业集中等因素。Lucas(1990)关注了人力资本存量对于 FDI 的区位选择影响，研究认为一个地区人力资本存量对于 FDI 的区位选择有着重要影响，人力资本的差异成为 FDI 没有从富国流向穷国的重要原因之一，并指出这正是新古典理论所忽略的地方。Qu 和 Green(1997)则试图将 FDI 理论与区位理论相结合，提出一种更加综合的外商直接投资区位选择理论框架，也更凸显了区位因素的地位。Linda 和 Tuan(2003)又借鉴 Krugman 关于新空间经济学的一个新方法，研究指出集聚经济产生的外部性是吸引外商直接投资的重要因素。尹国俊和杨雅娜(2012)还从资源基础理论出发，在综合与继承代表性国际直接投资理论核心思想的基础上，构筑了能力资源整合理论的分析框架，研究认为企业具备的能力资源、战略动机和东道国区位优势共同决定企业走出去的区位选择。王良举等(2017)又基于新经济地理分析框架，利用来自我国制造业数据进行实证分析，认为异质性企业空间选择中自我选择效应带来了一定的内生区位差异，也进一步提升了区位理论的解释力。

二是从实际调查、经济计量研究的视角，分析了企业转移行为的区位因素。主要包括：

①成本因素。Glickman 和 Woodward(1988)研究认为成本最小化仍是 FDI 区

位选择的重要标准。Williamson(1985)发现除了传统的生产和运输成本外，商品交换中较高的交易成本将促进 FDI 的发生；Mariotti 和 Piscitello(1995)认为信息成本的高低也对 FDI 的区位选择有重要影响。李小建(1996)调查发现香港在中国大陆的公司主要考虑"廉价劳动力""有技术劳动力""个人关系""较好工业关系"和"更优惠政策"等，这些因素均直接或间接与降低生产成本有关。此后，Coughlin 和 Segev(2000)发现工资水平与省区外资成负向关系；Christian 等(2008)从劳动力成本角度采用面板-引力模型计量研究中东欧国家的 FDI 决定因素，发现无论总的还是单位的劳动力成本都对 FDI 具有负影响，而且综合成本(距离、税收和劳动力成本)对于 FDI 流入中东欧国家的影响显著。但对劳动力成本的影响也有不同见解，Ma 等(2008)在研究澳大利亚在华投资的区位决定因素时，就发现劳动力成本影响并不显著。此后的研究关注了要素价格扭曲对于不同生产效率企业选址产生的影响，发现较高的要素价格扭曲水平对于该区域新进入的低效率企业的期望值具有显著为正的影响，而对于该区域新进入的高效率企业的期望值则具有显著为负的影响(蒋含明，2018)。

②市场潜力因素。Friedman 等(1992)发现接近市场对外商在美国的投资区位决策有着重要的正影响。Devereux 和 Griffith(1998)认为在欧洲具有良好市场邻接性的国家，也从美国得到较多的投资。同样，也有研究发现在我国的外资聚集在市场通达性较好的区位(Rahman，2006；Hou and Zhang，2001；Gong，1995)。而且，在众多有关区位因素的研究中确认了 GDP 的影响显著(Qian et al.，2002；Coughlin and Segev，2000；Cheng and Kwan，2000)，市场规模的影响也较显著(马捷等，2012；Costinot and Vogel，2010；Birkinshaw et al.，2006；Tassey，2005)。还有一些相关研究，如 Buch 等(2005)利用 Deutsche Bundesbank 有关企业数据探讨德国对外直接投资的区位因素，发现获取市场是决定性因素，徐康宁和陈健(2008)则证实了市场容量仍然是吸引跨国公司投资或 FDI 的最重要的因素之一。Mayer 等(2010)进一步指出作为影响 FDI 的一个地区商品与服务的潜在需求，主要依赖其是否能够接近具有挖掘潜在市场能力的消费者或区位。Tokunaga 和 Jin(2011)还将市场潜力分为国内和国外市场潜力两部分；周犀行和欧阳溥蔓(2013)研究了我国城市面对的市场潜力对在华 FDI 区位选择的影响，发现一个城市面对的国内市场潜力和国外市场潜力都对该城市吸收 FDI 具有显著的促进作用，而前者对 FDI 流量的影响更大。张婷和李红(2016)进一步研究发现，更大的市场规模、集聚经济和语言相似性能显著提高对亚洲主要国家和地区的在华投资动力。另外，一个城市面对的来自本省的市场潜力将正向影响该城市吸收外资，但来自外省的市场潜力却对该城市的 FDI 流入无显著影响，这反映了我国国内市场存在一定程度的分割。

③集聚和产业配套因素。有的学者指出在外部不确定性条件下，集中化的区

位战略可以形成正外部性以及规模和范围经济,降低投资风险(Smith and Florida, 1994);另有学者认为还会形成产业特定的溢出效应和自然优势(鲍洋,2013;蒋仁爱和冯根福,2012;Ellison and Glaeser,1997)。对此方面的研究已有大量实证:Mayer 和 Mucchielli(1998)的研究显示,日本在欧盟的投资与集聚经济因素正相关;Ferrer(1998)研究法国在欧盟的投资区位决定因素时,也表明了 FDI 与集聚经济和基础设施正相关。同时,Kinoshita 和 Campos(2003)在对中东欧国家外资分布的区位因素研究中也反映了集聚经济的主流影响;Cieslik(2005)在对波兰区域特征与引进外资企业数量的关联研究中同样显示,外资企业在波兰区位选择中的许多影响因素具有不确定性或统计不显著,但工业与服务业集聚因素总是具有正的影响且显著。进一步研究确认,集聚因素和产业结构是影响跨国公司区位选择的重要因素(于瀚辰等,2019;徐维祥等,2019;Chen,2011;Bala and Matteu, 2010;Hong,2007;Shaomin and Park,2006)。

④基础设施因素。Gong(1995)对我国 1980~1989 年 FDI 的城市分布资料研究显示,较好的电力供应、邻近港口、便捷交通通信和特殊优惠政策等因素可以很好地解释 FDI 的城市集聚分布特征;Keith 和 Ries(1996)基于我国 1984~1991 年 54 个城市的合资企业区位选择行为的研究,发现区域产业集聚和交通设施对外商直接投资区位选择的影响显著。也有研究显示,在各省区中交通线路密度越大,外资流入得越多(Cheng and Kwan,2000)。还有研究认为,邮电服务业的总产值和每百人的电话数等体现基础设施的变量对企业区位选择影响显著(He,2002)。Teirlinck 和 Spithoven(2005)则以私营企业在比利时的地区分布为样本进行了研究,认为在吸引企业活动方面,区位的公共交通便利程度很重要。王巍和马慧(2019)认为本地基础设施建设对企业进入具有显著的促进效应。尤其是互联网已成为地区竞争优势的源泉,对企业具有极强的吸引力(安同良和杨晨,2020)。但是,此类效应也存在明显的区域异质性和产业异质性。

⑤制度因素。一些学者认为,给予外资企业的优惠政策是影响外资企业选择区位的一项制度因素(Mayer et al.,2011;Amerighi and Peralta,2010;Qian et al., 2002)。鲁明泓(1999)选择了 114 个样本国家和地区 1994~1996 年的国际直接投资流量和存量数据,研究认为制度因素比经济因素或硬环境更重要;Grosse 和 Trevino(2005)在对中东欧国家的外资进入的研究认为,越是拥有有利于外资企业发展的经济政策,外资就越容易流入该地区,而腐败和国家政治风险会阻止外资的流入;Ramirez(2006)及 Fernandes 和 Paunov(2012)等对智利吸引外商投资的决定因素研究中发现,制度因素对于解释进入智利的 FDI 具有重要的统计解释力。相反,Kumar(2007)研究了印度企业对外投资区位的决定因素,发现政策自由化对印度企业向外投资有着显著影响。但是,制度因素对不同地区的企业区位选择的影响也有不确定性,Ferrer(1998)对法国企业到欧盟投资的区位因素研究显示

FDI 与刺激政策呈负相关；Crozet 等(2004)对法国境内 FDI 区域分布决定因素的分析表明与引资刺激政策无关。魏后凯等(2002)研究认为在对外开放的早期，财政刺激确实对吸引外商直接投资起到过重要作用，但它的贡献可能在逐步减弱。赵伟和向永辉(2012)的实证分析也得出了类似的结论。因此，政策制定者应该把注意力集中在发展市场经济的新政策方面。此后的研究进一步拓宽了制度因素研究的范围(Wang et al.，2013a；Baldwin and Yan，2011)。有些研究认为制度差异能够解释企业跨境并购交易完成概率和交易所需时间；两国政府之间关系、法律制度差异都是影响 FDI 的重要因素(李秀娥和卢进勇，2013；Buckley et al.，2011；Dikova et al.，2010；Berry et al.，2010)。还有研究认为制度约束会影响 FDI 的进入成本和方式、FDI 的行业分布和特征，在更为微观的层面则会影响跨国公司在东道国的行为方式、与当地企业之间的相互作用，以及增长效应的大小(Alguacil et al.，2011；Cantwell et al.，2010)。具体研究指出，在短期内 17 个经合组织国家的对华发展援助挤出了这些国家对中国的 FDI，但在中长期促进了这些国家对中国的 FDI，并且时间越长，促进效应越强(王翚等，2013)。也有实证研究发现，国际双边发展援助对吉尔吉斯斯坦和塔吉克斯坦，以及一些南亚国家的 FDI 有正相关关系(Arazmuradov，2012；Bhavan et al.，2011)。而对于我国企业的研究发现，双边经济关系和双边政治关系对企业 ODI 区位选择均具有正向影响，且两者在对企业 ODI 区位选择作用关系上存在替代效应(阎海峰和王启虎，2019)。

⑥人力资本因素。Noorbakhsh 和 Paloni(2001)用劳动年龄人口的中学教育时间、中学加上高等教育时间这两个指标作为观测变量，研究表明人力资本的存量和流量对于外商直接投资的进入有明显的正影响，且观测时间跨度越长，正影响越显著；UNCTAD(2002)基于 140 个发达和发展中国家的数据研究，发现人力资本与外商直接投资的进入之间存在高度正相关性。Ting(2005)使用小学毕业生、初中毕业生、高中毕业生和大学毕业生占劳动力人口的比例作为人力资本的代理变量，基于 1996～1999 年的我国省际面板数据的研究，认为人力资本对于吸收 FDI 有着重要的作用。而孙永平和余佩(2008)利用 1996～2006 年我国省际面板数据，分析了外商直接投资的区位决定因素，回归结果显示：就全国而言，人力资本存量与外商直接投资的流入负相关，但是在区域层次上人力资本与外商直接投资的流入正相关；Wasseem(2007)在对 1980～2002 年的 GCC(海湾合作会议)国家之间的 FDI 分布的研究认为，人力资本对 FDI 的影响呈现负相关性。还有学者针对服务业外资区位选择影响因素的研究，利用经合组织(OECD)国家 1980～2003 年的数据，使用动态面板方法分析发现，东道国劳动力质量、市场规模、外资集聚等因素较为重要(Bala and Matthew，2010)。此后，又有学者以我国各地级市作为企业选址的备选空间，利用负二项回归考察了人力资本溢出效应对工业部门新

建企业选址的影响。结果表明人力资本溢出是影响新建企业选址的重要因素之一（曾祥炎等，2019）。

⑦地理区位条件、金融发展、文化差异和亲属关系等因素。Qu 和 Green（1997）对我国 1985~1993 年 100 个城市 FDI 区位决定因素的研究发现，外商直接投资的来源国和地理距离对外商直接投资区位分布的影响显著；Daniels 等（2007）利用拉丁美洲和加勒比海国家的 910 家跨国企业资料研究其对外投资的空间模式，发现地理临近性是主要决定因素。也有研究发现两国的距离、时差是影响跨国公司投资意愿的一个重要因素，距离越远，负面影响越大（Stein and Daude，2007；Crozet et al.，2004）。还有研究发现金融发展因素也是东道国有效吸收 FDI 的重要因素（Laura et al.，2010），它直接制约着产业集聚的形成和 FDI 外溢效应的发挥（周兵等，2014；Vesna et al.，2010）。关于外商在华直接投资较早大多集中在东部沿海区域的研究认为，这与中国沿海区域的区位条件、经济文化联系，以及国家由东向西逐步推进的开放政策密切相关（李阳等，2013；Lucas，2006；He，2002；Gong，1995）。这类区域通过学习和经验的积累改善了投资环境，对外商直接投资更具有吸引力（张婷和李红，2016；Tse et al.，1997）。而对于香港和大陆的合资企业集中于广东省和珠三角，以及香港在大陆南部地区的投资格局研究认为亲属关系、创新起到了决定性的作用（叶玉瑶等，2019；Smart and Smart，1991；Leung，1990）。

学者在综合研究了目前企业的一般区位因素之后还发现，现在的区位因素不再像以前那样长期附着在特定的地理空间，流动性已大大增强，但短期内它们仍被假定为难以流动和改变的（张蕊，2002）。而且它们的作用还有一个过程，只不过制造业 FDI 影响因素的作用过程要比服务业的更长一些（Ridel，2010）。鉴于影响产业和区位选择的因素太多，而且受资料获得可行性的限制，一般的区位选择宜运用定性与定量相结合的系统决策方法。具体地说，根据影响产业、区位因素的多样性和重要性，可以采用层次分析法、因子分析法（钟昌标，2001）、多目标决策方法（Lin and Tasi.，2010）、熵权 TOPSIS 组合方法与 DEA 分析法（Lei et al.，2013）、系统广义矩估计量（SYS-GMM）和工具变量（IV）估计方法（张婷和李红，2016）、条件 logit 模型估计方法（林柄全等，2020）、偏差修正的准极大似然方法（BC-QMLE）（安同良和杨晨，2020）等。

2. 资源枯竭型企业转移行为形成特征研究

对于资源枯竭型企业的转移行为形成特征，学者的研究主要集中于以下三个方面：

（1）关注资源枯竭型企业转移的转出方式问题。转出是资源枯竭型企业的现实选择，也是转移过程的起点。对此问题学者从两个不同视角展开了研究。一是针对资源枯竭引发企业转移的转出方式研究。Bradbury(1979)应用发展经济学中的依附论、资本积累与国际化理论，研究认为资源采掘业及其城镇受到垂直一体化的、跨国的、追求总体资本积累最大化的大公司控制。它们在具有资源禀赋和成本比较优势的城镇开发；如果环境变化，则将生产转移到其他区域或国家，导致资源型城镇的衰退甚至废弃，给企业的工人和政府带来巨大负担。这种现象在资源尚未采尽时也可能出现。而 O'fairchea-llaigh(1988)认为，仍然存在许多与一些矿区密切联系、并非垂直一体化的公司；Bradbury 对跨国公司生产投资转移程度大大高估了。有些学者认为发生转移也是在通过生态环境评价的前提下(Chikkatur et al.，2009；Annandale and Taplin，2003)。还有些学者针对澳大利亚资源型企业进行了经济社会影响的评价研究及相关问题研究(Lockie et al.，2009；Australian，2007)。在我国资源枯竭矿山企业的转移方式有两类：局部转移和整体迁移(吕涛和聂锐，2005)。局部转移是指企业在取得异地资源后，派出管理和技术人员，与当地企业合资或合作开发，生产经营的主体还在原地。这种方式进入和退出比较灵活，风险较小。整体迁移是指企业全部人员、设备迁移到其他资源区，原有企业规模缩小或逐步关闭。整体迁移成本较高，但对于区域发展意义重大(Card et al.，2010)。对此，学者分别从财政、货币等方面，对如何规避"资源诅咒"，提出了政策建议。二是针对不同国情和企业特点的转出方式研究。美国、加拿大和澳大利亚等国家，为了开发偏远地区的矿产资源常常是"缘矿建镇"，例如澳大利亚在 1967~1986 年兴建了 24 个资源型城镇，而在此后的西部矿区大开发中又出现了"长距离通勤模式(LDC)"。Jackson(1987)指出：LDC 模式下家庭重担主要落到了妻子身上，雇员中大多是已婚男子，六成的人有未成年的孩子，社会成本明显上升了，还有学者认为这种模式的相关社会问题明显增加了(Bates，2006；Markey et al.，2006)。而 Houghton(1993)及 Storey(2001)认为它避免了由政府规定企业出资新建的开采矿产所必需城镇基础设施的义务；降低了企业招募雇员的难度，因为雇员家属不必迁往偏远的矿区；增加了企业决策的灵活性，尤其是减少了企业将来因资源枯竭而退出时的成本和困难。还有学者认为这种模式下社会问题状况也在逐步改善(Matthew et al.，2012；Mayes and Pini，2010；Sharma and Rees，2007)。在对荷兰企业转移的研究中认为企业的"区位黏性"与企业规模和年龄相关，即企业的规模越大、在同一区位的时间越长，整体转出的动机越弱(Brouwer，2010)。在对我国企业转移的研究中认为政府政策可以降低企业转出的概率，企业转移行为有着一定的特征和趋势(李存芳，2015；李存芳等，2012)。同时针对我国东部地区企业资源枯竭和"矿竭城衰"的趋势，提出大力推进"走出去"战略[①]，让东部老矿山企业走向西部，整合异地资源，开展跨地区、全方位

---

① "走出去"战略：2002 年我国国资委提出让矿山富余人员走向市场，让东部老矿山企业走向西部。

的合作(张青，2011，谢和平等，2011，杨列勋等，2008)，这样能够实现二者竞争优势的双向转移与互补，并产生协同效应，促进资源产业的可持续发展(牛振东，2015；Gao，2012)。此后学者进一步关注我国资源枯竭型企业对外直接投资问题，研究认为妥善处理企业对外直接投资的环境风险是保障企业走向海外战略顺利实施的关键，提出企业自身需要加强内部控制、优化投资战略，建立风险预警机制和分散机制，政府还应构建企业海外投资风险保障制度，以推进企业海外投资稳态发展(韦斯陶，2019；刘莎，2016)。

(2)关注资源枯竭型企业转移的进入模式问题。企业进入是资源枯竭型企业决策者发现并利用机会的结果。Franko(1989)通过对美国跨国公司的研究发现，在成熟的制造业或采掘业的企业转移中以少数股合资模式进入的数量增加明显，其主要原因在于受到东道国所有权限制。Hennart(1991)将资源类产业作为虚拟变量，实证研究显示：由于资源类产业往往会受到东道国所有权的限制，跨国公司无法通过竞争性的市场获得自然资源，因而会采取合资模式进入东道国市场。此后，Brouthers和Brouthers(2003)通过对西欧到中欧、东欧投资企业的实证分析，也得到了类似的结论。也有一些学者基于当地所有权限制的放松，研究得出了不同的观点。Mutinelli和Piscitello(1998)从一体化理论出发，认为资源产业实施后向一体化作用较多：能够获得必要资源的供给，以保护和强化企业的市场地位；可以确保自然资源、中间产品的质量和效率，满足购买者的需求和标准；能够减少交易成本，影响进入方式的决策。基于上述原因，跨国公司转移进入资源产业时，会偏好独资的方式(Cassiman et al.，2009)，具体形式有建立新企业、衍生企业和附属企业，以及并购等(Kohli and Mann，2012；Bhagat et al.，2011)。Tatoglu等(2003)从跨国公司的特定优势出发，研究认为投资者旨在通过独资实现其对资源的有效控制。当然，不同的投资方式有着不同的优缺点(付书科等，2014，聂锐等，2008)。还有些学者进一步研究指出，进入模式的绩效有赖于跨区投资企业的特定优势(Mario and Yasuo，2007)；独资的绩效次于控股合资的绩效(周德群，2010)；并购的模式更有利于协同效应，包括有形资产和无形资产的协同效应的发挥，以及对本土企业潜在优势的利用(张丹桐，2020；牛振东，2015)。总之，进入模式的选择与转入地政府的政策与制度环境密切相关。

(3)关注资源枯竭型企业转移行为的区位因素。区位因素是资源枯竭型企业在转移之前和转移过程中进行未来作业地理位置及经营重心挑选和布局时所考虑的重要条件。学者陆大道(1988)提出：从生产力布局角度对矿产资源进行评价，主要包括储量、质量、品种、地域组合、地理位置和开发利用条件，认为我国的能源工业、黑色与有色冶金工业等的布局明显受到区位论原理的支配。Brain(1997)进一步研究认为，在矿业全球化的大趋势下，尽管不同的矿业公司具有不同的偏好、策略和地质认识，但是在转移和投资的区位选择时一般会考虑地区矿产资源潜力、能给矿业公司带来多少利润及怎样保证矿业公司得到利润三个方面问题。这也就表达了对于资源枯竭型企业的转移行为，学者所关注的主要区位因素，具体包括：

一是资源禀赋因素。资源储量越多，开采条件和资源品质越好，资源枯竭型企业向其转移的倾向就越强，这是由企业的产业特点和发展需求所决定的。Loury(1978)认为原地资源的过早耗竭可能发生，并把资源的耗竭时间当作随机变量，利用条件概率分析了信息的作用；Hoel(1978)利用两个矿区的开采问题分析了信息的作用。而对于拟选择区位储量信息不确定成为学者关注的重点。Krautkraemer(1988)把矿床的含矿品位作为储量不确定的一个方面，研究了边界品位对资源开发的影响。Marvasti(2000)认为资源质量也会影响资源的开发策略，具体地说资源质量影响资源价格，进而改变开发选择。还有学者针对我国资源枯竭型企业的实际提出了选择优势区位的四个依据：区域矿产规模、总量、种数、质量及组合特征等，矿业及其后续产业的区位商，产业综合优势度，全国工业经济空间分布上的演变趋势。并据此提出了我国煤炭、石油天然气、黑色金属、有色金属等采选业以省区为单位的开发布局的优势区位(李新玉，2000)。尤其注意到不同省区资源产业链效率差别较大，东部省区产业链效率明显高于中西部省区(王志宏等，2012)；对西部特定的矿产资源接替选区及其开发社会效益的评价也很重要，并研究给出了相应的评价指标体系(余际从等，2013；刘明瑜和郑明贵，2012；Khuman et al.，2012；Mills et al.，2011；宿瑞华，2004)。而面向西部的资源开发接替，实施兼并重组扩大了企业规模并未切实提高企业效率(于立宏和李嘉晨，2016)。不仅如此，企业对外直接投资的主要动机还是寻求自然资源及其相关供应能力(黄琳，2020；张丹桐，2020；程衍生，2019；李存芳等，2013；Ramasamy et al.，2012；Khuman et al.，2012；苗红娟和陈瑛，2012；Mills et al.，2011)。

二是制度因素。制度因素通常以一定的规则和政策形式表现出来，学者大多关注区位政策因素的利弊分析问题。Clark 和 Naito(1998)在对哈萨克斯坦等 4 个中亚国家的资源开发投资区位的研究认为，由于他们大都是过渡性的经济，缺乏综合性的法律和引入外国矿业公司的经验，资源开发投资区位选择的风险主要在于政治、经济、金融、环境、劳动力、社会文化，以及运输通讯等基础设施因素。Harper 等(1998)发现在东南亚、东北亚、拉丁美洲、非洲的许多国家，矿业勘探开发发生了大规模的区域政治性的变化，他们欢迎外国矿业公司前来开发，也修改了矿业开发法律。Maponga 和 Maxwell(2000)发现澳大利亚矿业公司向海外投资区位选择的条件主要包括市场化机制、远离区域政府的特许、税收鼓励政策、矿区使用费低廉等；一些发展中国家由于社会不稳定、统治者的风险、海关关卡和其他规章的限制等因素，对其缺乏吸引力。Annandale 和 Taplin(2003)在对澳大利亚和加拿大的矿业公司总裁的调查发现，大多数把环境影响评价作为矿业公司投资区位选择的重要决定因素。还有一些研究也支持类似的观点（Wang et al.，2013b；Fernandes and Paunov，2012；Arazmuradov，2012；Dam and Scholtens，2012；Alguacil et al.，2011；Bhavan et al.，2011）。而孙健和于良（2013）却发现在美国政府为其资源型产业树立了"高墙厚壁"，所谓的理由是来自"中国的企业政府参与度太高"。还有学者做了相关研究，认为征税时间和税收参数不确定、地方保护主义的隐性所有权限制会阻碍资源型企业的区位选择行为（Wei et al.，2005，Alvarez et al.，1998），而环境管制、土地优惠、政府配套设施和公平竞争等制度环境是促进资源枯竭型企业迁移行为发生的显著因素（李金亮，2020；李彦军等，2015）。可见政治、法律、社会环境和经济政策等也对资源枯竭型企业转移的区位选择产生一定影响。

三是市场潜力因素。企业依赖于市场而生存和发展，一个区域市场潜力大小对其吸引企业进入影响显著。对此，学者大多关注资源市场需求量变动和替代资源出现的不确定性两方面。需求量变动一般是通过需求函数反映的，还涉及多资源的替代、环境污染问题，而且未来的需求函数又往往是不完全确定的。Forster（1980）利用最优控制理论分别从存量和流量考虑了环境质量限制时的能源资源开发选择。而针对替代资源出现的不确定性研究，实质上是针对支撑技术（一种可持续供给，并能完全替代可耗竭资源的技术）不确定性的研究。它主要包括技术研发成功的时间和技术成本的不准确性。一些研究把技术进步归因于研发投资及技术政策引导，并认为技术进步是受利润驱动和政府政策的引导，属于内生机制。Tsur 和 Zemel（2003）研究了支撑技术代替可耗竭资源的切换时机选择问题，并提供了研发的优化路径。Just 等（2005）把研发视作外生机制，利用动态规划，探索了多技术的采用与资源枯竭的关系，并分析了技术开发成功时间的不准确性和技术成本的不准确性。进一步地，一些学者结合我国实践进行了深入研究，认为外资企业转入我国的最终目的是占领我国市场、掌握消费客户群，以及利用我国廉价和熟练劳动力的比较优势进而获得更多的利润（黄琳，2020；张丹桐，2020；Kemeny，2010）。如果把市场潜力分为国内和国外市场潜力两部分（Tokunaga and Jin，2011），那么，一个城市面对的国内市场潜力和国外市场潜力都对该城市吸收外资企业转入产生显著的促进作用，而前者的吸引力更大（周犀行和欧阳溥蔓，2013）。

四是成本价格因素。学者大多关注成本价格的不稳定问题。成本价格不稳定主要是与区域市场的供求均衡相关。Stiglitz 和 Dasgupta（1981）分析了五种不同的市场结构，并利用资源价格研究了矿产资源的开采策略。Pindyck（1981）以价格是外生和随机波动为前提，研究矿产资源的优化开发问题，分析了价格不稳定对矿产资源优化开发的两种影响方式：一是通过改变平均开采成本来影响开发；二是通过把未采储量作为一种期权，并权衡开采成本与价格的高低来选择开发。还有研究认为,要对资源枯竭型企业迁移的预期成本和预期的收益进行评估和分析,如果新矿源带来的未来经济收益小于迁移成本,则该企业会放弃迁移(杨波,2006)。与之不同,Carlson 等(2007)则认为资源价格和开采策略都是内生决定的,进而建立了资源市场的均衡模型,强调成本调整在价格动态特性分析中的重要作用。同时针对我国资源产业实际,应进一步整合资源产业,提高产业集中度,优化企业成本结构,以发挥规模经济效应(于立宏等,2019)。

五是其他因素。资源枯竭型企业转移的区位选择是一项事关企业发展的重大决策,其影响因素较多。学者研究认为除了上述因素之外,还有人力资本因素、套利动机因素、金融发展因素、企业集聚和产业配套因素等(薛琰如,2016;Chen,2011;李存芳等,2010b)。特别是针对一些发展中国家承接了外来企业投资的主要份额而绝大多数欠发达国家却份额很少的原因的研究发现,金融发展因素也是东道国有效承接外来转入企业的重要因素(刘莎,2016;Laura et al.,2010),它直接影响到产业集聚的形成和绿色全要素生产率的提升(倪瑛等,2020;周兵等,2014)。

2.2.2 企业跨区转移行为溢出效应的研究

溢出效应是指企业在转移过后,无意识地进行了先进技术的转让或传播。国内外学术界对于企业跨区转移行为溢出效应的研究主要从两个方面着手,取得的成果数量差异较大。换言之,对于一般性企业转移行为溢出效应的研究较多,而对于资源枯竭型企业转移行为溢出效应则涉及较少。

1. 一般性企业转移行为溢出效应的研究

对于一般性企业转移行为的溢出效应,学者分别从转入国和转出国两个方面展开了研究。

一方面对于转入国而言,策应企业转移的目标不仅限于弥补国内资本不足,而且在于获取技术溢出效应。一些学者的研究不仅回答了外商直接投资技术溢出是否存在,还揭示了技术溢出效应的发生特征和机理(邹乐欢等,2020;袁丹和雷宏振,2014;陈德湖和马平平,2013;Ouyang and Fu,2012)。Wooster 和 Diebel (2010)、叶娇和王佳林(2014)等先后针对发展中国家的研究指出,外商直接投资存在显著的溢出效应,尤其是在中国的沿海地区溢出效应更高;Xu 和 Sheng(2012)基于中国制造业企业面板数据的分析发现,外商直接投资具有显著的行业间的前后向关联效应。相关拓展研究还有新的发现。Abraham 等(2010)认为合资企业对中国的内资企业产生正的行业内水平效应,而独资企业则产生负的行业内水平效应。Hale 和 Long(2011)也认为外商直接投资对同行业企业的生产率并没有促进作用,甚至有负向作用,尤其是对发展中国家或转型国家。Hanousek 等(2011)则认为，后向关联是发展中国家获得发达国家技术溢出的一种重要途径。郑妍妍和李磊(2020)进一步研究了溢出效应的机理，认为外资企业产出渠道的溢出效应显著提高了产业内以及上游产业中内资企业的创新数量和创新质量，但抑制了下游产业中内资企业的创新能力。综合来看，外资显著提高了我国内资企业整体的自主创新能力。而外资企业雇员渠道的溢出效应，显著提升了产业内和产业间关联内资企业的创新数量和创新质量；外资进入带来的人才流动效应，弥补了我国内资企业对先进技术人才的需求缺口。

由于溢出效应的发生是一种双方协同作用的过程，因此一些学者利用东道国的吸收能力解释其策应企业跨国转移的技术溢出效应差异，并强调增强技术吸收能力(韩亚峰等，2020)。至于吸收能力的构成因素则包括人力资本、技术水平差距和贸易开放度等。Teixeira 和 Fortuna(2010)、Le(2010)先后研究认为研发(R&D)不仅能够通过产生新知识直接促进生产效率提高，而且能够提高企业对技术溢出的学习和吸收能力。Voss 等(2010)研究认为侨资企业对中国本土企业国际化进程有着显著的正向效应，说明中国本土企业对于侨资企业的技术溢出有着良好的吸收效果。徐宏毅等(2012)也认为技术差距过大并不利于 FDI 的吸收与消化。学者们在肯定了一般性企业的技术溢出与吸收过程的同时，对于高技术产业的相关研究又有新的发现。刘宏和李述晟(2013)认为 FDI 在长期和深层次上带来的研发、技术溢出、竞争和示范效应等方面的影响对我国经济的转型升级十分关键。杨高举和黄先海(2013)通过实证显示，国内的技术创新以及物质资本和人力资本等要素的协同性提升，是提高我国高技术产业国际分工地位的关键性内部动力，FDI溢出效应的作用相对有限。而杨友才等(2020)研究发现，我国高技术产业间的技术创新效率溢出效应存在差异性，即一个产业技术创新效率对另一个产业溢出效应的大小与这两个产业反过来的影响并不一样，甚至会出现正向促进作用和逆向竞争关系。此外，Lin 和 Ma(2012)、高波(2013)及 Wang(2013)等先后进一步研究认为，全球化时代 FDI 是双方获益的"正和博弈"。对于发达国家而言，对外直接投资有利于实现产业转移，获取高额利润，对于发展中国家而言，利用外资能解决国内资源不足实现经济增长，还可以学习和吸收发达国家的知识和技术，利用知识和技术的外溢效应，促进产业升级。不仅如此，这种溢出过程对于转入地的经济增长产生积极作用的同时，还产生了强烈的区域间外溢效应(俞路，2015)。在对我国企业走向"一带一路"沿线国家的实证研究中也充分说明了这一点(江永红和方茂君，2020)。

另一方面，对于转出国而言，通过对外直接投资可以使企业接近转入国先进的 R&D 资源，进而获得积极的由转入国向母国的反向溢出效应。一些学者分析了这种反向溢出效应的内涵、意义、特征、机理，以及与正向溢出效应的差异(李燕和李应博，2013；Love，2012；Chen et al.，2012；Lightenberg，2011）。有些学者具体地测度了世界上 71 个国家 1995～2011 年的出口贸易技术含量，在理论模型推导基础上，运用动态面板数据模型进行实证研究，发现对外直接投资能够提升母国的出口贸易品技术含量(张海波，2014)。还有些学者从不同角度研究了这种反向溢出效应的影响因素(Helpman，2011；Lisa and Nigel，2006)。也有学者针对中国对外开放从吸引外资"引进来"转向鼓励内资"走出去"两个阶段溢出效应进行了比较研究，总体认为中国企业"走出去"的直接投资具有积极的逆向技术溢出效应(陈培如和冼国明，2020；Sun et al.，2012；Tingvall and Ljungwall，2012)。此后的进一步研究认为对外直接投资(OFDI)的逆向绿色技术溢出效应在我国情境下存在，显著地促进了绿色全要素生产率(GTFP)的增长，能够成为新时代下提升我国 GTFP 的新动能，而且，OFDI 对 GTFP 的影响存在明显的区域差异(张建和李占风，2020)。

2. 资源枯竭型企业转移行为溢出效应的研究

资源枯竭型企业的转移行为，不仅能够弥补转入地的资本不足，而且可能给转入地带来溢出效应。这种效应是经济外部性的表现，其本质是转入企业的技术与管理的非自愿扩散，能够促进当地资源产业及相关产业生产率的提高。对于资源枯竭型企业转移行为溢出效应的相关问题，学者更多地进行了理论与实证研究，具体从三个视角切入。

一是溢出效应的溢出效果。早期主要是针对发达国家资源型企业转移技术溢出效果的研究。Branstetter(2006)使用专利数据作为被解释变量，通过计量研究发现日本在美国投资的企业会对美国本土企业技术进步产生显著的促进作用。此后，有的学者关注一些发展中国家承接境外资源型企业的直接投资，研究认为外资企业的溢出效应较为显著(Liu et al.，2016；孙立成等，2014；Cole et al.，2011)，尤其是行业间前后向关联效应更为显著(Medina，2018；Du et al.，2012)。还有学者关注我国东部煤炭企业向中西部转移的溢出效应，发现其对下游本土电热力企业产生了显著的正向溢出效应(杜沈悦和李存芳，2019)。而通过我国西部煤炭、石油企业分别对其关联制造业的技术溢出比较研究指出，煤炭企业的技术溢出仅相当于石油企业的五分之一(胡健和焦兵，2010)。但也有学者的研究结论与之相悖，认为石油企业产生了负的溢出效应(Gong，2018)。不仅如此，还有研究认为，资源型企业的空间集聚对本地区绿色全要素生产率产生明显的负面影响，对其他区域绿色全要素生产率则产生显著的正向空间溢出效应(任阳军等，2020)。这些研究也进一步说明东部资源枯竭型企业转入中西部资源富集区，既可能对于资源产业内部企业生产率的上升有所推动，又可能对于关联制造业企业生产率的提高有所促进。而且，不同来源地、不同产业的投资进入不同区域，产生溢出效应的可能性较大,但其溢出效果的差异也较大。

二是溢出效应的影响因素。一般研究涉及转出地与转入地的技术差距、转入地的吸收能力及资源产业特征等因素,而较多的研究集中于利用转入地的吸收能力解释其策应企业跨区转移的技术溢出效果差异,因为技术溢出的发生是一种双方协同作用的过程。至于吸收能力的构成因素,则包括人力资本、技术水平差距和贸易开放度等。有的学者研究提出,R&D效能的体现是两方面的:一方面因其产生了新知识而直接助力企业生产效率的提升;另一方面能促进企业对于技术溢出的学习和吸收能力的提高(Ortega-Argiles et al., 2011; Dela et al., 2011)。有的学者研究认为,企业跨国转移对南非本土企业生产率未有正向溢出效应,其原因在于本土企业对于R&D的投入较低,未能形成应有的吸收能力(Mebratie and Bedi, 2013)。但也有不同研究结论,如有的学者关注我国煤炭企业跨区投资技术溢出影响因素,指出尽管两地技术差距较大,仍能产生较强的技术溢出(朱佩枫等,2009)。不仅如此,还有研究发现这种溢出效应依赖于各地区财政分权水平,两者之间存在非线性互补效应。随着财政分权水平的提高,当地政府改善投资环境的能力和积极性不断增强,当地企业吸收外来企业技术溢出的能力也在不断提高;而当财政分权水平超过一定门槛值,当地会出现大量不计成本的过度重复建设而导致资源闲置,在短期内挤占了其他重要公共财政投入,一定程度上抵消了技术溢出效果(周游等,2016)。这进一步说明对于跨区转移企业的先进技术和管理的吸收是需要条件的,但不是绝对的;产业特征不同、溢出机理不同、政府资助力度不同,技术溢出会有不同效果(金刚等,2015),其影响因素的影响程度亦有差异(李存芳等,2019b)。

三是溢出效应的拓展研究。一些学者对于资源枯竭型企业转移行为的溢出效应进行了相关拓展研究(Tingvall and Ljungwall, 2012; Love, 2012; Helpman, 2011; Driffield et al., 2009; Bitzer and Kerekes, 2008; Fosfuri and Motta, 1999; Martin and Sparrow, 1984)。特别是从发展中国家承接发达国家的企业转移,以及发展中国家间承接企业转移的不同视角研究认为,溢出效应对于转出和承接双方均有收益(Huang et al., 2016; Bai et al., 2012)。也有研究认为我国资源型企业对外直接投资的逆向技术溢出效应非常小(王静娴和杨敏,2013)。还有学者重点关注资源开发的经济、生态、环境效率问题,研究发现我国不同省区资源产业链效率差距显著,东部、中部、西部省区资源产业链效率相比出现显著的梯度下降(Lin and Xu, 2017; 武春友等,2012)。同时结合东部资源型企业跨区转移和中西部资源开发研究指出,绿色矿山是矿业界生态文明建设的顶层要求和重要目标,为此需要采取资源开发准入、产业布局优化、科学产能建设、资源有效配置、产业链条延伸等举措,促进产业结构优化(许圣如和文华维,2019)。这是从又一新视角认可资源枯竭型企业跨区转移行为溢出效应的存在性及其对当地生态文明建设和高质量发展的重要性。总之，资源枯竭型企业跨区转移行为溢出效应的产生程度是不同的，对于资源产业和相关制造业的生产率提高有着程度不同的促进作用。如果这种促进作用，能够部分或整体地对消资源产业兴盛的"荷兰病"①给相关产业带来的"挤出"损失，那么我国中西部省区"资源诅咒"陷阱是有可能规避的。

2.2.3 企业跨区转移行为胁迫效应的研究

企业的跨区转移行为，一方面给转入地带来丰裕的物质资本和人力资本、先进的技术、管理经验以及大量的就业机会，促进转入地产业结构的调整、生态资源利用强度的下降，成为经济发展的新的重要源泉，但另一方面也可能会给转入地带来严重的生态环境胁迫问题。国内外学者对于企业跨区转移行为胁迫效应的相关研究主要从两个方面着手，取得的成果数量差异较大。换言之，对于一般性企业转移行为胁迫效应的研究较多，而对于资源枯竭型企业转移行为胁迫效应的研究较少。

1. 一般性企业转移行为胁迫效应的研究

对于一般性企业转移行为胁迫效应的研究，国内外学者主要形成了三种观点：

一是企业转移行为对于转入地的环境有着负面效应。这种负面效应的代表性观点是"污染避难所"假说。此假说认为跨国企业可能通过国际直接投资将高污染的产业与生产环节转移到发展中国家，或在发展中国家采用相对较低的环境控制技术进行生产，从而实现污染处理费用与生产成本的节约，以及污染密集型和资源消耗型的产品的出口(Copeland and Taylor, 1994)。有些学者研究发现随着一国经济发展水平的不断提高，对国内产品的环境管制要求会越来越严格，高耗能、高污染企业会转移至环境管制相对较为宽松的经济欠发达国家或地区，给当地带来了巨大的环境压力(傅帅雄等，2011；Mulatu et al., 2010；Kearsley and Riddel, 2010；Suri and Chapman, 1998)。特别是随着全球尺度下贸易自由化的加快，这种企业转移的范围在明显扩大，生产要素的自由流动在明显提速。发展中国家拥有的自然资源、劳动力和相对宽松的环境规制等方面的比较优势，虽然形成了从国际贸易和企业转移中获益的基础，但也直接引发了人们对来自发达国家污染输入与资源掠夺的忧虑(Tong and Wang, 2004；任建兰和张伟，2003)。有些研究证明不仅存在污染密集型产业向发展中国家的转移，而且这种转移带有特定阶段的

---

① 荷兰病(Dutch disease)是指一国(尤指中小国家)经济的某一初级产品部门异常繁荣而导致其他部门衰落的现象。20世纪60年代，荷兰大力发展石油、天然气业，出口剧增，形成国际收支顺差，却严重打击了农业和其他工业部门，使其国际竞争力弱化。到20世纪80年代初期，荷兰遭遇通货膨胀上升、制成品出口下降、收入增长率降低、失业率增加的困境，国际上称之为"荷兰病"。

必然性(李子豪和刘辉煌,2011;Mani and Wheeler,1998)。同时,由于发展中国家环境基础设施配套滞后、环境投入普遍不足,扩大贸易和承接企业转移所引致的经济增长又对其资源环境承载力产生较大压力(Ren and Yang,2013;Kelly et al.,1991)。加之相对宽松的环境规制使得发展中国家难以将贸易和企业转移的社会与环境成本内部化,因而经济的快速发展极有可能是以环境牺牲为代价的(Stern,2004;Arrow et al.,1995)。还有学者从环境库兹涅茨曲线(EKC)的视角分析国际贸易和企业转移的环境效应,认为国际贸易和企业转移会使污染从高收入的发达国家转向低收入的发展中国家,从而使得高收入的发达国家进入 EKC 的"倒 U 形"下降部分,环境标准趋严,生态环境质量趋于改善(钟锦文,2018;Kahn,1997),而低收入的发展中国家则处于 EKC 的"倒 U 形"上升部分,环境标准趋松,生态环境质量趋于恶化,常常扮演"污染天堂"的角色(张宇和蒋殿春,2014;Jing et al.,2012;Copeland and Taylor,2004)。但也有研究得出与之不同的结论,有的认为发展中国家也会主动采取环境规制、技术革新、投资发展清洁生产等措施使自己免为"污染避难所"(Mani and Wheeler,1998);有的发现东欧国家在加入欧盟之后,为避免成为区域内的"污染避难所",主动提高自身环境规制标准,基本达到欧盟的环境规制水平(Kahn,2003)。相比之下,更多的研究认为一国内部的"污染避难所"和"环境竞底"现象较为显著(Zhu et al.,2014;Zhang and Fu,2008)。实际上,此类企业转移的过程,可能是国内的转移,也可能是海外转移,并由此而形成产业与人口集聚,只是实现了污染源从某一区域转移到另一区域,完成了发达区域产业结构升级和环境改善,但并未根本改善全球生态环境状况(杨肃昌等,2020;钟锦文,2018;Kahn,2003),必须厘清政府与市场的关系,有针对性地加快环保体制系统性改革与规制完备性建设,并发挥出环境规制对生产效率的积极补偿作用(杨冕等,2020;李小平等,2020;冯阔等,2019)。

二是企业转移行为对于转入地的环境有着正面效应。这种效应的代表性观点是"污染光环"假说。此假说认为跨国企业使用的先进清洁技术以及环境管理体系会向转入国扩散,从而对转入国的环境产生有利影响,促使转入国生产的环保水平提升和污染水平下降。跨国企业在母国面临着严格的环境标准,以及政府、社会、居民对环境的严格要求,因此具备了先进的污染处理技术。有的学者研究认为贸易和 FDI 都为发展中国家发展先进环保技术提供了动力和机遇,提升了发展中国家的环境质量(Grossman and Krueger,1995;Birdsall and Wheeler,1993)。也有学者运用阿根廷等 33 国的数据证实了"污染光环"假说的存在性(Cole and Fredriksson,2009)。还有的学者针对我国的实践研究认为,发达国家向我国转移的产业并不仅仅是污染产业,同时也向我国转移了低排放系数的"干净"产业,我国并不是发达国家的污染天堂(李小平和卢现祥,2010);在我国存在环境管制或外国直接投资具有技术优势的前提下,外国直接投资的进入将导致我国污染物处理率的提高(王道臻等,2014)。而对于"污染光环"现象的成因,有着较为丰富的研究。有的研究发现,东道国不仅会通过环保标准的提升提高当地的治污水平,而且还会通过良好的市场和政策环境促进外商直接投资的绿色技术创新和溢出,从而改善当地的环境质量(游达明和欧阳乐茜,2020;斯丽娟,2020;Shofwan and Fong,2012)。有的研究认为,外商直接投资通过技术外溢效应不仅给转入国带来先进的管理经验和生产技术,提高了当地企业的能源利用效率,降低了 CO_2 排放量(宋德勇和易艳春,2011;Dean et al.,2009),而且通过资金的跨国流动提高全球专业化分工程度,使生产活动和污染治理活动产生规模递增效应,能够有效促进环境污染的下降(Letchumanan and Kodama,2000)。也有针对我国 FDI 对碳排放量影响的实证研究发现,在全国尺度上外商直接投资对碳排放量的影响为负,说明目前外商直接投资对我国的碳排放减少起到一定的积极作用。而在分区域尺度上,东部地区的外商直接投资对碳排放量的影响为正,中部、西部和东北地区的外商直接投资对碳排放量的影响为负,但中部地区的检验结果并不显著(郭沛等,2013)。这些研究说明企业转移行为的环境效应及其成因具有区域差异性。不仅如此,还有进一步研究关注 FDI 质量对于我国环境效应的影响。总体认为,FDI 质量的提升有利于我国环境污染的改善,且不同的 FDI 质量指标对环境污染的影响具有明显的区域差异;以人力资本和研发强度作为吸收能力门槛变量的回归结果表明,FDI 质量的环境改善作用具有显著的门槛特征,且伴随着本地吸收能力水平的提高,FDI 质量的环境改善效应也在增强(白俊红和吕晓红,2015)。可见,"污染光环"假说是否存在与多种因素有关,尤其是与研究区域的选取有关(冉启英和吴海涛,2019),即企业转移行为与环境污染之间的关系存在着显著的区域差异性。

三是企业转移行为对于转入地的环境效应有着两面性。这种观点认为跨国企业的行为对于转入国环境的影响是复杂的,既有积极的方面,又有消极的方面。实际效应的偏向与转入国政府对于环境规制的严格程度有关(Van der Ploeg and Withagen,2012;Smulders et al.,2012;Gerlagh,2011)。一般认为东道国严格的环境规制会抑制 FDI 的流入,因此,东道国只有实行较低的环境标准才能吸引外资流入,此时会使得东道国生态环境受到威胁。Pao 和 Tsai(2011)证实了这一结论,他们采用因果检验,发现金砖四国的二氧化碳排放量与 FDI 存在强烈的双向因果关系,产出和 FDI 存在单向关系;强调发展中国家在吸引外商投资时,应理性引入外资,确保投资质量,或是与外国公司实施技术协调和技术转让,以避免环境受到破坏。但是也有相反的研究结果,如学者进一步研究证实,由于政府环境标准的提高,使得当地企业生产成本明显上升,另一方面转入企业生产成本相对较低,从而刺激 FDI 的批量进入,这也说明了企业转移行为的环境正效应(Dijkstra et al.,2011)。还有学者基于 2004～2016 年我国 283 个地级市的面板数据,利用双边随机前沿模型测度了 FDI 对环境的污染效应、溢出效应及其净效应。研究结果表明:FDI 的溢出效应降低了环境污染排放,污染效应加剧了污染排放,在二者的共同作用下,FDI 对环境污染的净效应为正值,即实际环境污染水平低于与经济发展水平相适应的环境污染水平(吉生保和姜美旭,2020)。由此可见,企业转移行为对于转入地的环境效应有着两面性。

对此问题的深度分析可以借助 Grossman 等的一个经典的分析框架(Grossman and Krueger,1991),即可从三个维度(规模效应、结构效应和技术效应)来深度解析贸易和企业转移行为的环境效应。规模效应是指贸易和企业转移规模的扩大对于转入国或区域环境所产生的影响,其有利的一面在于规模扩大带来了污染治理的规模效应,而不利的一面则在于规模扩大直接引发的污染总量上升。结构效应是指贸易和企业转移行为引致的产业结构变化而对转入国或区域环境产生的影响,这种影响的正负性可能是不确定的。技术效应则是指由贸易过程和企业转移所带来的生产和环境技术的环境影响。环境技术随着贸易过程和企业转移的传播与利用将有利于环境改善;反之,高污染、高耗能、高排放技术的传播则不利于环境改善。有研究表明,对于发达经济体而言,正向的技术效应和优化的结构效应是其通过国际贸易提升环境表现的潜力所在;而对于发展中经济体而言,负结构效应往往被视为贸易环境冲击的重要原因(陈红蕾和陈秋峰,2009)。贸易理论上亦有可能通过技术传播或贸易竞争促进发展中经济体获得正技术效应(Shi et al.,2013)。还有进一步研究发现,外资给我国工业二氧化硫排放带来了正的规模效应、负的结构效应和技术效应,而内资则带来了负的规模效应、正的结构效应以及负的技术效应;与内资相比,外资仅在结构效应上占优,也确实增加了当地的污染排放量。这在一定程度上支持了污染避难所假说,但并不支持污染光环假说(曹翔和余升国,2014;史青,2013)。由此看来,贸易联系和企业转移行为对各国环境的综合影响,主要取决于规模效应、结构效应与技术效应的综合配比(李锴和齐绍洲,2011;Antweiler et al.,2001;Copeland and Taylor,1994),同时还受到污染物类型和管理者环境认知的影响(谢雄标等,2019;Cole and Elliott,2003)。

2. 资源枯竭型企业转移行为胁迫效应的研究

国内外学者对于资源枯竭型企业转移行为胁迫效应的相关研究主要集中于以下三方面:

一是企业转移行为对于转入地的胁迫效应较为显著。有的学者分析煤炭资源型企业跨省转移行为的动机在于实现矿产资源的开发接续，研究指出这种行为会引致当地水生态系统功能的毁损、陆地生态系统功能的退化和大气环境污染（胡波，2019；Ramassmy et al.，2012；Plantier-santos et al.，2012）。也有些学者从宏观角度关注我国中西部省区矿区生态质量，认为大量、无节制的矿业开采活动会破坏生态系统稳定从而使其无法维持平衡，物质循环受阻，进而影响矿区生态环境全面建设（王广成和张萌萌，2019；王强民和赵明，2017；沈镭和高丽，2013；万伦来等，2013；徐嘉兴等，2013；乔小娟等，2010）。特别是东部资源枯竭型企业的转入，加之高耗能、高污染、高排放的特点无疑会使原本开采环境就相对脆弱的中西部矿区生态问题雪上加霜，对其环境产生胁迫效应。还有一些学者的研究也都支持这样的观点（万伦来等，2016；Khuman et al.，2012；Mills et al.，2011；Chikkatur et al.，2009；Aigbedion and Iyayi，2007）。不仅如此，马丽等（2020）进一步研究提出，从矿产资源开发的生态环境胁迫特征来看，黄河流域绝大部分矿区城市均处于不同程度的生态环境脆弱区。其中高胁迫区域主要集中在黄河流域中游银川-包头-呼和浩特-晋陕这一煤炭资源开采和加工的"黑金三角"地区，以及黄河中下游部分煤炭或建材产区。为此，学者研究建议提高市场准入标准，构建面向全生命周期的矿产资源开发生态补偿机制，继续整合小矿山，推动传统优势产业加快转型升级（李克庆，2019；李霞等，2016），引导企业的科学开采与绿色发展制度创新，激发企业绿色认知与绿色发展的内生动力（王维和李存芳，2019；谢雄标等，2015；谢和平等，2012）。

二是企业转移行为对于转入地的胁迫效应并非显著。有的学者研究发现，煤矸石能够有效去除矿井水中的氨、氮，并认为转入企业完全能够实现矿井水的高效综合利用，做到物尽其用，变害为利（赵丽等，2018）。有的学者研究指出，印度承接了大规模外资流入的资源开发，却未有严重污染避难所出现，还产生一定程度的有利效应（Chakraborty，2009）。也有学者关注加拿大国际采掘业公司社会责任战略的实施，发现将可持续发展与公司责任融入矿业勘探与开发过程之中，可以取得正面效应（贺建涛，2021；罗世兴和沙景华，2014）。还有学者结合资源枯竭型企业跨区转移进入贵州省的资源开发研究指出，矿产资源开发可以实现与当地城镇发展的有机结合，建设生态矿山城镇群[①]。也即只要措施得当，资源开发与环境保护的协调发展是可能实现的。此后，进一步研究以2012～2016年中国沪深A股资源型上市公司为样本，实证回归发现：良好的制度环境与开放式创新均能促进资源型企业产业内转型和绿色发展（王锋正等，2020；马容，2020；邵利敏

---

① 引自中国工程院院士卢耀如在全国政协人口资源环境委员会主办的"生态文明贵阳国际论坛"上的专题报告（2013.7.19）。

等，2018)。

三是企业转移行为对于转入地的胁迫效应并不确定。有的学者研究认为，企业转移行为对于转入地环境的作用存在多种机制，不同机制产生的效应也不相同，有些对环境是有利的，有些对环境是不利的。Antweiler 等(2001)针对贸易和产业转移的环境效应采取 44 个国家的相关数据进行了实证研究发现，虽然宽松的环境管制使得排放密集的生产活动从富裕的国家转移到贫穷的国家，但在世界范围内这种转移的环境效应正负结果并不确定。有的学者针对墨西哥、委内瑞拉等不同工业化模式国家的 FDI 进行了检验，发现相关证据也无法支持污染避难所假说，甚至认为一般的环境标准与 FDI 之间并没有必然的关系(Dam and Scholtens, 2012; Smulder et al., 2010; Javorcik, 2004; Eskeland and Harrison, 2003)。有的学者研究美国 1986~1994 年煤炭的加权平均实际价格数据，发现实施《清洁空气法案修正案(1990)》之后的能源市场上，煤炭供给上升、价格降低，进一步分析其根本原因在于多个企业对于煤炭环境规制预期强度提高，从而促进了当前煤炭资源的开发(Maria et al., 2014)。有的学者关注我国煤炭资源型企业跨省转入陕、晋、蒙接壤处神东煤田所实施的"从源头控制、井上下互动、大范围治理控制小范围沙化"策略，研究认为这种主动型环境治理策略可以实现煤炭资源开发与生态建设的有益互动(王安，2013)。而对于我国石油企业的研究，则认为企业对自然资源的不断耗费，导致环境绩效持续走下坡路，这是不可避免的，但可以采取一定措施放缓环境绩效的下降速度(文含蕊和何大义，2020)。有的学者构建环保监管部门与企业的双方动态博弈模型，研究发现，精心制定的环境规制能触发企业绿色行为选择，但企业与作为资源实际控制者的环保监管部门之间易出现"规制俘获"(邵利敏等，2018)。还有的学者研究俄罗斯的矿产资源开采活动，认为矿产资源开采仍占有国民生产总值的相当大比重，同时又是俄罗斯环境伤害的主要来源，但企业转移和先进的环境保护及低碳技术的引进促进了俄罗斯矿业的生态安全和矿区环境的可持续发展(Mochalova, 2019)。事实上，对于"污染天堂"与"污染光环"的研究结果并非一成不变、非正即负的，随着转入国(区域)经济发展阶段及特征的变化，FDI 对环境影响的结果也会改变。问题的关键在于拥有更加先进技术的 FDI 是否产生了正向的环境技术溢出，这也进一步说明了资源枯竭型企业转移行为环境影响的两面性和胁迫效应的不确定性。

总之，国内外学者对于资源枯竭型企业跨区转移行为及其溢出效应和胁迫效应的相关问题展开了大量研究，为这一领域的进一步发展奠定了基础。由此也可以看出，已有的研究结果差异明显，究其原因还是对于企业实践的系统总结与深度探究不足。

2.3 企业跨区转移行为及相关问题研究的启示

综上研究，针对本书所关注的资源枯竭型企业的相关问题，从上述国内外学者的相关研究进展和我国政府的政策与策略走向审视，目前已经形成以下一些共识：

(1)问题突出。我国东部资源枯竭型企业的可持续发展问题非常突出，解决的关键在于如何发挥其自身比较优势，这些比较优势的存在为其参与中西部资源富集地开发奠定了基础。

(2)需求清晰。目前中西部资源富集地开发存在产业集中度较低、资源浪费较多、安全和新的地质灾害隐患较大、生态环境破坏较重等问题，需要从管理体制和调控政策上进行有效创新，特别是鼓励大型企业跨地区、跨行业、跨所有制兼并重组。

(3)出路找到。资源枯竭型企业转移的方式有局部转移和整体迁移，进入模式和区位有多种选择，技术溢出效应与环境效应的程度并不确定，但是东部资源枯竭型企业向中西部资源富集地转移也面临许多问题。

由于资源管理方式以及资源开采型企业在组织方式上的差异，国外对于资源枯竭型企业转移战略问题的研究并不多见(Bradbury，1979)，较多的是对于FDI相关问题的研究(Bhavan et al.，2011)。国内学者结合一些煤炭企业实践，系统地分析了资源枯竭型国有企业的退出障碍，提出了关闭破产、产业转型、改制重组、跨区迁移等退出途径及其相应的难点与对策，并且注意到了我国东部地区资源产业链效率高于中西部地区资源产业链效率的现实(王志宏等，2012；于立和于左，2009；Lee and Jin，2009；于立等，2003；李猛和张米尔，2002)，东部地区资源枯竭型企业实施跨地区合作对于中西部资源开发的重要性(周凤起，2009)，以及形成产业联动的基本态势(吕涛等，2010)，但是对于这一新的合作形式从理论与方法论上进行系统研究和总结明显欠缺，亟需企业转移行为理论做出新的解答，同时也会赋予企业转移行为理论拓展研究的新使命和新方向，具体体现在以下几个方面。

(1)缺乏对于企业可持续发展途径与转移行为驱动机理的深度研究。我国资源型企业，即使是在资源和企业国家双重所有的境况中，当面临资源枯竭时实施转移战略、寻求新的接替资源也是其生存与发展的有效途径。这是企业依赖于不可再生资源的结果，也是经济体制改革后市场机制重新配置资源的要求。尽管近年来对于资源枯竭问题的研究较多，如资源枯竭型城市的转型、可持续发展问题，资源枯竭型企业退出过程中面临的问题、机遇和挑战等，也形成了一些成果，但迄今为止，对东部资源枯竭型企业优势要素、中西部资源富集地优势要素缺乏客观的、充分的、系统的认识,对由双方优势要素耦合而实现企业跨区转移行为的驱动因素和机理,特别是一些基于现代经济背景的内生性和外生性不确定因素,缺乏深入的探析和实证。对东部资源枯竭型企业如何走出困境,破解可持续发展难题,在战略路径选择上仍缺乏有效的理论指导,在具体实践中难以摆脱资源市场配置受限、企业发展被动低效的局面。因此,对于东部资源枯竭型企业能否转移、如何转移、受何驱动、何以调控、如何实现可持续、高质量发展等跨区转移过程中的不确定问题和相应对策的研究,不仅是亟需回答的现实问题,而且是值得探究的理论问题。

(2)缺乏对于企业跨区转移行为溢出效应的系统研究。近年来对于 FDI 和一国内部一般性企业转移行为溢出效应的相关问题研究较为丰富,但是,对资源枯竭型企业跨区转移行为溢出效应的相关问题仍缺乏充分的理论与实证研究。资源枯竭型企业跨区转移行为溢出效应的本质特征如何?溢出效应产生的根本原因如何?溢出渠道与溢出方式如何?溢出过程与溢出效果如何?对此,需要分别从资源产业内部、资源产业与其他产业之间进行不同维度的全面分析、定量测度。同时,对于资源枯竭型企业跨区转移行为溢出效应受何影响、影响程度如何,需要综合考虑此类企业的特征和中西部资源富集地的资源产业特征、制度环境因素等,进行系统的实证研究。另外,如何通过构建有利于东部资源枯竭型企业优势要素与中西部资源富集地优势要素耦合的激励机制,以及溢出效应影响因素的调节措施,促进东部资源枯竭型企业跨区转移过程中自身的技术优势、管理优势、人力资源优势的有效传播或扩散,带动中西部资源富集地的企业发展和经济增长,实现东部资源枯竭型企业可持续发展以及中西部资源富集地的产业升级、高质量发展,在战略路径选择上仍缺乏系统的理论指导。

(3)缺乏对于企业跨区转移行为胁迫效应的全面研究。关于企业跨区转移行为环境效应的相关研究,国内外学者主要关注了 FDI 的流入对环境污染的影响,以及环境规制对 FDI 进入的调节作用。事实上,对于环境效应的研究不仅需要大尺度的宏观研究,也需要中观、微观尺度的案例研究,如对于我国内部区域间的企业转移行为,尤其是大量出现的东部资源枯竭型企业向着中西部资源富集地的转移行为环境胁迫效应研究。虽然国内环境规制强度遵循统一的国家标准,但中西部省区为了吸引更多的企业,在承接东部企业转移的具体操作过程中,实际的产业环境规制强度有可能放松。或者说中西部资源富集地是否会成为东部资源枯竭型企业转移的"污染天堂",这是影响区域协调发展并值得高度关注的重大问题。不仅如此,由于东部资源枯竭型企业的跨区转移行为既会产生一般企业转移的共性环境胁迫问题,还会出现带有开采产业特点的个性环境胁迫问题,实际上是两方面胁迫问题的叠加,又进一步说明产业的异质性是研究资源枯竭型企业的跨区转移行为环境效应及其内在差异的重要视角。而目前仍较欠缺东部资源枯竭型企业向中西部资源富集地的转移行为胁迫效应的基本内涵、本质特征和形成机理，量化测度和影响因素等全面的理论与实证研究，尚未形成基于东部资源枯竭型企业优势要素与中西部资源富集地优势要素耦合的企业跨区转移行为胁迫效应的防控机制。

(4)缺乏对于企业跨区转移行为溢出效应与胁迫效应的比较研究。对于资源枯竭型企业跨区转移行为的溢出效应与胁迫效应，国内外学者已有一些研究成果，但认知仍显不足且差异显著。东部资源枯竭型企业跨区转移行为的实施不仅是跨区投资的实现，还伴随着关键技术、高效管理等知识的转移。除已有知识产权之外，知识既带有一般公共物品的特性，还具有一定程度的异质性，因此，此类企业跨区转移行为可能产生溢出效应。不仅如此，东部资源枯竭型企业的跨区转移行为毕竟是资源开发活动的转移，也会给中西部资源富集地带来自然环境功能的胁迫问题。这种胁迫问题，不仅具有一般的经济活动对于中西部资源富集地环境输入污染的表现，而且还具有自身从事资源产品开发对于中西部资源富集地环境破坏的特征。由于自然环境功能的优劣状况取决于当地某一时刻的环境破坏和污染的累积，这种累积的本质是环境破坏和污染的强化流减去弱化流后的时间积蓄。因此，东部资源枯竭型企业跨区转移行为一方面可能形成一般性企业转移的共性的正向溢出效应和负向胁迫效应，另一方面也可能产生具有开采特征的个性的正向溢出效应和负向胁迫效应。换言之，应该存在两方面同向效应的复合作用与异向效应的交互作用。而对于东部资源枯竭型企业跨区转移行为溢出效应与胁迫效应的相互关系、比较测度等缺乏深入的探究，还没有形成基于企业优势要素与中西部资源富集地优势要素耦合的企业跨区转移行为溢出效应与胁迫效应的系统性调控机制，使得企业转移决策和政府调控策略制订都带有一定程度的盲目性。

总之，对于资源枯竭型企业为何转移、能否转移、如何转移、有何影响、影响如何、如何调控等基本问题作为一个系统进行研究的成果明显缺失，对现实行为的不确定因素的解释明显不足。以至于在转入地、转出地产业结构优化升级、高质量发展和生态文明建设的目标下，制订引导、规范企业跨区转移行为的政策时缺乏理论依据，在具体措施上往往陷入简单化。

存在这些问题的原因较多，一是这一行为实践层面的时间还不太长，对其科学规律与理论依据的研究不够；二是这一课题涉及的不确定因素较多，研究的技术手段存在一定的约束；三是这一系统与企业的高层决策行为，以及转入地政府、转出地政府和中央政府政策制度相关，加大了研究的复杂性(武常岐和钱婷，2011；陈传明和孙俊华，2008)。而对这些问题的理论研究匮乏，不仅使东部资源枯竭型企业谋求可持续发展，以及参与中西部资源开发缺乏理论指导，也使国家和地方制订相关政策制度缺乏理论参考，最终影响跨区域合作与区域高质量发展和生态文明建设的进程。这些问题正是本书力图研究解决的问题。

2.4 本章小结

本章从产业区域转移理论、工业空间转移理论、工业区位理论、技术扩散理论、经济增长理论和企业环境效应理论等方面梳理了资源枯竭型企业跨区转移行为的相关理论基础，从企业跨区转移行为形成特征、企业跨区转移行为溢出效应和企业跨区转移行为胁迫效应三个不同的视角进行了相关研究文献的回顾。通过对国内外相关研究文献的评述，明晰了已有研究成果的贡献和不足，提出了本书进一步研究的方向和重点。

第3章 资源枯竭型企业跨区转移行为的施行前提

由于不同的区域具有不同的市场、资源、成本和环境比较优势，现代企业跨区转移行为不断发生，涉及的地域范围在不断扩大，资源枯竭型企业也不例外，但其又更加特殊。资源枯竭型企业处于"资源和企业国家双重所有"制度下，进入资源衰退期面临着"两难交织"，即资源枯竭和国有企业改革攻坚双重挑战，能否实施跨区转移行为，换言之，决定资源枯竭型企业跨区转移的前提是什么？尚需深度探究。然而，到目前为止，尚未见到我国官方或学术界对于资源枯竭型企业跨区转移行为的系统、全面、完整的记载，因此，为了针对资源枯竭型企业跨区转移行为及其相关问题进行科学研究，必须对研究所需的原始资料进行收集整理，并努力保证资料和数据的完整性、真实性。同时，基于资源枯竭型企业跨区转移行为的原始资料，进行特征分类提炼和分析。

本章共分为6节。3.1节阐述对于我国境内资源枯竭型企业跨区转移活动资料的收集、整理过程和结果；3.2节厘清企业核心竞争力的涵义与决定因素，并构建其决定模型；3.3节设计企业核心竞争力评价指标与模糊综合评价思路；3.4节论述资源枯竭型企业跨区转移前实施核心竞争力评价的必要性；3.5节开展资源枯竭型企业核心竞争力评价与例证分析；3.6节进行本章主要内容的小结。

3.1 资源枯竭型企业跨区转移行为描述的原始资料

本书研究的原始资料来源于1992～2020年中国矿业网、中国能源网、中国煤炭资源网、中国煤炭网、中华石油信息网、中国国土资源网、中国自然资源部网、中国生态环境部网和中国国家煤矿安全监察局网等相关网站关于资源枯竭型企业跨区转移情况的报道，《中国统计年鉴》和人大经济论坛《全国各省各城市各县区各年度统计公报》等关于相关地区生产总值的公布，相关省(直辖市、自治区，后文简称省)、市(地区、州、盟，后文简称市)、县(市、区、旗，后文简称县)关于相关投资项目和本地区位特征资料的公布，以及《中国分行业规模以上工业企业经济指标统计》中16034个资源型企业(煤矿采选业、石油和天然气开采业、金属和非金属矿采选业等产业的企业)的网站关于本企业发展状况的公布。经过收集整理获知，1992～2020年我国境内资源枯竭型企业跨区转移项目已有155项，其基本概况详见附录1。

将上述资源枯竭型企业中发生跨区转移的155个项目与尚未发生跨区转移的

项目进行对比分析，可以探寻资源枯竭型企业跨区转移行为的特征。为了研究方便，将资源枯竭型企业跨区转移行为的表达方式进行多种细分：从转移程度来看，有局部转移和整体迁移之分；从转移资本的控制程度来看，有独资经营、合资控股、合资未控股、授权经营等之分；从转移过程的实现形式来看，有兼并、收购、联盟重组、承包等之分；从开发方式来看，有建立新企业、改造老企业、经营现企业之分；从转移生产要素类别来看，有人员转移、资本转移、技术和管理转移等之分(李存芳，2015；李存芳等，2010a)。由此，可以进一步探究资源枯竭型企业跨区转移行为的施行前提及其影响。

3.2 企业核心竞争力的涵义与决定模型

企业间的市场竞争直接表现为产品性价比的角逐，其内在本质是核心竞争力的较量。同样，企业跨区转移行为实施的关键在于其核心竞争力的支撑，资源枯竭型企业也无例外。早在 20 世纪末，经济全球化、信息革命和知识资本化对经济和管理理论产生重大影响，面对不断增强的环境不确定性与复杂性，企业发展的战略重点已由对外部市场和产业结构的关注，转向对内在知识和资源的积累，突出形成独特的核心竞争力(core competence)。而且追求持续发展的任何企业的最优业务组合，其最终的演进方向必定是归核化、专业化和多元化的统一与共生(肖海林，2009)。换言之，对于企业而言，如何更加有效地构建和维持差异化的核心竞争力成为获得竞争优势和实施跨区转移行为的重要保障。

3.2.1 企业核心竞争力的内涵与特性

1. 企业核心竞争力的内涵界定

对于企业核心竞争力的认知已有许多学者从不同视角作出了界定。早在 1990 年普拉哈拉德(Prahalad)和哈默(Hamel)在《哈佛商业评论》上发表了《公司核心竞争力》一文。他们首先引入"核心竞争力"一词，并将其定义为"组织中的积累性学识，特别是关于如何协调不同生产技能和有机结合多种技术流的学识"(Prahalad and Hamel，1990)。此后，有的学者把决定公司主业基础的能力定义为企业发展中的核心因素(Teece and Shuen，1997)。也有的学者给出了核心能力关系图，认为企业核心竞争力是其基础能力的有机协调与结合(Hafeez et al.，2002；Mansour，1998)，其中技术创新是构建企业核心竞争力的决定性因素，是核心竞争优势的重要来源(张可和高庆昆，2013)。进一步研究，把核心能力定义为"以技术创新能力为核心，注重内部技术创新能力与其他非技术创新能力的组合，同时不断整合外部相关技术的能力"(吴画斌等，2019)，并对不同制度约束下的民营企业核心竞争力进行了分类识别(曾萍等,2020,2013)。

由此可见,核心竞争力是欧美学者基于西方企业管理实践的研究成果,无疑是服务于西方的社会制度、经济体制、产业结构和管理思想的。而我国企业在与西方差异较大的环境中加入了WTO,既要争取自己的生存与发展,还要融入经济全球化和新发展格局。因此,有些国外学者关于核心竞争力的构建途径并不适合我国企业面临的制度环境和发展阶段,同时一些国内学者在前期提出的核心能力构建途径的借鉴作用,也随着外界环境的变化而逐渐弱化。为此,本书汲取不同理论观点的优点,把核心竞争力定义为一种在企业长期演进中由重要资源、先进知识与核心技术等协整而成,发挥支撑和驱动作用的关键能力。它指出了核心竞争力的三层管理属性:一是代表知识经济、信息经济和数字经济特征的能力。由于企业发展的关键是创新能力,而只有信息共享,并与人的认知能力——智能相结合,才能高效率地产生新知识、走向数字化,形成企业所特有的关键能力。二是源于企业重要资源与核心技术等长期有机融合而成的主导能力。由于企业也可以基于已有的技术展开突破性技术研发,然而,单方面的技术研发又很难形成关键能力,必须协同整合其他重要资源才能形成企业的关键能力(张可和高庆昆,2013)。三是能使企业产生竞争强势的支撑性、协调性和驱动性的关键能力。在动态的市场环境中具有核心竞争力的企业比竞争对手更具有优势,表现出更好的灵活性(Hafeez et al.,2002),而获取持续的竞争优势必须依靠不断创新(迈克尔·波特,2005)。这种创新是以核心技术为基础,以核心竞争力为支撑和驱动;不仅如此,单纯以市场为导向难以持续提升企业的绩效,必须经过培育核心竞争力的过程才能显著地提升企业绩效,而且,具有较强核心竞争力的企业在投资方面会获得更高的回报(陈文沛,2013;Lee,2010)。

2. 企业核心竞争力的特性分析

企业核心竞争力的形成是其自身不断学习、创新的过程,是多方面资本、技术、知识和理念的有机整合与优化的过程,深深地烙上了企业特殊组成、特殊经历的印记。它之所以与一般竞争力不同,是因为蕴涵着以下特性(李存芳等,2007a)。

(1)独占性。企业核心竞争力为企业独自拥有,难以替代。市场中几乎不可能出现两个企业都拥有准确意义上相同或相似的核心竞争力。这是因为核心竞争力是企业在长期演进过程中培养和积累而成的,具有较强的路径依赖性。对此,竞争对手难以复制和移植,即使竞争对手猎走了一些技术专家或一两项关键技术,也难以猎取到企业的核心竞争力。因为它移植不走企业的经营理念、企业文化、整合能力,复制不了企业的发展历史、路径,以及员工的素质、观念、行为等核心竞争力赖以发育、成长的土壤。正是这种不可复制性和不可移植性带给了企市场竞争优势。例如，曾创造了米老鼠、唐老鸭等无数个卡通人物形象，成为世界娱乐业老大的迪斯尼公司，正是基于沃尔特·迪斯尼和众多艺术家对艺术与生活关系的深刻理解，实现"家庭共享、保持童真、创造欢乐"的艺术追求和采用精湛技术表现的艺术技巧，从而形成了特色鲜明的竞争力。

(2)动态性。企业核心竞争力不是一成不变的。它融于企业内质之中，与企业的经营理念、组织文化及员工的素质、能力密切相关，与企业所处的内外环境密不可分。在一个竞争不完全、政府干预严重的经济中，持有特定的市场准入权、某种自然资源、某项技术、与政府的特殊关系，都可能形成企业核心竞争力。但是转入竞争充分的市场状态时，随着外部环境、内部条件、可用资源和科学技术的发展，如果企业保持某种理念、产品或技术不加以发展和创新，则其核心竞争力就会自动弱化或老化成一般能力。长期形成的经营、技术和产品优势就会自动消失。这是因为企业核心竞争力是集体"干中学"的结晶，它会在不断地运用、学习中得到改进和提升。只有把准科技发展的脉搏，不断采用最新技术，创新经营理念，才能保持核心竞争力的优势。例如，东芝公司有过高速发展的辉煌时期，也历经"大企业病"的衰退时期，而东芝公司敢于"改变自身"，使濒临"衰竭"的核心竞争力得以强化和提升。

(3)融合性。企业核心竞争力是源于企业不断学习过程中多方资源、技术、知识的有机融合，不仅取决于技术条件，还与其共同愿景、员工素质、学习风气和企业文化等非技术条件密切相关。这种融合性决定了核心竞争力是分不开、带不去、仿不了的。它源于单项要素，又超越单项要素的叠加，使竞争对手难以模仿和赶超。例如，麦肯锡公司长期致力于一种"心理上相互认知，行为上相互作用，利益上相互依存"的团队建设，形成了一个高效互补的组织平台。每个员工只需要掌握一部分知识与技能，离开这个平台谁都难有作为，一旦到了这个平台，个个如虎添翼。正是这种核心竞争力支撑麦肯锡公司发展90多年，成为全球管理咨询业霸主。

(4)延展性。企业核心竞争力是一种基础性、聚合性的能力，具有把核心技术辐射到核心产品，直至各种最终产品的能力特性。其本质在于将"核心技术源"的能量不断地散发、传导到终结产品上，为用户源源不断地提供新产品，最大限度地满足用户当前和潜在的需要。而且，随着组织学习的不断深化，它将不断地拓展，并有力地促进企业进入更有生命力的新空间。只要是在核心竞争力支撑的平台上都是企业可以开拓的新天地。基于此，索尼公司由最初的电子制造业务发展到电子、游戏、娱乐、通讯、金融等业务并存，近年来每年推出1000种新产品和零件，其中20%是针对新市场应用的新产品，成为世界最大的电子产品制造商之一、世界最大的音乐公司之一、世界电子游戏业的三大巨头之一。其他许多企业包括松下、三星、海尔等著名跨国公司，都以核心竞争力为"心"，成功地实现了同心多元化的发展战略。

3.2.2 企业核心竞争力的决定因素与决定模型

1. 企业核心竞争力的决定因素分析

企业核心竞争力的特性揭示了一种代表知识经济、信息经济和数字经济特征的先进的管理理念，反映了一种基于市场竞争的多种能力、因素融合、提炼和升华的结果。透视其特性表现，可以进一步追溯其内部的决定因素，其逻辑结构呈卵形，如图3-1所示。

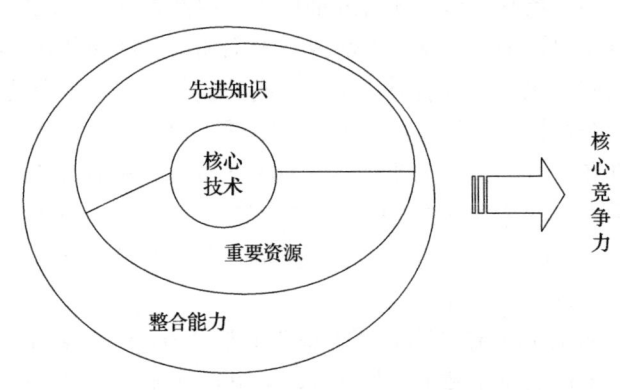

图 3-1 企业核心竞争力基本逻辑结构

(1) 重要资源。它是企业在市场竞争中赖以生存与发展的关键资产，主要包括人力、财力、物力、信息、信誉和品牌等方面的资产。比如丰富的自然资源、现代化的工厂和设备、诱人的不动产地点、四通八达的分销网络、随时变现的资金、知名品牌、高度的员工忠诚度、掌握关键技术的专业人才等。其测度体现在企业投资收益率、资产负债率、劳动生产率、货款回收率、经济信息的时效性与可靠性、企业资信度等的高低。它是企业优化经营管理和构建核心竞争力的介质和基础。企业通过开发、利用和积累重要资产而构建核心竞争力，并创造出高于竞争对手的价值。离开了重要资产，就如同赛车缺少了驾驶员、方向盘、车轮等要件，核心竞争力就会无"力"。

(2) 先进知识。它是指企业通过互动学习，包括内部创新和外部获取，而发现、积累和运用的新经验和新技术。它存在于企业战略、制度、文化、网络、技术、品牌、企业家和员工人力资本之中，有着功能互补和收益递增的特点。其测度主要体现在组织学习状况的优劣、科技人员比重的高低、学习与研发经费的多少、产品和技术自主率的高低、产品(新产品)市场占有率高低等。它是企业核心竞争力的生成、发展和更新的载体。先进知识存量决定着企业针对市场供求变化和科学技术进步而作出敏锐反应以发现商机、配置资源、创造优势和超越自我的能力。如果企业缺少先进知识，就如同赛车缺少汽油，其核心竞争力的"力"度会自动衰弱。

(3)核心技术。它是企业赖以进行生产经营并得以持续发展的关键性的技能或技术，主要包括专利技术、优势服务、先进管理等。比如数字化的资源快速优化配置与再生方法、低成本或高效率制造诀窍、一套零缺陷生产追踪记录方法、不断提供优质服务的技能、高效的大规模采购技能、奇妙的广告和促销技能、高效的考核激励体系。其测度主要体现在产品和技术的领先程度、核心技术的附加值率、管理水平的领先程度等。它是形成企业核心竞争力的内核和本质，反映了企业的发展能力。缺乏核心技术，就如同赛车缺少发动机，核心竞争力就会无"力"。拥有核心技术是构建核心竞争力的必要条件，并不是充分条件。更为紧要的是核心技术与重要资源的结合与协同效应。

(4)整合能力。它是指企业通过管理工作的科学化、人性化，将重要资源和核心技术等向市场优势整合转换的能力。它与企业的经营理念、运行机构、信息沟通、奖惩机制和文化氛围等要素密切相关。其测度主要体现在领导班子决策力、管理层执行力和企业文化感召力的强弱。它是核心竞争力的塑形外壳，决定着核心竞争力的特征与企业的整体行为。也就是说，资源和技术差异性是企业获得竞争优势的基础，但不是决定性因素，更关键的在于利用这些资源和技术的能力，即熊彼特所谓的"要素新组合"的能力。同行业中拥有相似资源和技术的企业常常在生产和经营绩效上差距很大，其根源在于配置资源和运用技术的整合能力的差异，这种整合能力难以模仿和转让。企业缺乏整合能力，也就如同赛车没有组装，其核心竞争力就会无"力"，更谈不上创造竞争优势。

2. 企业核心竞争力的决定模型构建

应该指出，由于一般事物从差异的一方到另一方，中间会经历一个从量变到质变的连续过渡的过程，也即差异的中介过渡性，它造就出划分上的不确定性，即模糊性。企业核心竞争力是重要资源、先进知识、核心技术、整合能力四因素综合作用的结果，是一种具有多维性、层次性的复杂系统，它的影响和决定因素的测度具有模糊性。因此，

设 $\tilde{F}_c$ 为企业核心竞争力；$\tilde{X}_1$ 为重要资源；$\tilde{X}_2$ 为先进知识；$\tilde{X}_3$ 为核心技术；$\tilde{X}_4$ 为整合能力。

且 $\tilde{X}_i \in \&(X_i)$ $(i=1,2,3,4)$,

$$\forall (x_1, x_2, x_3, x_4) \in \prod_{i=1}^{4} x_i.$$

则由多元扩张原理得

$$\tilde{F}_c = f(\tilde{X}_1, \tilde{X}_2, \tilde{X}_3, \tilde{X}_4)$$

$$= \tilde{X}_1 \times \tilde{X}_2 \times \tilde{X}_3 \times \tilde{X}_4.$$

式中，f 为多元扩张映射；$\tilde{X}_1 \times \tilde{X}_2 \times \tilde{X}_3 \times \tilde{X}_4$ 为 $\tilde{X}_1, \tilde{X}_2, \tilde{X}_3, \tilde{X}_4$ 的笛氏积集，并记为 $\prod_{i=1}^{4} \tilde{X}_i$。

3.3 企业核心竞争力评价指标与模糊综合评价

3.3.1 企业核心竞争力评价的基本原则与指标体系

1. 企业核心竞争力的评价基本原则

基于企业核心竞争力决定因素与决定模型的分析，设计其评价模型应遵循以下基本原则：

(1) 可获性原则。在企业核心竞争力评价指标设置时，首先需要关注其可获性，具体体现在：一要尽量采用现行经济核算中通用的指标，便于直接获得。二要充分考虑指标内涵能够度量和测算。如果是纯定量的，就要能获得真实准确的数据；如果是半定量的，就要有明确的等级评分标准，并能由合适的人员评价。三要注意选择并集指标，避免出现指标间的交集，以提高评价指标的可获度。

(2) 可比性原则。设置企业核心竞争力的评价指标不仅要符合企业实际，还要符合国家和地方的政策、法规。指标涉及的管理内涵、时空跨度、统计范围、测算办法应该可比。既要便于企业自身的历史比较，又要便于产业内与产业外的现实比较。

(3) 可靠性原则。对于企业核心竞争力评价指标的设置过程需要注意系统管理的可靠性，具体体现在：一要注意指标体系的细分度，防止失真。划分太粗难以反映细节，划分太细又过于复杂，适用性欠缺。二要考虑指标内涵界定的准确度，防止含糊不清。三要关注指标设置的全面性，防止疏漏和不足。既要能反映企业的定量属性，还要表达其定性属性(李存芳和周德群，2007)。

2. 企业核心竞争力的评价指标

基于企业核心竞争力决定因素和评价原则的分析，把评价指标体系设计为三个层次，即目标 A，一级指标 α，二级指标 β(表3-1)。

表 3-1 企业核心竞争力评价指标

目标 A	一级指标 α	二级指标 β
企业核心竞争力	重要资源 X_1	全员劳动生产率 X_{11} 全部投资收益率 X_{12} 资产负债率 X_{13} 本期货款回收率 X_{14} 经济信息时效性与可靠性 X_{15} 企业资信度 X_{16}
	先进知识 X_2	组织学习状况 X_{21} 企业科技人员比重 X_{22} 学习研发经费比重 X_{23} 企业产品和技术的自主率 X_{24} 产品市场占有率 X_{25}
	核心技术 X_3	产品和技术领先程度 X_{31} 核心技术的附加值率 X_{32} 管理水平领先程度 X_{33}
	整合能力 X_4	领导班子决策力 X_{41} 各级管理层的执行力 X_{42} 企业文化感召力 X_{43}

二级指标的内涵为：

(1) X_{11}=本期全部产值/本期平均职工人数，体现人力资源开发与利用水平。

(2) X_{12}=企业利润总额/企业投资总额，反映资产利用与回报水平。

(3) X_{13}=企业总负债/企业总资产，反映抵抗经营风险的能力。

(4) X_{14}=本期已收货款/本期应收货款，反映对经营风险的承受能力。

(5) X_{15} 体现企业信息资源利用水平。

(6) X_{16} 反映企业能够获得外部财力支持程度的高低。

(7) X_{21} 体现企业自组织、自学习、自进化的状况。

(8) X_{22}=企业科技人员总数/职工总数，反映企业的科技素质状况。

(9) X_{23}=企业学习研发经费数额/销售收入总额，反映企业用于学习、研发的资金能力。

(10) X_{24}=企业自主研发的产品和技术/全部产品和技术，反映企业知识更新、技术消化速度。

(11) X_{25}=本企业商品销售额/同产业商品销售总额，是企业知识更新速度的市场表现。

(12) X_{31} 反映企业拥有专利等关键性技术能力的状况。

(13) X_{32}=核心技术的附加值/核心技术的总投入，反映核心技术所能创造的超出产品价值的能力。

(14) X_{33} 反映通过先进的管理模式、手段和方法，提升竞争优势的状况。

(15) X_{41} 体现领导班子对企业重要问题作出科学且果断选择的能力。

(16) X_{42} 反映管理层对企业决策、计划与目标的协调、落实的能力。

(17) X_{43} 反映企业通过特色文化，建立起共同愿景的状况。

3.3.2 企业核心竞争力的模糊综合评价

1. 企业核心竞争力模糊综合评价的可行性分析

现实中同一事物或现象往往具有多种属性，在对其进行评价时，就要兼顾各个方面。企业核心竞争力是由多个因素决定的系统，对其进行评价也必须对多个决定因素作出综合考虑，采用多指标的综合评价。

应该指出，一方面，企业核心竞争力影响和决定因素的界定具有模糊性，比如经济信息的时效性与可靠性、组织互动学习状况、管理水平的领先程度、企业文化的感召力等。另一方面，企业核心竞争力强度等级的划分具有模糊性，把其强度分为几等，但各等级的标准却难以严密和精准确定，这种分类也是人为判断的结果。因此，对于企业核心竞争力这种多因素、多层次且具有模糊性的复杂问题，宜采用模糊综合评价法。

2. 企业核心竞争力模糊综合评价的模型构建

根据模糊变换原理和最大隶属度原则(朱剑英，2001；李怀祖，1993)，考虑企业核心竞争力的决定因素与决定模型，设计综合评价模型和步骤如下。

(1) 建立指标集合。着眼因素集合，即一级指标和二级指标，它们相应为

$$X = (X_1, X_2, X_3, X_4)$$

式中，$X_1 = (X_{11}, X_{12}, X_{13}, X_{14}, X_{15}, X_{16})$；$X_2 = (X_{21}, X_{22}, X_{23}, X_{24}, X_{25})$；$X_3 = (X_{31}, X_{32}, X_{33})$；$X_4 = (X_{41}, X_{42}, X_{43})$。

(2) 分配各指标层的权重。设一级指标 α: X_1，X_2，X_3，X_4 对应目标 A 的权重分别为 α_1，α_2，α_3，α_4 均非负，权重集为

$\alpha = (\alpha_1, \alpha_2, \alpha_3, \alpha_4)$，且 $\sum \alpha_i = 1$。

二级指标 β 对应一级指标的权重集分别为

$\beta_1 = (\beta_{11}, \beta_{12}, \beta_{13}, \beta_{14}, \beta_{15}, \beta_{16})$，且 $\sum \beta_{1j} = 1$；

$\beta_2 = (\beta_{21}, \beta_{22}, \beta_{23}, \beta_{24}, \beta_{25})$，且 $\sum \beta_{2j} = 1$；

$\beta_3 = (\beta_{31}, \beta_{32}, \beta_{33})$，且 $\sum \beta_{3j} = 1$；

$\beta_4 = (\beta_{41}, \beta_{42}, \beta_{43})$，且 $\sum \beta_{4j} = 1$。

(3) 设立判别模式。设企业核心竞争力的评价模式集合为 Y，决择等级分为四级，即 Y_1：很强，Y_2：较强，Y_3：一般，Y_4：较弱，则：$Y=(Y_1, Y_2, Y_3, Y_4)$。

(4) 构建模糊评价矩阵。由于企业核心竞争力是由 4 个一级指标和多个二级指标构成，因此模糊评价矩阵的构建需分步进行。

首先对二级指标进行单因素评价。从 X_i 下的二级指标 X_{ij} 着眼确定它对决择等级 $Y_t(t=1, 2, 3, 4)$ 的隶属度 r_{ijt}，则 X_{ij} 的单因素评价集为

$$r_{ij} = (r_{ij1}, r_{ij2}, r_{ij3}, r_{ij4})$$

然后，依上类推。由于一级指标 X_i 是由 m 个着眼因素构成，其相应的评价集构造出一个模糊关系矩阵 R_i：

$$R_i = \begin{pmatrix} r_{i11} & r_{i12} & r_{i13} & r_{i14} \\ r_{i21} & r_{i22} & r_{i23} & r_{i24} \\ \vdots & \vdots & \vdots & \vdots \\ r_{im1} & r_{im2} & r_{im3} & r_{im4} \end{pmatrix}$$

由广义模糊合成运算模型 $M(\overset{\cdot}{*}, \overset{+}{*})$ 得一级指标的评价集：

$$\tilde{A}_i = \beta_i \circ R_i \quad (i=1, 2, 3, 4)$$

同理，可得评价对象的模糊评价矩阵为

$$\tilde{A} = \alpha \circ [\tilde{A}_1, \tilde{A}_2, \tilde{A}_3, \tilde{A}_4]'$$

最后根据最大隶属度原则作出评价。

3.4 企业跨区转移前实施核心竞争力评价的必要性

应该看到，我国东部资源枯竭型企业向中西部资源富集地转移的直接表现是一种跨地区投资行为。它是实现"战略双赢"的重要举措，可有效弥补中西部资源富集地因高强度开发出现的技术与管理"空心化"，发挥资源枯竭型企业的比较优势，实现资源的优化配置和持续利用；可促进社会就业、技术扩散与制度变迁，带动中西部经济的协调和高质量发展；可在一定程度上解决东部资源枯竭型企业的问题，实现产业接续与企业可持续发展。然而有待探讨：东部资源枯竭型企业能否实施跨区转移行为？决定企业跨区转移的前提是什么？企业参与市场竞争的实质是核心竞争力的较量，同样企业跨区转移行为的实现也必须有核心竞争力的

支撑，东部资源枯竭型企业的跨区转移行为也不例外(李存芳等，2007b)。

3.4.1 核心竞争力的融合性警示缺乏核心竞争力的企业难以协整和转移

企业核心竞争力是基于资源、技术和知识的有机能力体，源于单项要素，又强于单项要素的叠加。对此，竞争对手难以模仿和超越。缺乏核心竞争力，或者评价等级为较弱，企业就像"一盘散沙"，在市场竞争中难以维持正常的生产经营，更谈不上规模扩张和跨区转移。对于这类资源枯竭型企业，如勉强实施向中西部资源富集地的转移，由于其经营管理能力弱、安全管理成本高、资产专用性强、地理位置偏、退出壁垒高，结果是战线越长，效率越低，安全隐患越突出，事故发生越频繁，既加快了自我衰退，又加大了中西部省区的负担。近年来面对煤炭供求紧张，一些企业不顾开采条件和技术、管理能力的限制，超层越界开采，超强度、超能力生产，管理松懈，安全制度措施落实不力。调查资料显示，2013~2020年我国煤矿共发生各类生产死亡事故2461起，死亡人数4315人，平均每年死亡539人。分类统计表明，瓦斯事故占到总死亡人数的31%，顶板事故占到总死亡人数的27%，机电事故占到总死亡人数的12%，运输事故占到总死亡人数的11%，水灾事故占到总死亡人数的7%，爆破事故占到总死亡人数的2%，其他事故占到总死亡人数的10%。我国原煤产量约占世界的35%，但死亡人数却占到世界的80%。不仅民营煤矿安全事故多发(陈红，2006)，而且国有煤矿特别是东部地区资源枯竭矿井开采深度超过1000米，也频发各类安全事故，百万吨死亡率远高于世界先进国家水平[①]。例如，2017年3月9日，黑龙江双鸭山矿业公司东荣二矿因违章施工发生副立井电缆着火、罐笼坠落事故，导致17人遇难；2018年10月20日，山东龙郓煤业在煤层埋藏深度达1027~1067米的工作面生产诱发重大冲击地压事故，导致21人罹难、4人受伤；2019年8月2日，河北唐山矿业公司发生风井煤柱区F5010联络巷压事故，造成7人死亡；2020年8月20日，山东肥城矿业集团梁宝寺煤矿发生煤尘爆燃事故，致使17人遇难、1人重伤。这些案例已充分暴露出一些资源枯竭型企业在具体项目和人员安全管理、技术管理方面存在诸多问题。因此，对于资源枯竭型企业的跨区转移必须保持高度谨慎，经过科学论证，不可掉以轻心。

3.4.2 核心竞争力的延展性启示拥有核心竞争力的企业能够变迁和转移

企业核心竞争力是一种基础性的能力。随着企业学习的不断深化，它将逐渐

[①] 参见2016年12月22日国家发展改革委和国家能源局以发改能源〔2016〕2714号文印发的《煤炭工业发展"十三五"规划》。

地增强并拓展，有力地促进企业进入更有生命力的新空间。只要在核心竞争力支撑的平台上都是企业可以开拓的新天地。具有一定核心竞争力的东部资源枯竭型企业，通过多年的经营，积累了丰富的技术、管理经验和人力资本，国家又给了一定的融资政策。它们参与中西部省区开发，特别是参与小型矿山的提升改造必然带来溢出效应。例如，在中国煤炭工业协会发布的"2019中国煤炭企业50强"名单中山东省有3家资源枯竭型企业入榜并开始西移，特别是淄博矿业到陕西彬长矿区建设的亭南煤矿年生产能力达300万吨，兖州煤业、正大能源与陕西榆神煤炭有限公司合资建设的年产800万吨榆树湾煤矿，总投资达13.59亿元。我国中西部省区煤炭资源占到全国煤炭资源的93%，改革开放以来，为了适应国民经济的快速发展，曾出现了"以煤炭资源换投资"和煤炭资源开发"有水快流"的发展阶段，已经显现出开发强度失衡，煤炭综合利用水平较低；生态环境破坏严重，次生地质灾害隐患较多；矿社矛盾突出，维稳压力增大的新问题[①]。由2020年的调查资料绘图显示（图3-2），中西部省区煤炭产业集中度较低，在19个省区中有11个省区CR_4小于30%，集约化程度不高；小煤矿数量占比较高，在19个省区中有12个省区年产能$Q \leqslant 30$万吨煤矿数量占比超过40%。深度调查资料表明，中西部省区小型煤矿技术装备落后，回采率不到15%，事故发生率超过75%，死亡人数占到了2/3。例如，2016年10月31日，重庆市永川区金山沟煤矿发生瓦斯爆炸事故，致使33人遇难、1人受伤；2017年2月27日，贵州省六盘水市大河边煤矿发生瓦斯爆炸事故，导致9人死亡、9人受伤；2018年9月11日，云南省祥云县跃金煤矿发生透水事故，4名被困人员不幸遇难；2019年1月12日，陕西省榆林市李家沟煤矿发生重大冒顶事故，造成21人丧生；2019年11月18日，山西省平遥县二亩沟煤矿发生瓦斯爆炸事故，导致15人罹难、9人受伤；2020年12月4日，重庆市永川区吊水洞煤矿发生一氧化碳超限事故，23人不幸罹难；2020年12月27日，河南省巩义县瑶岭煤矿发生顶板事故，造成3人死亡。从新发展理念审视，中西部省区资源开发需要规范，产业水平亟待升级。与资源比较优势相比，中西部省区资源开发不仅缺乏资金，更缺乏先进的技术、优秀的人才和科学的管理经验。因此，东部资源枯竭型企业实现优势要素与中西部资源的对接，不仅是对东部资源不足缓解策略和资源枯竭型企业可持续发展道路的有益探索，而且是实现中西部资源产业升级和高质量发展的有效选择（史丹，2018；杨丙忻，2002），也是企业核心竞争力延展性理论的有力佐证。

---

① 参见国务院《全国资源型城市可持续发展规划（2013～2020年）》，http://www.gov.cn/zwgk/2013-12/03/content_2540070.htm。

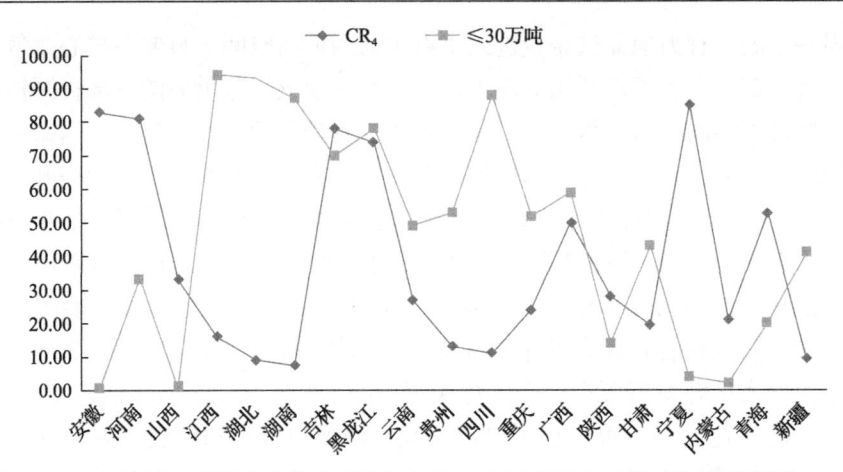

图 3-2　中西部省区煤炭产业集中度及年产能 30 万吨以下小型煤矿统计图（单位：%）

资料来源：根据国家矿山安全监察局及相关省区发改委、煤监局 2020 年发布数据整理绘制

3.4.3　核心竞争力的独占性提示具备核心竞争力的企业应该拓展和转移

企业核心竞争力是演进过程中企业个性化发展的产物。它蕴藏于企业内质之中，为其独自所有。企业的核心技术、重要资源、经营理念，员工的观念、素质、行为等支撑核心竞争力。东部资源枯竭型企业中大部分是大型国有企业，其中辽宁铁法能源有限责任公司、冀中能源集团、徐州矿务集团等 15 家企业进入了 2019 年中国煤炭企业 50 强。它们相对中西部资源型企业开发的比较优势是多年的管理经验、在复杂条件下的开采技术、具有专门知识的人力资源和能吃苦耐劳的矿风，这是其他竞争对手难以模仿和超越的。例如，冀中能源集团拥有以矸石充填开采为主的成套绿色生态开采和保水开采关键技术，建成了全国第一座没有矸石山的绿色环保矿井和全国第一家井下洗煤厂，形成了科学系统的绿色生态矿山建设模式，有 300 多项绿色科技成果达到国际领先或国际先进水平。但在传统的自然资源禀赋决定"矿山生命周期"的开发模式下，这种比较优势难以持续地转变成现实优势。这就是说，对于具备一定核心竞争力的东部资源枯竭型企业，如不及时向中西部资源富集地转移，就是核心竞争力的浪费。尤为严重的是，由于绝大多数矿山远离城市或本身演化成一个资源型城市，诸如韶关、徐州、枣庄、邢台、阜新、抚顺等，发展其他产业缺乏比较优势。随着资源逐渐枯竭，将导致"矿竭城衰"。调查显示，东部沿海 9 个省煤炭储量仅占全国煤炭储量的 8%，且储量达 10 亿吨的仅有河北省和山东省，两省储量占东部的 74.7%，开采量已超过 50%；现有 88 个国有重点煤炭企业的近 600 座矿井中，有三分之一进入资源枯竭状态，面临关井破产。"四矿"（矿工、矿山、矿业、矿城）问题已成为继"三农"问题之后引起中央高度关注的重大问题之一，东北振兴、中部崛起等战略也离不

开这些问题的根本解决。反之，在中西部省区新建企业，逐步形成一定核心竞争力耗时很长。

因此，东部资源枯竭型企业拟向中西部资源富集地转移，必须进行核心竞争力评价。转移的前提依据：核心竞争力评价等级 $Y \geqslant$ 一般，可以转移；$Y <$ 一般，不宜转移(李存芳等，2007b)。

3.5 企业核心竞争力评价与跨区转移行为的例证

为了进一步解析资源枯竭型企业实施跨区转移行为的前提和基础，并结合实际进行分析和验证，在此，以一东部大型资源枯竭型企业——徐州矿务集团为例展开实证。

徐州矿务集团是江苏省人民政府授权的国有资产投资主体，前身是徐州矿务局，最早从清朝徐州利国矿务总局演变而来，至今已有130多年的煤炭开采历史，是江苏省和华东地区重要的煤炭生产基地，现为江苏省人民政府国有资产监督管理委员会管理的大型企业集团。拥有25个分公司、29个全资(控股)子公司和6个事业法人单位，在岗职工6.9万人，年产煤炭1500万吨，总资产212亿元，入选全国500家大企业集团和中国煤炭百强企业，连续多年被评为"信用江苏诚信单位"，并被多家资信评估机构和金融机构评为资信AAA等级企业。先后荣获"全国五一劳动奖状"、全国精神文明建设先进单位、全国创建学习型组织标兵单位、中国优秀企业文化奖、全国煤矿安全质量标准化公司、全国煤炭工业安全生产先进单位、全国煤炭工业科技创新先进单位。拥有各类专业技术人员1.1万名，其中高级技术职务人员681名，享受政府特殊津贴人员14名，江苏省有突出贡献的中青年专家3名。中级以上技术工人占生产工人的比率达到74%，其中技师以上技术工人占生产工人的10%。长期致力于采煤工艺进步和高产高效建设，拥有年产百万吨水平综采队7个、千万吨水平综采队2个、快速掘进队5个。拥有从极薄煤层到厚煤层、从平缓倾角到大倾角乃至急倾斜煤层的开采工艺和技术，其中大倾角综采、不稳定顶板条件下综采、顶水综合开采、三软煤层综放开采和旋转90度综采等核心开采技术处于国内领先水平。矿井支护、防治水灾、瓦斯治理等成熟技术也都处于国内同行业前列。特别是"光爆锚喷技术"荣获1985年国家科学技术进步一等奖。受煤炭资源枯竭等多重因素影响，在徐州矿区的16对矿井相继关闭退出，仅有2对矿井尚有一些尾矿可采。

对于徐州矿务集团这类资源枯竭型企业，如何摆脱资源枯竭的困境？能否利用关闭矿井的专业人才和技术优势走出去？或者说，实施企业跨区转移行为的前景如何？为此，需要进行核心竞争力评价。通过深入徐州矿务集团进行实地调查并充分收集各类经济信息资料，可知，其核心竞争力二级指标中可以计量的指标有：X_{11}=7.21 万元/人、X_{12}=9.56%、X_{13}=65.31%、X_{14}=86.35%、X_{22}=15.94%、X_{23}=3.25%、X_{24}=92%、X_{25}=0.76%，且 X_{16}=AAA。本章采用德尔菲法，邀请了 45 位专家，其中该企业集团的技术与管理专家、政府相关部门官员、同行企业和相关高校专家各占三分之一。按照规定的程序，背靠背地征询全体专家对企业核心竞争力二级指标的意见。

首先，根据专家调查确定各指标层的权重。

由于

$$\alpha_i = \sum_{j=1}^{n} \alpha_{ij} \bigg/ \sum_{j=1}^{n}\left(\sum_{i=1}^{4} \alpha_{ij}\right) = \sum_{j=1}^{n} \alpha_{ij} \bigg/ n \quad (i=1, 2, 3, 4)$$

则将专家评价的数据代入上式，得一级指标权重集为

$$\alpha = (0.22, 0.23, 0.35, 0.20)$$

类似地可得二级指标的权重集为

$$\beta_1 = (0.19, 0.23, 0.17, 0.16, 0.14, 0.11)$$
$$\beta_2 = (0.25, 0.21, 0.19, 0.16, 0.19)$$
$$\beta_3 = (0.41, 0.25, 0.34)$$
$$\beta_4 = (0.42, 0.31, 0.27)$$

其次，根据专家调查构造模糊评价矩阵。将企业核心竞争力二级指标的强度列表征求专家意见，并将相应的概率汇于一表(表 3-2)。

表 3-2 二级指标评价分析汇总表

指标	Y_1	Y_2	Y_3	Y_4
全员劳动生产率 X_{11}	0.18	0.33	0.41	0.08
全部投资收益率 X_{12}	0.09	0.33	0.41	0.17
资产负债率 X_{13}	0.08	0.18	0.42	0.32
本期货款回收率 X_{14}	0.16	0.33	0.33	0.18
信息时效性可靠性 X_{15}	0.19	0.31	0.34	0.16
企业资信度 X_{16}	0.41	0.33	0.18	0.08
组织学习状况 X_{21}	0.17	0.34	0.33	0.16
企业科技人员比重 X_{22}	0.09	0.34	0.32	0.25
学习研发经费比重 X_{23}	0.16	0.33	0.42	0.09

续表

指标	等级			
	Y_1	Y_2	Y_3	Y_4
产品和技术自主率 X_{24}	0.21	0.42	0.28	0.09
产品市场占有率 X_{25}	0.08	0.18	0.41	0.33
产品技术领先程度 X_{31}	0.09	0.25	0.49	0.17
核心技术附加值率 X_{32}	0.11	0.29	0.45	0.15
管理水平领先程度 X_{33}	0.17	0.27	0.42	0.14
领导班子决策力 X_{41}	0.16	0.43	0.33	0.08
各级管理层执行力 X_{42}	0.18	0.43	0.32	0.07
企业文化感召力 X_{43}	0.09	0.25	0.41	0.25

接着，由表 3-2 写出一级指标对应的模糊关系矩阵 R_i：

$$R_1 = \begin{pmatrix} 0.18 & 0.33 & 0.41 & 0.08 \\ 0.09 & 0.33 & 0.41 & 0.17 \\ 0.08 & 0.18 & 0.42 & 0.32 \\ 0.16 & 0.33 & 0.33 & 0.18 \\ 0.19 & 0.31 & 0.34 & 0.16 \\ 0.41 & 0.33 & 0.18 & 0.08 \end{pmatrix} \quad R_2 = \begin{pmatrix} 0.17 & 0.34 & 0.33 & 0.16 \\ 0.09 & 0.34 & 0.32 & 0.25 \\ 0.16 & 0.33 & 0.42 & 0.09 \\ 0.21 & 0.42 & 0.28 & 0.09 \\ 0.08 & 0.18 & 0.41 & 0.33 \end{pmatrix}$$

$$R_3 = \begin{pmatrix} 0.09 & 0.25 & 0.49 & 0.17 \\ 0.11 & 0.29 & 0.45 & 0.15 \\ 0.17 & 0.27 & 0.42 & 0.14 \end{pmatrix} \quad R_4 = \begin{pmatrix} 0.16 & 0.43 & 0.33 & 0.08 \\ 0.18 & 0.43 & 0.32 & 0.07 \\ 0.09 & 0.25 & 0.41 & 0.25 \end{pmatrix}$$

继而，根据评价模型，求出一级指标的评价集：

$$\tilde{A}_1 = \beta_1 \circ R_1 = (0.19, 0.23, 0.17, 0.16, 0.14, 0.11) \circ \begin{pmatrix} 0.18 & 0.33 & 0.41 & 0.08 \\ 0.09 & 0.33 & 0.41 & 0.17 \\ 0.08 & 0.18 & 0.42 & 0.32 \\ 0.16 & 0.33 & 0.33 & 0.18 \\ 0.19 & 0.31 & 0.34 & 0.16 \\ 0.41 & 0.33 & 0.18 & 0.08 \end{pmatrix}$$

$$= (0.18, 0.23, 0.23, 0.17)$$

同理可得

$$\tilde{A}_2 = \beta_2 \circ R_2 = (0.25, 0.21, 0.19, 0.16, 0.19) \circ \begin{pmatrix} 0.17 & 0.34 & 0.33 & 0.16 \\ 0.09 & 0.34 & 0.32 & 0.25 \\ 0.16 & 0.33 & 0.42 & 0.09 \\ 0.21 & 0.42 & 0.28 & 0.09 \\ 0.08 & 0.18 & 0.41 & 0.33 \end{pmatrix}$$

$$= (0.17, 0.25, 0.25, 0.21)$$

$$\tilde{A}_3 = \beta_3 \circ R_3 = (0.41, 0.25, 0.34) \circ \begin{pmatrix} 0.09 & 0.25 & 0.49 & 0.17 \\ 0.11 & 0.29 & 0.45 & 0.15 \\ 0.17 & 0.27 & 0.42 & 0.14 \end{pmatrix}$$

$$= (0.17, 0.27, 0.41, 0.17)$$

$$\tilde{A}_4 = \beta_4 \circ R_4 = (0.42, 0.31, 0.27) \circ \begin{pmatrix} 0.16 & 0.43 & 0.33 & 0.08 \\ 0.18 & 0.43 & 0.32 & 0.07 \\ 0.09 & 0.25 & 0.41 & 0.25 \end{pmatrix}$$

$$= (0.18, 0.42, 0.33, 0.25)$$

则模糊评价矩阵(经归一化处理)为

$$\tilde{A} = \alpha \circ [\tilde{A}_1, \tilde{A}_2, \tilde{A}_3, \tilde{A}_4]' = (0.22, 0.23, 0.35, 0.20) \circ \begin{pmatrix} 0.18 & 0.23 & 0.23 & 0.17 \\ 0.17 & 0.25 & 0.25 & 0.21 \\ 0.17 & 0.27 & 0.41 & 0.17 \\ 0.18 & 0.42 & 0.33 & 0.25 \end{pmatrix}$$

$$= (0.178, 0.267, 0.347, 0.208)$$

由此，认定徐州矿务集团的核心竞争力为很强有 17.8%的把握、较强有 26.7%的把握、一般有 34.7%的把握、较小有 20.8%的把握。根据最大隶属度原则，可认定其强度为一般。根据资源枯竭型企业施行跨区转移的前提依据，徐州矿务集团可以实施向中西部资源富集地的转移行为。同时，建议中央政府应进一步营造促进资源枯竭型企业跨区转移行为实施的政策机制；核心竞争力评价等级在一般以上的资源枯竭型企业应主动实施跨区转移行为，努力实现参与中西部省区经济建设的高位目标；中西部省区各级政府也应进一步改善投资环境，积极策应转移，以顺利实现东西耦合共赢和高质量发展战略。

3.6 本章小结

本章对于 1992~2020 年我国境内资源枯竭型企业的跨区转移行为实际资料进行了系统、全面的调查收集，整理出了 155 个转移项目；同时，基于模糊逻辑推理和系统科学思路，分析了企业核心竞争力的内涵和决定因素，建构了企业核心竞争力的评价体系和模型，阐述了资源枯竭型企业跨区转移之前进行核心竞争力评价的必要性和重要性，提出了资源枯竭型企业跨区转移的前提依据，并对徐州矿务集团进行了核心竞争力综合评价。由此，为真实地把握我国资源枯竭型企业跨区转移行为特征及其影响提供了一个新视角。

第 2 篇

资源枯竭型企业跨区转移行为的驱动机理

第4章 资源枯竭型企业与资源富集地的跨区系统耦合实现

人的行为积极性以需要为基础,由人的动机所推动。资源枯竭型企业的跨区转移行为,是一种法人企业行为,或者说是法人企业的决策人行为。发人深思的是,在激发或驱动企业跨区转移行为的动因中究竟蕴藏着行为人怎样的"内在需要"结构?是何种原因导致行为人关于企业跨区转移行为认知的形成?为何会出现众多的、自主性企业跨区转移行为(贺卫,1997;加利·S·贝克尔,1995;道格拉斯·C·诺斯,1994;李怀祖,1993;赫伯特·西蒙,1989,1988)?一些有识之士认为,我国资源枯竭型企业跨区转移行为的本质是东部资源枯竭型企业与中西部资源富集地之间的优势要素耦合。那么,这种耦合关系有何条件、何以形成、耦合趋势如何,对于此类深层次问题,尚需进行系统深入的解析。换言之,需要对于资源枯竭型企业跨区转移行为的驱动机理进行深度探究。

本章共分为5节。4.1节阐述东部资源枯竭型企业的运营现状、优势要素和有效出路;4.2节梳理中西部资源富集地开发困扰、优势要素及发展需求;4.3节解析东部资源枯竭型企业与中西部资源富集地的跨区系统耦合关系形成过程;4.4节探究东部资源枯竭型企业与中西部资源富集地的系统耦合机制;4.5节进行本章主要内容的小结。

4.1 企业发展现状与有效出路分析

4.1.1 企业运营困扰

资源型企业的主要作业对象为矿产资源。由于矿产资源的不可再生性和有限性,以及对于矿产资源的较强依赖性,资源型企业表现出明显的"初开期、成长期、成熟期、衰退期"的生命周期性。我国的一大批资源型企业为了适应国民经济快速发展的需要进行了较长时期的高强度开发,现在进入了衰退期。调查资料表明,国有矿山近2/3面临资源枯竭,而且主要分布于东部省区[1]。

我国东部省区开发历史较长,经济社会发展较快,工业化、城市化水平较高,与之相适应的资源型企业开发时期较早、强度较高、储量衰退较重。以煤炭产业

---

[1] 中国地质调查局《危机矿山资源潜力调查与评价》报告科学地评价了我国2020年之前危机矿山发展状况。

为例,调查显示,东部省区煤炭的储量仅占全国总储量的 7%,到 2019 年底,全国原煤产量超过千万吨的 53 个地级市中,东部省区仅占 9 个,且集中在山东、河北、辽宁和江苏四省;因资源枯竭,山东能源集团关闭煤矿 38 处,开滦(集团)有限责任公司关闭煤矿 57 处,冀中能源集团关闭煤矿 75 处,阜新矿业集团关闭煤矿 6 处。而江苏煤炭企业的资源枯竭更为突出,2005 年还有 34 处煤矿,总产量达 2586 万吨,到 2019 年底仅剩下 6 处煤矿,总产量降为 1102 万吨(表 4-1)。

表 4-1 江苏省生产煤矿变化情况统计表

年份	生产煤矿 数量(处)	生产煤矿 总产量(万吨)	国有重点煤矿 数量(处)	国有重点煤矿 总产量(万吨)	国有地方煤矿 数量(处)	国有地方煤矿 总产量(万吨)
2005	34	2586	17	2141	17	445
2006	34	2549	17	2178	17	371
2007	34	2458	17	2114	17	344
2008	33	2398	17	2062	16	336
2009	26	2327	13	2026	13	301
2010	26	2181	13	1889	13	292
2011	21	2107	12	1820	9	287
2012	20	2095	11	1825	9	270
2013	18	2058	10	1802	8	256
2014	18	2019	10	1775	8	244
2015	18	1913	10	1712	8	201
2016	8	1346	6	1305	2	41
2017	7	1274	6	1259	1	15
2018	7	1245	6	1217	1	28
2019	6	1102	5	1069	1	33

资料来源:由《中国煤炭工业年鉴》、江苏省工业和信息化厅发布数据整理所得。

综上所述,东部省区的不可再生资源经过长期高强度开采,现阶段的枯竭状况已经相当严重,赖以生存的资源枯竭型企业必须发挥自身的优势,寻求可持续发展的有效出路。

4.1.2 企业优势要素

我国东部资源枯竭型企业大多是具有百年开采历史的大中型国有企业,虽然必须面对资源枯竭的运营困扰和发展劣势,但是仍然有着一定的比较优势。通过深入临沂矿业集团等单位的访谈调研(访谈提纲详见附录 2),具体分析其优势要素主要包括四个方面:一是关键技术。比如临沂矿业集团与中国矿业大学合作研究的钻孔卸压、钻屑量检测和煤层注水、在线监测等先进技术,实现了有震无灾的防冲效果，为全面推行综采放顶煤技术，形成"一井两面两套综采、两个百万吨面"的集约化生产格局奠定了关键的技术基础。二是高效管理。比如中国神华能源股份有限公司率先构建集安全、生产、工程质量、机电、经营为一体的考核管理系统，将考核、执行和反馈有机结合起来，建立起"公司-矿-区队-班组-员工"五层四级考核体系，形成了全员、全方位、深层次的立体考核机制，大大提升了企业管理绩效。三是优秀人才。比如徐州矿务集团建有国家能源深井安全开采及灾害防治重点实验室、江苏省企业院士工作站等科研平台，拥有各类专业技术人才1.1万名，其中高级专业技术职务人才681名、享受政府特殊津贴人才14名；中级以上技术工人占生产工人的比率达74%。四是足够资金。比如兖州煤业股份有限公司对外投资总额达57.995亿元，投资项目涉及煤炭资源开发、煤化工、物流贸易、融资租赁，在行业盈利下滑的情况下完成归属于母公司股东的净利润22.482亿元，实现了规模增量、效益增速的既定目标。总之，这些优势要素的存在，使得东部资源枯竭型企业在困境中仍然保持着较强的核心竞争力和竞争优势，如在2019年全国煤炭企业50强中，还占到15家。

那么，东部资源枯竭型企业的上述优势要素何以形成？分析其成因，主要在于：一是应对东部资源开采复杂性的压力。东部省区资源储量少、埋藏深、赋存极不稳定、地质条件复杂、安全生产难度高，这就迫使东部资源枯竭型企业必须不断提高自身的技术和管理水平。二是经济基础的支力。东部省区经济发展较快，资源枯竭型企业开发较早、规模较大，有足够的资金支撑其技术改造、人才引进与培养。三是校企合作的助力。东部省区科技教育水平在全国领先，其中一些知名高校、研究院所与资源枯竭型企业合作攻关的技术创新、管理创新项目多次获得国家和省部级奖励，而且在资源枯竭型企业的应用富有成效，助力企业从"机械化"向"信息化""智能化""零事故"方向迈进。四是开放竞争的动力。东部省区对外开放较早，资源枯竭型企业的市场意识、竞争观念较强，通过不断学习和创新，逐步实现从粗放式经营向集约化和绿色低碳化发展的模式转变，培育起自身的核心竞争力和竞争优势。

4.1.3 企业有效出路

东部资源枯竭型企业既面临着本地资源枯竭的残酷现实，又具有较强的优势要素，如何寻求新的出路？分析其主要出路有四条(李存芳等，2018)。

1. 改制重组

改制重组是指资源枯竭型企业进行经营管理体制的创新，通过改造成有限责任公司、股份有限公司等形式，或与其他企业联合、合并，或被其他企业兼并、租赁、承包经营等方式，建立起多元化产权主体的过程。东部资源枯竭型企业通过改制重组可以打破原有的产权约束和体制僵局，去除"行政化"，适应市场竞争需求，激发创新活力。但是实施改制重组仍需要优势产业支撑，对于资源完全枯竭的企业仍有较大的难度和一定的风险。

2. 产业转型

产业转型是指资源枯竭型企业将生产要素从衰退产业转向其他产业，逐渐摆脱自身对矿产资源的依赖，进行再次创业的过程。产业转型的模式可以分为三种：产业延伸模式、产业替代模式、多元复合模式。产业延伸模式是指企业将生产要素投向资源产业链的上游或下游产业，获取新的利润；产业替代模式是指企业将生产要素投向新兴产业，建立起不依靠原来资源产业的新业态；多元复合模式是指企业将生产要素投向产业链延伸段的同时培育其他新兴产业。东部资源枯竭型企业通过产业转型可以培育优势业态，建立新的业态支柱，从而摆脱资源枯竭的被动局面，实现可持续发展。但是实施产业转型也面临新的风险。如果选择产业延伸模式，尚需一定的资源储量基础；如果选择产业替代模式或多元复合模式，对于新业态的技术创新与应用、管理创新和市场预测的要求很高，对于原来专用资产、专业人员的转化难度很大。这往往成为一般资源枯竭型企业的短板。

3. 循环发展

循环发展是指资源枯竭型企业将开采过程所伴生的废弃物通过现代工业技术进行循环再利用，生产出新的产品，以及将沉陷区废地进行复垦的过程。东部资源枯竭型企业通过循环发展可以实现"三废"循环利用和废地复垦，变废为宝，既提高了自身效益，又减少了矿区生产对当地环境造成的伤害，达成企业与环境的协调和谐发展。但是实施循环发展仍需要一定的资源储量支撑和较高的技术创新和应用能力，对于资源完全枯竭的企业仍有较大的难度，难以发挥企业自身优势并实现发展的可持续。

4. 产业转移

产业转移是指资源枯竭型企业跨区域直接投资进行资源开发的过程。根据转移程度的差异，可分为全局转移和局部转移；根据转移资本控制程度的差异，可分为合资控股、合资未控股、独资运作等；根据转移过程实现形式的差异，可分为承包、收购、联盟重组、兼并等；根据开发方式的差异，可分为建立新企业、改造老企业、经营现企业。东部资源枯竭型企业通过产业转移可以直接缓解资源枯竭问题，突破依赖原地资源的生命周期，实现可持续发展；充分发挥自身的优势要素，在新区位上发挥核心竞争力的支撑作用，实现主业升级，形成新的更强竞争优势(李存芳等，2012；杨波，2006；埃德加·M·胡佛，1990)。当然实施产业转移也需主动争取转入地政府的支持、当地相关企业的协作，自觉适应转入地文化习俗，积极创新运营管理机制。

4.2 资源富集地开发现状与发展需求分析

4.2.1 资源富集地开发困扰

我国中西部幅员辽阔、地广人稀，占据整个国家面积 82%。由于工业起步较晚、基础设施落后等诸多原因，中西部省区的经济发展落后于东部省区，但是自 2000 年以来，我国中西部省区逐渐成为全国的能源开采与储备基地，在国家政策引导和中西部省区政府"以资源换投资"的战略实施下，伴随由东至西的产业转移，中西部资源富集地的资源产业得到迅速发展（廖望科等，2013）。

由于产业结构的原子化、资源管理体制的滞后性和地方利益的驱动力，已经显现出开发强度失衡，资源综合利用水平较低；生态环境破坏严重，新的地质灾害隐患较多；矿社矛盾突出，维稳压力增大[①]，如调查显示出 2020 年中西部主要产煤省区煤炭产业集中度和小型煤矿数量统计情况（图 4-1、表 4-2）。由图 4-1 可以看出，中西部主要产煤省区煤炭产业集中度较低，绝大部分省区 CR_4 都低于 30%，集约化程度不高。其中，湖北、湖南、新疆的煤炭产业 CR_4 都低于 10%，江西、贵州、四川、甘肃的煤炭产业 CR_4 都低于 20%。由表 4-2 和图 4-2 可以看出，中西部大部分省区小型煤矿数量占比较高。其中，江西和湖北年产能 30 万吨以下小型煤矿分别有 113 个和 27 个，占全省煤矿总数的比例都高于 90%；四川和湖南年产能 30 万吨以下小型煤矿分别有 366 个和 173 个，占全省煤矿总数的比

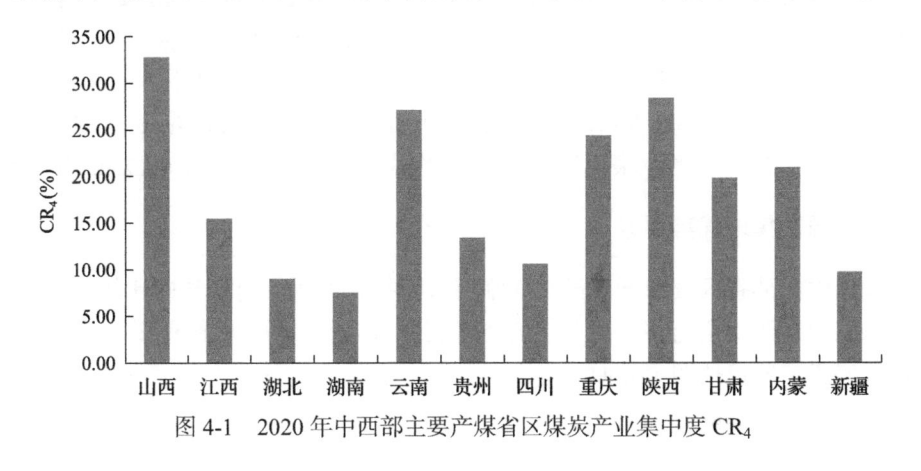

图 4-1　2020 年中西部主要产煤省区煤炭产业集中度 CR_4

[①] 参见国务院《全国资源型城市可持续发展规划（2013～2020 年）》，http://www.gov.cn/zwgk/2013-12/03/content_2540070.htm。

表 4-2　2020 年中西部省区 30 万吨以下小煤矿数量统计表　（单位：个）

省区	贵州	四川	黑龙江	云南	湖南	江西	新疆	河南	陕西	甘肃
数量	529	366	264	234	173	113	86	79	69	42
省区	湖北	重庆	广西	吉林	青海	内蒙古	宁夏	山西	安徽	
数量	27	23	16	41	5	3	2	2	1	

例都高于 80%；黑龙江和吉林年产能 30 万吨以下小型煤矿分别有 264 个和 41 个，占全省煤矿总数的比例都高于 70%。它们的占比位列前 6 名。

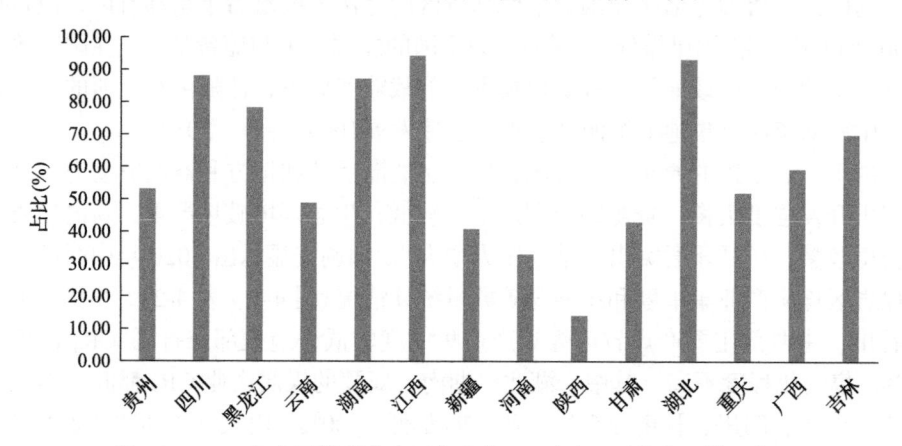

图 4-2　2020 年中西部部分省区年产能 30 万吨以下的小型煤矿占比

经过深度调查显示，中西部省区小型煤矿技术装备落后，平均年产能不足 15 万吨，回采率不到 15%，事故发生率超过 75%，死亡人数占到了 2/3，特别是年产能 15 万吨及以下的小型煤矿成为矿工生命和生态环境的一大"杀手"。中西部省区采矿活动对于环境的负面影响已达到 65%～75%(谢和平等，2012)。因此，从产业组织理论和新发展理念审视，中西部资源富集地面临的最大困扰在于，资源开发急需规范，产业集中度和产业水平亟待提高，生态保护能力必须增强。

4.2.2　资源富集地优势要素

我国中西部省区资源开发虽然面临巨大困扰，但仍具有明显的比较优势。通过深入陕西煤矿安全监察局等单位的访谈调研(访谈提纲详见附录 2)，具体分析其优势要素主要包括四个方面。

1. 丰富资源

中西部省区拥有全国 82% 的国土面积，蕴藏着大量的矿产资源，如已经探明的石油储量占全国总储量的 60%，天然气储量占全国总储量的 88%，煤炭储量占全国总储量的 93%，铁矿储量占全国总储量的 55%，锰矿储量占全国总储量的 95%，铬矿和矾矿基本上占据全国的总体储量，详见表 4-3。

表 4-3 主要矿产资源基础储量分布

地区	石油(万吨)	天然气(亿立方米)	煤炭(亿吨)	铁矿(亿吨)	锰矿(亿吨)	铬矿(亿吨)	矾矿(亿吨)
东部	78851	1110	170	93	1492	4	18
中西部	210226	45726	2269	113	26133	415	869
海域	60533	5103	0	0	0	0	0
全国	349610	51939	2440	207	27626	419	887

资料来源：由《2019 年全国统计年鉴》整理所得。

在国务院颁布的《全国资源型城市可持续发展规划(2013～2020 年)》和《国土资源"十三五"规划纲要》中明确指出，选择部分资源富集地区，加快建设石油、特殊煤种和稀缺煤种、铜、铬、锰、钨、稀土等重点矿种矿产地储备体系。政府规划的重要资源供应和后备基地几乎全都设在中西部省区[①]。例如，榆林市、克拉玛依市、鄯善县等为石油后备基地，鄂尔多斯市、延安市、庆阳市、库尔勒市等为天然气后备基地，呼伦贝尔市、六盘水市、榆林市、哈密市、鄂尔多斯市等为煤炭后备基地，金昌市、德兴市、哈巴河县、恒曲县等为铜矿后备基地，孝义市、百色市、清镇市、陕县等为铝土矿后备基地，郴州市、栾川县等为钨矿后备基地，河池市、马关县等为锡矿后备基地，包头市、赣州市、韶关市、凉山彝族自治区等为稀土矿后备基地。特别是在中国煤炭工业协会对于全国原煤产量前 100 名的地级市统计中，中西部省区占到 93 个。在未来几十年中，中西部省区，尤其是这些重要资源供应和后备基地将逐渐接替资源枯竭矿山成为我国重要的矿产资源战略接续区。

2. 优惠政策

在西部大开发战略、中部崛起战略和"一带一路"倡议的指导下，中央政府相继推出各种优惠政策，以加快中西部省区资源产业升级的进程。比如国家能源局等三部门联合下发的《关于促进煤炭安全绿色开发和清洁高效利用的意见》[②]强调，要重点支持建设 14 个大型煤炭基地，其中西部 7 个、中部 5 个；要科学推进 9 个以电力外送为主清洁高效的千万千瓦级西部大型煤电基地建设。国土资源部

[①] 参见国土资源部关于印发《国土资源"十三五"规划纲要》的通知(国土资发〔2016〕38 号)，http://www.mnr.gov.cn/gk/ghjh/201811/t20181101_2324898.html。

[②] 参见国家能源局等三部门《关于促进煤炭安全绿色开发和清洁高效利用的意见》(国能煤炭〔2014〕571 号)，http://zfxxgk.nea.gov.cn/auto85/20150112/。

等六部门联合下发的《关于加快建设绿色矿山的实施意见》[①]指出,在《国家重点支持的高新技术领域》范围内,持续进行绿色矿山建设技术研究开发及成果转化的企业,符合条件经认定为高新技术企业的,可依法减按 15%税率征收企业所得税。

同时,中西部省区政府又结合各地实际,制定出更为具体的优惠政策,以此来吸引外来企业投资和加快淘汰落后产能(表 4-4)。比如,新疆维吾尔自治区人民政府规定对从事矿产资源开采的投资企业,自建成投产之月起,暂缓征收资源税 5 年;综合开采回收共、伴生矿产的,减半征收矿产资源补偿费。云南省人民政府决定由省财政预算每年安排专项资金 1 亿元,以促进煤炭企业兼并重组和小型煤矿整顿治理;同时以政府贴息方式鼓励主要产煤州市建立规模不少于本州市年度煤炭需求总量 15%的煤炭储备基地。河南省人民政府决定在主体企业对被兼并重组企业资产实施全额购并或持股比例达 51%以上的,按照兼并重组剩余可开采资源储量和矿井个数给予资金补助。补助标准:对剩余资源可开采储量 300 万吨以上的财政不再给予补助;剩余资源可开采储量 180 万吨(含 180 万吨)至 300 万吨的,每万吨财政补助 4000 元;100 万吨(含 100 万吨)至 180 万吨的,每万吨财政补助 5000 元;100 万吨以下的,每万吨财政补助 8000 元。同时,对兼并重组一处矿井再补助 100 万元。

表 4-4 中西部部分省区相关资源管理政策一览表

序号	名称	省份
1	《内蒙古自治区全面推进煤炭矿业权竞争性出让实施办法》(内政办发〔2020〕46 号)	内蒙古
2	《关于进一步推进全省煤炭绿色开采有关工作的通知》(晋能源煤技发〔2020〕197 号)、《山西省煤矿智能化建设实施意见》(晋能源发〔2020〕247 号)	山西
3	《湖南省绿色矿山建设三年行动方案(2020~2022 年)》(湘自然资发〔2020〕19 号)、《湖南省人民政府办公厅关于全面推动矿业绿色发展的若干意见》(湘政办发〔2019〕71 号)	湖南
4	《陕西省绿色矿山建设管理办法(试行)》(陕自然资规〔2019〕1 号)	陕西
5	《贵州省人民政府关于煤炭工业淘汰落后产能加快转型升级的意见》(黔府发〔2017〕9 号)、《贵州省人民政府办公厅关于进一步深入推进全省煤矿企业兼并重组工作的通知》(黔府办发〔2013〕46 号)	贵州
6	《河南省煤炭行业化解过剩产能实现脱困发展总体方案》(豫政〔2016〕59 号)	河南
7	《江西省煤炭行业化解过剩产能实现脱困发展实施方案》(赣府厅字〔2016〕81 号)	江西
8	《云南省煤炭产业高质量发展三年行动计划(2019~2021 年)》(云政办发〔2019〕61 号)、《云南省人民政府关于促进煤炭产业转型升级实现科学发展安全发展的意见》(云政发〔2014〕18 号)	云南

---

① 参见国土资源部等六部门《关于加快建设绿色矿山的实施意见》(国土资规〔2017〕4 号),http://www.gov.cn/xinwen/2017-05/11/content_5192926.htm。

续表

序号	名称	省份
9	《省人民政府关于加快小煤矿关闭退出工作的意见》（鄂政办〔2014〕8号）	湖北
10	《黑龙江省促进经济稳定增长的若干措施》（黑政发〔2014〕15号）、《黑龙江省煤矿整顿关闭工作的指导意见》（黑政办发〔2014〕49号）	黑龙江
11	《自治区现代化标准煤矿建设管理办法》（新煤规发〔2014〕11号）	新疆

资料来源：由《中国煤炭工业年鉴》和相关省区人民政府网站发布的信息整理所得。

3. 富余人力

中西部省区人口占全国总人口的54.5%，经济发展落后于东部省区，劳动力成本也相对较低。由表4-5可知，2019年采矿业就业人员平均工资东部省区最高，西部省区次之，中部省区最低，基本在3600元/月左右。

表4-5 2019年采矿业城镇单位就业人员平均工资表 （单位：元）

东部省区		中部省区		西部省区	
省份	平均工资	省份	平均工资	省份	平均工资
北京	93835	山西	45934	内蒙古	54445
天津	64859	吉林	41750	广西	48490
河北	27537	黑龙江	31754	重庆	56904
辽宁	17327	安徽	46917	四川	64875
上海	60642	江西	47217	贵州	50757
江苏	51095	河南	47272	云南	38748
浙江	79112	湖北	36612	西藏	61270
福建	51430	湖南	51094	陕西	62010
山东	66884			甘肃	51011
广东	57306			青海	53169
海南	46118			宁夏	42833
				新疆	44477
区域平均	56013.18	区域平均	43568.75	区域平均	52415.75

资料来源：由国家统计局发布的信息整理所得。

不仅如此，中西部省区在充分利用自身资源、政策优势，加快新型工业化的进程中，逐步形成了以能源、化工和装备为重点的资源产业和国家矿产资源开发储备基地，因而从事矿产资源开发的劳动力数量远多于东部省区。由图4-3可知，

2019 年东部省区采矿业从业人数为 82.9 万人，中部省区采矿业从业人数为 169.4 万人，西部省区采矿业从业人数为 115.2 万人。不难看出，西部省区采矿业从业人数为东部省区采矿业从业人数的 1.39 倍，中部省区采矿业从业人数为东部省区采矿业从业人数的 2.04 倍。这表明中西部省区劳动力资源较为丰富，为资源开发产业的发展提供了重要支撑。

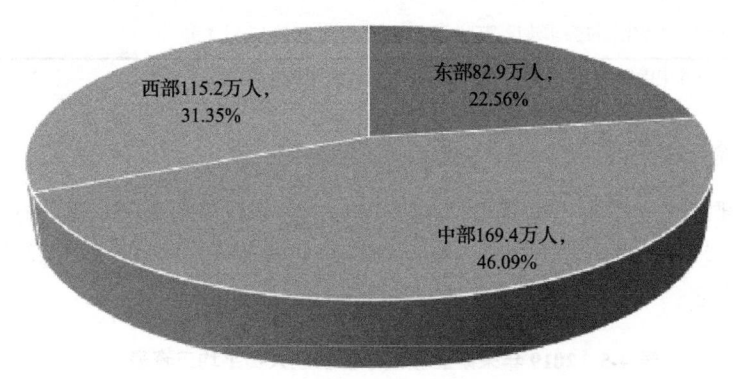

图 4-3　2019 年全国采矿业从业人数分布
资料来源：由国家统计局发布的信息整理所得

4. 通畅物流

随着中西部省区经济社会的不断发展，以及国家重要资源供应和后备基地的建设，以高速公路、铁路、航空为标志的中西部物流基础设施发展迅速。统计资料显示，到 2020 年底，中西部省区高速公路通车里程达 10.3 万公里，占全国高速公路通车总里程的 72.2%；铁路营业里程达 9.9 万公里，占全国铁路营业总里程的 71.3%，其中高铁营业里程达 2.2 万公里，占全国高铁营业总里程的 62.9%；民用运输机场数量达到 176 个，占全国机场总数的 74.9%。而且进入"十四五"后，随着"交通强国"战略的实施，每年三方面物流基础设施建设的增速大大超过全国年均增长水平。特别是针对西部省区煤炭外调量增长较快的趋势，规划建成以晋陕蒙煤炭外运为重点，面向全国运力达 30 亿吨的"九纵六横"煤炭铁路物流网络。总之，物流基础建设的加快，将有效助力中西部省区资源产业升级和经济高质量发展。

4.2.3　资源富集地发展需求

针对中西部资源富集地产业集中度较低、小型企业开发负面影响较高的关键问题，如何发挥中西部资源富集地的优势，促进资源产业升级，实现区域创新、协调、绿色、开放、共享发展。对此，《中华人民共和国国民经济和社会发展第十四个五年规划和2035年远景目标纲要》①中指出:"强化中西部和东北地区承接产业转移能力建设。""加快中西部和东北地区开放步伐,支持承接国内外产业转移。""鼓励技术创新和企业兼并重组,防止低水平重复建设。""提高矿产资源开发保护水平,发展绿色矿业,建设绿色矿山。"国土资源部等六部门发布的《关于加快建设绿色矿山的实施意见》②中提出:树立千家科技引领、创新驱动型绿色矿山典范,实施百个绿色勘查项目示范,建设50个以上绿色矿业发展示范区,形成一批可复制、能推广的新模式、新机制、新制度。国家能源局等三部门《关于促进煤炭安全绿色开发和清洁高效利用的意见》③又指出:要重点建设资源储量丰富,开采技术条件好,发展潜力大的神东等14个大型煤炭基地,优化煤炭生产开发布局。以建设大型现代化煤矿,改造现有大中型煤矿,淘汰落后产能为重点。而《煤炭工业发展"十三五"规划》④则进一步强调减量置换原则,管控煤炭新增规模。规划中西部省区按照煤炭产业链布局,配套建设一体化煤矿,新建设规模分别约占全国的12%和87%,其中新疆、内蒙古、陕西三省约占全国的80%。同时支持在中西部资源富集省区组建大型资源开发企业集团,加快淘汰落后产能,推动资源产业的供给侧结构性改革,促进资源开发要素在全国范围内的优化配置。所有这些,不仅体现了中央和地方政府的鲜明发展导向,更是符合中西部省区特点的可持续、高质量发展需求。

4.3 企业与资源富集地的跨区系统耦合关系分析

4.3.1 耦合条件

由上述分析可知,东部资源枯竭型企业系统具有一定优势要素,具体包括关键技术、高效管理、优秀人才、足够资金等。如冀中能源集团拥有厚煤层一次采全高综采技术、极薄煤层高效开采技术、急倾斜煤层综放技术、充填采煤技术、矿井水害微震监测预警技术、瓦斯治理安全高效开采技术、煤层自燃火灾防治技术和煤矿综合防尘技术,积累了丰富的煤炭高效开采技术、灾害治理技术和安全

---

① 参见2021年3月11日第十三届全国人民代表大会第四次会议通过的《中华人民共和国国民经济和社会发展第十四个五年规划和2035年远景目标纲要》,http://www.gov.cn/xinwen/2021-03/13/content_5592681.htm。

② 参见国土资源部等六部门《关于加快建设绿色矿山的实施意见》(国土资规〔2017〕4号),http://www.gov.cn/xinwen/2017-05/11/content_5192926.htm。

③ 参见国家能源局等三部门《关于促进煤炭安全绿色开发和清洁高效利用的意见》(国能煤炭〔2014〕571号),http://zfxxgk.nea.gov.cn/auto85/20150112。

④ 参见国家发展改革委 国家能源局关于印发煤炭工业发展"十三五"规划的通知(发改能源〔2016〕2714号),http://www.nea.gov.cn/2016-12/30/c_135944439.htm。

管理经验，获得了国家级科技创新奖励 12 项；建有国家级企业技术中心 2 个、国家级重点实验室 2 个、国家级工程技术研究中心 1 个、省级产业研究院 1 个、省级院士工作站 4 个；年销售收入稳定在 2500 亿元，银行资信度长期保持 3A 级，综合实力列于中国企业 500 强第 86 位。中西部资源富集地系统也具有一定优势要素，具体包括丰富资源、优惠政策、富余人力、通畅物流等。如新疆维吾尔自治区矿产蕴藏丰富，其中煤炭资源预测 2.19 万亿吨，占到全国煤炭资源的 40%。转入企业不仅享受国务院关于实施西部大开发若干优惠政策，还有自治区政府关于鼓励外商投资的优惠政策，如从事矿产资源开采的投资企业，自建成投产之月起，暂缓征收资源税 5 年；综合开采回收共、伴生矿产的，减半征收矿产资源补偿费。自治区劳动力人口占总人口比率长期保持在 70%以上；铁路、公路、民航运营里程分别达到 6935 公里、19.4 万公里、21.2 万公里，其中高速铁路、高速公路运营里程分别达到 719 公里和 5292 公里。

进一步分析可知，双方优势要素还具备明显的互补特征与耦合条件（图 4-4），其耦合的过程实际表现为东部资源枯竭型企业转入中西部资源富集地建矿（厂），东部资源枯竭型企业以其成熟的关键技术、高效管理、优秀人才、足够资金等进入，与中西部资源富集地的丰富资源、优惠政策、富余人力、通畅物流等进行互补结合（黄亮雄等，2018；Dong et al.，2015；Lin and Yi，2011）。在此过程中，中西部资源富集地的丰富资源为东部资源枯竭型企业的优势要素提供了发挥作用的天然基础，使企业摆脱了"无米之炊"的困境，进入新区域新生命周期的起点；富余人力为东部资源枯竭型企业的优势要素提供了发挥作用的基本劳动支持，满足了作为劳动密集型产业拓展的劳动力需求；通畅物流为东部资源枯竭型企业的优势要素提供了发挥作用的必要条件，满足了作为资源开发产业每年量大体重原材料的运入和数以百万吨乃至千万吨资源产品运出的需求；优惠政策为东部资源枯竭型企业的优势要素提供了发挥作用的重要保障，满足了企业跨区转移和资源开发重大投资风险防控的需求。而东部资源枯竭型企业的关键技术为中西部资源富集地优势要素提供了发挥作用的核心动能，满足了中西部省区克服技术"空心化"的需求；高效管理为中西部资源富集地优势要素提供了发挥作用的整合能力，满足了中西部省区提升管理效能的需求；优秀人才为中西部资源富集地优势要素提供了发挥作用的主导力量，满足了中西部省区强化智力支持的需求；足够资金为中西部资源富集地优势要素提供了发挥作用的经济基础，满足了中西部省区跨越资本积累"贫瘠带"的需求。总之，东部资源枯竭型企业的关键技术、高效管理、优秀人才、足够资金为中西部资源富集地优势要素的利用提供了必要条件和重要前提，弥补了中西部省区资源产业发展的短板，促进了东部省区与中西部省区产业协同互补共赢和新发展格局的逐步形成。

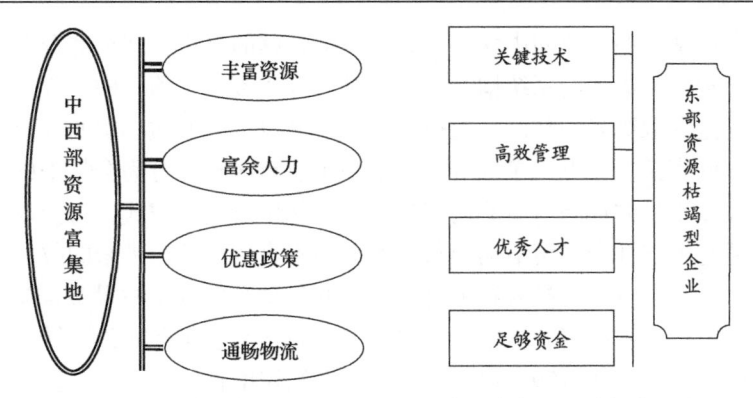

图 4-4　东部资源枯竭型企业与中西部资源富集地系统耦合要素

4.3.2　耦合动因

东部资源枯竭型企业与中西部资源富集地的优势要素耦合何以实现？需要进一步分析其内因和外因。就内因而言，东部资源枯竭型企业法人代表和中西部资源富集地政府法人代表的目标都是追求共同利益最大化。而东部资源枯竭型企业的跨区转移行为对于企业自身的可持续发展，以及中西部资源富集地的资源产业乃至相关产业生产率提升、产业结构优化、区域协同发展都有着明显的促进作用，这种外部经济性，体现出"资本增值"导向和"资本供求"导向的动因。从外因来看，东部资源枯竭型企业系统、中西部资源富集地系统以及协同主体之间还存在一些外在客观因素，主要体现在"风险分散"导向和"政策激控"导向的动因。

1. "资本增值"导向的耦合

随着东部省区矿产资源的长期高强度开发和逐渐枯竭，一批东部大型资源枯竭型企业为了自身的生存、发展和利润最大化，纷纷看准时机选择中西部资源富集地，以控股重组、独资兼并等多种不同的方式投资于中西部省区资源产业。由于在市场经济初期，中西部省区资源产业出现了许多小型矿山，开采规模小、生产效率低，而东部省区大型资源枯竭型企业此时的资本投入，不仅能够以成熟的先进技术和较低的生产成本创造出较高的利润，而且能够进一步促进中西部省区资源产业兼并重组、小型矿山的淘汰和生产效率的提高。有了最初跨区投资的成功，东部大型资源枯竭型企业会进一步加大对中西部资源富集地的跨区投资，而在初期阶段处于观望状态的另一些东部资源枯竭型企业也会受到竞争对手行为的影响，跟进选择中西部资源富集地实施跨区投资。这一过程的发展促进了中西部省区资源产业的规模化，形成了真正意义上宏观经济调控下的中西部省区资源产业的升级。

东部资源枯竭型企业向中西部资源富集地转移的过程，即东部资源枯竭型企业与中西部资源富集地的系统耦合过程也是一种"资本增值"的过程。因为企业的最终目的是获取更多的利润，这也是企业跨区投资的实质。中西部资源富集地是资本投入的直接受益方，东部资源枯竭型企业跨区转移行为会带来中西部资源产业整体技术水平的提高，由此而产生的集约化生产经营模式，与劳动者或其他生产要素所有者在社会经济活动中付出程度并不直接相关，带来的收益是"相对剩余价值"，这是由资本投入和组合所产生的，是东部资源枯竭型企业资本投入的收益。同样，中西部资源富集地承接东部资源枯竭型企业的跨区转移行为也受资本收益驱使。刘易斯（1990）曾经指出：技术知识增长的社会，比技术知识停滞的社会提供了更有利的投资出路，并且能使资本进入生产渠道。从各种经济性角度审视，东部资源枯竭型企业跨区转移行为会给中西部资源产业带来生产技术的变革与创新，并给企业的未来发展带来多重乘数效应。由此可见，在东部资源枯竭型企业与中西部资源富集地的系统耦合过程中，"资本增值"导向是两系统耦合的主要动力因素之一。

2."资本供求"导向的耦合

在经济发展的过程中，大量的资本投入对于加快当地经济发展至关重要。从我国改革开放和招商引资的实践中可以清楚地看出，区域经济的发展、产业水平的提升都离不开资本和技术的注入。就我国中西部省区经济发展而言，承接东部省区的产业转移可以弥补其发展过程中的资本不足。而对其资源产业而言，转型升级也迫切需要先进的技术和雄厚的资本注入。因此，在一方寻求资本投资回报，一方需求资本投入过程中，双方基于资本供求导向的系统耦合逐渐形成，其中风险资本发挥了主导作用。

在东部资源枯竭型企业与中西部资源富集地的系统耦合过程中，东部资源枯竭型企业作为资金的"供给方"，对中西部资源富集地的投资回报利润率会明显地高于它在本地的投资回报利润率。不仅如此，东部资源枯竭型企业跨区投资所获得的丰厚回报对于一些尚未转入中西部资源富集地的东部资源枯竭型企业产生了强烈的示范效应。对"需求方"中西部资源富集地而言，承接东部资源枯竭型企业跨区转移和资本投入，不仅可以解决在经济发展和产业转型升级过程中所需要的资金问题，而且还可以获得东部资源枯竭型企业带来的高效管理、优秀人才、关键技术等，提升生产要素质量，从而给整个资源产业注入新的活力，形成新的动能，有力地促进了中西部资源富集地的高质量发展。

3."风险分散"导向的耦合

东部资源枯竭型企业的跨区转移行为，具体表现为企业的跨区直接投资，而投资必有一定的风险性和不确定性。东部资源枯竭型企业面对原地资源逐渐枯竭的现状，可以选择跨区转移、产业转型、关闭破产等多种退出方式，当然也会面临着不同性质、不同程度的风险。然而，对于选择跨区转移的东部资源枯竭型企业而言，原动力之一就是可以发挥自身的比较优势，力创主业绩效，拉长产业链条，减少企业投资风险，因为企业还是处于自身核心竞争力能够支撑的平台上。另一方面，对于中西部资源富集地系统而言，如果完全依靠自身的优势和发展来改变资源产业集中度和生产效率低下的现状，会面临较大的难度和不确定性，蕴藏着失败的风险。因此，东部资源枯竭型企业与中西部资源富集地系统耦合的过程，实质上也是一种基于"风险分散"导向的耦合。

4."政策激控"导向的耦合

在我国无论是计划经济还是社会主义市场经济，政府的支持和帮助都是企业发展与转移的重要基础（Wang et al., 2012）。只要企业能主动适应政府发展规划与发展策略，那么政府的有利资源，如优惠政策、引导资金、公共设施、宣传媒介乃至联络渠道等，就可能被企业有效利用，成为其转移行为顺畅实施和现实利益充分获取的有力支撑，特别是作为国家战略资源供给的东部资源枯竭型企业的跨区转移行为与政府政策的关联度更高。其中，中央政府的资源产业政策是对东部资源枯竭型企业跨区转移行为的有效促进和调控，比如《探矿权采矿权转让管理办法》（1998年2月12日国务院令第242号发布，根据2014年7月29日《国务院关于修改部分行政法规的决定》修正）、《探矿权采矿权招标拍卖挂牌管理办法（试行）》（国土资发〔2003〕197号）、《矿业权交易规则（试行）》（国土资发〔2011〕242号）、《全国资源型城市可持续发展规划》（2013-2020年）、《关于加快建设绿色矿山的实施意见》（国土资规〔2018〕4号）和《中共中央 国务院关于新时代加快完善社会主义市场经济体制的意见》（2020年5月11日）[①]等政府相关文献中特别强调，要按照市场取向和规模经济原则，通过兼并、联合重组等方式大力发展跨地区、跨行业的大型矿业集团，形成符合生态文明建设要求的矿业发展新模式，健全有利于促进市场化兼并重组、转型升级的体制和政策。

不过，在东部资源枯竭型企业一方，转出地政府的产业结构调整、优化和升级的策略是对东部资源枯竭型企业与中西部资源富集地系统耦合的有效催动。转出地政府希望把本区域中所依赖自然资源明显枯竭、不可持续发展的企业迁移出去，为本区域可持续发展的企业腾出空间，进而为本区域产业结构调整优化、生态环境优化保护创造机会。此时，转出地政府的政策导向是重新配置资金、土地、人才、设施等要素，服务于资源枯竭矿区资产收储、生态修复，催促资源枯竭型

---

① 参见中华人民共和国中央人民政府网站，新华社北京5月18日电《中共中央国务院关于新时代加快完善社会主义市场经济体制的意见》（2020年5月11日），http://www.gov.cn/zhengce/2020-05/18。

企业的跨区转移行为；服务于新产业的引入、培育以及主导产业的成长与增强，达到多方共赢互惠。

与此同时，在中西部资源富集地一方，转入地政府基于资源禀赋的比较优势与主导产业布局而制定的招商引资政策，则是对资源枯竭型企业与中西部资源富集地系统耦合的有效吸引。转入地政府看好资源开采发达地区的成熟开采和环保技术、可动设备资产、技术和管理骨干人员，以及生态修复能力（王道臻等，2014）等优势要素，期望运用一些优惠政策而开拓一条以较低投入获得较高确定性技术与巨额资产来发展本地资源产业的捷径（张宇和蒋殿春，2014；李勇辉等，2014；Liao，2010；朱佩枫等，2009），并向"资源-经济-社会-生态"系统的可持续、高质量发展方向迈进。现实中，转入地政府有关土地出让、税收提成返还、规费减免、保护性电费与科技计划项目支持等方面的政策优惠（章文光和王晨，2014；Hao and Wei，2011；Amerighi and Peralta，2010），以及成效显著的区域性软环境建设皆会成为吸引资源枯竭型企业跨区转移行为的关键因素。

综上分析可知，东部资源枯竭型企业与中西部资源富集地的系统耦合过程具有明显的"政策激控"导向动因。这种导向还可以进一步分解为政策控制和政策激励两方面。政策控制主要是指各级政府通过一系列政策法规来规范东部资源枯竭型企业向中西部资源富集地的跨区转移行为，限制低水平重复建设，控制污染转移，使东部资源枯竭型企业与中西部资源富集地的系统耦合步入科学化、规范化和可持续发展的轨道。政策激励主要是指各级政府依据国家资源战略方针和资源政策等所制定的一系列引导和推动东部资源枯竭型企业与中西部资源富集地系统耦合的具体政策和策略，必将有效地促进东部资源枯竭型企业向中西部资源富集地转移，以及中西部资源富集地的资源产业升级和高质量发展。

4.4　企业与资源富集地的跨区系统耦合机制形成

据前分析，东部资源枯竭型企业能够与中西部资源富集地建立系统耦合关系，那么，这种耦合关系又是如何确立的呢？换言之，东部资源枯竭型企业系统与中西部资源富集地系统是通过何种机制实现耦合，进而产生了资源枯竭型企业的跨区转移行为？在此需要从企业的内部条件和外部环境视角作出深度解析。

4.4.1　系统要素的互动机制

在东部资源枯竭型企业与中西部资源富集地的系统耦合过程中，涉及双方直接决策主体，包括东部资源枯竭型企业法人代表、中西部资源富集地政府法人代表，以及一些相关主体，如当地同行及关联企业、高校和科研机构等。不仅如此，还与当时的政治环境、经济环境、社会环境、市场环境和自然环境密切相关。实际上存在东部资源枯竭型企业系统与中西部资源富集地系统，以及各相关系统之间，与各类环境之间的资本、资源、信息、人才的交换和互动。其中，最为重要的是两类互动路径(图4-5)：一是耦合双方与环境之间的互动。区域政治环境、经济环境、社会环境、市场环境和自然环境会在一定程度上影响东部资源枯竭型企业与中西部资源富集地的系统耦合发展程度与广度。另外，东部资源枯竭型企业与中西部资源富集地的系统耦合与发展绩效又会反过来对这些主要的外部环境因素变化产生一定程度的促进或者制约作用。二是耦合主体与相关主体之间的互动。中央政府、同行及相关企业、高校和科研机构会不同程度地参与东部资源枯竭型企业与中西部资源富集地的系统耦合过程。中央政府可以通过宏观调控来引导和激励资源枯竭型企业的跨区转移行为。高校和科研机构与资源枯竭型企业的合作可以促进企业技术和管理创新，不断提高开采技术水平和全要素生产率。中西部省区的同行及相关企业可以从东部资源枯竭型企业的跨区转移行为的技术和管理溢出中获益，助力人才引进、技术改进、信息共享、管理增效，实现资源产业升级。因此，东部资源枯竭型企业与中西部资源富集地系统耦合的过程，也是各参与主体间技术、人才、资金、资源和信息的整合流动过程。

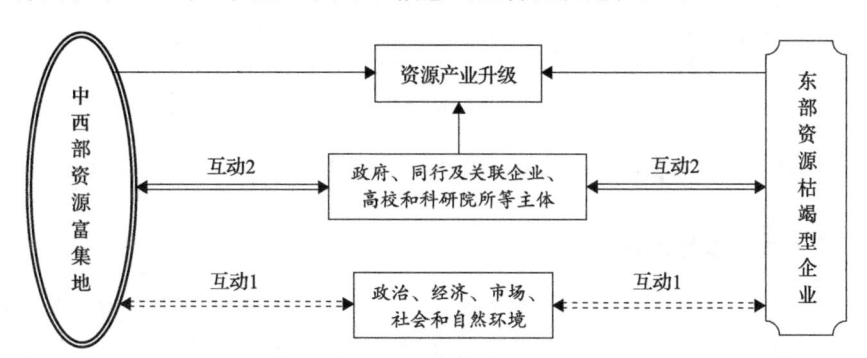

图 4-5　东部资源枯竭型企业与中西部资源富集地系统要素互动机制图

4.4.2　系统供需的匹配机制

东部资源枯竭型企业为了解决自身的生存和可持续发展问题，迫切需要可以开发利用的接续资源，以及低位的劳动力和物流成本，这是由资源产业的特性所决定的。中西部资源富集地的优势要素，诸如丰富的自然资源、充裕的劳动力、不断改善的物流条件，能够给东部资源枯竭型企业提供投资开发的重要基础和条件。从另一视角审视，中西部资源富集地为了缩小与东部区域发展的差距，实现产业集中度提升、产业升级和高质量发展，迫切需要引进重大投资项目、成熟的开发技术、优秀的人才和科学的管理。而这些需求正是东部资源枯竭型企业优势要素所能够满足的。加之东部省区大多数高校和科研机构的发展水平仍位于我国前列，且与资源枯竭型企业长期保持互利合作，也将助力资源枯竭型企业的跨区转移行为。值得关注的是，无论是中央政府还是东部省区政府、中西部省区政府都能够有效地调控资源枯竭型企业的跨区转移行为，换言之，能够有效弥补东部资源枯竭型企业与中西部资源富集地系统耦合中的市场失灵和市场残缺，增强东部资源枯竭型企业投入资金的"杠杆作用"和"乘数效应"，进一步提高东部资源枯竭型企业与中西部资源富集地的优势要素供需双方匹配程度（图 4-6）。

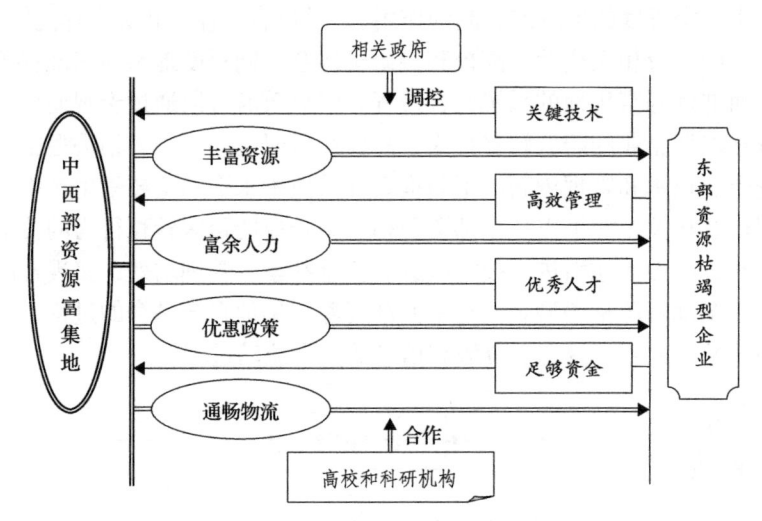

图 4-6　东部资源枯竭型企业与中西部资源富集地供需双方匹配机制图

4.4.3　系统发展的协同机制

东部资源枯竭型企业向中西部资源富集地转移的过程，也体现为东部资源枯竭型企业与中西部资源富集地两个系统通过各自优势要素产生交互协同作用的过程。对于这种协同作用的分析，可以从哈肯[①]协同学（Synergetic）中得到一定启示。协同学主要研究系统通过各部分的协作使其在空间、时间和功能上从无序变为有序的过程。它的原理主要包括协同效用原理和自组织原理。在东部资源枯竭型企业与中西部资源富集地优势要素耦合过程中，协同效用原理体现为两系统共同构成一个新的经济系统，在产业与空间发展不对称状况下相互作用，特别是通过两系统之间物质和能量的交换，并经历内部非线性动力机制和部分能量相互作用下耗散，使新系统由原来空间和功能的无序状态变为有序状态。自组织原理体现为，当外部环境没有对系统产生任何影响时，两系统会按照一定的规则，形成一定的结构与功能，表现出系统的内生性与自发性；而当外部环境发生变化，因协同效

---

① 哈肯（Haken）系德国斯图加特大学物理学教授，于 1971 年提出协同的概念，1976 年发表了《协同学导论》。

应和系统自身涨落力的存在，两系统会形成新的时空结构，向耦合的目标发展。东部资源枯竭型企业与中西部资源富集地优势要素的耦合是一定时间与空间要素的特定组合，当这种组合发展到一定程度，这样的系统耦合可以看成是在市场机制作用下的新系统自组织活动。这个过程的主要特征体现在三个方面：一是在东部资源枯竭型企业与中西部资源富集地的优势要素耦合中所形成的自组织活动；二是两系统相关主体推动了东部资源枯竭型企业与中西部资源富集地的优势要素耦合；三是新系统发生了从简单到复杂，从小范围到大范围，从混沌无序的初态向稳定有序的终态的演化。

4.4.4 系统耦合的保障机制

东部资源枯竭型企业与中西部资源富集地的优势要素耦合过程的实现，需要一种有效的保障机制。包括上述系统要素的互动机制、系统供需的匹配机制、系统发展的协同机制的运行也离不开相关政策、治安、资金、信用等方面的保障。

东部资源枯竭型企业与中西部资源富集地系统总是在一定的政治、经济、社会、法律等环境约束下构建和运行的；当然，它们也会对相关的环境产生反作用。但是一个重要前提，东部资源枯竭型企业的跨区转移行为，或者说，东部资源枯竭型企业与中西部资源富集地的优势要素耦合过程需要政治、经济、社会、法治等环境所提供的重要保障。不同的环境会提供不同的保障(图 4-7)。政治环境能给两系统耦合提供政策保障，使东部资源枯竭型企业的跨区转移行为能够通过公平竞争获取正当权益，实现高质量发展。经济环境能给两系统耦合提供资金保障，使东部资源枯竭型企业的跨区转移行为能够通过正常渠道获取投资贷款、研发扶持资金和转移支付等。法治环境能给两系统耦合提供信用保障，使东部资源枯竭型企业的跨区转移行为能够在统一开放、诚信竞争的市场体系中，发挥企业公平竞争优势，释放区域发展动能。社会环境能给两系统耦合提供治安保障，使东部

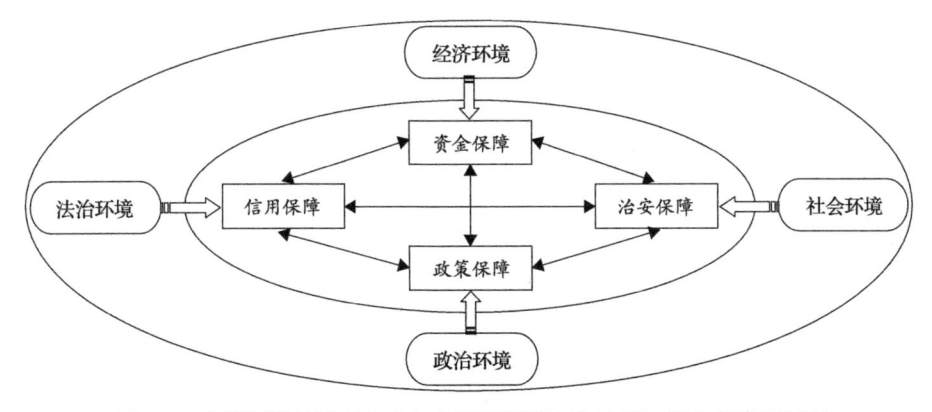

图 4-7 东部资源枯竭型企业与中西部资源富集地系统耦合保障机制图

资源枯竭型企业的跨区转移行为能够获得矿社和谐、稳定发展的条件，这是由企业的资源开发产业特性和矿区区位特性所决定的。然而，应该清醒地认识到，环境能给企业带来机遇，也会造成威胁。问题在于企业如何去认识环境、适应环境、把握机遇、避开威胁，充分发挥环境的保障机制效能，助力企业转移行为的顺利实施和高质量发展。

4.5 本章小结

本章基于我国境内资源枯竭型企业实施跨区转移的 155 个项目的基本信息及其相应的特征，阐述了东部资源枯竭型企业的运营困扰、优势要素和有效出路，梳理了中西部资源富集地的开发困扰、优势要素及发展需求，解析了东部资源枯竭型企业与中西部资源富集地的系统耦合关系，包括耦合条件和耦合动因，探究了东部资源枯竭型企业与中西部资源富集地的系统耦合机制，包括系统要素的互动机制、系统供需的匹配机制、系统发展的协同机制和系统耦合的保障机制。研究认为东部资源枯竭型企业与中西部资源富集地双方优势要素的耦合正是资源枯竭型企业跨区转移行为的本质。双方的优势要素具备明显的互补特征与耦合条件。一旦耦合形成，各自的收益均可获得。这为进一步科学地测量和揭示我国资源枯竭型企业跨区转移行为驱动机制强度奠定了一个真实、可靠的研究基础。

第 5 章　资源枯竭型企业与资源富集地的跨区系统耦合度

第 4 章分析揭示了东部资源枯竭型企业与中西部资源富集地的系统耦合机理，清楚地表明东部资源枯竭型企业优势要素与中西部资源富集地优势要素的耦合产生了东部资源枯竭型企业的跨区转移行为。值得深思的是，是否有了这种优势要素耦合关系就一定能够产生企业跨区转移行为？换言之，这种优势要素耦合关系达到何种程度才能产生企业跨区转移行为？现有的企业跨区转移行为背后的优势要素耦合程度如何？应该如何测算这种跨区系统耦合度？这些都是本章需要解决的问题。

本章共分为 5 节。5.1 节进行跨区系统耦合度的内涵界定；5.2 节进行跨区系统耦合度模型的科学选择；5.3 节进行跨区系统耦合度模型的分析构建；5.4 节进行跨区系统耦合度的测算例证；5.5 节进行本章主要内容的小结。

5.1　跨区系统耦合度的内涵

为了进一步分析、测算东部资源枯竭型企业与中西部资源富集地的系统耦合程度，需要厘清东部资源枯竭型企业与中西部资源富集地的系统耦合度内涵。

5.1.1　跨区系统耦合度定义

系统耦合理论认为，系统内部自由能的积累会使系统失去平衡并趋向与其他系统的结合，形成具有新"结构-功能"的高一级系统。而由哈肯协同学关于协同系统从无序到有序的演化规律视角审视，这种高一级系统由无序渐成有序过程的实现，取决于两个子系统序参量之间的交互协同作用，它控制着系统交互相变的特征和规律(赵国浩等，2014；吴大进等，1990)。耦合度正是此类交互协同作用程度的有效测量。由此可以把东部资源枯竭型企业与中西部资源富集地两个系统通过各自优势要素产生交互协同作用的程度定义为东部资源枯竭型企业与中西部资源富集地的跨区系统耦合度。其大小可以反映东部资源枯竭型企业与中西部资源富集地之间相互影响、协同作用的程度强弱，以及资源枯竭型企业跨区转移行为驱动强度的高低(Wang et al.，2015)。

为了从整体上判别东部资源枯竭型企业与中西部资源富集地两个系统耦合强度大小，跨区系统耦合度的度量值取两个系统各项优势要素指标间关联度的算术平均值，其计算公式为

$$L = \frac{1}{\alpha \times \beta} \sum_{y=1}^{\alpha} \sum_{z=1}^{\beta} C_{y,z} \tag{5-1}$$

式中，L 为跨区系统耦合度；α 为东部资源枯竭型企业系统的优势要素指标数；β 为中西部资源富集地系统的优势要素指标数；$C_{y,z}$ 为东部资源枯竭型企业系统某一优势要素指标 $E_y(t)$ 与中西部资源富集地系统某一优势要素指标 $W_z(t)$ 的关联度。

5.1.2 跨区系统耦合度判别准则

对于东部资源枯竭型企业与中西部资源富集地两个系统耦合强度大小的测算，不仅需要建立跨区系统耦合度的计算公式，还需要构建耦合度判别准则。依据这一准则来判定东部资源枯竭型企业与中西部资源富集地系统耦合程度的高低，以及企业跨区转移行为驱动力的大小。而对于耦合度判别准则的设计，不同学者针对不同的科学问题和具体应用所定义的系统耦合标准也有所不同。比较典型的有：

袁榴艳等(2007)在《干旱区生态与经济系统耦合发展模式评判——以新疆为例》的研究中，以生态环境综合指数、经济社会发展综合指数和耦合发展度为基础，提出了干旱区生态与经济系统耦合发展的评判标准和基本类型，具体分为六个阶段：严重失调发展、中度失调发展、轻度失调发展、低水平协调发展、协调发展、良好协调发展，详见表5-1。

表5-1 干旱区生态与经济系统耦合发展评判标准一览表

耦合发展度	[0, 0.4)	[0.4, 0.5)	[0.5, 0.6)	[0.6, 0.7)	[0.7, 0.8)	[0.8, 1]
水平分类	严重失调发展	中度失调发展	轻度失调发展	低水平协调发展	协调发展	良好协调发展

赵旭和吴孟(2007)在《区域城市化与城市生态环境耦合协调发展评价——基于全国30个省区市的比较》研究中，分析了我国各省市城市化与城市生态环境的协调发展状况，根据协调发展度的大小将城市化与环境的整体协调发展状况划分为四个耦合阶段，详见表5-2。

表 5-2 城市化与环境的系统耦合阶段划分一览表

耦合协调度	耦合阶段	耦合类型与特征
(0，0.4]	低水平耦合	勉强调和，不协调
(0.4，0.5]	拮抗时期	调和或基本协调
(0.5，0.8]	磨合阶段	勉强调和或协调
(0.8，1.0)	高水平耦合	基本调和或协调

郝生宾和于渤(2008)在《企业技术能力与技术管理能力的耦合度模型及其应用研究》一文中，分析了企业技术能力和技术管理能力的耦合作用机理，依据物理学耦合阶段的划分，将企业技术能力与技术管理能力的耦合状况划分为三个阶段：较低水平耦合、中等水平耦合、高水平耦合，详见表 5-3。

表 5-3 企业技术能力与技术管理能力的系统耦合状态划分一览表

耦合度	阶段	主要特征
(0，0.3]	较低水平耦合	企业没有认识到技术管理的重要性，企业的技术管理水平非常低，对技术能力的激活作用非常有限
(0.3，0.7]	中等水平耦合	企业具有一定的技术消化吸收能力，为技术管理活动提供了较大的平台，而且技术管理活动的重要性得到充分认识，技术管理能力得到很大提升，能够较好地作用于技术能力
(0.7，1.0)	高水平耦合	企业技术能力与技术管理能力相得益彰、互相促进，它们共同步入高水平耦合阶段

董沛武和张雪舟(2013)在《林业产业与森林生态系统耦合度测度研究》一文中，分析了林业产业与森林生态系统之间的相关性及耦合特征，建立了依据林业产业与森林生态系统的关联度来评价系统耦合程度的分类标准，详见表 5-4。

表 5-4 林业产业与森林生态系统耦合程度分类一览表

关联度	关联阶段	耦合关系特征
(0，0.35]	弱关联	两系统指标间耦合作用弱
(0.35，0.65]	中度关联	两系统指标间耦合作用中等
(0.65，0.85]	较强关联	两系统指标间耦合作用较强
(0.85，1.0)	极强关联	两系统指标间相互作用的规律几乎一样，耦合作用极强

通过对相关研究成果的比较分析和优势汲取，结合东部资源枯竭型企业与中西部资源富集地的优势要素耦合特点，可以建立东部资源枯竭型企业与中西部资源富集地的跨区系统耦合度判别准则，具体划分为无耦合、低水平耦合、拮抗耦

合、磨合耦合、高水平耦合和完全耦合等六个层次，详见表5-5。依据这一准则，可以判定东部资源枯竭型企业与中西部资源富集地的系统耦合程度的高低，以及企业跨区转移行为驱动力的大小。

表5-5　东部资源枯竭型企业与中西部资源富集地跨区系统耦合度判别准则

耦合度	耦合标准	耦合解释
$L=0$	无耦合	系统耦合度为0，企业跨区转移行为驱动力为0
$0<L<0.30$	低水平耦合	系统耦合度较低，企业跨区转移行为驱动力较小
$0.30 \leq L<0.60$	拮抗耦合	系统耦合度一般，企业跨区转移行为驱动力一般
$0.60 \leq L<0.85$	磨合耦合	系统耦合度较高，企业跨区转移行为驱动力较大
$0.85 \leq L<1.0$	高水平耦合	系统耦合度很高，企业跨区转移行为驱动力很大
$L=1.0$	完全耦合	系统要素间完全耦合，企业跨区转移行为驱动力极大

5.2　跨区系统耦合度模型的选择

从5.1节关于跨区系统耦合度的内涵分析和测算公式可以看出，求解东部资源枯竭型企业与中西部资源富集地的跨区系统耦合度，关键在于求解这两个系统各项优势要素指标间的关联度，对关联度模型的选择需要充分考虑：

(1)东部资源枯竭型企业系统与中西部资源富集地系统及其耦合系统是一类不易完整搜聚信息的灰色系统。这类系统的构成要素不完全确定、要素关系不完全明晰、组成结构不完全清楚、运行机理不完全认识。特别是东部资源枯竭型企业系统与中西部资源富集地系统既具有一定的自然属性，又具有一定的社会属性，其耦合关系存在着空间和时间的差异，系统复杂，显示出灰色系统的典型特征(李存芳等，2020)。

(2)灰色关联分析提供了系统中各子系统(或因素)之间数值关系的量度，能够较为简单、可靠地进行东部资源枯竭型企业与中西部资源富集地两个系统各项优势要素间的关联分析。灰色关联分析是基于发展趋势的分析，不仅对于样本数量的多少要求不高，也不需要典型的分布规律，而且计算工作量不大，对于东部资源枯竭型企业与中西部资源富集地两个系统各项优势要素之间的关联度正确计算结果与其定性分析结论较为吻合。

(3)灰色关联分析要素评价的间接性，反映了东部资源枯竭型企业与中西部资源富集地耦合系统中优势要素之间真实的灰色关系。对于灰色系统的功能进行分析和评价，可以找出系统功能的映射量，通过映射量来间接地表征系统功能。因此，可以假定，东部资源枯竭型企业与中西部资源富集地的功能及其优势要素就是由相应的映射显性指标决定。而且如果结果难以评判，可以采取致因评判的方法来间接评判结果。

基于此，本书采用了能较全面分析系统多因素相互作用的灰色关联度模型，通过对东部资源枯竭型企业系统与中西部资源富集地系统中各优势要素的统计序列曲线几何形状的相似程度来评判优势要素间的关联度，序列曲线的几何形状愈接近，优势要素之间的关联度愈强。

5.3 跨区系统耦合度模型的构建

为了求解东部资源枯竭型企业与中西部资源富集地的跨区系统耦合度，需要设计一套东部资源枯竭型企业与中西部资源富集地的优势要素评价指标体系，然后求出这两个系统各项优势要素评价指标间的关联度。

5.3.1 系统评价指标的设计与优化

1. 系统评价指标的设计思路

东部资源枯竭型企业与中西部资源富集地系统优势要素评价指标体系的科学设计是一项复杂的工作，既需要借鉴已有研究成果，还需要结合当代实践。

(1) 参考国内外学者对于相关科学问题中指标体系的构建模式，在综合学者观点的基础上，力求增强评价指标体系的解释力。由于以往对于资源枯竭型企业优势要素的相关研究大多为定性研究，基于具体企业现实数据的客观解析并不常见。因此，在构建东部资源枯竭型企业与中西部资源富集地系统评价指标体系时，应充分考虑指标体系的代表性和数据收集的可得性，尽可能兼顾两者(杨显明和程子彪，2015；史俊伟等，2015；赵庚学等，2013)。

(2) 立足于我国的基本国情和研究对象的实际，注重评价指标体系的可行性。东部资源枯竭型企业与中西部资源富集地的跨区系统耦合是一项关注中国资源产业实践的管理科学问题，对于两个系统优势要素评价指标的设计应从我国资源产业的现实情况出发，通过访谈调查提取评价指标，力求体现出指标体系的客观性和合理性。

2. 系统评价指标的设计基本原则

由于东部资源枯竭型企业与中西部资源富集地系统优势要素评价指标涉及的内容和数量较多，各指标间关系也较复杂，因此，在指标选择和设计时应遵循以下基本原则：

(1)体现可靠性。评价指标的设计过程要注意系统管理的可靠性。一要注意指标体系的细分度。划分太粗难以反映细节,太细又过于复杂。要防止失真。二要考虑指标内涵界定的准确度,防止含糊不清。三要关注指标设置的全面性,防止疏漏和不足。既要能够反映所研究企业和区域的定量属性,还要表达其定性属性。

(2)体现可获性。在评价指标设计时,一要尽量采用现行经济核算中通用的指标,便于直接获得。如可从综合统计年鉴以及各专业的统计年鉴中寻得,或者从相关权威机构发布的数据库中获得。二要充分考虑指标内涵能够度量和测算。如果是纯定量的,就要能获得真实准确的数据;如果是半定量的,就要有明确的等级评分标准,并能由合适的人员评价。三要充分考虑指标间的并集,避免出现指标间的交集,以提高评价指标的可获度。

(3)体现代表性。对于评价指标的内涵设计需要尽可能地反映出两系统的现状特征、优势要素,并代表企业和区域的发展需求,做到指标体系全面完整、结构清晰、层次分明、科学有效。

(4)体现可比性。设置两个系统评价指标不仅要符合企业和区域实际,还要符合国家和地方的政策、法规。指标涉及的管理内涵、时空跨度、统计范围、测算办法应该可比。既要便于企业和区域自身的历史比较,又要便于产业内外、区域内外的现实比较。

3. 系统评价的具体指标体系

基于前面关于东部资源枯竭型企业与中西部资源富集地系统耦合关系形成及其机理分析,设计半结构化访谈提纲,选取年龄在35周岁到55周岁之间熟悉东部资源枯竭型企业向中西部资源富集地转移的负责人进行深度访谈。考虑到江苏省属重点资源枯竭型企业仅有徐州矿务集团和华润天能(徐州)煤电有限公司,而且均处于资源枯竭的徐州矿区,近年来向新疆、贵州、青海、陕西的转移较为活跃,故选择访谈对象包括徐州矿务集团、华润天能(徐州)煤电有限公司的高层管理者11名,以及江苏、新疆、贵州、青海、陕西的煤矿安全监察局、工业和信息化厅、发展和改革委员会等部门负责人21名。通过对访谈资料文本挖掘初选东部资源枯竭型企业系统优势要素的评价指标包括4个一级指标(关键技术、高效管理、优秀人才、足够资金)和15个二级指标;中西部资源富集地系统优势要素的评价指标包括4个一级指标(丰富资源、优惠政策、富余人力、通畅物流)和16个二级指标,见表5-6。

第5章 资源枯竭型企业与资源富集地的跨区系统耦合度

表5-6 系统评价指标设置

耦合系统	一级指标	二级指标	耦合系统	一级指标	二级指标
东部资源枯竭型企业	关键技术	研发投入率(%)	中西部资源富集地	丰富资源	资源保有储量(亿吨)
		安全投入率(%)			资源总产量(万吨)
		采矿机械化程度(%)			工矿用地面积(万公顷)
		百万吨死亡率		优惠政策	地区生产总值增长率(%)
	高效管理	全员生产率(吨/工)			区域外资利用增长率(%)
		总产量(万吨)			资源产业固定资产投资额(亿元)
		资产利润率(%)			养老保险职工人数(万人)
		收入利润率(%)			失业保险职工人数(万人)
		总资产周转率(次)		富余人力	总人口(万人)
	优秀人才	人均创收(万元/人)			资源产业从业人数(万人)
		人均创利(万元/人)			技工学校毕业生数(万人)
	足够资金	营业收入(亿元)			宗教信仰人数(万人)
		利润总额(亿元)		通畅物流	铁路建设投资额(亿元)
		所有者权益(亿元)			公路建设投资额(亿元)
		资产负债率(%)			货物运输量(万吨)
					货物综合运价(元/吨)

在东部资源枯竭型企业系统优势要素的二级评价指标中，研发投入率=研究开发费用/营业收入、安全投入率=安全投入/营业收入、采矿机械化程度=机械化采矿产量/总产量、百万吨死亡率=死亡人数/总产量，这些指标反映了企业的研发投入和技术进步水平，并体现了资源开发产业的特点。全员生产率=总产量/生产工日数、总产量为年资源产品总量、资产利润率=净利润/总资产、收入利润率=净利润/营业收入、总资产周转率=营业收入/平均资产，这些指标反映了企业的生产、成本、资产管理水平。人均创收=营业收入/从业人员、人均创利=利润总额/从业人员，这些指标反映了企业的人才素质与经营能力。营业收入、利润总额、所有者权益、资产负债率等指标直接反映了企业的资金拥有程度。

在中西部资源富集地系统优势要素的二级评价指标中，资源保有储量、资源总产量、工矿用地面积等从不同角度反映了矿产资源和土地资源的数量。地区生产总值增长率、区域外资利用增长率、资源产业固定资产投资额、养老保险职工人数、失业保险职工人数等从不同角度反映了政府的政策引力。总人口、资源产业从业人数、技工学校毕业生数和宗教信仰人数等从不同角度反映了人力资源富集程度和利用潜力。铁路建设投资额、公路建设投资额、货物运输量、货物综合运价等从不同角度反映了物流配套条件和支撑能力。

由于上述系统优势要素评价指标具有不同的量纲，需要对于指标数据进行标准化处理，求出其初值像，进而可以通过主成分分析进行指标体系的优化。

5.3.2 系统评价指标的灰色关联度计算

对于上述两个系统优势要素评价指标之间相互作用灰色关联度的计算是系统耦合度测算的重要基础。而现有灰色关联度计算模型较多，包括邓氏关联度、绝对关联度、相对关联度、综合关联度、斜率关联度等，各有优势，也有不足。为了充分体现参考序列与比较序列的斜率差异程度，在此采取斜率关联度模型(刘思峰等，2015)。它以两个序列的局部相关性为基础，测度整体相关性，具有优良的保序性、规范性、唯一性、对称性和相似性等性质。

设东部资源枯竭型企业系统优势要素二级评价指标序列为

$$E_y(t) = [e_y(1), e_y(2), \cdots, e_y(t)], \quad t = 1, 2, \cdots, n$$

则

$$\overline{E_y} = \frac{1}{n}\sum_{t=1}^{n} e_y(t)$$

中西部资源富集地系统优势要素二级评价指标序列为

$$W_z(t) = [w_z(1), w_z(2), \cdots, w_z(t)], \quad t = 1, 2, \cdots, n$$

则

$$\overline{W_z} = \frac{1}{n}\sum_{t=1}^{n} w_z(t)$$

由于这两类序列均来自实际经济活动，故它们都不会是等值序列，令

$$\Delta_y(t) = e_y(t+1) - e_y(t), \quad t = 1, 2, \cdots, n-1$$

$$\Delta_z(t) = w_z(t+1) - w_z(t), \quad t = 1, 2, \cdots, n-1$$

则两类序列的斜率关联系数为

$$c_{y,z}(t) = \frac{1 + \left|\frac{\Delta_y(t)}{E_y}\right|}{1 + \left|\frac{\Delta_y(t)}{E_y}\right| + \left|\frac{\Delta_y(t)}{E_y} - \frac{\Delta_z(t)}{W_z}\right|}, \quad t = 1, 2, \cdots, n-1$$

两类序列的斜率关联度为

$$C_{y,z} = \frac{1}{n-1} \sum_{t=1}^{n-1} c_{y,z}(t) \tag{5-2}$$

进而可将东部资源枯竭型企业与中西部资源富集地两个系统优势要素评价指标之间相互作用的斜率关联度全部计算出来，并构成一个关联度矩阵。

5.3.3 系统耦合度的测算与判别

基于关联度矩阵，可以进一步开展东部资源枯竭型企业与中西部资源富集地两个系统耦合度的测算与分析。

将关联度矩阵分别按行或列求其平均值，可以得出东部资源枯竭型企业优势要素各指标对于中西部资源富集地系统的耦合度，或者是中西部资源富集地优势要素各指标对于东部资源枯竭型企业系统的耦合度。

$$L_y = \frac{1}{\beta} \sum_{z=1}^{\beta} C_{y,z} \tag{5-3}$$

$$L_z = \frac{1}{\alpha} \sum_{y=1}^{\alpha} C_{y,z} \tag{5-4}$$

将关联度矩阵整体求平均值，可以得出东部资源枯竭型企业与中西部资源富集地的系统耦合度，即式(5-1)。

依据 5.1 节建立的跨区系统耦合度判别准则，可以判定东部资源枯竭型企业与中西部资源富集地系统耦合程度的高低，以及企业跨区转移行为驱动力的大小。

5.4 跨区系统耦合度的测算例证

5.4.1 跨区系统耦合度的测算过程

考虑到徐州矿务集团和华润天能(徐州)煤电有限公司均处于资源枯竭的徐州

矿区，是两个典型的东部资源枯竭型企业，而且向新疆、贵州、青海、陕西等中西部资源富集地的转移较为活跃，故选择徐州矿务集团、华润天能（徐州）煤电有限公司分别与新疆、贵州、青海、陕西四省区的系统耦合为例，探究资源枯竭型企业跨区转移行为的驱动机理（李存芳等，2020）。

为了增强跨区系统耦合度测算的可靠性和科学性，针对表 5-6 中系统评价指标体系具有不同量纲的实际，运用由《中国煤炭工业年鉴》《新疆统计年鉴》《贵州统计年鉴》《青海统计年鉴》和《陕西统计年鉴》中收集到的 2005~2014 年的相应样本数据，进行主成分分析和检验。具体采取 SPSS22.0 进行指标数据的标准化处理、主成分分析，剔除不合适的指标，得到耦合系统主成分提取及可行的评价指标排序表，见表 5-7。其中 $M_a(a=1,2,3)$、$J_b(b=1,2)$、$G_c(c=1,2,3)$、$Q_d(d=1,2)$、$S_e(e=1,2)$ 分别为煤炭企业、新疆维吾尔自治区、贵州省、青海省、陕西省的主成分指标体系。

进而依据公式（5-2），先对上述样本数据进行标准化处理，去除量纲，获取统一指标，后使用 Matlab2008 软件编程（具体程序详见附录 3），计算得出徐州矿务集团和华润天能（徐州）煤电有限公司分别与新疆维吾尔自治区、贵州省、青海省、陕西省各指标的斜率关联度，并构建相应的关联度矩阵。

表 5-7 耦合系统主成分（P）提取及评价指标排序表

P	评价指标	P	评价指标	P	评价指标
	资源枯竭型企业		新疆		贵州
M_1	收入利润率(%)M_{11}	J_1	失业保险职工人数(万人)J_{11}	G_1	公路建设投资额(亿元)G_{11}
	资产利润率(%)M_{12}		养老保险职工人数(万人)J_{12}		铁路建设投资额(亿元)G_{12}
	利润总额(亿元)M_{13}		货物运输量(亿吨)J_{13}		货物运输量(亿吨)G_{13}
	人均创利(万元/人)M_{14}		资源产业总产量(亿吨)J_{14}		失业保险职工人数(万人)G_{14}
	采矿机械化程度(%)M_{15}		资源保有储量(亿吨)J_{15}		资源产业总产量(亿吨)G_{15}
	安全投入率(%)M_{16}		总人口(万人)J_{16}		养老保险职工人数(万人)G_{16}
M_2	资产负债率(%)M_{17}	J_2	资源产业固定资产(亿元)J_{17}	G_2	技工学校毕业生数(万人)G_{21}
	所有者权益(亿元)M_{21}		公路建设投资额(亿元)J_{18}		资源产业从业人数(万人)G_{22}
	人均创收(万元/人)M_{22}		资源产业从业人数(万人)J_{19}		资源产业固定资产(亿元)G_{23}
	百万吨死亡率M_{23}		铁路建设投资额(亿元)J_{21}		总人口(万人)G_{24}
	全员生产率(吨/工)M_{24}		地区生产总值增长率(%)J_{22}	G_3	资源保有储量(亿吨)G_{31}
	营业收入(亿元)M_{25}		技工学校毕业生数(万人)J_{23}		地区生产总值增长率(%)G_{32}
M_3	研发投入率(%)M_{31}				
	总资产周转率(次)M_{32}				

续表

P	评价指标	P	评价指标	P	评价指标
	资源枯竭型企业		青海		陕西
M_1	收入利润率(%)M_{11}	Q_1	铁路建设投资额(亿元)Q_{11}	S_1	总人口(万人)S_{11}
	资产利润率(%)M_{12}		公路建设投资额(亿元)Q_{12}		铁路建设投资额(亿元)S_{12}
	利润总额(亿元)M_{13}		失业保险职工人数(万人)Q_{13}		技工学校毕业生数(万人)S_{13}
	人均创利(万元/人)M_{14}		养老保险职工人数(万人)Q_{14}		货物运输量(亿吨)S_{14}
	采矿机械化程度(%)M_{15}		资源产业固定资产(亿元)Q_{15}		公路建设投资额(亿元)S_{15}
	安全投入率(%)M_{16}		资源产业从业人数(万人)Q_{16}		资源产业从业人数(万人)S_{16}
	资产负债率(%)M_{17}		总人口(万人)Q_{17}		资源产业总产量(亿吨)S_{17}
M_2	所有者权益(亿元)M_{21}	Q_2	货物运输量(亿吨)Q_{21}		养老保险职工人数(万人)S_{18}
	人均创收(万元/人)M_{22}		技工学校毕业生数(万人)Q_{22}		失业保险职工人数(万人)S_{19}
	百万吨死亡率M_{23}		资源保有储量(亿吨)Q_{23}		资源产业固定资产(亿元)S_{110}
	全员生产率(吨/工)M_{24}		资源产业总产量(亿吨)Q_{24}	S_2	地区生产总值增长率(%)S_{21}
	营业收入(亿元)M_{25}		地区生产总值增长率(%)Q_{25}		资源保有储量(亿吨)S_{22}
M_3	研发投入率(%)M_{31}				
	总资产周转率(次)M_{32}				

继而,运用 Excel 软件,依据公式(5-3)和公式(5-4)计算得出各个主成分之间的耦合度,具体结果如表 5-8～表 5-14 所示。

表 5-8 徐州矿务集团各指标分别对新疆、贵州、青海、陕西系统耦合系数表

						X 徐矿							
	X_{11}	X_{12}	X_{13}	X_{14}	X_{15}	X_{16}	X_{17}	X_{21}	X_{22}	X_{23}	X_{24}	X_{25}	X_{31}	X_{32}
J 新疆	0.821	0.832	0.896	0.766	0.892	0.837	0.842	0.863	0.886	0.806	0.907	0.842	0.897	0.892
				0.841 (X_1)					0.861 (X_2)				0.895 (X_3)	
							0.866 (X)							
G 贵州	0.803	0.810	0.864	0.767	0.862	0.814	0.820	0.839	0.860	0.800	0.872	0.828	0.871	0.861
				0.820 (X_1)					0.840 (X_2)				0.866 (X_3)	
							0.842 (X)							
Q 青海	0.778	0.779	0.768	0.749	0.821	0.783	0.824	0.788	0.796	0.756	0.847	0.800	0.826	0.818
				0.786 (X_1)					0.797 (X_2)				0.823 (X_3)	
							0.802 (X)							
S 陕西	0.795	0.828	0.884	0.748	0.882	0.824	0.838	0.866	0.877	0.794	0.896	0.838	0.885	0.873
				0.828 (X_1)					0.854 (X_2)				0.879 (X_3)	
							0.854 (X)							

注:表中徐矿即徐州矿务集团,下同。

表5-9　华润天能(徐州)煤电有限公司各指标分别对新疆、贵州、青海、陕西系统耦合系数表

	\multicolumn{13}{c}{T天能}
	T_{11}	T_{12}	T_{13}	T_{14}	T_{15}	T_{16}	T_{17}	T_{21}	T_{22}	T_{23}	T_{24}	T_{25}	T_{31}	T_{32}
J 新疆	0.834	0.888	0.875	0.839	0.895	0.806	0.870	0.822	0.849	0.790	0.884	0.848	0.831	0.808
				0.858(T_1)					0.851(T_2)				0.820(T_3)	
							0.843(T)							
G 贵州	0.790	0.834	0.822	0.809	0.843	0.780	0.825	0.831	0.791	0.767	0.830	0.815	0.789	0.786
				0.845(T_1)					0.837(T_2)				0.788(T_3)	
							0.803(T)							
Q 青海	0.695	0.735	0.719	0.696	0.758	0.665	0.730	0.723	0.695	0.660	0.719	0.724	0.691	0.709
				0.714(T_1)					0.704(T_2)				0.700(T_3)	
							0.706(T)							
S 陕西	0.814	0.859	0.838	0.816	0.878	0.781	0.847	0.856	0.817	0.767	0.855	0.820	0.806	0.783
				0.833(T_1)					0.823(T_2)				0.795(T_3)	
							0.817(T)							

注：表中天能即华润天能(徐州)煤电有限公司，下同。

表5-10　新疆各指标对徐州矿务集团、华润天能(徐州)煤电有限公司系统耦合系数表

	\multicolumn{11}{c}{J新疆}
	J_{11}	J_{12}	J_{13}	J_{14}	J_{15}	J_{16}	J_{17}	J_{18}	J_{19}	J_{21}	J_{22}	J_{23}
X 徐矿	0.863	0.864	0.889	0.887	0.890	0.807	0.882	0.828	0.892	0.752	0.832	0.884
					0.867(J_1)						0.823(J_2)	
						0.845(J)						
T 天能	0.872	0.877	0.871	0.855	0.881	0.806	0.851	0.861	0.890	0.721	0.871	0.844
					0.863(J_1)						0.812(J_2)	
						0.837(J)						

表5-11　贵州各指标对徐州矿务集团、华润天能(徐州)煤电有限公司系统耦合系数表

	\multicolumn{11}{c}{G贵州}
	G_{11}	G_{12}	G_{13}	G_{14}	G_{15}	G_{16}	G_{21}	G_{22}	G_{23}	G_{24}	G_{31}	G_{32}
X 徐矿	0.874	0.880	0.862	0.852	0.841	0.784	0.845	0.785	0.888	0.786	0.789	0.816
				0.849(G_1)				0.826(G_2)			0.802(G_3)	
						0.826(G)						
T 天能	0.847	0.882	0.879	0.822	0.854	0.770	0.789	0.775	0.885	0.796	0.792	0.804
				0.841(G_1)				0.811(G_2)			0.798(G_3)	
						0.817(G)						

表 5-12　青海各指标对徐州矿务集团、华润天能（徐州）煤电有限公司系统耦合系数表

						Q 青海						
		Q_{11}	Q_{12}	Q_{13}	Q_{14}	Q_{15}	Q_{16}	Q_{17}	Q_{21}	Q_{22}	Q_{23}	Q_{24}	Q_{25}
X 徐矿		0.792	0.791	0.796	0.818	0.807	0.774	0.773	0.778	0.769	0.867	0.779	0.801
					$0.793(Q_1)$						$0.798(Q_2)$		
							$0.796(Q)$						
T 天能		0.695	0.696	0.700	0.726	0.714	0.684	0.683	0.704	0.696	0.778	0.705	0.720
					$0.700(Q_1)$						$0.721(Q_2)$		
							$0.709(Q)$						

表 5-13　陕西各指标对徐州矿务集团、华润天能（徐州）煤电有限公司系统耦合系数表

						S 陕西						
	S_{11}	S_{12}	S_{13}	S_{14}	S_{15}	S_{16}	S_{17}	S_{18}	S_{19}	S_{110}	S_{21}	S_{22}
X 徐矿	0.886	0.756	0.856	0.879	0.881	0.848	0.864	0.824	0.889	0.758	0.842	0.858
					$0.844(S_1)$						$0.850(S_2)$	
						$0.847(S)$						
T 天能	0.864	0.730	0.818	0.825	0.822	0.838	0.806	0.857	0.866	0.756	0.846	0.862
					$0.818(S_1)$						$0.854(S_2)$	
						$0.836(S)$						

表 5-14　徐州矿务集团和华润天能（徐州）煤电有限公司分别与新疆、贵州、青海、陕西各主成分耦合系数表

主成分指标		X 徐矿			T 天能		
		X_1	X_2	X_3	T_1	T_2	T_3
J 新疆	J_1	0.852	0.871	0.907	0.873	0.861	0.829
	J_2	0.808	0.829	0.857	0.813	0.819	0.792
G 贵州	G_1	0.839	0.850	0.881	0.808	0.794	0.776
	G_2	0.811	0.839	0.857	0.801	0.803	0.792
	G_3	0.782	0.817	0.839	0.861	0.852	0.816
Q 青海	Q_1	0.773	0.806	0.832	0.709	0.698	0.672
	Q_2	0.805	0.785	0.810	0.739	0.721	0.712
S 陕西	S_1	0.829	0.851	0.878	0.828	0.816	0.790
	S_2	0.826	0.868	0.887	0.859	0.858	0.820

最后，依据公式(5-1)计算得出徐州矿务集团和华润天能（徐州）煤电有限公司分别与新疆、贵州、青海、陕西的系统耦合度，具体结果如表 5-15 所示。

表 5-15　徐州矿务集团和华润天能(徐州)煤电有限公司分别与新疆、贵州、青海、陕西的跨区系统耦合度

跨区系统耦合度	X 徐矿	T 天能
J 新疆	0.86	0.85
G 贵州	0.83	0.80
Q 青海	0.79	0.71
S 陕西	0.84	0.82

5.4.2　跨区系统耦合度的比较分析

基于上述计算结果可以进行徐州矿务集团、华润天能(徐州)煤电有限公司与新疆、贵州、青海、陕西系统耦合度的比较分析：

(1)从东部资源枯竭型企业一侧看耦合效果。由表 5-8 可以看出，徐州矿务集团系统的三个主成分分别与新疆、贵州、青海、陕西系统耦合的趋势是一致的，即耦合系数 $X_3 > X_2 > X_1$。其中指标 X_{24} 全员劳动生产率耦合系数最高(0.907，0.872，0.847，0.896)[①]，指标 X_{31} 研发投入率耦合系数次高(0.897，0.871，0.826，0.885)，反映出徐州矿务集团重视科技进步和创新驱动，具有明显的跨区转移发展竞争优势。指标 X_{14} 人均创利耦合系数最低(0.766，0.767，0.749，0.748)，指标 X_{23} 百万吨死亡率耦合系数次低(0.806，0.800，0.756，0.794)，反映出徐州矿务集团历史长、规模大、用工多的劳动密集型产业特征，以及原地资源衰退越快安全管理难度越大的资源开发产业特征。

由表 5-9 可以看出，华润天能(徐州)煤电有限公司系统的三个主成分分别与新疆、贵州、青海、陕西系统耦合的趋势是一致的，即耦合系数 $T_1 > T_2 > T_3$。其中指标 T_{15} 采矿机械化程度耦合系数最高(0.895，0.843，0.758，0.878)，指标 T_{12} 资产利润率耦合系数次高(0.888，0.834，0.735，0.859)，反映出华润天能(徐州)煤电有限公司重视科技进步和装备水平，经营效益较好，具有明显的跨区转移发展竞争优势。指标 T_{23} 百万吨死亡率耦合系数最低(0.790，0.767，0.660，0.767)，指标 T_{16} 安全投入率耦合系数次低(0.806，0.780，0.665，0.781)，反映出华润天能(徐州)煤电有限公司安全投入不能适应资源枯竭矿井的要求，随着原地资源的逐步枯竭，矿区安全管理难度更大，对此应该予以高度关注，成为产业指导政策调整的重点。

(2)从资源富集地一侧看耦合效果。由表 5-10 可以看出，新疆系统的两个主成分分别与徐州矿务集团、华润天能(徐州)煤电有限公司系统耦合的趋势是明显

---

① 括号()中 4 个数字先后表示与新疆、贵州、青海、陕西的耦合系数，以下相同。

的，即耦合系数 $J_1 > J_2$。其中指标 J_{19} 资源产业从业人数耦合系数(0.892, 0.890)[①]最高，指标 J_{15} 资源保有储量耦合系数(0.890, 0.881)次高，反映出新疆资源产业人力资源效率较高、矿产资源较为丰富，形成与东部企业耦合的优势要素。指标 J_{21} 铁路建设投资额耦合系数(0.752, 0.721)最低，J_{16} 总人口耦合系数(0.807, 0.806)次低，反映出新疆铁路建设尽管得到较快的发展，人口也在不断增长，但差距仍然较大，成为提高耦合度和进行政策指导的重点。

由表 5-11 可以看出，贵州系统的三个主成分分别与徐州矿务集团、华润天能(徐州)煤电有限公司系统耦合的趋势是明显的，即耦合系数 $G_1 > G_2 > G_3$。其中指标 G_{23} 资源产业固定资产投资额耦合系数(0.888, 0.885)最高，指标 G_{12} 铁路建设投资额耦合系数(0.880, 0.882)次高，反映出贵州重视基础设备设施的投入，在一定程度上弥补了历史欠账。指标 G_{16} 养老保险职工人数耦合系数(0.784, 0.770)最低，指标 G_{22} 资源产业从业人数耦合系数(0.785, 0.775)次低，反映出贵州在社会保障体系的建设尚有不足，对苦、脏、累、险产业从业人员的倾斜力度不够大。人力资源的不足成为与东部企业耦合的主要障碍，以及改进承接企业转移政策指向的重点。

由表 5-12 可以看出，青海系统的两个主成分分别与徐州矿务集团、华润天能(徐州)煤电有限公司系统耦合的趋势是明显的，即耦合系数 $Q_2 > Q_1$。其中指标 Q_{23} 资源保有储量耦合系数(0.867, 0.778)最高，指标 Q_{14} 养老保险职工人数耦合系数(0.818, 0.726)次高，反映出青海矿产资源丰富，而且重视社会保障体系建设，在一定程度上弥补了历史欠账。指标 Q_{17} 总人口耦合系数(0.773, 0.683)最低，指标 Q_{16} 资源产业从业人数耦合系数(0.774, 0.684)次低，反映出青海人力资源的不足，成为与东部企业耦合的主要障碍，以及改进承接企业转移政策指向的重点。

由表 5-13 可以看出，陕西系统的两个主成分分别与徐州矿务集团、华润天能(徐州)煤电有限公司系统耦合的趋势是明显的，即耦合系数 $S_2 > S_1$。其中指标 S_{19} 失业保险职工人数耦合系数(0.889, 0.866)最高，指标 S_{11} 总人口耦合系数(0.886, 0.864)次高，反映出陕西人力资源丰富，社会保障体系建设较快，也弥补了历史欠账。指标 S_{12} 铁路建设投资额耦合系数(0.756, 0.730)最低，指标 S_{110} 煤炭产业固定资产投资耦合系数(0.758, 0.756)次低，反映出陕西铁路建设投资不足，煤炭产业固定资产投资增长较慢，与煤炭产业发展需求差距较大，成为与东部企业耦合的主要障碍，以及改进承接企业转移政策指向的重点。

(3) 从双方耦合系统全局看耦合效果。由表 5-14 可以看出，在徐州矿务集团与新疆的系统耦合关系中，徐州矿务集团系统的第三主成分与新疆系统的第一主成分之间的耦合系数 0.907 最高，说明它们之间有着较强的相关关系。在徐州矿

---

① 括号()中 2 个数字先后表示与徐州矿务集团、华润天能(徐州)煤电有限公司的耦合系数，以下相同。

务集团与贵州的系统耦合关系中，徐州矿务集团系统的第三主成分与贵州系统的第一主成分之间的耦合系数 0.881 最高，说明它们之间有着较强的相关关系。在徐州矿务集团与青海的系统耦合关系中，徐州矿务集团系统的第三主成分与青海系统的第一主成分之间的耦合系数 0.832 最高，说明它们之间有着较强的相关关系。在徐州矿务集团与陕西的系统耦合关系中，徐州矿务集团系统的第三主成分与陕西系统的第二主成分之间的耦合系数 0.887 最高，说明它们之间有着较强的相关关系。

类似地，在华润天能(徐州)煤电有限公司与新疆的系统耦合关系中，华润天能(徐州)煤电有限公司系统的第一主成分与新疆系统的第一主成分之间的耦合系数 0.873 最高，说明它们之间有着较强的相关关系。在华润天能(徐州)煤电有限公司与贵州的系统耦合关系中，华润天能(徐州)煤电有限公司系统的第一主成分与贵州系统的第三主成分之间的耦合系数 0.861 最高，说明它们之间有着较强的相关关系。在华润天能(徐州)煤电有限公司与青海的系统耦合关系中，华润天能(徐州)煤电有限公司系统的第一主成分与青海系统的第二主成分之间的耦合系数 0.739 最高，说明它们之间有着较强的相关关系。在华润天能(徐州)煤电有限公司与陕西的系统耦合关系中，华润天能(徐州)煤电有限公司系统的第一主成分与陕西系统的第二主成分之间的耦合系数 0.859 最高，说明它们之间有着较强的相关关系。

综上计算，由表 5-15 的结果并对照耦合度判别准则(表 5-5)可以看出，徐州矿务集团与贵州、青海、陕西的系统耦合度分别为 0.83、0.79 和 0.84，说明两系统优势要素耦合度较高；徐州矿务集团与新疆的系统耦合度为 0.86，说明两系统优势要素耦合度很高。类似地，华润天能(徐州)煤电有限公司与贵州、青海、陕西的系统耦合度分别为 0.80、0.71 和 0.82，说明两系统优势要素耦合度较高；华润天能(徐州)煤电有限公司与新疆的系统耦合度为 0.85，说明两系统优势要素耦合度很高。

5.5 本章小结

本章基于东部资源枯竭型企业与中西部资源富集地的系统耦合机理分析，界定了跨区系统耦合度的内涵，构建了跨区系统耦合度模型和判别准则，选取徐州矿务集团和华润天能(徐州)煤电有限公司分别与新疆、贵州、青海、陕西 2005～2014 年的相关指标数据样本，运用主成分分析、灰色斜率关联分析等方法进行实证检验，揭示了东部资源枯竭型企业与中西部资源富集地的跨区系统耦合特征规律，得出了非常明确的结论与建议：

(1)东部资源枯竭型企业跨区转移行为的实现取决于东部资源枯竭型企业与

中西部资源富集地的跨区系统耦合度。其跨区系统耦合度高低可以反映出东部资源枯竭型企业与中西部资源富集地之间相互影响、协同作用的程度强弱，以及资源枯竭型企业跨区转移行为驱动强度的高低。

(2)东部资源枯竭型企业与中西部资源富集地的跨区系统耦合度高低可以作为企业跨区转移目标地选择的科学依据。徐州矿务集团与贵州、青海、陕西的系统耦合度分别为0.83、0.79和0.84，耦合度较高，徐州矿务集团向贵州、青海、陕西转移的驱动力较大；徐州矿务集团与新疆的系统耦合度0.86很高，徐州矿务集团向新疆转移的驱动力很大，可作出优先选择。类似地，华润天能(徐州)煤电有限公司与贵州、青海、陕西的系统耦合度分别为0.80、0.71和0.82，耦合度较高，华润天能(徐州)煤电有限公司向贵州、青海、陕西转移的驱动力较大；华润天能(徐州)煤电有限公司与新疆的系统耦合度0.85很高，华润天能(徐州)煤电有限公司向新疆转移的驱动力很大，也可作出优先选择。

(3)东部资源枯竭型企业与中西部资源富集地双方均应高度重视自身条件短板的补足，以进一步提高跨区系统耦合度。徐州矿务集团的明显短板在于人均创利和百万吨死亡率，需要进一步加强财务管理、人事管理、安全管理；华润天能(徐州)煤电有限公司的明显短板在于百万吨死亡率和安全投入率，需要进一步加强矿区安全管理，以应对原地资源衰退而出现的安全隐患。由此实现跨区系统耦合度的提升，促进企业跨区转移，实现企业可持续、高质量发展。贵州的明显短板在于社会保障体系欠缺，青海的明显短板在于人力资源缺憾，陕西的明显短板在于铁路建设投资、资源产业固定资产投资不足，新疆的明显短板在于铁路建设发展、人口增长与辽阔的地域差距较大，这就需要四省区进一步改善相关政策，以提高跨区系统耦合度，积极策应企业跨区转移，加快实现区域资源产业升级和高质量发展。

第3篇

资源枯竭型企业跨区转移行为的溢出效应

第6章 资源枯竭型企业跨区转移行为溢出效应的机理

通过对于资源枯竭型企业跨区转移行为的前提分析和可行性测度，能够实施跨区转移行为的企业都是具有一定核心竞争力的企业。这类企业大多历经多年运营而积累了复杂条件下的采矿技术、运营良好的组织结构和管理经验、具备专门知识的人力资源。它们实施跨区转移行为的过程，本质上是以自身优势要素与中西部资源富集地优势要素的耦合过程。那么，这种优势要素的耦合过程是否能够产生一定的溢出效应？是否能够有效促进中西部资源富集地产业全要素生产率的提升和高质量发展，进而缓解区域间发展的不平衡、不充分问题？为此，需要探究这类资源枯竭型企业跨区转移行为溢出效应的产生过程和机理。

本章共分为 4 节。6.1 节分析探究资源枯竭型企业跨区转移行为溢出效应的形成过程；6.2 节分析揭示资源枯竭型企业跨区转移行为产业内溢出效应的形成机理；6.3 节分析揭示资源枯竭型企业跨区转移行为产业间溢出效应的形成机理；6.4 节进行本章主要内容的小结。

6.1 溢出效应形成过程

溢出效应的研究源于国际技术扩散领域。技术扩散是指技术在空间上的一种传导，具体地说是在国家、区域、产业和企业之间，研发与生产之间的传递过程（朱华，2014；孙辉煌和韩振国，2014；Tang and Caroline，2011）。基于传导方的行为意识差异，技术扩散有着两种不同形式的表现：一是有意识的技术转移，即在人们的主观意志支配下，某种技术发生了从其研发或应用地点或领域，变更到其他地点或领域的过程。基于技术转移的代价差异，它有无偿转让和有偿转让之分；基于技术转移的范围差异，它有国内转让和国际转让之分；基于技术转移的载体差异，它有实体转让和智能转让之分。二是无意识的技术溢出，即未受人们主观意志的影响，某种技术发生了应用地点或领域的变迁过程。这种技术溢出过程通常来自技术占优方的行为，既不是在技术占优方自身内部获取的收益，也不是由技术占优方产品的使用者获取的收益，是技术占优方行为正外部性的体现。严格地说，东部资源枯竭型企业跨区转移行为的溢出效应是其技术和管理的非自愿扩散。它的外部性是确定的，自立于市场机制之外，偶然间形成，溢出企业也未得补偿；它的有效性是不确定的，由于各类因素的干预，其效用并非一定能充分释放和吸收。

由于这类溢出效应的产生是一种动态过程，借以物理学的思路研判，它的实现必需能量支持。而进一步分析东部资源枯竭型企业跨区转移行为溢出效应产生过程中的能量也存在两种。一种是溢出"势能"。它主要来源于东部资源枯竭型企业与中西部资源富集地相关企业之间存在的技术和管理高差。另一种是溢出"动能"。它主要来源于两个方面，一方面是市场竞争机制使得东部资源枯竭型企业必须不断地引进领先的技术及管理，才能维持自己的技术和管理高差，及其竞争力和竞争优势；另一方面是东部资源枯竭型企业技术和管理创新带来的核心竞争力强化和效率升高、成本降低的内生驱动，不断增大了技术和管理高差。

应该看到，东部资源枯竭型企业大多是国有大型矿务集团有限公司，有着一定核心竞争力和较强竞争优势，比如辽宁铁法能源有限责任公司、开滦（集团）有限责任公司、兖矿集团、徐州矿务集团等企业全部进入全国煤炭企业50强，其中兖矿集团研发成功水煤浆气化、粉煤加压气化、煤气化发电与甲醇联产、煤基多联产集成等关键技术，特别是"日处理3000吨煤大型高效水煤浆气化过程关键技术"荣获国家科技进步二等奖。这些企业经历多年生产、经营和创新而形成的优势生产技术和高效管理经验，正是中西部资源富集地企业生产效率提高、产业优化升级和高质量发展所需要的（张航燕和黄群慧，2018），其跨区转移行为可能带来一定程度的溢出效应。从生产技术和管理经验的知识属性角度审视，东部资源枯竭型企业的跨区转移行为是伴随知识的转移实现的。除了获批特定知识产权的以外，知识不仅带着一般公共物品的特性，而且具有一定程度的异质性（Vaara，2010；阿瑟·刘易斯，1990），所以东部资源枯竭型企业跨区转移行为可能产生溢出效应，而且不会仅仅局限于本产业之内；从产业分工与协作视角来看，产业链包含了横向与纵向的分工协作，以及相应的企业关联和相互的价值交换。因此，对于东部资源枯竭型企业跨区转移行为溢出效应的机理分析需要从两个维度展开，即分析揭示横向产业内溢出效应和纵向产业间溢出效应的机理差异。

6.2 产业内溢出效应形成机理

6.2.1 产业内溢出效应形成机理分析

产业内溢出效应是指东部资源枯竭型企业跨区转移进入中西部资源富集地后，其先进的生产技术和高效的管理经验溢出到当地同类企业，促进了当地同类企业技术、管理水平和生产效率的提升，其形成机理如图6-1所示。

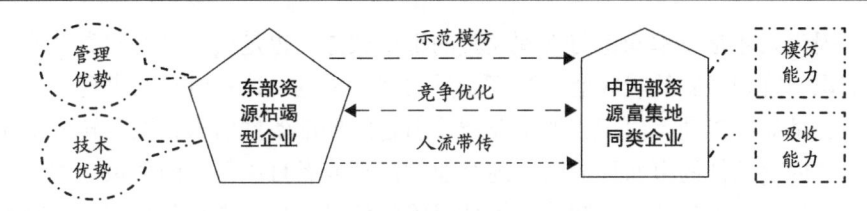

图 6-1　产业内溢出效应形成机理

这种溢出效应产生的根本原因在于我国东部资源枯竭型企业与当地同类企业之间存在着一定程度的技术和管理差距。东部省区开发历史较长，对外开放较早，经济社会发展较快，工业化、城市化水平较高，与之相适应，资源开发较早、强度较高，储量衰退较重，而资源枯竭型企业的技术与管理水平较高。分析这种溢出效应的形成渠道(Ouyang and Fu, 2012)，主要有三种：

一是示范模仿渠道。东部资源枯竭型企业跨区转移进入中西部资源富集地后，以其先进的生产技术和高效的管理模式打造了一种大规模、低成本、高效益的运营格局，同时也在当地同类企业中产生了"技术运用、管理方法、经营模式"等方面的示范和优势(李存芳等，2019；Miller，2006)。这种示范和优势的形成根本上源于多年来在技术创新与管理创新方面的研发投入，也促进了当地同类企业的模仿行为，因为模仿的成本会大大低于研究开发的成本。由此当地同类企业为了追逐利润、缩小技术和管理差距、守护原有的市场份额，会在一定时期内模仿转入企业的行为，增加技术与管理上的经费投入，改进技术、改善管理、加强培训，渐渐累积知识和经验，在不同程度上提升自己的技术及管理能力、生产效率和经营效益，乃至赶超转入企业，也就赢得了溢出效果。

二是竞争优化渠道。东部资源枯竭型企业的跨区进入和市场渗透作用的发挥，冲破了中西部资源富集地同行市场竞争结构，引发了当地市场竞争程度的加重和对当地企业竞争压力的强化。当地企业迫于这种压力，不得不优化管理模式与资源配置，加大技术研发投入，或者实施技术及管理的引进、消化、吸收、再创新。这样会不同程度地提升当地企业的技术与管理水平、生产效率、市场竞争能力和经营效益。不仅如此，当地企业技术的进步和管理水平的提升又会反向产生对转入企业的竞争压力。转入企业迫于这种反向压力，只有进一步优化管理模式，开展技术创新或者引进更加先进的技术与管理，才能维持和强化自己的核心竞争力、竞争优势及市场渗透作用，这样必将导致更高层次的溢出。如此循环，溢出效能不断更新、叠加，促进了中西部资源富集地同类企业的创新、协调、可持续发展。

三是人流带传渠道。东部资源枯竭型企业向中西部资源富集地转移所需的人力构成主要来自两个方面：一是随迁的转移企业技术与管理骨干、熟练员工；二是经过招聘与培训的当地人员。随着转入企业在中西部资源富集地的建设与发展，其各类人才也会面临许多新的机遇与挑战，不可避免地出现向当地同产业的流动问题。因为人才是技术知识与管理经验的重要载体，也是决定当地同类企业对于技术知识与管理经验的吸收能力和高质量发展的关键。这种流动的表现形式有两类：一类是显性流动。由于当地企业招才引智的外部条件引力，以及转入企业人才发展的内部条件约束而形成向当地企业的流动或者自主创业的现象。这时就会产生由人员流动附带的技术知识、管理经验的传导。另一类是隐性流动。转入企业各类人员与当地企业的同行之间逐步增强了信息交流机会，包括各种正式和非正式场合。这种交流不仅有信任上的增进、友谊上的加强，还有技术、管理经验上的沟通。当然，无论是显性流动，还是隐性流动，都需要克服一些障碍，从而在一定程度上促进当地企业运营效益的提高。

进一步分析这三种渠道溢出效能升降的内在致因主要在于当地同类企业的竞争状态及其模仿和吸收能力的强弱，等等。一般说来，当地同类企业的模仿能力越强，就能越快模仿、消化、吸收新的技术和管理经验，并进行集成或再创新，缩小与转入企业的技术和管理差距。由此促使竞争压力的进一步加大，逼迫转入企业必须提速引进更为先进的技术和管理方案，进而形成更高层次的溢出效应。其外在致因主要在于政府的引导和扶持，因为当地政府的科技项目资金投入，一方面能够形成企业产出的乘数效应，而且当地政府科技项目资金投入相对比例越高，其产出乘数还会越高；另一方面能够形成企业人才引进投入，以及技术和管理创新投入的杠杆效应，不同程度地促进当地企业学习、消化、吸收和集成或再创新能力的增强，以及生产效率的提升。

6.2.2 产业内溢出效应形成机理检验

1. 假设的提出

为了进一步检验东部资源枯竭型企业跨区转移行为产业内溢出效应的机理，尤其是示范模仿渠道、竞争优化渠道和人流带传渠道的溢出效能的客观性和差异性，基于上述机理分析，提出相应的三个假设。

假设 H1：东部资源枯竭型企业生产和管理的高效行为，通过示范模仿渠道提升了中西部资源富集地同类企业的效益，即东部资源枯竭型企业技术与管理的先进性愈强，中西部资源富集地同类企业的效益愈好。

假设 H2：东部资源枯竭型企业生产和管理的高效行为，通过竞争优化渠道提升了中西部资源富集地同类企业的效益，即东部资源枯竭型企业的市场渗透性愈强，中西部资源富集地同类企业的效益愈好。

假设 H3：东部资源枯竭型企业生产和管理的高效行为，通过人流带传渠道提升了中西部资源富集地同类企业的效益，即东部资源枯竭型企业的人员流动性愈强，中西部资源富集地同类企业的效益愈好。

2. 检验变量的选择

对于上述三个假设进行科学检验,首先需要选择每种渠道的效能测度变量。具体基于以下四种考虑进行测度变量的选择:一是测度变量应该具有可操作性,便于量化;二是测度变量数据具有可获得性,能够从各类统计年鉴中直接或间接获得;三是测度变量内涵具有可比性,在现有研究基础上,相比其他变量能够更准确地度量这种溢出效应的机理;四是测度变量在已有相关研究成果中具有一定的先验性。

根据假设 H1,示范模仿渠道的效能最主要体现在东部资源枯竭型企业转入中西部项目的先进技术和管理传导,而表征技术和管理先进性程度的一种有效指标是研发投入。此前已有一些学者采用高技术产业的引进技术金额来测度示范效应(朱平芳等,2016;项歌德等,2012),在此对于示范模仿渠道效能拟采用东部资源枯竭型企业转入中西部项目的研发投入作为代理变量来说明。

根据假设 H2,竞争优化渠道的效能最主要体现在东部资源枯竭型企业转入中西部项目的市场渗透,而表征市场渗透性程度的一种有效指标是市场销售额。此前学者杨亚平(2007)研究认为销售产值指标能更真实地反映外商企业在同一市场上与内资企业的竞争关系,在此拟采用东部资源枯竭型企业转入中西部项目的市场销售额作为代理变量来说明竞争优化渠道的效能。

根据假设 H3,人流带传渠道的效能最主要体现在东部资源枯竭型企业转入中西部项目的技术、管理骨干和熟练员工的显性与隐性流动。由于资源开采企业的作业场所移动性大、生产安全风险性高,一般熟练员工培养成熟需近 5 年的时间,技术与管理骨干培养成熟需近 10 年的时间。故而企业转入时间越长,规模越大,技术与管理骨干、熟练员工的集聚也会越多,不仅与当地企业同行间信息交流与知识传导的可能性会越大,而且面临新机遇与挑战而产生人员显性流动的可能性也会越大。此前一些学者采用外资企业在东道国雇用本地员工数量来测度人员流动效应(Fosfuri et al., 2001;Kokko et al., 1996),在此也沿用东部资源枯竭型企业转入中西部项目的员工人数作为代理变量来说明人流带传渠道的效能。

3. 检验模型的构建

基于柯布-道格拉斯生产函数的拓展,为减少异方差和序列相关的影响,提高模型的解释力(Luo et al., 2015;Javorcik, 2004;Crocker and Algina, 1986),并考虑控制中西部资源产业自身的科技与管理进步因素,构建以下对数模型式(6-1)~式(6-4),体现相对量变动,来检验东部资源枯竭型企业跨区转移行为产业内溢出渠道的实际效能:

$$\ln Y_t = \alpha + \beta_1 \ln K_t + \beta_2 \ln L_t + \beta_3 \ln T_t + \beta_4 \ln DS_t + \beta_5 \ln CS_t + \beta_6 \ln FS_t + \varepsilon_t \quad (6-1)$$

$$\ln Y_t = \alpha + \beta_1 \ln K_t + \beta_2 \ln L_t + \beta_3 \ln T_t + \beta_4 \ln DS_t + \varepsilon_t \qquad (6\text{-}2)$$

$$\ln Y_t = \alpha + \beta_1 \ln K_t + \beta_2 \ln L_t + \beta_3 \ln T_t + \beta_5 \ln CS_t + \varepsilon_t \qquad (6\text{-}3)$$

$$\ln Y_t = \alpha + \beta_1 \ln K_t + \beta_2 \ln L_t + \beta_3 \ln T_t + \beta_6 \ln FS_t + \varepsilon_t \qquad (6\text{-}4)$$

式中，Y 为中西部资源产业总产出，用其工业总产值量度；K 为中西部资源产业资本存量，用其固定资产投资净值年均余额量度；L 为中西部资源产业劳动投入，用其从业人数量度；T 为中西部资源产业研发活动经费投入，用其研发投入量度；α 为截距项；ε 为随机扰动项；t 为年份；DS 为转入企业溢出效应的示范模仿效能，用东部资源枯竭型企业转入中西部项目的研发投入测度；CS 为转入企业溢出效应的竞争优化效能，用东部资源枯竭型企业转入中西部项目的市场销售额测度；FS 为转入企业溢出效应的人流带传效能，用东部资源枯竭型企业转入中西部项目的员工数量测度；$\beta_1 \sim \beta_6$ 为回归系数，其中 β_4、β_5、β_6 分别检验三种溢出渠道的实际效能。

4. 数据说明

考虑到东部资源枯竭型企业跨区转移的区域代表性、数据资料完整性、研究结果普适性，尤其是近二十多年来我国东部煤炭资源枯竭型企业向中西部资源富集省区的转移最为活跃，在此选择溢出方为转向中西部的煤炭资源枯竭型企业，具体样本企业包括徐州矿务集团、兖矿集团、山东能源集团、开滦集团、冀中能源集团、抚顺矿业集团、阜新矿业集团、辽源矿业(集团)、龙煤集团等 9 个企业；吸收方为陕西、贵州、山西等中西部 3 省煤炭产业；转移发生时段为 1995~2014 年，数据为《中国煤炭工业年鉴》中重点企业统计数据和按省区分组的产业统计数据，以及中西部 3 省《统计年鉴》中按产业分组的煤炭产业统计数据。具体指标(表 6-1)如下。

1 个产出指标，采用历年中西部 3 省煤炭工业总产值，并以相应年份煤炭产业的工业品出厂价格指数，对其进行平减，基期为 1995 年。

6 个投入指标：

一是资本投入数据，采用历年中西部 3 省煤炭产业固定资产投资净值年均余额，并调整为 1995 年不变价格。

二是劳动投入数据，采用历年中西部 3 省煤炭产业从业人员总数。

三是研发投入数据，采用历年中西部 3 省煤炭产业研发活动经费投入总额。

四是示范模仿效能数据，应该采用东部样本企业转入中西部项目的全部研发投入。考虑到煤炭开采产业的特点和国家产业政策的要求，企业转移项目的技术与管理水平一般不低于其总体的技术与管理水平，换言之，东部样本企业的研发投入全部集中在转入中西部的项目中，故实际采用东部样本企业的总体研发投入。

表 6-1 中西部 3 省煤炭产业与东部转移 9 煤炭企业的相关指标

序号	年份	中西部 3 省煤炭产业				东部转移 9 煤炭企业		
		工业总产值 Y(亿元)	固定资产 K(亿元)	从业人员 L(万人)	研发投入 T(亿元)	研发投入 DS(亿元)	销售收入 CS(亿元)	员工数量 FS(万人)
1	1995	193.66	322.63	90.14	0.51	1.97	245.69	119.49
2	1996	224.49	352.98	86.66	0.94	2.31	288.68	116.15
3	1997	241.64	389.49	82.76	1.61	2.43	304.36	111.42
4	1998	256.56	426.24	79.63	2.33	2.50	311.81	103.56
5	1999	276.14	461.89	73.92	3.40	3.97	295.88	102.09
6	2000	276.30	501.60	77.64	5.28	4.87	360.92	99.38
7	2001	361.68	548.14	80.20	6.44	5.95	423.68	96.57
8	2002	470.64	644.37	82.63	8.37	6.93	519.86	96.63
9	2003	648.11	702.76	83.78	9.75	11.33	732.09	99.20
10	2004	1145.64	1064.79	102.94	18.88	15.59	1094.11	96.23
11	2005	1611.60	1396.22	112.37	25.54	19.54	1383.16	94.74
12	2006	2043.50	1753.57	117.47	41.72	27.76	1580.32	95.76
13	2007	2855.60	2180.40	120.68	46.34	26.91	1981.93	94.24
14	2008	4616.73	2910.55	128.89	52.78	33.55	2845.22	91.56
15	2009	4997.39	3285.58	131.26	63.77	44.43	3338.15	95.81
16	2010	6793.31	4266.85	139.46	75.53	55.98	5031.30	96.62
17	2011	9163.77	5620.90	145.87	86.94	73.09	7093.57	97.21
18	2012	10290.92	6413.70	149.61	104.88	90.21	8044.23	97.15
19	2013	10630.00	8032.19	170.31	148.58	97.57	8528.00	94.02
20	2014	10755.07	8133.99	174.30	136.98	94.76	8185.01	90.88

数据来源：对于陕西、贵州、山西三省《统计年鉴》(1996~2015 年)、《中国煤炭工业年鉴》(1996~2015 年)相关数据，以及相关企业调研数据的整理。

五是竞争优化效能数据，应该采用东部样本企业转入中西部项目的全部市场销售额。考虑到东部煤炭资源枯竭型企业在中西部的产能是其主要产能，故实际采用东部样本企业的总体市场销售额，扣除其来自东部原产地的少量市场销售额。

六是人流带传效能数据，应该采用东部样本企业转入中西部项目的全部员工数量。考虑到东部煤炭资源枯竭型企业在中西部的从业人员是其在岗员工的主体，故实际采用东部样本企业的总体员工数量，扣除其留守东部原产地的少量员工人数。

5. 检验结果分析

首先利用 EVIEWS 8.0 软件对模型(6-1)进行回归，得到如表 6-2 所示的回归结果。

表 6-2　模型(6-1)的回归结果

变量	参数估计值	参数标准差	t 统计量	双侧概率
ln$K$	−0.077794	0.378213	−0.205689	0.8402
ln$L$	0.828107	0.547446	1.512673	0.1543
ln$T$	0.279223	0.217751	1.282305	0.2221
lnDS	−0.107684	0.280275	−0.384209	0.7070
lnCS	0.846883	0.379674	2.230554	0.0440
lnFS	0.779541	1.676810	0.464895	0.6497
C	−6.207893	7.340962	−0.845651	0.4130
R^2	0.995473	被解释变量均值		7.208931
Adj-R^2	0.993383	被解释变量标准差		1.523679
回归标准误差	0.123943	赤池信息准则		−1.068767
残差平方和	0.199706	施瓦兹信息准则		−0.720260
对数似然函数	17.68707	汉南准则		−1.000735
F 统计量	476.4002	DW 统计量		1.100297
F 统计量的概率	0.000000			

从表 6-2 可以看出，模型(6-1)的 R^2=0.995473，整体拟合较好，也通过了 F 统计量检验，达到了 1%的显著性水平。lnCS 以 5%的显著性水平通过了 t 检验，但是 ln$K$、ln$L$、ln$T$、lnDS、lnFS 的 t 检验不显著，该模型的解释力不足，这可能是由变量间的多重共线性所致。

为了进一步明晰 lnDS、lnCS、lnFS 对 ln$Y$ 的影响状况，利用 EVIEWS 8.0 软件分别对模型(6-2)～模型(6-4)进行验证，具体结果如表 6-3～表 6-5 所示。

表 6-3　模型(6-2)的回归结果

变量	参数估计值	参数标准差	t 统计量	双侧概率
ln$K$	0.634096	0.265621	2.387224	0.0306
ln$L$	0.883652	0.620888	1.423207	0.1751
ln$T$	0.021965	0.131091	0.167558	0.8692
lnDS	0.383206	0.234739	1.632473	0.0234
C	−2.601012	1.729242	−1.504134	0.1533
R^2	0.993132	被解释变量均值		7.208931
Adj-R^2	0.991301	被解释变量标准差		1.523679
回归标准误差	0.142110	赤池信息准则		−0.852108
残差平方和	0.302930	施瓦兹信息准则		−0.603175
对数似然函数	13.52108	汉南准则		−0.803514
F 统计量	542.2961	DW 统计量		1.929930
F 统计量的概率	0.000000			

表 6-4　模型 (6-3) 的回归结果

变量	参数估计值	参数标准差	t 统计量	双侧概率
$\ln K$	−0.072345	0.329678	−0.219441	0.8293
$\ln L$	0.845847	0.506000	1.671635	0.1153
$\ln T$	0.166769	0.068044	2.450913	0.0270
$\ln CS$	0.839790	0.251030	3.345375	0.0044
C	−2.677951	1.281820	−2.089178	0.0541
R^2	0.995368	被解释变量均值		7.208931
Adj-R^2	0.994133	被解释变量标准差		1.523679
回归标准误差	0.116708	赤池信息准则		−1.245961
残差平方和	0.204312	施瓦兹信息准则		−0.997028
对数似然函数	17.45961	汉南准则		−1.197367
F 统计量	805.8630	DW 统计量		1.896924
F 统计量的概率	0.000000			

表 6-5　模型 (6-4) 的回归结果

变量	参数估计值	参数标准差	t 统计量	双侧概率
$\ln K$	0.637761	0.255321	2.497874	0.0246
$\ln L$	0.822349	0.611538	1.344722	0.1987
$\ln T$	0.427471	0.151720	2.817506	0.0130
$\ln FS$	2.829433	1.520066	1.861389	0.8024
C	−15.42672	6.268910	−2.460830	0.0265
R^2	0.993430	被解释变量均值		7.208931
Adj-R^2	0.991678	被解释变量标准差		1.523679
回归标准误差	0.138999	赤池信息准则		−0.896389
残差平方和	0.289809	施瓦兹信息准则		−0.647456
对数似然函数	13.96389	汉南准则		−0.847795
F 统计量	567.0190	DW 统计量		1.934691
F 统计量的概率	0.000000			

表 6-3 显示，模型 (6-2) 的 R^2=0.993132，整体拟合较好，也通过了 F 统计量检验，达到了 1% 的显著性水平。从各个变量来看，虽然 $\ln L$ 和 $\ln T$ 的 t 检验并不显著，但模型整体解释力尚好。这一问题的主要致因，一方面在于中西部 3 省煤炭开采产业的特点。它主要从事地下作业，工作时间长、劳动强度大、安全风险高，因而雇用了大量临时工。这些临时工并没有计入相关政府统计年鉴中的"从业人员"，其实际数据目前难以准确收集。换言之，相关政府统计年鉴中"从业人员"可能存在部分缺失。另一方面在于中西部 3 省煤炭产业科技活动经费投入

较为分散，自主创新尚未形成明显优势，技术引进消化吸收不良，对于整个煤炭产业技术进步和产出提升作用不大。

而 lnK 和 lnDS 对应的回归系数结果分别为 0.634096 和 0.383206，均通过了 t 检验，并达到了 5%的显著性水平。这说明 lnK 和 lnDS 对于 lnY 有着显著的正向影响，假设 1 得到了证实，即东部资源枯竭型企业生产和管理的高效行为，通过示范模仿渠道提升了中西部资源富集地同类企业的效益。

表 6-4 显示，模型(6-3)的 R^2=0.995368，整体拟合较好，也通过了 F 统计量检验，达到了 1%的显著性水平。从各个变量来看，lnL 和 lnK 的 t 检验并不显著，其主要致因在于中西部 3 省煤炭开采产业的特点。而 lnT 和 lnCS 对应的回归系数结果分别为 0.166769 和 0.839790，均通过了 t 检验，分别达到了 5%、1%的显著性水平。这说明 lnT 和 lnCS 对 lnY 产生了显著的正向影响，假设 2 得到了证实，即东部资源枯竭型企业生产和管理的高效行为，通过竞争优化渠道提升了中西部资源富集地同类企业的效益。

表 6-5 显示，模型(6-4)的 R^2=0.993430，整体拟合较好，也通过了 F 统计量检验，达到了 1%的显著性水平。lnK 和 lnT 的回归系数分别为 0.637761 和 0.427471，均通过了 t 检验，达到了 5%的显著性水平，但是 lnL 和 lnFS 没有通过 t 检验，这说明 lnL 和 lnFS 对于 lnY 的影响并不显著，假设 3 未能得到证实。这也进一步揭示了在我国现阶段转入企业与当地企业之间，显性的人才流动较弱，其根本原因在于煤炭开采产业安全风险很高，而转入企业与当地企业在技术、管理水平，以及员工薪酬待遇等方面高差较大，向当地企业人才流动障碍较大；隐性的信息交流传导也不够强，其根本原因在于煤炭开采产业地下作业场所的移动性、地质条件的异构性、生产技术和安全管理的复杂性，使得在一般意义上的人员信息沟通传导难以形成明显的技术与管理溢出。

基于上述对于模型(6-2)～模型(6-4)的验证结果，为了进一步比较 lnDS 与 lnCS 对于 lnY 的影响力强弱，利用 EVIEWS 8.0 软件对模型(6-5)进行验证，结果如表 6-6 所示。

$$\ln Y_t = \alpha + \beta_4 \ln DS_t + \beta_5 \ln CS_t + \varepsilon_t \tag{6-5}$$

表 6-6 显示，模型(6-5)的 R^2=0.993956，整体拟合较好，也通过了 F 统计量检验，达到了 1%的显著性水平。lnDS 对应的回归系数结果为 0.189123，未能通过 t 检验；lnCS 在 1%的显著性水平上通过了 t 检验，对应的回归系数结果为 0.971038，相当于 lnDS 的 5 倍。这表明 lnCS 对于 lnY 的影响程度明显高于 lnDS 对于 lnY 的影响程度，即竞争优化渠道的溢出效能明显高于示范模仿渠道的溢出效能。其主要原因在于这两种溢出渠道的特性和效能决定因素的差异明显。示范模仿渠道带有一定的随从性、自主性、滞后性，其溢出效能的发挥取决于当地企业对于自身资源开采技术和管理差距的认识过程及其深度、学习与模仿的自觉高

表 6-6 模型(6-5)的回归结果

变量	参数估计值	参数标准差	t 统计量	双侧概率
lnDS	0.189123	0.125684	1.504752	0.1507
lnCS	0.971038	0.132450	7.331382	0.0000
C	−0.235356	0.614251	−0.383160	0.7064
R^2	0.993956	被解释变量均值		7.208931
Adj-R^2	0.993245	被解释变量标准差		1.523679
回归标准误差	0.125225	赤池信息准则		−1.179926
残差平方和	0.266583	施瓦兹信息准则		−1.030566
对数似然函数	14.79926	汉南准则		−1.150770
F 统计量	1397.961	DW 统计量		2.028845
F 统计量的概率	0.000000			

度,它对当地企业自身行为改变的力度较弱。竞争优化渠道带有较高的紧迫性、强制性和多重性,其溢出效能的发挥取决于资源枯竭型企业的市场渗透力和当地市场竞争度,不仅对于企业行为的刺激作用更直接、速度更快、力度较强,而且会引发多轮溢出,效能更新、叠加、提升。

6.3 产业间溢出效应形成机理

6.3.1 产业间溢出效应形成机理分析

产业间溢出效应是指东部资源枯竭型企业跨区转移进入中西部资源富集地后,其先进的管理经验和优势的技术标准为当地相关产业中的企业所接受,促进其管理水平、产品质量和生产效率的提高,其形成机理如图 6-2 所示。

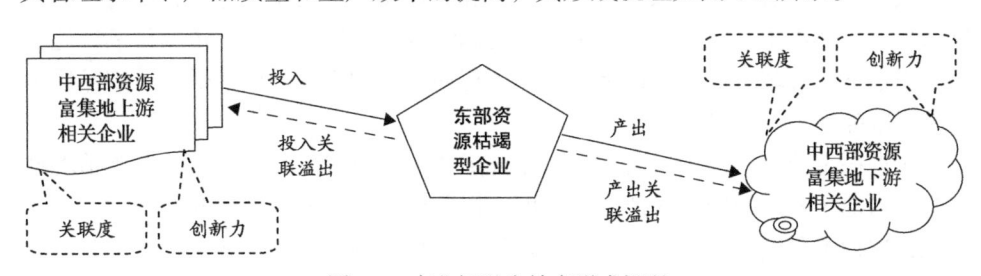

图 6-2 产业间溢出效应形成机理

这种溢出效应产生的根本原因在于东部资源枯竭型企业跨区转移进入中西部资源富集地后嵌入当地产业链,参与当地产业分工与协作(毕克新,2014;Cipollina et al.,2012;Wei and Liefner,2012)。在当地由于技术、经营的联系和投入产出的关系，产业的上下游企业之间形成了既有分工又有协作的产业链(Chen and Peter，2012；Cantwell and Piscitello，2000)。这种产业链也是一种系统，它的主体是转入的资源枯竭型企业和当地企业，目标是为市场或顾客提供产品和服务，根基是分工协作，链结是产业关联，导向是价值提升。系统的主体、目标、根基、链结、导向之间形成了特定的逻辑关系。由此溢出效应形成的主要渠道有两种：

一是投入关联溢出。东部资源枯竭型企业由于采用了当地上游关联企业所提供的生产资料、工具设备及其他服务，而以一种长期稳定、标准较高的需求侧，以及可能提供的技术援助，促进了当地上游关联企业的管理水平、产品质量和生产效率的提高[①]。而且东部资源枯竭型企业对于当地上游关联企业的依赖程度愈高，这种需求侧溢出效应会愈强。因为东部资源枯竭型企业跨区转移的区域跨度较大，运营的规模较大，能够就地取材，会降低物流成本；同时为保证就地取材质量，而向当地上游关联企业提供相关技术支持和人员培训也是值得的。这种投入关联溢出实现的途径主要体现在：东部资源枯竭型企业可能派员对上游关联企业进行生产过程的技术及管理指导；可能给上游关联企业提出较高的采购质量标准与要求；可能引发当地上游关联企业之间的竞争优化(肖文和殷宝庆；李海舰和周霄雪，2017)等，进而促进当地上游关联企业在技术和管理方面的改进与创新，实现其生产效率的有效提升。

二是产出关联溢出。东部资源枯竭型企业由于给当地下游关联企业提供了质量更高的产品，而以一种长期稳定、标准较高的供给侧，以及可能提供的技术援助，促进了当地下游关联企业改进生产工艺，提高管理效能和生产效率。而且当地下游关联企业对于东部资源枯竭型企业的依赖程度愈高，这种供给侧溢出效应也会愈强。因为资源产业属于基础性产业，其供给的替代性较弱，东部资源枯竭型企业跨区转移进入会成为当地下游关联企业创新发展必需的物质基础(Zhang et al.，2011)。这种产业关联溢出的实现途径包括，资源枯竭型企业输出了高标准、高品质的产品和服务，提供了协同性技术和管理支持或信息服务等，所有这些不仅满足了客户需求，提升了客户满意度与忠诚度，巩固并拓展了市场份额，还会提高当地下游关联企业的知识吸收能力，促使其管理水平、生产效率、产品质量和售后服务水平的升级。

而进一步分析这两种溢出渠道效能升降的内在致因主要在于东部资源枯竭型企业与当地企业之间的投入产出关联度，以及当地企业的应战性和创新力。一般来说，这种关联度、应战性和创新力越强，东部资源枯竭型企业对当地关联企业的需求侧或供给侧产出乘数会越高，其溢出效应也相应越高，反之亦然。其外在致因主要在于政府的引导和扶持。因为当地政府的科技项目资金投入，能够形成

---

① 参阅《中国投入产出表》(中国统计出版社，2016) 中所揭示的资源产业投入产出相关行业。

企业产出的乘数效应,以及企业技术和管理创新的杠杆效应,不同程度地引导和激励当地企业的人才引进、技术和管理创新行为,促进当地企业接受转入企业技术与管理挑战勇气的增强和再创新能力的提升。

6.3.2 产业间溢出效应形成机理检验

1. 检验模型的构建

考虑到已有研究成果的先验性,在经济开放条件下研究技术溢出效应时,大多采用全要素生产率作为测度指标,其主要优势在于它反映了除资本和劳动投入生产要素以外的其他生产要素的效率,包括技术、管理和企业家精神等,而这些要素具有不完全排他性,易于形成外部性;它的变化可以直接体现技术与管理水平的升降程度(张豪等,2018;Chen and Yang,2013;Bertrand and Betschinger,2012;Chen and Moore,2010;Bitzer and Kerekes,2008;Lee,2006)。在此,基于柯布-道格拉斯生产函数和内生经济增长理论,假设东部资源枯竭型企业跨区转移行为是影响中西部资源富集地全要素生产率的因素之一,先建立一个将东部资源枯竭型企业跨区转移行为内生化的技术进步和生产效率提升模型(黄菁等,2008;Levin and Raut,1997),其具体表达如式(6-6)。再将式(6-6)代入到柯布-道格拉斯生产函数中,并依据泰勒级数近似计算法简化建立如下对数模型[①],其具体表达如式(6-7)(赖明勇等,2002;Findlay,1978)。

$$A = V(1+\lambda S)R^{\delta} \tag{6-6}$$

$$\ln Y = \ln V + \lambda S + \delta \ln R + \alpha \ln K + \beta \ln L \tag{6-7}$$

式中,A 为全要素生产率;V 为全要素生产率影响因素的残余值,即除了资源枯竭型企业跨区转移行为因素之外,影响转入地本土企业技术水平的其他因素;R 为资源枯竭型企业跨区转移投资额,即产业内直接效应指标;S 为资源枯竭型企业跨区转移投资额占转入地产业内总投资额的比重,用来衡量产业内的溢出效应;δ 为资源枯竭型企业和转入地产业内本土企业相比的相对生产率系数;λ 为资源枯竭型企业跨区转移投资额占转入地产业内总投资额比重的弹性系数;Y 为总产出;K 为资本投入;L 为劳动力投入。

式(6-7)反映了资源枯竭型企业跨区转移行为对转入地产业内溢出效应的量化关系。

此前资源枯竭型企业跨区转移行为产业间溢出效应的机理分析表明,产业间溢出效应包括投入关联溢出效应和产出关联溢出效应。因此,对于资源枯竭型企业跨区转移行为对其上下游产业间的关联溢出效应指标的设定,参考薛漫天和赵

---

① 将对数函数 $\ln(1+x)$ 运用麦克劳林级数展开,当 x 趋于 0 时,$\ln(1+x) \approx x$。

曙东(2008)、蒋樟生(2017)的做法，具体设计如式(6-8)和式(6-9)所示：

$$\text{BACK}_{kjt} = \theta_{ijk} S_{ijt} \tag{6-8}$$

式中，BACK_{kjt}表示资源枯竭型企业跨区转移行为的投入关联溢出效应指标，反映j省区t时期i产业转入的资源枯竭型企业使用其上游k产业供应的中间产品或者服务，而对k产业本土企业的技术进步产生了投入关联溢出效应；θ_{ijk}表示k产业供应给i产业的中间产品占k产业总产出的比重。

$$\text{FOR}_{mjt} = \omega_{ijm} S_{ijt} \tag{6-9}$$

式中，FOR_{mjt}表示资源枯竭型企业跨区转移行为的产出溢出效应指标，反映j省区t时期i产业转入的资源枯竭型企业将自己生产的中间产品或者服务供应给下游m产业使用，而对m产业本土企业的技术进步产生了产出关联溢出效应；ω_{ijm}表示m产业消耗i产业供应的中间产品占m产业总产出的比重。

将产业间的关联溢出效应指标与产业内溢出效应测度模型中的溢出效应指标进行替换，去除无效指标，可以得到检验资源枯竭型企业跨区转移行为对其上游产业本土企业投入关联溢出效应的模型，和对其下游产业本土企业产出关联溢出效应的模型，分别如式(6-10)和式(6-11)所示。

$$\ln Y_{kjt} = \ln V_{kjt} + \lambda \text{BACK}_{kjt} + \alpha \ln K_{kjt} + \beta \ln L_{kjt} \tag{6-10}$$

$$\ln Y_{mit} = \ln V_{mit} + \lambda \text{FOR}_{mit} + \alpha \ln K_{mit} + \beta \ln L_{mit} \tag{6-11}$$

2. 样本选择

考虑到我国东部资源枯竭型企业跨区转移行为的区域代表性、数据资料完整性、研究结果普适性，尤其是近二十年来东部省区煤炭资源枯竭型企业向中西部资源富集的山西、内蒙古、贵州、陕西、新疆等省区的转移行为最为活跃，又考虑到探究横向产业内和纵向产业间溢出效应差异的需要，在此选择溢出方为实施跨区转移的东部煤炭资源枯竭型企业；吸收方分别为山西、内蒙古、贵州、陕西、新疆五省区的煤炭工业和非煤工业(具体按《中国投入产出表》中与煤炭开采和洗选产业联系紧密的上游专用设备制造产业，以及下游电力、热力生产和供应产业来统计)。

另外，由于我国资源枯竭型企业跨区转移行为是在国务院《探矿权采矿权转让管理办法》(1998年)和西部大开发政策(2000年10月)[①]相继实施之后大量涌现，此

[①] 国务院于2000年10月26日以国发〔2000〕33号文件发布《国务院关于实施西部大开发若干政策措施的通知》。

前仅有零星项目转移,且我国煤炭产业的经营状况在 2002 年之前一直不景气,直到 2002 年才出现转折回暖并逐步盈利。因此,为了保证运用于实证检验的数据具有代表性,在此选取 2002~2016 年山西、内蒙古、贵州、陕西、新疆五省区煤炭产业及其相关产业连续 15 年的面板数据进行实证分析,探究东部煤炭资源枯竭型企业转移到中西部资源富集地之后,对转入地煤炭产业上下游本土企业的溢出效应。

3. 数据来源与变量界定

测度模型所用数据来源于《中国统计年鉴》《中国工业统计年鉴》《中国煤炭工业年鉴》中重点企业统计数据和按省区分组的产业统计数据,以及《山西统计年鉴》《内蒙古统计年鉴》《贵州统计年鉴》《陕西统计年鉴》和《新疆统计年鉴》中按产业分组的统计数据,还有《中国投入产出表 2002》《中国投入产出表 2007》和《中国投入产出表 2012》[①]中的相关信息。测度模型中涉及的各变量的界定方式及具体数据来源如表 6-7 所示。

表 6-7 各变量的界定方式及数据来源

变量	单位	界定方式及数据来源
总产出 Y	亿元	选自《中国工业统计年鉴》各省相应产业 2002~2016 年连续 15 年的工业总产值,并通过价格指数平减法调整为 2002 年不变价格
资本投入 K	亿元	选自《中国工业统计年鉴》各省相应产业 2002~2016 年连续 15 年的固定资产净值年平均余额,并通过价格指数平减法调整为 2002 年不变价格
劳动力投入 L	万人	选自《中国工业统计年鉴》各省相应产业 2002~2016 年连续 15 年的年平均用工人数
产业内直接效应 R	亿元	煤炭资源枯竭型企业跨区转移投资额;由《中国工业统计年鉴》和各省商务厅的数据整理得来,并通过价格指数平减法调整为 2002 年不变价格
产业内溢出效应 S	%	煤炭资源枯竭型企业跨区转移投资额占当地煤炭产业总投资额的比重;跨区转移投资额由《中国工业统计年鉴》中各省煤炭产业的法人资本数据结合各省商务厅的数据整理得来,总投资额选自《中国工业统计年鉴》中各省煤炭产业实收资本
产业间投入关联溢出 BACK	%	$BACK_{kjt} = \theta_{ijk} S_{ijt}$,其中 θ 是煤炭资源枯竭型企业购买上游专用设备制造企业生产的中间产品占专用设备制造产业总产出的比重,数据选自《中国投入产出表 2002》《中国投入产出表 2007》和《中国投入产出表 2012》中的《直接消耗系数表》
产业间产出关联溢出 FOR	%	$FOR_{mjt} = \omega_{ijm} S_{ijt}$,其中 ω 是煤炭资源枯竭型企业供应给下游电力、热力生产和供应产业的中间产品占电力、热力生产和供应产业总产出的比重,数据选自《中国投入产出表 2002》《中国投入产出表 2007》和《中国投入产出表 2012》中的《直接消耗系数表》

---

① 投入产出表每 5 年编制一次。

4. 溢出机理检验

1) 投入关联溢出机理检验

(1) 平稳性分析。为了避免"伪回归"的出现，确保回归估计结果的有效性，在回归之前需要检验面板数据的平稳性，具体采用单位根检验法。而且同时运用 LLC 检验、Breitung 检验、Im-P-S 检验、Fisher-ADF 检验和 Fisher-PP 检验等五种面板单位根检验的方法，来检验所有变量的面板数据是否平稳，以进一步增强检验结果的稳健性和说服力。以上五种面板单位根检验方法的原假设是不平稳的(单位根过程)，备择假设是平稳的。利用 EVIEWS 8.0 软件对其进行检验操作，输出的结果分别如表 6-8~表 6-11 所示。

从表 6-8 中可以看出，$\ln Y_k$ 的原面板数据不存在单位根，在含个体截距项的情形下是平稳的，即 $\ln Y_k$ 为零阶单整变量，记为 $I(0)$。

表 6-8　$\ln Y_k$ 面板数据单位根检验结果

检验方法		LLC 检验	Breitung 检验	Im-P-S 检验	Fisher-ADF 检验	Fisher-PP 检验
$\ln Y_k$	含截距	−3.70284 (0.0001)	—	−2.99808 (0.0014)	29.6484 (0.0010)	34.1899 (0.0002)
	含截距和趋势	−3.27510 (0.0005)	2.50094 (0.9938)	−1.26225 (0.1034)	21.1322 (0.0202)	23.4138 (0.0093)
	无	4.87304 (1.0000)	—	—	1.20082 (0.9996)	0.82300 (0.9999)

注：表中列出的是各种检验方法的检验统计量，括号里是相应的 P 值。

从表 6-9 中可以看出，$BACK_k$ 的原面板数据在含个体截距项的情形下是平稳的，即 $BACK_k$ 为零阶单整变量，记为 $I(0)$。

表 6-9　$BACK_k$ 面板数据单位根检验结果

检验方法		LLC 检验	Breitung 检验	Im-P-S 检验	Fisher-ADF 检验	Fisher-PP 检验
$BACK_k$	含截距	−4.25889 (0.0000)	—	−2.66000 (0.0039)	23.4575 (0.0092)	29.9681 (0.0009)
	含截距和趋势	−1.88088 (0.0300)	2.60608 (0.9954)	1.22200 (0.8891)	5.78321 (0.8331)	8.47460 (0.5826)
	无	0.85950 (0.8050)	—	—	2.81706 (0.9854)	2.76681 (0.9864)

注：表中列出的是各种检验方法的检验统计量，括号里是相应的 P 值。

从表 6-10 中可以看出，$\ln K_k$ 的原面板数据不存在单位根，在含个体截距项的情形下是平稳的，即 $\ln K_k$ 为零阶单整变量，记为 $I(0)$。

表 6-10　$\ln K_k$ 面板数据单位根检验结果

检验方法		LLC检验	Breitung检验	Im-P-S检验	Fisher-ADF检验	Fisher-PP检验
$\ln K_k$	含截距	−3.43535 (0.0003)	—	−2.27804 (0.0114)	25.7730 (0.0041)	27.7162 (0.0020)
	含截距和趋势	−4.17039 (0.0000)	−0.10799 (0.4570)	−1.54910 (0.0607)	20.6350 (0.0238)	37.5908 (0.0000)
	无	1.79020 (0.9633)	—	—	2.23632 (0.9942)	1.68320 (0.9982)

注：表中列出的是各种检验方法的检验统计量，括号里是相应的 P 值。

从表 6-11 中可以看出，$\ln L_k$ 的原面板数据不存在单位根，在含个体截距项的情形下是平稳的，即 $\ln L_k$ 为零阶单整变量，记为 $I(0)$。

表 6-11　$\ln L_k$ 面板数据单位根检验结果

检验方法		LLC检验	Breitung检验	Im-P-S检验	Fisher-ADF检验	Fisher-PP检验
$\ln L_k$	含截距	−2.19683 (0.0140)	—	−2.26452 (0.0118)	22.1076 (0.0146)	22.9074 (0.0111)
	含截距和趋势	−5.58527 (0.0000)	−0.51206 (0.3043)	−2.89607 (0.0019)	26.9172 (0.0027)	28.4355 (0.0015)
	无	−0.14831 (0.4410)	—	—	10.2985 (0.4147)	10.5571 (0.3930)

注：表中列出的是各种检验方法的检验统计量，括号里是相应的 P 值。

综上，被解释变量与所有解释变量的原面板数据均是平稳的，所有变量均是零阶单整变量，可以用于回归分析。

(2) 回归分析。为了初步判定各个解释变量与被解释变量之间是否具有较强的相关关系，利用 EVIEWS 8.0 软件画出各个解释变量与被解释变量关系的散点图，分别如图 6-3～图 6-5 所示。从图中可以初步判断，各个解释变量与被解释变量之间都呈现出线性关系。那么，各个解释变量对被解释变量的影响具体如何？东部煤炭资源枯竭型企业跨区转移行为是否对上游专用设备制造产业的本土企业形成正向的投入关联溢出效应？

为此还需要开展模型设定检验，采用 Chow 检验和 Hausman 检验，分两个步骤从 Pool 模型、固定效应模型、随机效应模型中选择最合适的模型，以确保模型回归的结果更加稳健。表 6-12 显示了 Chow 检验的原假设和备择假设，表 6-13 显示了 Hausman 检验的原假设和备择假设。利用 EVIEWS 8.0 软件进行模型设定检验的具体操作，输出的检验结果见表 6-14。

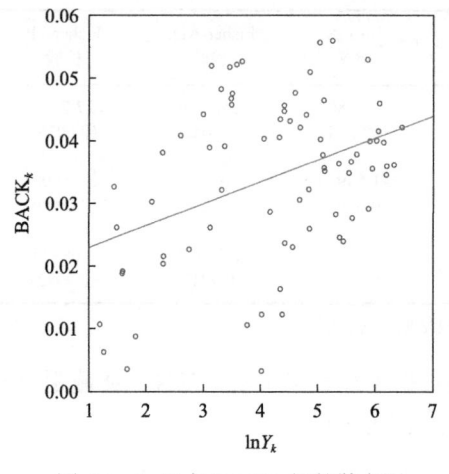

图 6-3　$\ln Y_k$ 与 $BACK_k$ 间的散点图

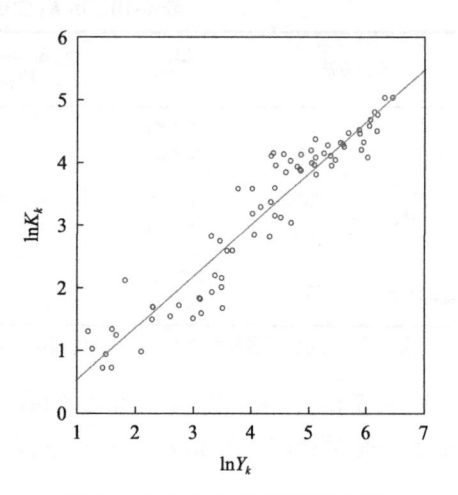

图 6-4　$\ln Y_k$ 与 $\ln K_k$ 间的散点图

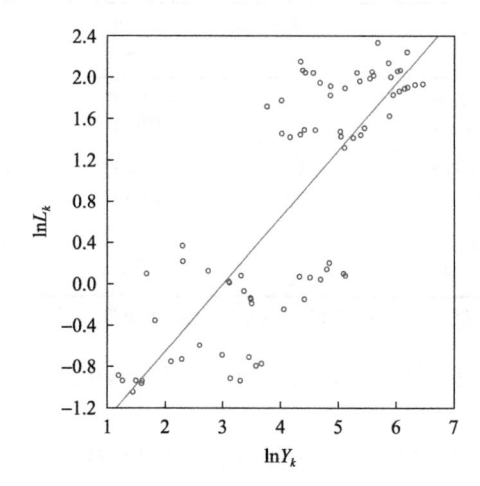

图 6-5　$\ln Y_k$ 与 $\ln L_k$ 间的散点图

表 6-12　Chow 检验的原假设和备择假设

个体 FE 检验	原假设	个体 Pool 模型，时点 FE 模型
	备择假设	个体、时点 FE 模型
时点 FE 检验	原假设	个体 FE 模型，时点 Pool 模型
	备择假设	个体、时点 FE 模型
个体和时点 FE 检验	原假设	Pool 模型
	备择假设	个体、时点 FE 模型

表 6-13　Hausman 检验的原假设和备择假设

个体 RE 检验	原假设	个体、时点 RE 模型
	备择假设	个体 FE 模型，时点 RE 模型
时点 RE 检验	原假设	个体、时点 RE 模型
	备择假设	个体 RE 模型，时点 FE 模型
个体和时点 RE 检验	原假设	个体、时点 RE 模型
	备择假设	个体 FE 模型，时点 FE 模型

表 6-14　检验结果与模型选择

检验方法		P 值
Chow 检验	个体 FE 检验	0.0061
	时点 FE 检验	0.0000
	个体和时点 FE 检验	0.0000
Hausman 检验	个体 RE 检验	1.0000
	时点 RE 检验	1.0000
模型选择		双随机效应模型

注：表中列出的是各种检验统计量对应的 P 值。

从表 6-14 中可以看出，对于表 6-12 的 Chow 检验的原假设和备择假设和表 6-13 的 Hausman 检验的原假设和备择假设，通过 Chow 检验确定为二维模型，即截距项既随个体变化又随时点变化，再通过 Hausman 检验确定个体为随机效应、时点为随机效应。

综合分析上述根据 Chow 检验和 Hausman 检验的结果，确定运用双随机效应模型对资源枯竭型企业跨区转移行为产业间投入关联溢出效应的模型进行回归，回归结果见表 6-15。

表 6-15　模型回归结果

解释变量	被解释变量 $\ln Y_k$	
	系数	t 统计量
C	0.7680***	3.3842
$BACK_k$	16.9112***	3.7953
$\ln K_k$	0.8810***	10.3997
$\ln L_k$	0.0855	0.9244
Adj-R^2	0.8384　　　　F 统计量	128.9712

*、**、*** 分别表示在 0.1、0.05、0.01 的显著性水平下通过检验，本章下同。

从表 6-15 的回归结果中可以看出，F 统计量为 128.9712，说明模型整体在 0.01

的显著性水平下通过检验。调整后的 R^2 为 0.8384，说明模型回归的拟合度很好。$\ln K_k$ 的回归系数均显著为正数，说明增加专用设备制造产业的资本投入有利于中西部资源富集地专用设备制造业工业总产值的增长，这符合经济发展的客观现实状况。然而，$\ln L_k$ 的回归系数为正数，但是不显著，究其原因，专用设备制造业是资本密集型产业，产业内的企业多为重工业企业，资本与技术的积累是专用设备制造业发展的基石，而在控制其他因素不变的情况下，只增加劳动力投入对于专用设备制造业企业产值的增长作用十分微弱。

$BACK_k$ 的回归系数是 16.9112，为正数且在 0.01 的显著性水平下通过检验，说明东部煤炭资源枯竭型企业跨区转移行为对中西部资源富集地上游专用设备制造企业的技术进步和技术效率的提升产生了正向的投入关联溢出效应；产生这种结果的主要原因是，东部煤炭资源枯竭型企业拥有先进的生产技术，其跨区转移进入中西部资源富集地之后，与上游专用设备制造企业建立合作伙伴关系，扩大了上游专用设备制造企业产品的市场需求。为了使购买的生产设备符合先进的生产技术要求，以及生产设备的附带产品——配套服务满足售后需求，对上游专用设备制造企业供应的生产设备和配套服务提出更高的要求。这种要求的实现体现在两个方面：一方面，上游专用设备制造企业为了维持合作关系，从长期稳定的合作中获益，必须生产出满足东部煤炭资源枯竭型企业要求的生产设备，设计出更优质的配套服务，则不得不加大自主研发投入和管理培训投入，提高技术水平和管理水平；另一方面，东部煤炭资源枯竭型企业为了使上游专用设备制造企业生产的设备符合要求，会主动向专用设备制造企业提供技术指导或援助，帮助专用设备制造企业提高技术水平。

因此，东部煤炭资源枯竭型企业跨区转移行为对中西部资源富集地产业间的技术进步和生产效率提升产生了正向的投入关联溢出效应，增加其跨区转移投资，有利于促进中西部资源富集地上游本土企业技术与设备的优化升级、管理服务水平的提升、经营收益的增加，进而实现中西部资源富集地企业间的协同发展。

2) 产出关联溢出机理检验

(1) 平稳性分析。与前述投入关联溢出机理检验相似，为了避免"伪回归"的出现，确保回归估计结果的有效性，在回归之前需要检验面板数据的平稳性，而且首先采用单位根检验法。

在进行面板数据单位根检验时，具体运用 LLC 检验、Breitung 检验、Im-P-S 检验、Fisher-ADF 检验和 Fisher-PP 检验等五种方法，来检验所有变量的面板数据是否平稳。以上五种面板单位根检验方法的原假设是不平稳的（单位根过程），备择假设是平稳的。利用 EVIEWS 8.0 软件对其进行检验操作，输出的结果分别如表 6-16～表 6-19 所示。

表 6-16　$\ln Y_m$ 面板数据单位根检验结果

检验方法		LLC 检验	Breitung 检验	Im-P-S 检验	Fisher-ADF 检验	Fisher-PP 检验
$\ln Y_m$	含截距	−6.38547 (0.0000)	—	−5.52053 (0.0000)	44.0450 (0.0000)	92.7283 (0.0000)
	含截距和趋势	−1.25074 (0.1055)	0.13804 (0.5549)	1.53853 (0.9380)	3.23811 (0.9753)	0.84685 (0.9999)
	无	6.65710 (1.0000)	—	—	0.22375 (1.0000)	0.07489 (1.0000)

注：表中列出的是各种检验方法的检验统计量，括号里是相应的 P 值。

表 6-17　FOR_m 面板数据单位根检验结果

检验方法		LLC 检验	Breitung 检验	Im-P-S 检验	Fisher-ADF 检验	Fisher-PP 检验
FOR_m	含截距	−2.39095 (0.0084)	—	−0.60015 (0.2742)	10.1711 (0.4256)	10.2966 (0.4149)
	含截距和趋势	1.13833 (0.8725)	1.31914 (0.9064)	2.34971 (0.9906)	1.79976 (0.9977)	1.73640 (0.9980)
	无	0.98791 (0.8384)	—	—	2.43448 (0.9918)	2.77523 (0.9862)
ΔFOR_m	含截距	−5.65725 (0.0000)	—	−4.41439 (0.0000)	36.1028 (0.0001)	35.4196 (0.0001)
	含截距和趋势	−5.83111 (0.0000)	−5.01394 (0.0000)	−3.91547 (0.0000)	31.0614 (0.0006)	31.5883 (0.0005)
	无	−5.85190 (0.0000)	—	—	43.2277 (0.0000)	54.3997 (0.0000)

注：表中列出的是各种检验方法的检验统计量，括号里是相应的 P 值。

表 6-18　$\ln K_m$ 面板数据单位根检验结果

检验方法		LLC 检验	Breitung 检验	Im-P-S 检验	Fisher-ADF 检验	Fisher-PP 检验
$\ln K_k$	含截距	−0.00931 (0.4963)	—	1.54819 (0.9392)	10.0425 (0.4368)	19.0598 (0.0395)
	含截距和趋势	−0.93061 (0.1760)	1.15951 (0.8769)	1.66273 (0.9518)	4.37643 (0.9288)	3.99672 (0.9475)
	无	9.24508 (1.0000)	—	—	0.10914 (1.0000)	0.01222 (1.0000)
$\Delta \ln K_k$	含截距	−5.73326 (0.0000)	—	−4.03311 (0.0000)	33.8055 (0.0002)	36.7939 (0.0001)
	含截距和趋势	−6.73749 (0.0000)	−5.07601 (0.0000)	−3.92059 (0.0000)	32.2477 (0.0004)	57.2215 (0.0000)
	无	−4.09629 (0.0000)	—	—	27.2670 (0.0024)	23.8009 (0.0081)

注：表中列出的是各种检验方法的检验统计量，括号里是相应的 P 值。

表 6-19　$\ln L_m$ 面板数据单位根检验结果

检验方法		LLC 检验	Breitung 检验	Im-P-S 检验	Fisher-ADF 检验	Fisher-PP 检验
$\ln L_m$	含截距	1.16247 (0.8775)	—	1.94392 (0.9740)	4.33725 (0.9309)	4.45730 (0.9244)
	含截距和趋势	0.38177 (0.6487)	−0.04686 (0.4813)	−0.32346 (0.3732)	9.54725 (0.4811)	8.57695 (0.5727)
	无	4.74132 (1.0000)	—	—	1.08293 (0.9998)	1.06406 (0.9998)
$\Delta\ln L_m$	含截距	−7.58190 (0.0000)	—	−5.82071 (0.0000)	45.7725 (0.0000)	44.0900 (0.0000)
	含截距和趋势	−5.87413 (0.0000)	−1.92936 (0.0268)	−4.18779 (0.0000)	32.6825 (0.0003)	33.0776 (0.0003)
	无	−5.89016 (0.0000)	—	—	43.0900 (0.0000)	55.1136 (0.0000)

注：表中列出的是各种检验方法的检验统计量，括号里是相应的 P 值。

从表 6-16 中可以看出，$\ln Y_m$ 的原面板数据不存在单位根，在含个体截距项的情形下是平稳的，即 $\ln Y_m$ 为零阶单整变量，记为 $I(0)$。

综合分析表 6-17 的检验结果，再结合图 6-6 FOR_m 的截面均值曲线，发现对于一阶差分后的 FOR_m 面板数据在含个体截距项的情形下是平稳的，即 FOR_m 为一阶单整变量，记为 $I(1)$。

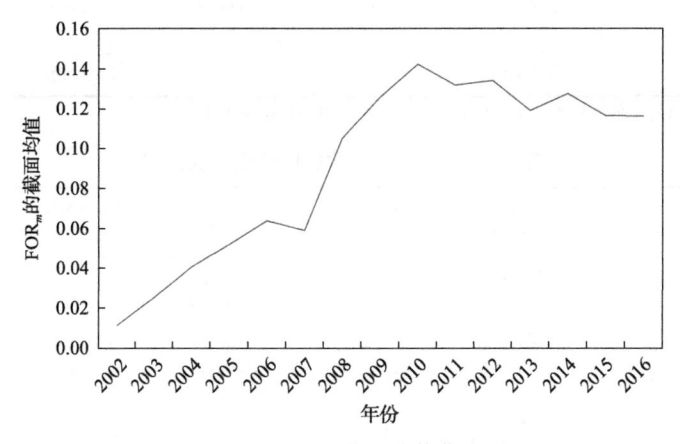

图 6-6　FOR_m 的截面均值曲线图

综合分析表 6-18 的检验结果，再结合图 6-7 $\ln K_m$ 的截面均值曲线，发现对于一阶差分后 $\ln K_m$ 的面板数据不存在单位根，在既含个体截距项又含趋势项的情形下是平稳的，即 $\ln K_m$ 为一阶单整变量，记为 $I(1)$。

综合分析表 6-19 的检验结果，再结合图 6-8 $\ln L_m$ 的截面均值曲线，发现对于一阶差分后 $\ln L_m$ 的面板数据不存在单位根，在既含个体截距项又含趋势项的情形下是平稳的,即 $\ln L_m$ 为一阶单整变量,记为 $I(1)$。

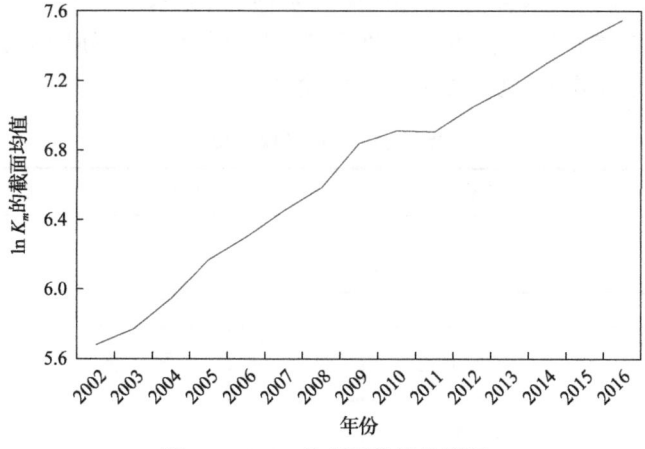

图 6-7 $\ln K_m$ 的截面均值曲线图

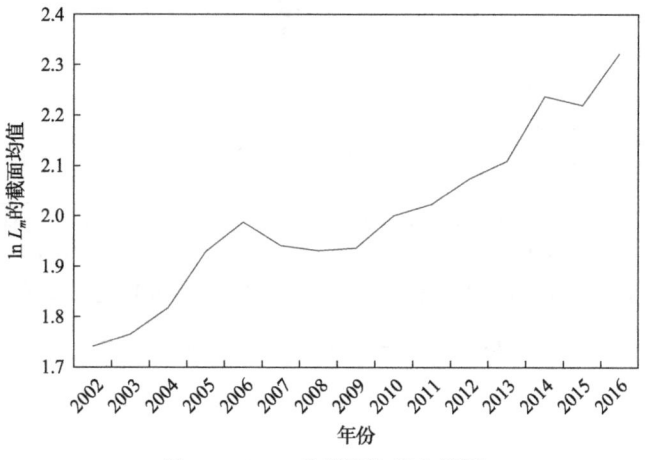

图 6-8 $\ln L_m$ 的截面均值曲线图

综上,被解释变量 $\ln Y_m$ 是零阶单整变量,解释变量 FOR_m、$\ln K_m$、$\ln L_m$ 均为一阶单整变量,所有变量并非全部平稳,需要进一步确定各变量之间是否存在协整关系。基于单位根检验的结果可以发现,被解释变量 $\ln Y_m$ 的单整阶数不高于任何一个解释变量的单整阶数,并且三个解释变量的单整阶数均高于被解释变量的单整阶数。因此,可以进行协整检验。

在进行协整检验时,具体利用 EVIEWS 8.0 软件检验,输出的结果见表 6-20。表 6-20 的面板数据协整检验结果表明,所有变量的面板数据之间存在协整关系,换言之,所有变量的面板数据之间存在长期均衡关系,可以用于回归分析。

(2)回归分析。与前述投入关联溢出机理检验相似,利用 EVIEWS 8.0 软件画出各个解释变量与被解释变量关系的散点图,初步了解变量间的关系。从图 6-9~

图 6-11 中可以初步判断,各个解释变量与被解释变量之间分别呈现线性关系,那么,各个解释变量对被解释变量的影响具体如何?东部煤炭资源枯竭型企业跨区转移行为是否对下游电力、热力生产和供应等产业的本土企业形成正向的产出关联溢出效应?为此还需要进一步开展模型设定检验。

表 6-20 Kao 检验结果

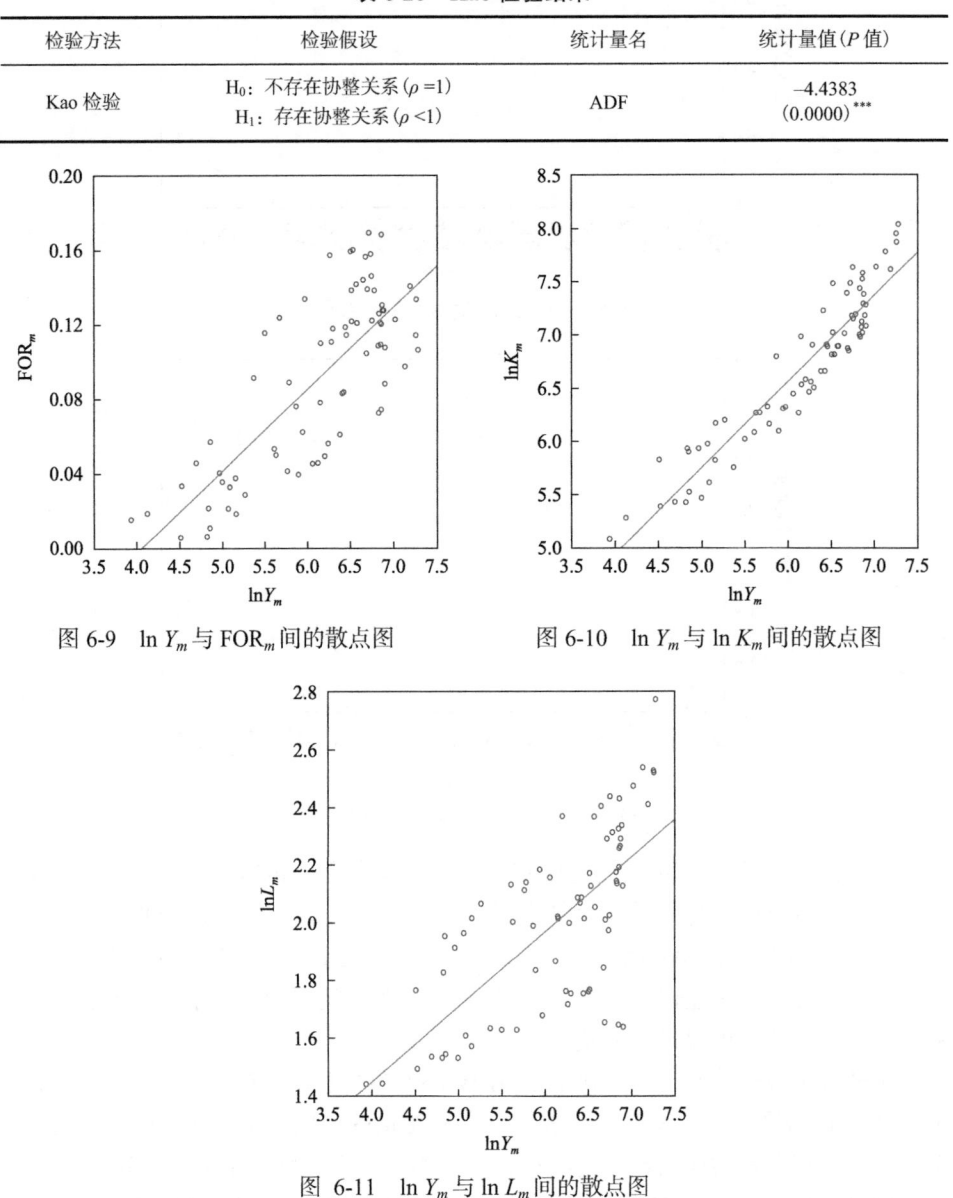

检验方法	检验假设	统计量名	统计量值(P 值)
Kao 检验	H_0: 不存在协整关系($\rho=1$) H_1: 存在协整关系($\rho<1$)	ADF	−4.4383 (0.0000)***

图 6-9 $\ln Y_m$ 与 FOR_m 间的散点图

图 6-10 $\ln Y_m$ 与 $\ln K_m$ 间的散点图

图 6-11 $\ln Y_m$ 与 $\ln L_m$ 间的散点图

采用 Chow 检验和 Hausman 检验,分两个步骤从 Pool 模型、固定效应模型、随机效应模型中选择最合适的模型，以确保模型回归的结果更加稳健。利用 EVIEWS 8.0 软件进行模型设定检验的具体操作，输出的检验结果见表 6-21。类似地，基于表 6-12 的 Chow 检验的原假设和备择假设，以及表 6-13 的 Hausman 检验的原假设和备择假设，通过 Chow 检验确定为二维模型，即截距项既随个体变化又随时点变化，再通过 Hausman 检验确定个体为随机效应、时点为固定效应。

表 6-21　检验结果与模型选择

检验方法		P 值
Chow 检验	个体 FE 检验	0.0000
	时点 FE 检验	0.0000
	个体和时点 FE 检验	0.0000
Hausman 检验	个体 RE 检验	0.1781
	时点 RE 检验	0.0000
模型选择		个体随机、时点固定效应模型

注：表中列出的是各种检验统计量对应的 P 值。

综合分析上述采用 Chow 检验和 Hausman 检验的结果，确定运用个体随机、时点固定效应模型对资源枯竭型企业跨区转移行为产业间产出关联溢出效应的模型进行回归，回归结果见表 6-22。

表 6-22　产业间产出关联溢出效应模型的回归结果

解释变量	被解释变量 $\ln Y_m$	
	系数	t 统计量
C	2.2422***	4.0294
FOR_m	2.7418**	2.3052
$\ln K_m$	0.5372***	5.6667
$\ln L_m$	0.0293	0.2950
Adj-R^2	0.9659　　F 统计量	124.2303

从表 6-22 的回归结果中可以看出，F 统计量为 124.2303，说明模型整体在 0.01 的显著性水平下通过检验。调整后的 R^2 为 0.9659，说明模型回归的拟合度很好。$\ln K_m$ 的回归系数均显著为正数，说明增加中西部资源富集地电力、热力生产和供应等产业的资本投入有利于其工业总产值的增长。然而，$\ln L_m$ 的回归系数为正数，但是不显著，究其原因，电力、热力生产和供应等产业是资本密集型产业，这种资本密集型产业的企业发展主要依靠资本积累、技术创新，而在控制其他因素不变的情况下，仅仅依靠增加劳动力投入对于电力、热力生产和供应业等领域的企业产值增长的促进作用十分微弱。

FOR$_m$ 的回归系数是 2.7418，为正数且在 0.05 的显著性水平下通过检验，说明东部煤炭资源枯竭型企业跨区转移行为对中西部资源富集地下游电力、热力生产和供应业等的企业技术进步产生了正向的产出关联溢出效应。产生这种结果的主要原因是，东部煤炭资源枯竭型企业与中西部资源富集地的本土企业相比，拥有更加先进的生产技术，生产的商品煤质量更高，这些商品煤对后续生产工艺流程的改进和环保效能的提升提供了重要支撑。东部煤炭资源枯竭型企业跨区转移进入中西部资源富集地之后，与下游电力、热力生产和供应业等领域的企业建立起合作伙伴关系，成为下游电力、热力生产和供应业等的企业生产原料供应商。一方面，机组老旧的电力、热力生产和供应业等的企业为了使自身的生产技术、生产设备与生产工艺流程适应购买来的高质量商品煤的质量指标要求，将按照这种新煤质设计生产设备、调整生产工艺流程、优化生产和环保技术、提高生产效率，从而增加工业产值；另一方面，电力、热力生产和供应业等的企业如果使用煤质差的商品煤，会因为煤的发热量低而投入价格更高的助燃油，并且煤质差的商品煤的可磨性差、含硫份高，容易损伤设备，增加企业设备维护费用的支出，这些都会增加生产成本，严重损害电力、热力生产和供应业等的企业经济利益，可见东部煤炭资源枯竭型企业生产的高质量商品煤可以在无形中降低电力、热力生产和供应业等的企业生产成本，同时也激发电力、热力生产和供应业等领域的企业通过技术创新，不断改进和完善设备系统，充分利用高质量商品煤，有效实现高质量商品煤的价值，追求更高的利润。而已经配备新型机组的电力、热力生产和供应业等领域的企业，将购买来的高质量的商品煤直接投入到生产中，可以减少原本使用煤质差的商品煤时所需要的助燃油费用、脱硫费用、设备维护费用等，降低生产成本，从而直接提高电力、热力生产和供应业等的企业生产效率、经济效益和环保效果。

因此，东部煤炭资源枯竭型企业跨区转移行为对中西部资源富集地产业间的技术进步产生了正向的产出关联溢出效应，增加东部煤炭资源枯竭型企业的跨区转移投资，有利于促进中西部资源富集地下游本土企业的技术创新、设备更新和管理优化升级，增加下游本土企业的收益，实现中西部资源富集地企业间的协同发展和高质量发展。

6.4 本章小结

本章基于东部资源枯竭型企业与中西部资源富集地优势要素耦合过程的深度分析，探究了东部资源枯竭型企业跨区转移行为溢出效应的形成过程，分析了东部资源枯竭型企业跨区转移行为产业内、产业间溢出效应的形成机理，并分别进行了实证检验。研究认为：

(1)东部资源枯竭型企业跨区转移行为对于中西部资源富集地既有产业内溢出效应,也有产业间溢出效应,两方面具有不同致因。东部资源枯竭型企业的跨区转移进入,一方面引致了当地同类企业的模仿行为和竞争压力的强化,以及可能的人员流动和交流;另一方面参与了中西部资源富集地的产业分工,形成了与当地企业的投入产出关联,产生了一种技术与管理的新挑战。从而促进了当地关联企业改进技术与管理,实现了管理水平、产品质量和全要素生产率的提升。

(2)产业内溢出效应不同形成渠道的溢出效能有着明显差异。具体体现在以下几方面。

① 示范模仿渠道是东部资源枯竭型企业跨区转移行为产业内溢出效应形成的主要渠道。东部资源枯竭型企业凭借多年来在技术创新与管理创新方面的研发投入,转入中西部资源富集地后产生了"技术运用、管理方法、经营模式"等方面的示范和优势,激励了当地同类企业的模仿和边干边学行为,产生了溢出效果。换言之,东部资源枯竭型企业生产和管理的高效行为,通过示范模仿渠道提升了中西部资源富集地同类企业的效益,即东部资源枯竭型企业的技术与管理的先进性愈强,中西部资源富集地同类企业的效益愈好。

② 竞争优化渠道是东部资源枯竭型企业跨区转移行为产业内溢出效应形成的主要渠道。东部资源枯竭型企业的进入和市场渗透作用的发挥,冲破了中西部资源富集地同类市场竞争结构,加剧了市场竞争程度和对当地企业的竞争压力,迫使当地企业优化管理模式与资源配置,加大技术研发投入,或者施行引进、消化吸收、再创新,从而推动当地企业技术与管理水平、竞争能力和经营效益的提升。同时,也会反向形成对转入企业的竞争压力,迫使转入企业进一步优化管理模式,开展技术创新或者引进更加先进的技术与管理,也将导致更高层次的溢出。换言之,东部资源枯竭型企业生产和管理的高效行为,通过竞争优化渠道提升了中西部资源富集地同类企业的效益,即东部资源枯竭型企业的市场渗透性愈强,中西部资源富集地同类企业的效益愈好。

③ 竞争优化渠道的溢出效能明显高于示范模仿渠道的溢出效能。示范模仿渠道效能的发挥取决于当地企业对于自身技术和管理差距的认识过程及深度、学习与模仿的自觉高度,对于行为的刺激作用较慢、力度较弱。而竞争优化渠道效能的发挥取决于东部资源枯竭型企业的市场渗透力和当地市场竞争度,不仅对于行为的刺激作用更直接、速度更快、力度较强,而且会引发多重溢出,产生效能更新、叠加效应。

④ 人流带传渠道的溢出效能检验并不显著,不能成为东部资源枯竭型企业跨区转移行为产业内溢出效应形成的主要渠道。我国现阶段转入企业与当地企业之间,技术、管理水平,以及员工薪酬待遇等方面高差较大,显性的人才流动较弱;资源开采产业作业场所的移动性、地质条件的异构性、生产技术和安全管理的复

杂性,使得隐性的信息交流收效不大,难以形成明显的技术与管理溢出。

(3)产业间溢出效应不同形成渠道的溢出效能有着明显差异。具体体现在以下两方面。

① 投入关联溢出是产业间溢出效应形成的主要渠道。东部资源枯竭型企业由于采用了当地上游关联企业所提供的生产资料、工具设备及其他服务,而以一种长期稳定、标准较高的需求侧,以及可能提供的技术援助,促进了当地上游关联企业在技术和管理方面的改进与创新,实现了管理水平、产品质量和生产效率的提高。而且东部资源枯竭型企业对于当地上游关联企业的依赖程度愈高,这种需求侧溢出效应会愈强。

② 产出关联溢出是产业间溢出效应形成的主要渠道。东部资源枯竭型企业由于给当地下游关联企业提供了质量更高的产品,而以一种长期稳定、标准较高的供给侧,以及可能提供的技术援助,促进了当地下游关联企业改进生产工艺,提高管理效能和生产效率。而且当地下游关联企业对于东部资源枯竭型企业的依赖程度愈高,这种供给侧溢出效应也会愈强。

这些结论,形成了对于东部资源枯竭型企业跨区转移行为溢出效应的产生过程和作用机理的清晰刻画,同时也为对于这类行为溢出效应的强度测度和影响因素的实证研究奠定了重要基础。

第7章 资源枯竭型企业跨区转移行为溢出效应的强度

前面章节的理论分析，初步揭示了资源枯竭型企业跨区转移行为形成横向产业内溢出效应和纵向产业间溢出效应的机理，那么这两类溢出效应有何具体影响？其作用强度如何？有何特征规律？对此还需要通过实证研究(empirical research)来进一步测量、验证和解释。进行实证研究的前提和基础是测度模型的构建，理论分析框架中所涉及的各类因素的测度把握、样本数据的科学采集等。

本章共分为 4 节。7.1 节基于研究问题的复杂性分析进行溢出效应强度测度模型的构建；7.2 节进行溢出效应强度测度数据和样本的科学采集；7.3 节进行溢出效应强度测度结果的综合分析和稳健性检验；7.4 节进行本章主要内容的小结。

7.1 溢出效应强度测度的模型构建

溢出效应是一个抽象概念，对其测度学术界大多采取经济计量分析方法。为了测度东部资源枯竭型企业跨区转移行为的溢出效应，同样借鉴这一思路，并以经典柯布-道格拉斯生产函数为基础，建立起东部资源枯竭型企业跨区转移行为内生化的技术进步模型。进而以此来测度东部资源枯竭型企业跨区转移行为对于中西部资源富集地产业内技术和管理进步的直接溢出效应，以及对其产业间技术和管理进步的关联溢出效应。

7.1.1 建模基础分析

20 世纪 50 年代以 Solow(1957)为代表的经济学家研究认为经济总产出的 12.5%能够以资本和劳动来解释，而更大部分的 87.5%需要以技术进步来解释。到 20 世纪 60~80 年代以 Arrow(1963；1962)、Romer(1986)和 Lucas(1988)等为代表的经济学家逐步拓展并建构了内生经济增长模型，深入解释经济增长源泉。此后 Barro(1990)研究认为政府生产性支出也可能形成一类资本品，对于企业而言带有明显的外部性，因而政府也是推动经济增长的重要力量，为了实现社会最优增长率，政府的调节作用需要引起重视。张彩云和吕越(2018)进一步研究提出政府的创新补贴政策是促进企业研发创新能力提升的重要手段。

基于此，在前章解析了东部资源枯竭型企业跨区转移行为溢出效应形成机制之后，为了进一步揭示这种溢出效应的强度变化规律，特别是中西部资源富集地政府对当地企业所设立的科技项目资金对于这种溢出效应强度的影响程度，本章参考内生经济增长的理论架构，以及 Barro(1990)的分析思路，引入两个重要内生变量：一是东部资源枯竭型企业跨区转移行为的实际投资 E，二是中西部资源富集地政府的科技项目资金 S，建立分析模型(周游等，2016)，进行深入的理论与实证探究。

为了使得转入区域的净收益实现极大化，由

$$\begin{aligned} Q_{pn} &= A_{pn} \times F(K_{pn}, L_{pn}, S_{pn}, E_{pn}) \\ &= A_{pn} \times K_{pn}^{\delta} \times L_{pn}^{\theta} \times S_{pn}^{\sigma} \times E_{pn}^{\phi} \end{aligned} \quad (7\text{-}1)$$

$$C_{pn} = i \times (K_{pn} + E_{pn}) + w \times L_{pn} + S_{pn} \quad (7\text{-}2)$$

$$\begin{aligned} I_{pn} &= Q_{pn} - C_{pn} \\ &= A_{pn} \times K_{pn}^{\delta} \times L_{pn}^{\theta} \times S_{pn}^{\sigma} \times E_{pn}^{\phi} - i \times (K_{pn} + E_{pn}) - w \times L_{pn} - S_{pn} \end{aligned} \quad (7\text{-}3)$$

只要有

$$\frac{\partial I_{pn}}{\partial E_{pn}} = A_{pn} \times K_{pn}^{\delta} \times L_{pn}^{\theta} \times S_{pn}^{\sigma} \times \phi \times E_{pn}^{\phi-1} - i = 0 \quad (7\text{-}4)$$

式中，Q 为总产出；C 为总成本；I 为净收益；L 为劳动力投入；w 为劳动力平均工资；K 为资本投入；i 为资本市场利率；A 为技术和管理进步水平；E 为企业跨区转移行为的实际投资；S 为政府的科技项目资金；p 为地区；n 为年序；δ、θ、σ、ϕ 为相关变量的弹性系数。

将式(7-4)取对数可得

$$\ln A_{pn} = (-\delta)\ln K_{pn} + (-\theta)\ln L_{pn} + (-\sigma)\ln S_{pn} + (1-\phi)\ln E_{pn} + \beta \quad (7\text{-}5)$$

式中，$\beta = \ln i - \ln \phi$。

式(7-1)～式(7-5)建立了东部资源枯竭型企业跨区转移行为的实际投资，以及中西部资源富集地政府的科技项目资金对于当地企业技术和管理进步水平的溢出关系。

7.1.2 模型设计

基于前章溢出效应的机理分析和上述建模的思路分析，同时考虑到以下三个因素：一是已有研究成果的先验性。以往学者在经济开放条件下研究技术溢出效应时，大多采用全要素生产率(total factor productivity，TFP)作为测度指标，其主要优势在于生产率的变化可以直接体现技术与管理水平的升降程度。而采用全要素生产率表征东部资源枯竭型企业跨区转移行为在技术进步、管理创新和资源配置等方面的综合溢出效应，即以产出增长率中剔除资本投入增长率和劳动投入增长率后的余值来测度溢出效应的实际强度（武春友等，2012；Brandt et al.，2012）。二是降低异方差和序列相关的影响。采用对数模型，体现相对量变动，提高模型的解释力（王志宏等，2012）。三是将解释变量之外的影响因素归结为控制变量。引入2个控制变量，体现因东部资源枯竭型企业跨区转移行为影响的其他因素，以及中西部资源富集地政府科技项目资金投入影响的其他因素。由此构建政府科技项目资金影响下东部资源枯竭型企业跨区转移行为横向产业内溢出效应和纵向产业间溢出效应强度测度模型，具体公式如下：

$$\ln \text{TFP}_{rpn} = \rho + \mu_1 \ln K_{rpn} + \mu_2 \ln L_{rpn} + \mu_3 \ln S_{rpn} \\ + \mu_4 \ln E_{pn} + \mu_5 \ln T_{pn} + \mu_6 \ln W_{pn} + \varphi_{pn} \quad (7\text{-}6)$$

式中，K为中西部资源富集地产业资本存量；L为中西部资源富集地产业劳动投入；S为中西部资源富集地政府科技项目资金投入；E为东部资源枯竭型企业跨区转移行为的实际投资；T、W为控制变量；p为地区；n为年序；ρ为截距项；φ为随机扰动项；r为相关产业（$r=1$表示横向资源产业，$r=2$表示纵向关联产业）；$\mu_1 \sim \mu_6$为回归系数；TFP为中西部资源富集地全要素生产率。

需要指出，对于中西部资源富集地产业资本存量K，采取其固定资产投资净值年平均余额来测度；中西部资源富集地产业劳动投入L，采取其从业人数来测度；控制变量T，采取中西部资源富集地的物流基础设施投入，即交通运输业投入指标来测度；控制变量W，采取中西部资源富集地的政府财政收入指标来测度；中西部资源富集地全要素生产率TFP，即为总产量与全部要素投入量之比，具体采取Solow余值法测算（周游等，2016）。

7.2 溢出效应强度测度的数据采集

7.2.1 样本数据来源

考虑到我国东部资源枯竭型企业跨区转移行为的区域代表性、数据资料完整性、研究结果普适性，尤其是近二十年来东部省区煤炭资源枯竭型企业向陕西省等中西部资源富集省区的转移行为最为活跃，又考虑到探究横向产业内和纵向产业间溢出效应差异的实际需要，在此选择溢出方为转向陕西省的东部煤炭资源枯竭型企业；吸收方分别为陕西省的煤炭工业和非煤工业(具体按照《中国投入产出表》中的煤炭相关行业统计)；考虑到解释变量有 6 个，故选择行为发生时段为 1997~2016 年，共 20 个样本年，数据为《陕西省统计年鉴》中按照产业分组的统计数据，以及《中国煤炭工业年鉴》中重点企业统计数据和按照省区分组的产业统计数据(表 7-1)。

表 7-1 陕西省相关要素指标与东部煤炭资源枯竭型企业转入投资额统计表

序号	年份	煤炭工业 Q_1 (亿元)	K_1 (亿元)	L_1 (万人)	S_1 (万元)	非煤工业 Q_2 (亿元)	K_2 (亿元)	L_2 (万人)	S_2 (万元)	E (亿元)	T (亿元)	W (亿元)
1	1997	15	33	8.38	76	499	619	72.42	27976	8	39	140
2	1998	16	35	9.02	79	796	838	74.16	29101	10	53	156
3	1999	18	39	9.84	83	923	1093	76.88	30229	13	72	173
4	2000	20	42	9.66	95	1165	1129	80.29	34627	18	117	187
5	2001	37	85	9.28	113	1321	1244	86.08	41148	9	159	226
6	2002	51	99	9.65	146	1555	1352	92.91	53527	7	152	252
7	2003	67	110	9.40	142	1873	1491	102.72	51913	14	150	327
8	2004	92	118.	9.98	166	2335	1739	105.42	61038	20	172	416
9	2005	151	136	11.26	214	3217	2019	107.70	78562	52	235	529
10	2006	237	171	12.64	200	4206	2420	109.88	73360	64	373	697
11	2007	379	202	12.72	299	5313	2162	111.38	153101	91	476	893
12	2008	753	321	13.28	342	6570	3743	112.01	175038	125	557	1104
13	2009	1006	440	16.04	291	7465	4025	121.65	146940	243	729	1391
14	2010	1409	553	17.29	287	9791	4701	133.79	146849	344	1004	1801
15	2011	1869	645	19.74	310	12415	6961	136.78	158563	610	1051	2579
16	2012	2241	972	20.00	301	14685	8346	145.51	237249	802	1045	2800
17	2013	2277	1185	16.75	521	16706	9055	129.55	296702	879	1235	3004
18	2014	2315	1397	20.07	582	17701	9764	114.65	331631	761	1695	3146
19	2015	2321	1408	20.04	670	18113	11054	126.99	371326	847	1998	3963
20	2016	2337	1709	19.06	706	19501	12959	136.09	396019	673	1577	4376

注：资料来源于《陕西统计年鉴(1998~2017 年)》《中国煤炭工业年鉴(1998~2017 年)》，以及相关企业调研数据的整理；对于价值量都调整为 1997 年不变价格。

7.2.2 变量数据确认

1. 解释变量数据确认

测度模型中涉及四个解释变量和两个控制变量，列于表 7-1：

一是资本投入数据，分别采用历年陕西省煤炭工业、非煤工业固定资产投资净值年平均余额 K（张豪等，2018），并调整为1997年不变价格。

二是劳动投入数据，分别采用历年陕西省煤炭工业、非煤工业从业人员年平均人数 L。

三是中西部资源富集地政府科技项目资金投入，分别采用历年陕西省煤炭工业、非煤工业的政府科技项目资金实际投入 S，并调整为1997年不变价格。

四是东部煤炭资源枯竭型企业跨区转移行为的实际投资额，采用历年陕西省煤炭工业招商实际投资额 E（除去外商和港澳台投资），并调整为1997年不变价格。

五是中西部资源富集地交通运输业投入，采用历年陕西省交通运输业的实际投资额 T，并调整为1997年不变价格。

六是中西部资源富集地政府的财政收入，采用历年陕西省政府实际财政收入额 W，并调整为1997年不变价格。

2. 被解释变量数据确认

测度模型中涉及一个被解释变量——全要素生产率（TFP），依照 Solow 余值法的计算要求，首先分别选取《陕西统计年鉴》中煤炭工业、非煤工业的总产值、固定资产投资净值年平均余额、全部从业人员年平均人数三个变量的时间序列数据，如表7-1所示。其次运用柯布-道格拉斯生产函数和 EVIEWS 8.0 软件开展回归分析，求出煤炭工业、非煤工业的资本弹性系数 δ_i、劳动力弹性系数 θ_i，再由 Solow 增长方程，即按式(7-7)和式(7-8)，求出 Solow 余值和全要素生产率，结果一并列于表7-2，并如图7-1所示。

表7-2　陕西省资本、劳动、Solow 余值和全要素生产率计算一览表

序号	年份	煤炭工业（δ_1=1.0045，θ_1=1.8875）					非煤工业（δ_2=0.9028，θ_2=1.6136）				
		产出增长率 q_1	资本增长率 k_1	劳动增长率 l_1	Solow余值 a_1	lnTFP$_1$	产出增长率 q_2	资本增长率 k_2	劳动增长率 l_2	Solow余值 a_2	lnTFP$_2$
1	1997	—	—	—	—	—	—	—	—	—	—
2	1998	0.018	0.019	0.037	−0.072	−0.072	0.264	0.164	0.012	0.096	0.096
3	1999	0.052	0.062	0.055	−0.114	−0.228	0.228	0.198	0.020	0.017	0.033
4	2000	0.068	0.059	0.036	−0.059	−0.178	0.237	0.162	0.026	0.048	0.143
5	2001	0.199	0.206	0.021	−0.047	−0.189	0.216	0.150	0.035	0.023	0.092
6	2002	0.224	0.201	0.024	−0.023	−0.116	0.209	0.139	0.042	0.015	0.073
7	2003	0.237	0.187	0.017	0.018	0.109	0.208	0.134	0.051	0.005	0.027
8	2004	0.253	0.172	0.022	0.039	0.271	0.213	0.138	0.048	0.011	0.075

续表

序号	年份	煤炭工业(δ_1=1.0045，θ_1=1.8875)					非煤工业(δ_2=0.9028，θ_2=1.6136)				
		产出增长率 q_1	资本增长率 k_1	劳动增长率 l_1	Solow余值 a_1	$\ln\text{TFP}_1$	产出增长率 q_2	资本增长率 k_2	劳动增长率 l_2	Solow余值 a_2	$\ln\text{TFP}_2$
9	2005	0.292	0.169	0.033	0.059	0.469	0.230	0.140	0.045	0.031	0.245
10	2006	0.317	0.177	0.042	0.059	0.539	0.238	0.146	0.043	0.037	0.333
11	2007	0.341	0.178	0.039	0.089	0.888	0.239	0.120	0.039	0.067	0.668
12	2008	0.385	0.208	0.039	0.103	1.129	0.239	0.162	0.037	0.034	0.372
13	2009	0.381	0.219	0.051	0.064	0.769	0.231	0.155	0.041	0.026	0.309
14	2010	0.383	0.222	0.053	0.059	0.772	0.237	0.156	0.045	0.024	0.311
15	2011	0.379	0.219	0.059	0.047	0.679	0.239	0.175	0.043	0.011	0.154
16	2012	0.367	0.235	0.056	0.026	0.386	0.235	0.177	0.045	0.004	0.061
17	2013	0.341	0.231	0.037	0.039	0.617	0.196	0.150	0.033	0.007	0.105
18	2014	0.312	0.219	0.040	0.016	0.270	0.178	0.131	0.023	0.024	0.404
19	2015	0.286	0.203	0.039	0.008	0.135	0.155	0.128	0.024	0.001	0.014
20	2016	0.229	0.162	0.037	−0.002	−0.038	0.144	0.124	0.023	−0.006	−0.105

注：增长率=(增长期/基期)$^{1/n}$−1，基期为1997年。

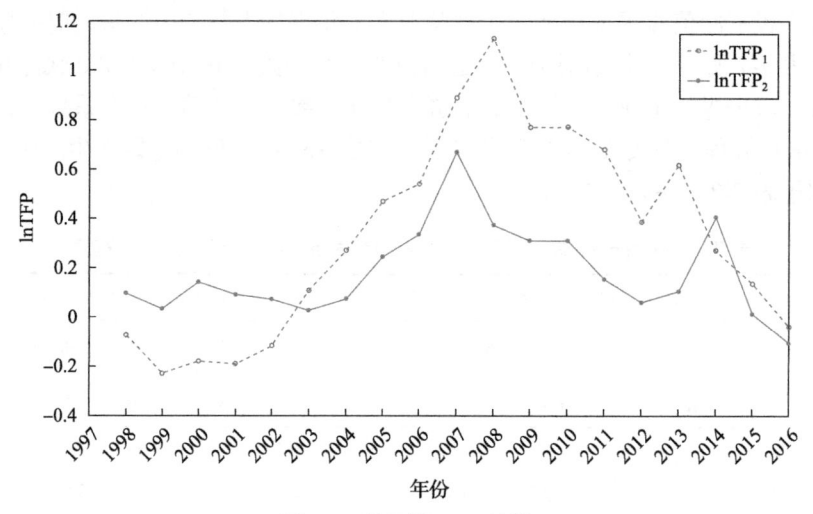

图 7-1 陕西省 TFP 计算

$$a_r = q_r - \delta_r \times k_r - \theta_r \times l_r \tag{7-7}$$

$$\ln\text{TFP}_r = a_r \times (n-1) \tag{7-8}$$

式中，a 为 Solow 余值；q 为产出增长率；k 为资本增长率；l 为劳动增长率；δ 为资本弹性系数；θ 为劳动力弹性系数；r 为产业类别(r=1 代表煤炭工业，r=2

代表非煤工业); n 为年序; TFP 为全要素生产率。

7.3 溢出效应强度测度的结果分析

7.3.1 计量结果

1. 产业内溢出效应的计量结果

对由东部省区转入陕西省的煤炭企业产业内溢出效应测度模型简化为

$$\ln \text{TFP}_{1n} = \rho + \mu_1 \ln K_{1n} + \mu_2 \ln L_{1n} + \mu_3 \ln S_{1n} \\ + \mu_4 \ln E_n + \mu_5 \ln T_n + \mu_6 \ln W_n + \varphi_n \tag{7-9}$$

基于表 7-1 中的 K_1、L_1、S_1、E、T、W 和表 7-2 中的 $\ln \text{TFP}_1$，利用 Stata 15.0 软件对模型(7-9)进行拟合，得到如表 7-3 所示的拟合状态和结果。

表 7-3 模型(7-9)的拟合状态和结果

项目	I	II	III	IV	V	VI
	$\ln\text{TFP}_1$	$\ln\text{TFP}_1$	$\ln\text{TFP}_1$	$\ln\text{TFP}_1$	$\ln\text{TFP}_1$	$\ln\text{TFP}_1$
$\ln K_1$	−0.122	−0.348	−0.772			
	(0.388)	(0.359)	(0.459)			
$\ln L_1$	−0.185	−1.08	−2.427			
	(0.937)	(1.008)	(1.364)			
$\ln S_1$	0.455	0.386*	0.471	0.309**	−0.044	0.083
	(0.468)	(0.482)	(0.539)	(0.108)	(0.387)	(0.405)
$\ln E$	0.510**	0.534***	0.361	0.504***	0.531***	0.6**
	(0.226)	(0.201)	(0.229)	(0.195)	(0.195)	(0.206)
$\ln T$		0.918**	0.864*		0.222	0.577
		(0.416)	(0.403)		(0.233)	(0.416)
$\ln W$			1.09			−0.424
			(0.774)			(0.411)
_cons	−2.081	−0.108	0.857	−1.487**	−0.886	−0.877
	(2.065)	(2.034)	(2.078)	(0.601)	(0.873)	(0.871)
R^2	0.483	0.624	0.677	0.479	0.508	0.543
Adj-R^2	0.335	0.479	0.516	0.414	0.410	0.413
N	19	19	19	19	19	19
F	3.266	4.311	4.193	7.346	5.172	4.16

注：括号内数字为回归系数的标准差；***、**、* 分别表示在1%、5%和10%的统计水平上显著，本章下同。

从表 7-3 中可以看出，对模型(7-9)进行了两组共 6 种状态拟合，结果都通过

了 F 统计量检验,整体显著。前一组 3 列为考虑 $\ln K_1$ 和 $\ln L_1$ 的基础上逐渐增加控制变量的拟合状态,后一组 3 列为不考虑 $\ln K_1$ 和 $\ln L_1$ 的基础上逐渐增加控制变量的拟合状态。对比看来后一组增加控制变量的 t 检验结果都不显著,这也说明如此拟合未能实现其他因素影响的有效控制,对于 TFP 的变化未能得到充分识别,拟合结果解释力不足。而从前一组的第 1 列、第 2 列和第 3 列对比看来,$\ln K_1$ 的 t 检验结果都不显著,这说明陕西省煤炭产业固定资产投入对于其业内企业全要素生产率没有影响。其主要原因有两点:一是对于当地全要素生产率的测度是由产出增长率中剔除了资本投入增长率及劳动投入增长率。二是当地煤炭企业存在一定程度的低水平重复建设,资源配置效率不高,技术和管理创新能力不强。类似地,$\ln L_1$ 的 t 检验结果也不显著,这与煤炭开采产业的特点有关。煤炭开采产业主要从事地下作业,工作时间长、劳动强度大、安全风险高,因而雇用了大量临时工。这些临时工并没有计入相关政府统计年鉴中的"从业人员",其实际数据难以准确收集。

$\ln E$ 在五种拟合状态下都通过了 t 检验,特别是在第二种拟合状态中达到了 1% 的显著性水平,对应的回归系数为 0.534。这说明 $\ln E$ 对 $\ln \text{TFP}_1$ 产生了显著的正向影响,即东部煤炭资源枯竭型企业的跨区转移行为对于陕西省同类企业全要素生产率提升的促进作用较为显著。其主要原因在于随着东部煤炭资源枯竭型企业的跨区转移进入,促进了当地同类企业的模仿行为和竞争压力的强化。它们模仿、消化、吸收新的技术和管理经验,并进行集成或再创新,缩小与转入企业的技术和管理差距。由此增大了竞争压力,逼迫转入企业提速引进更为先进的技术和管理方案,从而形成更高层次的溢出效应。

$\ln S_1$ 在两种拟合状态下通过了 t 检验,特别是第二种拟合状态中尽管是在 10% 的显著性水平上通过了 t 检验,但其回归系数最高为 0.386。这说明陕西省政府的科技项目资金对于本省煤炭企业全要素生产率提升具有显著的促进作用,证实了政府的科技项目资金对于当地企业形成产出的乘数效应,以及人才引进投入、技术和管理创新投入的杠杆效应,提升了当地企业创新产出的边际贡献率,促进了当地企业学习、消化、吸收和集成或再创新能力的增强,强化了东部煤炭资源枯竭型企业跨区转移行为产业内的溢出效应。

2. 产业间溢出效应的计量结果

对于由东部省区转入陕西省的煤炭企业产业间溢出效应测度模型简化为

$$\begin{aligned}\ln \text{TFP}_{2n} = \rho &+ \mu_1 \ln K_{2n} + \mu_2 \ln L_{2n} + \mu_3 \ln S_{2n} \\ &+ \mu_4 \ln E_n + \mu_5 \ln T_n + \mu_6 \ln W_n + \varphi_n\end{aligned} \quad (7\text{-}10)$$

基于表 7-1 中的 K_2、L_2、S_2、E、T、W 和表 7-2 中的 $\ln \text{TFP}_2$,利用 Stata 15.0

软件对模型(7-10)进行拟合,得到如表 7-4 所示的拟合状态和结果。

表 7-4 模型(7-10)的拟合状态和结果

项目	I lnTFP$_2$	II lnTFP$_2$	III lnTFP$_2$	IV lnTFP$_2$	V lnTFP$_2$	VI lnTFP$_2$
lnK_2	−0.503 (0.166)	−0.694 (0.129)	−1.019 (0.206)			
lnL_2	0.102 (0.448)	−0.544 (0.365)	−0.009** (0.379)			
lnS_2	0.510*** (90.16)	0.240* (0.136)	0.111 (0.141)	0.034 (0.05)	−0.052 (0.216)	0.265 (0.217)
ln$E$	0.088 (0.109)	0.151* (0.08)	0.088 (0.08)	0.120 (0.115)	0.119 (0.118)	0.224* (0.107)
ln$T$		0.471*** (0.126)	0.337** (0.134)		0.068 (0.167)	0.475** (0.207)
ln$W$			0.531* (0.277)			−0.636** (0.238)
_cons	−2.177 (1.411)	2.67 (1.642)	5.653** (2.158)	−0.245 (0.579)	0.339 (1.548)	−1.502 (1.474)
R^2	0.470	0.746	0.805	0.085	0.095	0.401
Adj-R^2	0.318	0.648	0.708	−0.03	−0.086	0.230
N	19	19	19	19	19	19
F	3.101	7.619	8.270	0.740	0.523	2.342

注:括号内数字为回归系数的标准差。

从表 7-4 中可以看出,对模型(7-10)进行了两组共 6 种状态拟合,前一组 3 列结果都通过了 F 统计量检验,整体显著;后一组 3 列整体拟合结果不够理想。前一组 3 列为考虑 lnK_2 和 lnL_2 的基础上逐渐增加控制变量的拟合状态,对此需要重点分析。从各列拟合结果来看,lnK_2 和 lnL_2 要么未能通过 t 检验,要么是通过了 t 检验,但对应的回归系数为负值,绝对值很小,这说明陕西省非煤工业固定资产投入和劳动投入对于其业内企业全要素生产率的影响很小。其主要原因在于两个方面:一是对于当地全要素生产率的测度源于剔除了资本投入增长率和劳动投入增长率后的产出增长率;二是当地非煤工业存在一定程度的低水平重复建设,资源配置效率不高,技术和管理创新力度不大,劳动力素质和能力提升不快。

同时发现 ln$E$ 在第二种拟合状态下以 10%的显著性水平通过了 t 检验,对应的回归系数结果为 0.151。这说明 ln$E$ 对于 lnTFP_2 有着显著的正向影响,即东部煤炭资源枯竭型企业的跨区转移行为,对于陕西省非煤工业企业全要素生产率的提升有着显著的促进作用。其主要原因在于东部煤炭资源枯竭型企业参与了陕西省的产业分工,嵌入了当地产业链,形成了与当地企业的投入产出关联,产生了一种技术与管理的新挑战,促进了当地关联企业技术与管理的有效改进,使其实现了管理水平、产品质量和全要素生产率的显著提高。

lnS_2 在第一种拟合状态下以 1%的显著性水平通过了 t 检验,对应的回归系数结果为 0.510,只不过没有加入控制变量,解释力还显不足;而在第二种拟合状态下以 10%的显著性水平通过了 t 检验,对应的回归系数结果为 0.240,这说明陕西省政府的科技项目资金对于本省非煤工业企业全要素生产率的提升也有着显著的促进作用,证实了政府的科技项目资金会不同程度地形成当地企业产出的乘数效应,以及人才引进投入、技术和管理创新投入的杠杆效应,促进了当地企业接受转入企业技术与管理挑战勇气的增强和再创新能力的提升,强化了东部煤炭资源枯竭型企业跨区转移行为的产业间溢出效应。这也进一步说明了政府科技项目资金,在实现与当地企业自身研发资金投入和人力资本储备有机结合时,对于东部煤炭资源枯竭型企业跨区转移行为的溢出效应强化作用高于挤出作用。

不仅如此,对比模型(7-9)与模型(7-10)的拟合结果还可以看出,由表 7-3 显示的模型(7-9)中 ln$E$ 和 lnS_1 都通过了 t 检验,对应的回归系数分别为 0.534 和 0.386;由表 7-4 显示的模型(7-10)中 ln$E$ 和 lnS_2 也通过了 t 检验,对应的回归系数分别为 0.151 和 0.240。显然,东部煤炭资源枯竭型企业的跨区转移行为与陕西省政府的科技项目资金,对于当地煤炭企业全要素生产率的提升效能,明显高于对非煤企业全要素生产率的提升效能。换言之,东部煤炭资源枯竭型企业跨区转移行为对于中西部资源富集地产业内的溢出效应强度,明显高于其产业间的溢出效应强度。这进一步反映了东部煤炭资源枯竭型企业的基础产业特征,即产业专门性相对较强,通过示范模仿渠道和竞争优化渠道产生的溢出效应强度较高;而产业关联性相对较弱,通过投入产出关联渠道产生溢出效应的强度较低。

7.3.2 稳健性检验

基准拟合已经基本回答了研究的问题,然而还会有一些敏感性因素可能影响本章的推断,在此依据本章的数据特征,采取两种方式进行稳健性检验:一是添加虚拟变量。重点考虑我国西部大开发战略和"一带一路"倡议的影响。由于我国西部大开发战略是在 2000 年提出,2001 年开始实施,即设 1997~2000 年 deve=0,2001~2016 年 deve=1。同理,由于"一带一路"倡议是在 2013 年提出,

2014年起实施，即设1997～2013年init=0，2014～2016年init=1。由此对于原始模型进行重新拟合。二是添加工具变量。由于东部资源枯竭型企业跨区转移行为投资额 E 的变化可能会影响政府科技项目投入 S_1 和 S_2 的变化，全要素生产率的变化也可能会影响东部资源枯竭型企业跨区转移行为投资额 E 的变化，以及政府科技项目投入 S_1 和 S_2 的变化，故模型可能产生内生性问题，为此采取添加适合的工具变量，并运用两阶段最小二乘估计消除内生性。由于从1997年到2016年时期跨度较大，有关统计指标可能有缺失，因此选取部分解释变量的滞后期作为工具变量(Marsh and Hau, 1998)。

考虑到横向产业内溢出效应中 $\ln \text{TFP}_1$ 拟合状态 II 和纵向产业间溢出效应中 $\ln \text{TFP}_2$ 拟合状态 II 的解释力较强，故分别以这两种状态为基础进行稳健性检验。具体检验结果如表7-5和表7-6所示。

表7-5 模型(7-9)的拟合状态稳健性检验

项目	II-1 $\ln \text{TFP}_1$	II-2 $\ln \text{TFP}_1$	II-3 $\ln \text{TFP}_1$	II-4 $\ln \text{TFP}_1$
$\ln K_1$	-0.595	-0.374	-0.377	-0.364
	(0.412)	(0.291)	(0.29)	(0.29)
$\ln L_1$	-0.321	-1.785*	-1.775*	-1.822*
	(1.56)	(0.965)	(0.962)	(0.962)
$\ln S_1$	0.201	0.278	0.275	0.29
	(0.535)	(0.412)	(0.411)	(0.411)
$\ln E$	0.437*	0.54***	0.536***	0.556***
	(0.215)	(0.197)	(0.194)	(0.195)
$\ln T$	0.56	1.29***	1.289***	1.297***
	(0.512)	(0.404)	(0.404)	(0.403)
deve	0.449			
	(0.386)			
_cons	-2.147	0.646	0.63	0.709
	(2.662)	(1.755)	(1.751)	(1.75)
工具变量		L.ln$T$	L.ln$T$, L.lnS_1	L.ln$T$, L.lnK_1
R^2	0.662	0.656	0.655	0.657
Adj-R^2	0.493	0.512	0.512	0.514
N	19	18	18	18
F	3.918			

注：括号内数字为回归系数的标准差。

表 7-6　模型(7-10)的拟合状态稳健性检验

项目	II-1 $\ln TFP_2$	II-2 $\ln TFP_2$	II-3 $\ln TFP_2$	II-4 $\ln TFP_2$
$\ln K_2$	−0.615***	−0.52***	−0.561***	−0.506***
	(0.134)	(0.178)	(0.151)	(0.182)
$\ln L_2$	−0.915	−0.66	−0.633	−0.669
	(0.425)	(0.41)	(0.369)	(0.425)
$\ln S_2$	0.281	0.194	0.093	0.23
	(0.132)	(0.304)	(0.236)	(0.305)
$\ln E$	0.139*	0.166*	0.162**	0.167*
	(0.077)	(0.089)	(0.08)	(0.092)
$\ln T$	0.474***	0.683***	0.634***	0.701***
	(0.12)	(0.19)	(0.157)	(0.193)
init	−0.179			
	(0.118)			
_cons	3.315*	5.562**	4.89**	5.804**
	(1.622)	(2.529)	(2.086)	(2.569)
工具变量		L.ln$T$	L.ln$T$, L.lnS_2	L.ln$T$, L.lnK_2
R^2	0.787	0.546	0.628	0.511
Adj-R^2	0.68	0.371	0.485	0.323
N	19	19	19	19
F	7.37			

注：括号内数字为回归系数的标准差。

由此可以清楚地看出，表 7-5 与前面表 7-3 中 $\ln TFP_1$ 拟合状态 II 相比，系数比较稳定；表 7-6 与前面表 7-4 中 $\ln TFP_2$ 拟合状态 II 相比，系数也比较稳定。这说明本章的拟合结果比较稳健。

7.4　本章小结

本章基于资源枯竭型企业跨区转移行为产业内溢出效应和产业间溢出效应的机理分析，构建了政府科技项目资金作用下东部资源枯竭型企业跨区转移行为产业内溢出效应和产业间溢出效应的强度测度模型，采取 1997～2016 年陕西省承接东部资源枯竭型企业跨区转移项目的数据，检验了东部资源枯竭型企业跨区转移行为溢出效应的强度变动趋势和特征规律。研究发现：

(1) 东部资源枯竭型企业跨区转移行为对于中西部资源富集地既有产业内溢

出效应，还有产业间溢出效应。东部资源枯竭型企业的跨区转移进入，一方面促进了当地同类企业的模仿行为和竞争压力的强化。它们模仿、消化、吸收新的技术和管理经验，并进行集成或再创新，缩小与转入企业的技术和管理差距。由此增大了竞争压力，逼迫转入企业必须提速引进更为先进的技术和管理方案，从而形成了更高层次的溢出效应。另一方面参与了中西部资源富集地的产业分工，形成了与当地企业的投入产出关联，产生了一种技术与管理的新挑战，促进了当地关联企业改进技术与管理，实现了管理水平、产品质量和全要素生产率的提升。

(2)中西部资源富集地政府的科技项目资金投入对于东部资源枯竭型企业跨区转移行为产业内、产业间溢出效应及其当地企业全要素生产率提升都有显著的促进作用。政府的科技项目资金投入对于当地企业形成产出的乘数效应，以及人才引进投入、技术和管理创新投入的杠杆效应，提升了当地企业创新产出的边际贡献率，促进了当地企业学习、消化、吸收和集成或再创新能力的增强。换言之，中西部资源富集地政府的科技项目资金投入在实现与当地企业自身研发资金投入和人力资本储备有机结合时，对于东部资源枯竭型企业跨区转移行为溢出效应的强化作用高于挤出作用。

(3)东部资源枯竭型企业的跨区转移行为与当地政府的科技项目资金投入，对于当地资源产业内全要素生产率的提升效能，明显高于其产业间全要素生产率的提升效能。换言之，东部资源枯竭型企业跨区转移行为对于中西部资源富集地产业内的溢出效应强度，明显高于其产业间的溢出效应强度。因为资源枯竭型企业的产业专门性相对较强，产业关联性相对较弱。

(4)中西部资源富集地固定资产投入和劳动投入对于其业内企业全要素生产率的影响很小。当地工业发展存在一定程度的低水平重复建设，资源配置效率、技术和管理创新力度，以及劳动力素质和能力等方面需要进一步提升。

本章的研究结论不仅为清晰揭示资源枯竭型企业跨区转移行为溢出效应的强度变化趋势提供了重要依据，而且为深度探究资源枯竭型企业跨区转移行为溢出效应与其影响因素之间的关系及其作用机理提供了重要基础。

第8章 资源枯竭型企业跨区转移行为溢出效应的影响因素

此前两章已经分析和检验了资源枯竭型企业跨区转移行为溢出效应的机理和强度,由于这类溢出效应本质上是企业先进技术与管理经验的非自愿扩散,并非一定能够充分释放与吸收,即其有效性不确定。那么,是什么因素决定着这类溢出效应的有效性?这些因素的影响方式如何、影响程度如何?应该如何调节?为此,需要从系统分析入手,选择东部资源枯竭型企业和中西部资源富集地相关企业的决策者及其相关政府部门负责人为访谈对象,通过访谈获悉和实证分析,厘清东部资源枯竭型企业跨区转移行为溢出效应的影响因素,尤其是要揭示制度环境下资源枯竭型企业跨区转移行为溢出效应影响因素作用的本质关系。

本章共分为7节。8.1节基于访谈调查对企业跨区转移行为溢出效应影响因素进行初步提炼;8.2节对溢出效应影响因素进行理论分析并提出相应假设;8.3节对溢出效应影响因素进行检验模型的分析和构建;8.4节对检验模型进行变量界定和数据收集;8.5节进行实证检验和结果讨论;8.6节进行实证过程和结果的稳健性检验;8.7节进行本章主要内容的小结。

8.1 溢出效应影响因素的初步提炼

为了厘清资源枯竭型企业跨区转移行为溢出效应的影响因素和干预机理,首先通过对相关企业管理高层和政府管理部门的访谈获悉。因为访谈调查可能借助于相关高级技术和管理人员的实践经验和管理感悟,获得短期内直接观察法不容易发现的情况,有助于发现资源枯竭型企业跨区转移行为溢出效应的具体影响因素。本章的实地访谈采用半结构化方式进行,访谈的具体时间集中在2018年7月至9月,通过专程到相关企业和政府部门去调研进行。访谈的对象主要选自三类人员:一类是产业内具有一定实力、近年来跨区域转移较为活跃的东部资源枯竭型企业负责人,如徐州矿务集团、兖矿集团和中石化集团负责人;第二类是承接东部资源枯竭型企业跨区转移的中部省区相关企业和政府部门负责人,如永城煤电集团、大冶有色金属集团、潞安集团、山西汾西矿业(集团)发电厂和湖北省煤矿安全监察局负责人;第三类是承接东部资源枯竭型企业跨区转移的西部省区相关企业和政府部门负责人,如四川广旺能源发展(集团)、六枝工矿(集团)发展有限公司、陕西陕煤蒲白矿业有限公司、陕西省煤矿安全监察局和新疆维吾尔自治区煤炭工业管理局的负责人。分别选择中部省区和西部省区的相关企业和政府部门负责人访谈,旨在比较中部省区与西部省区溢出效应的影响因素是否存在迥异(黄芳铭,2002;Boomsma and Hoogland,2001;Marsh and Hau,1999;Anderson and Gerbing,1988;Boomsma,1985)。访谈的对象限于经历、了解东部资源枯竭型企业跨区转移行为的高级管理人员,以确保研究的有效性(表8-1)。

表8-1 资源枯竭型企业跨区转移行为溢出效应影响因素主要访谈对象一览表

序号	单位名称	访谈对象	人数
1	徐州矿务集团	总经理、矿长、副总工程师	3
2	兖矿集团	副总经理、副总工程师	2
3	中石化集团	副总工程师	1
4	永城煤电集团	副总经理	1
5	大冶有色金属集团控股有限公司	副总经理	1
6	潞安集团	副总经理	1
7	山西汾西矿业(集团)发电厂	副厂长	1
8	湖北省煤矿安全监察局	局长	1
9	四川广旺能源发展(集团)	董事长	1
10	六枝工矿(集团)发展有限公司	副总经理	1
11	陕西陕煤蒲白矿业有限公司	副总经理	1
12	陕西省煤矿安全监察局	局长	1
13	新疆维吾尔自治区煤炭工业管理局	副局长	1

半结构化访谈主要设计以下内容:①跨区转移企业的基本信息与当地企业的关系调查,如单位名称、发展规模、开发年限、可采资源剩余年限、是否实施跨区转移开发、转移进入区域、转移的方式和项目、与当地同类企业的合作方式、相关企业的供求关系、合作与供求关系可能受到哪些因素影响;②当地企业的基本信息与转入企业的关系调查,如单位名称、发展规模、开发年限、可采资源剩余年限、是否与转入企业合作、与转入企业的供求关联、合作与供求关系可能受到哪些因素影响;③中西部政府管理部门对于转入资源枯竭型企业的评价,如转入资源枯竭型企业与当地企业的合作与供求关系、合作与供求关系可能受到哪些因素影响。具体访谈的内容和提纲详见表8-2和附录2所示。

由于不同调查者对同一被调查者进行访谈也会产生偏差,因此,为了控制误差的出现,获得对研究工作明显有益的信息,访谈中采取了一些策略:统一导语和问话;主动介绍来意背景,轻松切入访谈主题;注意挖掘语言中的深层含义,

表 8-2 半结构化访谈内容

访谈主题	主要内容
东部资源枯竭型企业的基本信息与问题	您所在单位名称、基本发展状况(经营规模、开发年限、资源可采储量等)？
	您所在单位是否进行了跨区转移？为何转移？转移的方式和项目如何？转向了何处？为何选择这个区位？
	您认为您所在单位与当地同类企业的合作方式、供求关系如何？合作与供求关系可能受何影响？
中西部资源富集地原有企业的基本信息与问题	您所在单位名称、基本发展状况(经营规模、开发年限、资源可采储量等)？
	您所在单位是否与转入企业合作？与转入企业的供求关系如何？合作与供求关系可能受何影响？
中西部资源富集地政府管理部门的问题	您认为转入资源枯竭型企业与当地企业的合作与供求关系如何？
	您认为转入资源枯竭型企业与当地企业的合作与供求关系受何影响？有何调节建议？

启发对方逐步深入；针对研究对象的专业背景、社会地位，将一些学术用语如"资源枯竭型企业""跨区""转移行为""溢出效应""影响因素"等，在提问过程中分别以"矿山企业""跨省到县""到异地办矿(厂)""对其他企业的影响""能够改变这种影响的问题"等来替代，使访谈对象快速了解问题的内涵与实质(汤建影，2009；吴明隆，2003；金瑜，2001；Berdie，1994)。

通过对相关企业和政府管理部门高级管理人员的访谈，结合文献研究与转入地的特征分析，初步析取"市场化程度""产业开放程度""产业发展水平""地方政府干预程度""知识产权保护力度"五类制度环境因素，进而分别对此类影响因素进行深度分析，以揭示这些影响因素通过有关路径对于东部资源枯竭型企业跨区转移行为溢出效应发生作用的本质关系。

8.2 溢出效应影响因素的理论假设

访谈调查发现东部资源枯竭型企业跨区转移行为溢出效应的影响因素不仅能够干预企业跨区转移行为的投资动机、技术密集度、进入模式等一系列企业特征与企业行为，影响企业跨区转移行为的溢出"动能"，而且可以调控转入地企业在 R&D 投入、人力资本水平、与资源枯竭型企业的技术差距等方面受到的约束，影响企业跨区转移行为的溢出"势能"。而正是在这类溢出"动能"和"势能"的共同作用下，东部资源枯竭型企业通过产业内的示范模仿和竞争优化等渠道，以及上下游产业间的投入产出关联协作等渠道形成了溢出效应，因此，制度环境因素成为影响东部资源枯竭型企业跨区转移行为溢出效应的重要因素，其影响机理如图 8-1 所示。

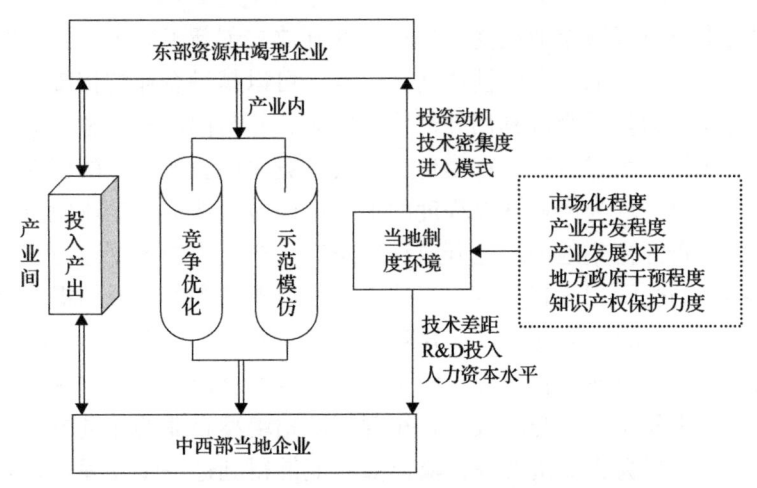

图 8-1　制度环境因素对于溢出效应的影响机理

8.2.1　市场化程度

市场化是指以市场作为配置资源和要素的主要手段，促进资本、劳动和技术等资源和要素从低质低效领域流向优质高效领域，实现资源和要素的优化配置和价值最大化，从而提高社会效率，推动社会进步。对于东部资源枯竭型企业，其跨区转移带来的熟练劳动力、优秀人才、先进技术、管理经验等要素一旦流进当地企业，可以提高当地企业的技术水平、管理效能和全要素生产率，这也正是当地企业的利益追求(李存芳，2015)。因此，为了实现要素价值的最大化，东部资源枯竭型企业的优质生产要素在市场的配置下会不同程度地流入当地企业，这意味着东部资源枯竭型企业跨区转移行为溢出效应的发挥与当地市场化程度密切相关。贾军(2015)将市场化程度作为制度环境的代理指标，研究认为市场化程度的提高会明显促进"绿色"溢出效应的产生。同理，提高我国中西部资源富集地市场化程度，使伴随东部资源枯竭型企业跨区转入的各种要素，在市场机制作用下自由流动、优化配置，自然流入当地企业，从而促进溢出效应的发挥。因此提出如下假设。

H1：市场化程度与溢出效果呈现正相关关系。

8.2.2　产业开放程度

产业开放是指某一产业能够在区域间及产业内、外部进行相关资源和要素的有序或自由流动和交换，换言之，能够在更大的空间整合资源和要素。开放式创新理论[①]认为，产业内企业的创新可以通过外部渠道实现市场化，同样，外部的技

---

① 2003 年美国加州大学伯克利分校哈斯商学院教授 Chesbrough 在《开放式创新——进行技术创新并从中赢利的新规则》(清华大学出版社，2005 年 4 月)一书中最早提出。

术和管理要素也可以被企业接受、采用。在开放式创新模式下，企业的技术和管理创新是一个开放的、非线性的活动过程，可以越过企业的传统边界，不再完全依靠自身的力量。吸收利用外部创新资源，并与内部资源整合的开放过程也是溢出效应的产生过程，即在模仿、交流、竞争中获取额外的创新绩效。关爱萍和陈超(2015)认为产业开放程度的提高可以显著地促进产业内溢出效应的发挥。中西部资源富集地的产业开放程度越高，产业内当地企业与东部资源枯竭型企业接触的受限程度就越低，当地企业学习模仿东部资源枯竭型企业的先进技术与管理经验的机会就越多。不断提高中西部资源富集地的产业开放程度，还可以增大对外来企业的包容性，吸引更多的东部资源枯竭型企业跨区转入，也使当地企业更易于引入与吸收来自东部资源枯竭型企业的先进技术、管理经验、优良文化、优秀人力资源等，溢出效应能够得到进一步发挥。因此，提出如下假设：

H2：产业开放程度与溢出效果呈现正相关关系。

8.2.3 产业发展水平

产业发展是指某一产业的规模、技术、管理、质量和效益等方面的变化过程。中西部资源富集地产业发展水平低，意味着当地企业平均生产规模小、技术与管理水平差、劳动生产率或产值利润率低，现有的生产设备、运作系统、人力资源等难以满足先进技术和管理水平的高要求，并导致吸收能力上不去，溢出效应虽然存在但是对当地技术与管理进步的贡献并不大。关爱萍和陈超(2015)认为产业发展水平对溢出效应有促进作用；一个积极发展的朝阳产业更能够激发产业内技术溢出的形成。因此，提高中西部资源富集地的产业发展水平，使当地企业的发展基础与引进的先进技术和管理相匹配，增强当地企业的吸收能力，能够有效促进溢出效应的发挥。如果当地产业发展水平不断提高，接近转出地产业发展水平，市场的竞争会进一步强化，那么，跨区转入的东部资源枯竭型企业为了维持市场份额，迫于竞争压力，会不断引进更加先进的生产技术、管理模式和制度，这将形成更高层次的溢出效应。因此提出如下假设。

H3：产业发展水平与溢出效果呈现正相关关系。

8.2.4 地方政府干预程度

地方政府干预是指政府通过相关手段对区域经济运行失灵所进行的一种调节与控制。在计划经济时代，我国产业政策的制定和实施上具有以政府选择替代市场机制或直接干预市场的管制性特征。改革开放以来，我国产业政策开始逐步强调功能性与市场友好性，重视市场机制的利用，尝试强化政府在产业发展中的服务功能,然而并未根本改变选择性产业政策特征,各地目录指导、供地审批、市场准入和项目审批等行政直接性干预措施仍然普遍存在。地方政府带有一定程度直接干预区域经济的惯性,习惯于以政府对于市场供需状况的判断、产品与技术的选择替代市场协调机制。同时,基于局部利益逻辑的考虑,地方政府可能会更倾向于利用手中的行政权力鼓励有利于本地市场利益的企业行为,限制不利于本地市场利益的企业行为(徐斯旸等,2021)。因此,地方政府的产业政策行为未必以国家产业政策要求或产业发展最优效果为导向,很可能引发一系列严重不良经济后果,或者说不利于市场的正常运转。中西部资源富集地政府干预程度越大,政府官员就越容易参与到东部资源枯竭型企业跨区转移行为当中,可能会滋生行政腐败。李子豪(2017)研究发现行政腐败对 FDI 溢出效应产生负面影响。行政腐败易于使企业与政府官员结成利益共同体或形成利益保护关系,从而扭曲市场机制,导致东部资源枯竭型企业的跨区转入出现权力寻租现象,使其先进技术和管理经验的自主传播受阻,不利于溢出效应的发挥。因此提出如下假设。

H4:地方政府干预程度与溢出效果呈现负相关关系。

8.2.5 知识产权保护力度

知识产权保护一般是指对于人类智力劳动成果所有权的维护。它是依照国家法律赋予符合条件的著作者、发明者或成果拥有者在一定期限内享有的独占权利,当然也是对企业技术与管理安全的一种保障,能够防止企业知识产权被侵犯与滥用。应该承认,只有实施正确的保护,才能起到正面的影响力和社会效能,否则,事与愿违。东部资源枯竭型企业跨区转入中西部资源富集地之后,当地知识产权保护相关政策性法规可以保证企业的技术免受非法侵犯,在此基础上自主与当地企业共享资源、分享经验,建立平等自由的合作交流关系;当地企业也会通过正当渠道学习模仿或引进东部资源枯竭型企业的先进技术与管理经验,有利于溢出效应的发挥。而也有学者研究认为知识产权保护力度太强则会导致当地企业没有机会学习和模仿转入企业的专利技术(盛垒,2010),阻碍甚至阻断先进技术和管理经验传入当地企业,从而抑制溢出效应的发挥。因此提出如下假设。

H5:知识产权保护力度与溢出效果呈现"倒 U 形"关系。

8.3 溢出效应影响因素的检验模型构建

上述理论分析,初步揭示了影响东部资源枯竭型企业跨区转移行为溢出效应的制度环境因素。然而,上述因素究竟是否会影响溢出效应?如何影响溢出效应?影响程度又如何?为此尚需进一步实证检验。

为了检验制度环境因素对于东部资源枯竭型企业跨区转移行为溢出效应的影响程度,参考一些学者已有相关研究的模型框架(陈丰龙和徐康宁,2014;Blalock and Gertler,2009;蒋殿春和张宇,2008;Joseph et al.,1998),设计如下的基本计量模型:

$$\ln \text{TFP}_{i,t} = \alpha_0 + \alpha_1 \ln \text{TFP}_{i,t-1} + \alpha_2 \ln S_{i,t} + \alpha_3 \ln(S_{i,t} \times M_{i,t}) + \alpha_4 \ln(S_{i,t} \times O_{i,t}) \\ + \alpha_5 \ln(S_{i,t} \times D_{i,t}) + \alpha_6 \ln(S_{i,t} \times G_{i,t}) + \alpha_7 \ln(S_{i,t} \times Z_{i,t}) + \mu_{i,t} \tag{8-1}$$

式中,TFP 为当地全要素生产率;S 为东部资源枯竭型企业跨区转移投资比重;M 为市场化程度;O 为产业开放程度;D 为产业发展水平;G 为地方政府干预程度;Z 为知识产权保护力度;μ 为随机误差项;θ 为常数项;α 为变量的系数;i 为省份;t 为年份。

需要指出,当地全要素生产率 TFP 为动态指标,在一定程度上受上一时期全要素生产率的影响,因此,将上一年度的全要素生产率带入模型构造动态影响指数。同时,由于溢出效应的发生取决于跨区转移投资占当地总投资的比重,比重越大,发生溢出效应的可能性就越大(Findlay,1978)。可以假设,东部资源枯竭型企业在当地投资额越多,当地企业模仿学习的机会就越多,跨区转移投资份额与跨区转移行为溢出效果之间应存在正相关关系。因此,这里的 S 为东部资源枯竭型企业跨区转移投资比重,即东部资源枯竭型企业跨区转移投资额占当地产业总投资额的比重,用以衡量企业跨区转移行为的溢出效应。$S \times M$、$S \times O$、$S \times D$、$S \times G$、$S \times Z$ 是溢出效应与各个制度环境变量的交互项,用以测度制度环境因素对于东部资源枯竭型企业跨区转移行为溢出效应的影响程度。

8.4 检验模型变量说明与数据来源

经过实地调研和统计分析发现,近二十年来东部煤炭资源枯竭型企业向山西、陕西、贵州、新疆和内蒙古等中西部五省区的转移最为活跃。换言之,中西部五省区煤炭资源储量位列全国前五名,总储量占到全国的 83.7%,承担着国家大型煤炭基地的建设任务,承接东部煤炭资源枯竭型企业跨区转移的数量最多,因此,为了保证样本的代表性、数据的可靠性、检验的充分性(Henson,2001;Price,1997;Anderson and Gerbimg,1988),选取 2002~2017 年《中国工业统计年鉴》《中国科技统计年鉴》《中国煤炭工业年鉴》中五省区煤炭产业的相关统计数据进行实证分析。

8.4.1 被解释变量及其数据来源

检验模型中涉及一个被解释变量——全要素生产率(TFP)。它反映了除资本和劳动投入之外的其他生产要素的效率,包括技术、管理效率等。在 7.1 节采取 Solow 余值法测算 TFP 的基础上,受一些研究利用数据包络分析(data envelopment analysis,DEA)测算 TFP 的启示(张翊等,2015;任曙明和吕镯,2014;朱佩枫等,2009;Boomsma and Hoogland,2001),考虑到 DEA 中的 BCC 模型(规模收益可变假设模型)与 Malmquist 指数方法相结合,能够解决价格信息不对称的问题;没有限制经济主体的具体行为;可以同时测算出技术进步和技术效率的变化,解释能力更强;能够通过距离函数描述多投入、多产出的生产可能集的变化(马生昀和马占新,2017;成刚,2014;魏权龄,2000;Malmquist,1953)。同时,煤炭产业在多种要素投入下的产出测算可靠性较高,因此,采用 DEA-Malmquist 指数方法并选择产出距离函数测算五省区煤炭产业的全要素生产率。如果 Malmquist 指数大于 1,表明全要素生产率在提升,如果 Malmquist 指数小于 1,表明全要素生产率在下降,如果 Malmquist 指数等于 1,表明全要素生产率没有变化。

基于规模收益可变假设下的 BCC 模型,设第 t 期 $(t=1,2,\cdots,T)$ 投入 $X^t = (x_1^t, \cdots, x_K^t) \in R_+^K$ 转化成产出 $Y^t = (y_1^t, \cdots, y_M^t) \in R_+^M$ 的生产可能集 S^t 为

$$S^t = \{(X^t, Y^t): X^t 可以生产 Y^t\} \tag{8-2}$$

将第 t 期的样本观测点与生产前沿面的产出距离函数定义为

$$D_o^t(X^t, Y^t) = \inf\{\theta: (X^t, Y^t/\theta) \in S^t\} = (\sup\{\theta: (X^t, Y^t)\} \in S^t)^{-1} \tag{8-3}$$

式中,下标 o 表示基于产出的距离函数。

跨期产出距离函数定义为

$$D_o^t(X^{t+1}, Y^{t+1}) = \inf\{\theta: (X^{t+1}, Y^{t+1}/\theta) \in S^t\} \tag{8-4}$$

以 S^t 作为参考集的 t 至 $t+1$ 期的基于产出距离函数的 Malmquist 生产率指数定义为

$$M_o^t(X^{t+1}, Y^{t+1}, X^t, Y^t) = D_o^t(X^{t+1}, Y^{t+1}) / D_o^t(X^t, Y^t) \tag{8-5}$$

以 S^{t+1} 作为参考集的 t 至 $t+1$ 期的基于产出距离函数的 Malmquist 生产率指数定义为

$$M_o^{t+1}(X^{t+1}, Y^{t+1}, X^t, Y^t) = D_o^{t+1}(X^{t+1}, Y^{t+1}) / D_o^{t+1}(X^t, Y^t) \tag{8-6}$$

为了避免随机选择时期可能出现一些误差,在此运用 $M_o^t(X^{t+1}, Y^{t+1}, X^t, Y^t)$

和 $M_o^{t+1}(X^{t+1},Y^{t+1},X^t,Y^t)$ 的几何平均数反映 t 至 $t+1$ 期全要素生产率的变化。

将五个省区看作生产决策单元（decision making units，DMU），计算基于产出的一致非参数 Malmquist 生产率指数。

在具体计算过程中，选取两个投入指标和一个产出指标。投入指标：一是资本投入。选自《中国工业统计年鉴》五个省区煤炭开采和洗选业（以下简称煤炭产业）2002~2017 年的固定资产净值年平均余额，并由价格指数平减为 2002 年不变价格。二是劳动力投入。选自《中国工业统计年鉴》五个省区煤炭产业 2002~2017 年的年平均用工人数。产出指标：选自《中国工业统计年鉴》五个省区煤炭产业 2002~2017 年的工业总产值，并由价格指数平减为 2002 年不变价格。然后，将投入指标和产出指标的数据输入 DEAP2.1，测算出全要素生产率，结果如表 8-3 所示。

表 8-3　2002~2017 年内蒙古、山西、陕西、新疆、贵州五省区煤炭产业的全要素生产率

年份	内蒙古	山西	高产组年均值	陕西	新疆	贵州	一般组年均值
2002	1	1	1	1	1	1	1
2003	1.351	1.182	1.267	1.265	1.075	1.144	1.161
2004	1.354	1.185	1.270	1.038	1.048	1.178	1.088
2005	1.343	0.993	1.168	1.459	1.040	1.138	1.212
2006	1.198	0.924	1.061	0.948	1.172	0.871	0.997
2007	1.283	1.012	1.148	1.371	1.013	1.167	1.184
2008	1.175	0.911	1.043	1.218	0.953	1.207	1.126
2009	1.049	0.914	0.982	0.798	0.881	0.930	0.870
2010	1.017	1.227	1.122	1.009	0.927	0.981	0.972
2011	1.284	0.968	1.126	1.031	1.162	1.296	1.163
2012	0.911	1.059	0.985	0.856	0.893	1.055	0.935
2013	0.967	0.967	0.967	0.883	0.724	1.092	0.900
2014	1.020	0.866	0.943	1.163	1.003	1.046	1.071
2015	0.967	0.974	0.971	1.163	1.076	1.171	1.137
2016	1.193	0.977	1.085	0.845	0.848	0.886	0.860
2017	1.023	1.350	1.187	1.266	1.268	1.195	1.243

同时，考虑到内蒙古和山西是全国煤炭年产量最高的两个省区（年产量相近，均超过 8 亿吨），将其归于高产组，而将陕西、新疆和贵州三省区归于一般组，由此分别将表 8-3 中高产组（蒙、晋）、一般组（陕、新、贵）的全要素生产率年均值变化趋势绘于图 8-2。由图 8-2 可以更直观地看出，从 2002 年至 2017 年高产组（蒙、晋）的全要素生产率年均值，大部分高于一般组（陕、新、贵）的全要素生产率年均值。这一现象的出现到底受到哪些因素的影响？

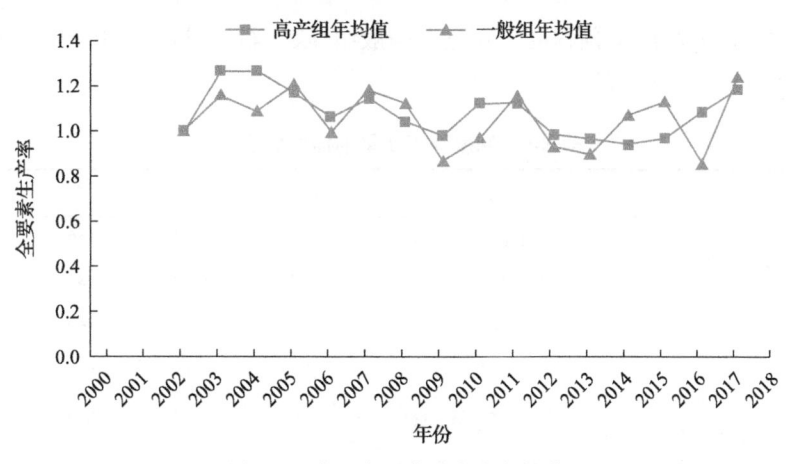

图 8-2　分组全要素生产率年均值

8.4.2　解释变量及其数据来源

模型中涉及解释变量的具体代理变量和数据来源如表 8-4 所示。

表 8-4　解释变量数据来源一览表

变量	单位	代理变量	数据来源
溢出效应 (S)	%	煤炭资源枯竭型企业跨区转移投资额占转入地煤炭产业总投资额的比重	跨区转移投资额由《中国工业统计年鉴》中各省煤炭产业的法人资本数据结合各省商务厅的数据整理得来，总投资额选自《中国工业统计年鉴》中各省煤炭产业实收资本
市场化程度 (M)	%	煤炭产业固定资产投资中利用外资、自筹资金和其他投资的比例	固定资产投资相关数据来自各省统计年鉴，并用价格指数平减法转化为 2002 年不变价格
产业开放程度 (O)	%	煤炭产业外省投资与煤炭产业工业总产值之比	外省投资通过《中国工业统计年鉴》和各省商务厅的数据整理得来，煤炭产业工业总产值选自《中国工业统计年鉴》，均用价格指数平减法转化为 2002 年不变价格
产业发展水平 (D)	%	煤炭工业销售产值与规模以上工业销售产值之比	工业销售产值选自《中国工业统计年鉴》，用价格指数平减法转化为 2002 年不变价格
地方政府干预程度 (G)	%	生产总值中政府消费支出与最终消费支出之比	均选自《中国统计年鉴》，并用价格指数平减法转化为 2002 年不变价格
知识产权保护力度 (Z)	%	已授权专利数与总人口数之比	已授权专利数选自《中国科技统计年鉴》，总人口数选自《中国人口和就业统计年鉴》

对于前述制度环境因素，运用 SPSS 软件进行描述性统计(表 8-5)并分组归类发现，高产组(蒙、晋)的"市场化程度"和"产业发展水平"明显高于一般组(陕、新、贵)，而高产组(蒙、晋)的"产业开放程度"却明显低于一般组(陕、新、贵)。

两个组的"地方政府干预程度"相近，一般组(陕、新、贵)的"知识产权保护力度"大于高产组(蒙、晋)。

表 8-5　制度环境变量的描述性统计

变量	区域组别	平均值	最小值	最大值	标准差
市场化程度	一般组(陕、新、贵)	0.73	0.64	0.86	0.06
	高产组(蒙、晋)	0.81	0.70	0.89	0.05
产业开放程度	一般组(陕、新、贵)	0.33	0.03	0.60	0.12
	高产组(蒙、晋)	0.26	0.15	0.45	0.08
产业发展水平	一般组(陕、新、贵)	0.05	0.02	0.10	0.02
	高产组(蒙、晋)	0.18	0.09	0.28	0.07
地方政府干预程度	一般组(陕、新、贵)	0.32	0.20	0.48	0.09
	高产组(蒙、晋)	0.31	0.24	0.41	0.05
知识产权保护力度	一般组(陕、新、贵)	2.02	0.16	12.24	2.48
	高产组(蒙、晋)	1.20	0.29	2.86	0.89

依据企业跨区转移行为溢出效应及其影响机理分析，并结合图 8-2 和表 8-5 可以初步判断，制度环境因素影响溢出效应，从而影响全要素生产率的增长。而具体是哪些制度环境因素对于企业跨区转移行为溢出效应产生影响？影响程度又如何？

8.5　检验结果讨论

8.5.1　不分组回归分析

运用 EVIEWS 8.0 软件，以及 Chow 检验和 Hausman 检验，对于五个省区的数据进行不分组回归分析(李存芳，2019b)，结果如表 8-6 所示。

从表 8-6 的不分组回归结果来观察制度环境因素与溢出效应交互项的系数，发现各种制度环境因素对于溢出效应都有不同程度的影响。"市场化程度""产业发展水平"与溢出效应交互项的系数分别为 0.7763、0.2104，显著为正，表明"市场化程度""产业发展水平"是影响企业跨区转移行为溢出效应的关键因素，而且，"市场化程度"比"产业发展水平"对于溢出效应的影响更大。"地方政府干预程度""知识产权保护力度"与溢出效应交互项的系数分别为 –0.3745、–0.1063，显著为负，虽然仍没有促进溢出效应的产生，但与溢出效应的系数 –0.6950 相比，明显减弱了负向溢出效应。

表 8-6 不分组回归结果

变量	系数	t 值
C	0.4590	1.2198
$\ln\text{TFP}_{t-1}$	-0.2443^{**}	-2.0580
$\ln S$	-0.6950	-1.5107
$\ln(S \times M)$	0.7763^{*}	1.9806
$\ln(S \times O)$	0.0999	1.2309
$\ln(S \times D)$	0.2104^{*}	1.7027
$\ln(S \times G)$	-0.3745^{***}	-2.7763
$\ln(S \times Z)$	-0.1063^{***}	-2.7943
R^2	0.2865	
Adj-R^2	0.1619	
F 统计量	2.2992	
D.W 值	1.9533	

注：系数列*、**、***分别表示在10%、5%、1%的水平上显著，本章下同。

"市场化程度"与溢出效应交互项的系数为 0.7763，显著为正。这意味着当控制其他变量不变时，"市场化程度"与溢出效应的交互项每提高 1%，转入地煤炭产业全要素生产率平均提高 0.7763%，而全要素生产率的提升反映了煤炭产业的技术进步和技术效率的提升，说明"市场化程度"是正向促进溢出效应的发挥。换言之，当地煤炭产业市场化程度越高，东部资源枯竭型企业各类优势要素自由流入当地企业的可能性越大，从而有效促进了溢出效应的发挥，助力当地煤炭产业全要素生产率的提升。因此，假设 H1 得到验证，即市场化程度与溢出效果呈现正相关关系。

"产业开放程度"与溢出效应交互项的系数为 0.0999，但不显著。这说明当地煤炭产业开放程度对溢出效应未见明显影响，假设 H2 未能得到验证，有待进一步检验。

"产业发展水平"与溢出效应交互项的系数为 0.2104，显著为正数。这表明在控制其他变量不变的情况下，"产业发展水平"与溢出效应的交互项每提高 1%，转入地煤炭产业全要素生产率平均提高 0.2104%，而全要素生产率的提升反映了煤炭产业的技术进步和技术效率的提升，说明"产业发展水平"是正向促进溢出效应的发挥。换言之，当地煤炭产业的发展水平越高，企业的吸收能力越强，将东部资源枯竭型企业先进技术和管理经验转化为本企业生产力的机会越多，从而促进溢出效应的有效发挥，助力当地煤炭产业全要素生产率的提升。因此，假设 H3 得到验证，即产业发展水平与溢出效果呈现正相关关系。

"地方政府干预程度"与溢出效应交互项的系数为-0.3745，显著为负数。这表明在控制其他变量不变的情况下,"地方政府干预程度"与溢出效应的交互项每提高1%,转入地煤炭产业全要素生产率平均降低0.3745%。换言之,地方政府干预程度越高,市场化交流越弱,东部资源枯竭型企业先进技术与管理经验扩散的机会越少,加之当地企业自身创新能力不足,从而抑制正向溢出效应的发挥,妨碍当地煤炭产业全要素生产率的上升。因此,假设 H4 得到验证,即地方政府干预程度与溢出效果呈现负相关关系。

"知识产权保护力度"与溢出效应交互项的系数为−0.1063,显著为负数。这意味着知识产权保护力度越大,东部资源枯竭型企业先进生产技术和管理经验自由扩散的机会越少,从而抑制溢出效应的发挥,假设 H5 还需进一步检验。

8.5.2 分组回归分析

由于同一种制度环境因素在不同组的省区存在差异,构成了各组省区独特的制度环境,那么各组省区的制度环境因素对溢出效应的影响可能有所不同。因此,有必要对高产组(蒙、晋)、一般组(陕、新、贵)进行分组检验。类似于上述不分组回归分析的做法,分组检验结果见表 8-7。

表 8-7 分组回归结果

变量	一般组(陕、新、贵) 系数	t 值	高产组(蒙、晋) 系数	t 值
C	0.8629	1.4862	−0.4148	−0.4754
$\ln TFP_{t-1}$	−0.3279**	−2.1800	−0.8532**	−2.8431
$\ln S$	−0.8261	−1.3921	−1.3859	−1.5941
$\ln S \times M$	0.7632	1.3967	1.5984*	2.2460
$\ln S \times O$	0.1033	0.9470	−0.1994	0.8136
$\ln S \times D$	0.2796*	1.8243	−0.4078**	−2.7111
$\ln S \times G$	−0.3152*	−1.8823	−0.0707*	−0.1314
$\ln S \times Z$	−0.1201**	−2.2363	0.7690*	2.1179
R^2	0.3327		0.8672	
Adj-R^2	0.1612		0.5186	
F 统计量	1.9393		2.4876	
D.W 值	1.8701		2.6918	

从表 8-7 中可以看出,在一般组(陕、新、贵)的检验结果中,除了"市场化程度"与溢出效应交互项的系数变为不显著,其他均与五省区不分组的检验结果保持一致;在高产组(蒙、晋)的检验结果中,除了"产业发展水平"与溢出效应交互项的系数变为负数,"知识产权保护力度"与溢出效应交互项的系数变为正数,

其他均与五省区不分组的检验结果保持一致。

区域不同，各个制度环境因素的水平不同，对溢出效应的影响会出现差异。"市场化程度"与溢出效应交互项的系数尽管在一般组(陕、新、贵)不显著，但在高产组(蒙、晋)是 1.5984，显著为正数且数值较高，这进一步说明了假设 H1 的合理性。

"产业开放程度"与溢出效应交互项的系数在高产组(蒙、晋)和一般组(陕、新、贵)均不显著，这与不分组的回归结果一致，说明没有足够证据显示产业开放程度对溢出效应存在影响，假设 H2 无法得到证实。

"产业发展水平"与溢出效应交互项的系数在一般组(陕、新、贵)为 0.2796，显著为正，而在高产组(蒙、晋)为-0.4078，显著为负，差异明显。从表 8-6 中可以发现，一般组(陕、新、贵)产业发展水平的平均值为 0.05，明显低于高产组(蒙、晋)平均值 0.18。当地产业发展水平关乎企业与转入企业之间的技术差距，一般组(陕、新、贵)产业发展水平较低，两类企业间技术差距较大，当地企业为了守住原有的市场份额，渴望学习模仿转入企业的生产技术和管理经验；而高产组(蒙、晋)产业发展水平相对较高，当地企业缺乏足够动力去学习模仿转入企业普通层次的生产技术与管理经验，抑制了溢出效应的发挥。可见产业发展水平对溢出效应的促进作用存在一个阈值，当产业发展水平较低时，当地企业模仿学习的动力较强，促进了溢出效应的发挥，而当产业发展水平达到一定程度时，当地企业模仿学习的动力下降，抑制了普通层次溢出效应的发挥，期待更高层次的溢出效应，即假设 H3 得到进一步拓展。

"地方政府干预程度"与溢出效应交互项的系数在一般组(陕、新、贵)和高产组(蒙、晋)分别为-0.3152、-0.0707，均显著为负数，与不分组的回归结果一致，这进一步说明假设 H4 的合理性，而且一般组(陕、新、贵)的绝对值高于高产组(蒙、晋)，但由表 8-7 得知，两组省区"地方政府干预程度"相近，这说明相同水平的"地方政府干预程度"对一般组(陕、新、贵)溢出效应的抑制作用更大。究其原因主要在于，高产组(蒙、晋)与一般组(陕、新、贵)相比，发展水平较高，当地企业较强的吸收能力有利于溢出效应的发挥，抵消了一部分地方政府干预的负面影响。

"知识产权保护力度"与溢出效应交互项的系数在一般组(陕、新、贵)显著为负，而在高产组(蒙、晋)显著为正，反差明显。究其原因，高产组(蒙、晋)的知识产权保护制度设置合理，可以保证东部资源枯竭型企业的先进技术与管理经验通过合法渠道逐步传入当地企业，促进溢出效应的发挥，增强知识产权保护力度可以提升溢出效果。由表 8-7 可以发现，一般组(陕、新、贵)"知识产权保护力度"平均值为 2.02，明显高于高产组(蒙、晋)"知识产权保护力度"平均值 1.20，这说明一般组(陕、新、贵)的知识产权保护力度有过大风险，东部资源枯竭型企业对自己拥有的先进技术和管理经验高度垄断，当地企业学习获取其先进技术和管理经验的途径从源头上受阻，从而抑制溢出效应的发挥，继续加强知识产权保护力度会逐渐降低溢出效果。假设 H5 得到验证，即"知识产权保护力度"与溢出效果呈现"倒 U 形"关系。

8.6 稳健性检验

8.6.1 稳健性检验一

检验溢出效应的计量模型通常将全要素生产率作为被解释变量，也有一些文献以劳动生产率作为被解释变量。劳动生产率反映其他一些经济和技术的变化，如劳动者的操作技术、适应新的生产流程的能力、劳动者的管理能力、劳动工具的使用程度、科技发展程度、自然资源的使用程度等。由于中西部不同省区中劳动者的素质存在差异，科技发展程度和自然资源使用程度也不同，故而对溢出效应的影响也不同。在不分组的回归分析中，全要素生产率可能无法全面体现这些因素的区域差异对溢出效应的影响。因此，本章利用劳动生产率(LP)作为被解释变量对不分组的回归结果进行稳健性检验，回归检验结果如表 8-8 所示。

表 8-8　稳健性检验结果一

变量	系数	t 值
C	1.6027***	6.7582
$\ln LP_{t-1}$	0.5786***	9.7540
$\ln S$	−0.1390	−0.4646
$\ln(S \times M)$	0.4924**	2.0808
$\ln(S \times O)$	−0.2541***	−3.4598
$\ln(S \times D)$	0.1797**	2.3104
$\ln(S \times G)$	−0.1050	−1.2842
$\ln(S \times Z)$	0.1261***	3.1057
R^2	0.9900	
Adj-R^2	0.9883	
F 统计量	568.8061	
D.W 值	2.1673	

需要指出，在稳健性检验过程中，劳动生产率的代理变量为各样本省区煤炭产业的总产值与从业人员平均人数之比，其中总产值通过价格指数平减法调整为 2002 年不变价格(李存芳等，2019b)。

从表 8-8 中可以看出，"市场化程度"与溢出效应交互项的系数、"产业发展水平"与溢出效应交互项的系数依然显著为正,且"市场化程度"对溢出效应的促进作用仍然强于"产业发展水平"对溢出效应的促进作用;"地方政府干预程度"与溢出效应交互项的系数虽然不显著但依然为负;"知识产权保护力度"与溢出效应的交互项系数依然显著。表 8-8 的回归结果表明,此前表 8-6 的回归结果具有较好的稳健性。

8.6.2 稳健性检验二

式(8-1)中将被解释样本变量全要素生产率的滞后一期作为解释变量构造动态影响指数。而对于中西部各样本省区总体的动态面板数据进行检验时,全要素生产率较高的省区可能对东部资源枯竭型企业跨区转移行为带来的先进技术和管理经验具有更强的吸收能力,从而表现出显著的溢出效应,那么可能存在内生性问题(温忠麟和叶宏娟,2014;金瑜,2001;Hu and Bentle,1998;Joreskog and Sorbom,1993;Bentler,1990)。对此,利用 EVIEWS 8.0 软件对不分组的动态面板数据进行正交 GMM 估计,回归结果如表 8-9 所示。

表 8-9 稳健性检验结果二

变量	系数	t 值
$\ln\text{TFP}_{t-1}$	-0.2381^{***}	-7.8284
$\ln S$	-0.0869	0.7850
$\ln(S\times M)$	0.8607^{***}	3.9695
$\ln(S\times O)$	-0.1442^{***}	-4.1170
$\ln(S\times D)$	0.2235^{***}	4.0775
$\ln(S\times G)$	-0.6902^{***}	-14.1013
$\ln(S\times Z)$	-0.1181^{***}	-6.3152
P 值(J 统计量)	0.5974	

从表 8-9 可以看出,J 统计量的 P 值为 0.5974,远大于 0.1 的显著性水平,不能拒绝 Sargan 检验,说明模型设定正确(汤建影,2009;王国华,2006;侯杰泰等,2004;王保进,2002;Hair et al.,1998)。对比表 8-6 的回归结果可以发现,溢出效应的系数依然为负数;除了"产业开放程度"与溢出效应交互项的系数由不显著的正数变成显著的负数,"市场化程度""产业发展水平""地方政府干预程度"和"知识产权保护力度"分别与溢出效应交互项的系数依然显著,且正负号均未发生改变,数值大小也未发生明显波动;"市场化程度"对溢出效应的促进作用仍然强于"产业发展水平"对溢出效应的促进作用。这进一步验证了本章实证结果的可靠性。

8.7 本章小结

本章基于系统工程的思想与实证研究的思路，通过对相关企业和政府管理部门高级管理人员的访谈，结合文献研究与转入地的特征分析，初步析取"市场化程度""产业开放程度""产业发展水平""地方政府干预程度"和"知识产权保护力度"五类资源枯竭型企业跨区转移行为溢出效应的影响因素。进而构建计量模型，运用 DEA-Malmquist 指数方法，采取 2002～2017 年中西部五省区煤炭产业的面板数据，进行实证分析与检验。结果发现：

(1) 东部资源枯竭型企业跨区转移行为溢出效应的主要影响因素有四类，即"市场化程度""产业发展水平""地方政府干预程度"和"知识产权保护力度"因素。它们的影响显著，而"产业开放程度"因素的影响并不显著。

(2) 四类制度环境因素对于东部资源枯竭型企业跨区转移行为溢出效应的影响，随区域资源产能差异而呈现出明显的差异。在高产组的内蒙古和山西两省区，"地方政府干预程度"和"知识产权保护力度"存在显著影响，且"地方政府干预程度"越强对溢出效应的妨碍作用越重，"知识产权保护力度"在一定程度上促进溢出效应的发挥。在一般组的陕西、新疆和贵州三省区，"市场化程度"和"产业发展水平"的提升都可以显著地促进溢出效应的发挥，"地方政府干预程度"和"知识产权保护力度"的提升均明显地抑制溢出效应的发挥。不仅如此，相同水平的"地方政府干预程度"对于一般组的陕西、新疆和贵州三省区溢出效应的抑制作用相比高产组的内蒙古和山西两省区的更大。"产业发展水平"对溢出效应的促进作用存在一个阈值，当产业发展水平达到一定程度时，对于普通层次溢出效应的促进作用出现下降，期待更高层次的溢出效应。

(3) 四类制度环境因素对于东部资源枯竭型企业跨区转移行为溢出效应的影响显现出一定规律。"市场化程度"和"产业发展水平"分别与溢出效果呈正相关关系，而且市场化程度的提升对于东部资源枯竭型企业跨区转移行为溢出效应的促进作用相比产业发展水平的作用更大。"地方政府干预程度"与溢出效果呈现负相关关系，地方政府干预程度的增强会抑制溢出效应的发挥。"知识产权保护力度"与溢出效应呈现"倒 U 形"关系，对于知识产权施行全面、规范、科学的保护，能够促进溢出效应的发挥，而对于知识产权保护失当，甚至出现滥用，则会抑制溢出效应的发挥。不仅如此，"地方政府干预程度"对于东部资源枯竭型企业跨区转移行为溢出效应的影响，相比"知识产权保护力度"的作用更大。

这些结论，对于激发东部资源枯竭型企业跨区转移行为溢出效应、促进中西部资源富集地产业结构优化升级、推动中西部资源富集地高质量发展的相关政策和策略制订具有十分重要的借鉴价值。

第4篇

资源枯竭型企业跨区转移行为的胁迫效应

第9章 资源枯竭型企业跨区转移行为胁迫效应的机理

资源枯竭型企业的跨区转移行为实现了企业的可持续发展，为中西部资源富集地带来了先进的设备设施与生产技术、丰富的管理经验和优秀的人才等，并通过溢出效应助力区域资源产业升级。但是，大量的企业转入与资源开发又不可避免地给生态承载力较低的中西部资源富集地带来环境胁迫效应。那么，这类资源枯竭型企业跨区转移行为的胁迫效应如何产生？强度如何？受何影响？如何有效防控？对于此类问题的深度探究，需要从东部资源枯竭型企业跨区转移行为胁迫效应的形成机理切入。

本章共分为 4 节。9.1 节阐释自然环境的主要功能；9.2 节分析胁迫效应的产生机理；9.3 节开展胁迫效应的机理检验；9.4 节进行本章主要内容的小结。

9.1 自然环境的主要功能阐释

胁迫效应是指由于人类经济活动引发自然环境系统的功能偏移正常状态或功能失调，进而危及种群、群落和生态系统稳定性。东部资源枯竭型企业的跨区转移行为到底会不会引发中西部资源富集地自然环境系统的功能失调，产生胁迫效应？如果会引发，又是如何引发这种自然环境系统功能失调的呢？为了揭示东部资源枯竭型企业跨区转移行为可能导致中西部资源富集地自然环境功能失调的机理，首先需要厘清自然环境的主要功能，其次才能分析东部资源枯竭型企业跨区转移行为对于自然环境功能的胁迫问题。

物质的功能取决于其性质，性质取决于其结构，结构取决于其组成，这是自然科学的一般逻辑过程。自然环境的功能也不例外，严格地讲，自然环境功能是指自然环境各种组成要素及其群体系统给人类生产、生活和生存发展所提供的全部服务。根据这些服务的性质差异，可以将自然环境主要功能归结为维持功能、调节功能和净化功能三类。

9.1.1 维持功能

自然环境不仅为人类维持生存提供了粮食、果蔬、肉类、鱼类等有机质及其产品，药材、木材、竹材、橡胶等工业原料，煤炭、石油、天然气和各类金属、非金属矿产资源，还为各类生物物种维持生息繁衍、不断进化提供了基地或者基因库，进而维持了生物多样性和进化过程。

9.1.2 调节功能

自然环境的组成要素，包括土壤、岩石、水源、大气、生物、阳光等，并非独立存在，而是互相关联、互相影响、互相制约，构成一个庞大的"信息网络系统"，适时调节自然环境内的物质流与能量流，进而实现自然环境的动态平衡（Siikamakj et al.，2013；Sandhu et al.，2011）。当人类经济活动向自然环境输入物质和能量时，这种"信息网络系统"会自动组织相应的反馈过程，开始交换、转化、迁移、扩散等一系列活动，使自然环境趋向正常的物质循环和能量流动状态，从而有效地防止自然环境的失调和恶化（刘经雨，1988）。

9.1.3 净化功能

在自然环境系统中，植物，特别是树木能够自然阻挡、过滤和吸附粉尘、烟灰，在抗生范围内自动吸收大气中的氮化物、硫化物和卤素等有害物质，达到净化大气的目的（欧阳志云等，1999）。更为重要的是绿色植物通过叶子光合作用将二氧化碳和水转化为有机物，并释放出氧气，实现大气环境化学组成的平衡。水和土壤通过沉淀或络合作用[①]、氧化还原反应，以及微生物的生命活动过程，不断消减或降解污染物的浓度和毒性（Liu et al.，2018）。大气中的水和氧气在阳光的作用下不断生成氢氧自由基，进而分解大气中的有机污染物、抑制病毒活性，达到净化空气、除臭、防霉的目的。

当然，自然环境三大功能的正常发挥也带有一定的极限。一旦人类经济活动对于自然环境不良物质输入过度聚集，超过其固有的承载力，自然环境三大功能就会遭受严重胁迫而导致污染（Wim et al.，2014）。

9.2 胁迫效应的机理分析

自然环境功能的优劣状况由区域中某一时刻的破坏积蓄和污染存量决定，这种积蓄存量又等于强化流减去弱化流后的时间累积。因此，凡是与区域自然环境破坏和污染有关的人类经济活动因素都会对区域自然环境功能的胁迫有贡献。东部资源枯竭型企业的跨区转移行为，不仅具有一般的经济活动对于中西部资源富集地环境输入污染的表现，而且还具有自身从事资源开采对于中西部资源富集地环境破坏的特征。在此拟建立一种反映东部资源枯竭型企业跨区转移行为自然环境功能胁迫强化流和弱化流特征的胁迫效应机理分析模型，如图9-1所示。

---

① 络合作用是指一种分子或离子形成络合物的化学反应。

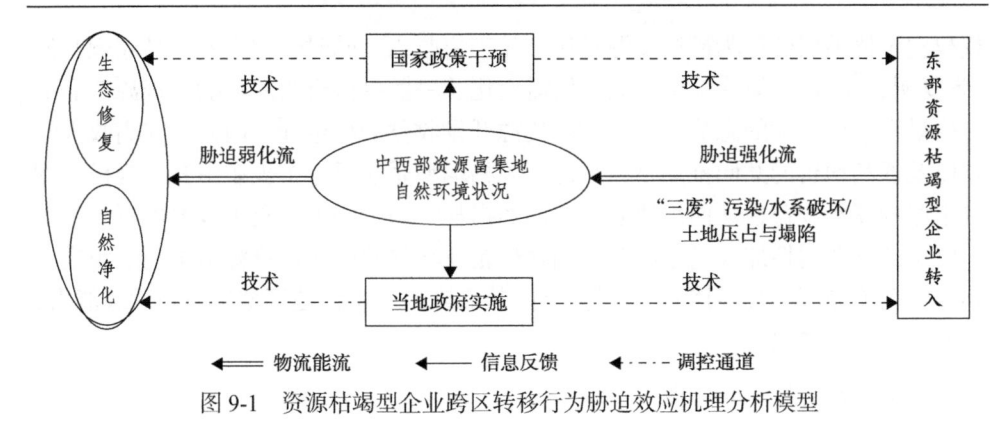

图 9-1 资源枯竭型企业跨区转移行为胁迫效应机理分析模型

9.2.1 胁迫效应的强化流

1. 胁迫强化流产生原因

东部资源枯竭型企业的转入，为什么会对中西部资源富集地环境产生胁迫强化流呢？究其原因，资源产品的高价波动性和资源开发的负外部性(张复明，2011)，导致了资源管理的市场失灵，并且在绿色发展的大背景下，加剧了资源开发与经济发展之间的矛盾，如图9-2所示。

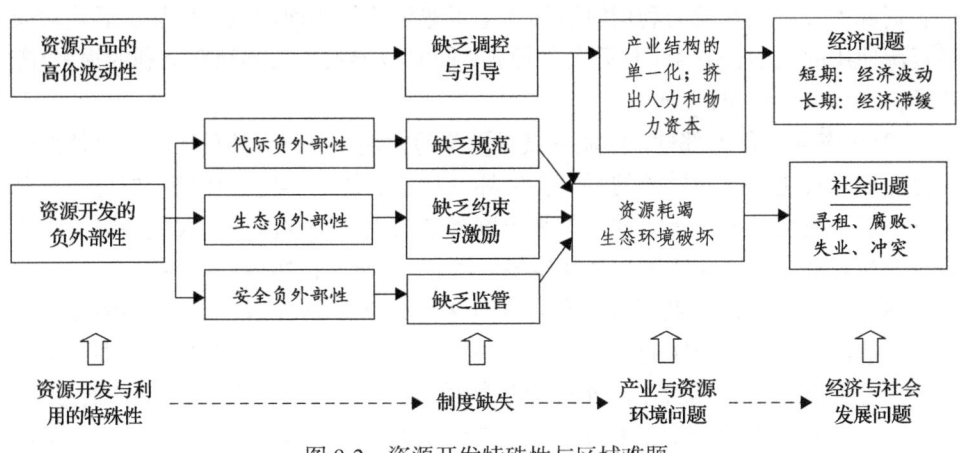

图 9-2 资源开发特殊性与区域难题

1) 资源产品的高价波动性

在经济发展和社会化大生产中，矿产资源作为一种生产要素，为其他工业产品生产提供原材料、能源与动力，增加社会财富。当经济增长过度依赖于矿产资源时，资源开采与利用会轻易给区域和经济主体带来高额收益，从而使得要素收益与利润最大化。其实高额收益并没有完全有效地转化为区域发展的真实财富，而是形成了高收入幻觉(杜彦其和李宏志，2015)。在实际生产经营中，资源所有权权益价值不仅转化为矿产资源及矿产品销售收入,同时转化为矿产品超额利润(张复明,2011)。但受经济发展、供需变化及一些投机行为的影响,资源产品的价格呈现频繁波动的态势,直接影响资源开发收益的稳定性。因而,在高收入幻觉以及逐利动机的共同推动下,东部资源枯竭型企业通过扩大矿山开采规模,攫取丰厚的高额收益,从而加速矿产资源的损耗。与劳动力、资本等要素不同,矿产资源的可耗竭性加大了东部资源枯竭型企业转移到中西部资源富集地的规模,利益驱动更加快了其转移的步伐与进程,从而降低了承接地区域生态的承载能力,形成环境胁迫强化流。

2)资源开发的负外部性

所谓负外部性是指某一独立经济人或企业的行为对其他经济人或企业造成了不良影响,但后者无法获得为之额外支付的成本补偿或相应的报酬。以煤炭资源开发为例,资源开发的负外部性主要体现在以下三个方面:代际负外部性、生态环境负外部性、安全负外部性。

(1)代际负外部性。煤炭是远古时代的植物在地下经历了几千万年物理与化学变化形成的资源,具有不可再生性、稀缺性与可耗竭性。为了保持经济的高速增长,长期高强度、粗放式、大规模的开发引起了煤炭资源绝对需求量的增加与相对储蓄量的减少,加之技术水平的落后,造成了煤炭资源的严重浪费。当代人对煤炭资源无节制地开发与利用对后代产生了非付费的负面影响,增加了后代对煤炭资源使用的成本,违背了代际公平原则,同时也导致了人类社会福利的损失(陈翔等,2014;王绪龙,2009)。

(2)生态环境负外部性。伴随着煤炭资源的大规模开发,其对环境的负外部效应也更加规模化。煤炭资源的开发会破坏其物质载体——生态环境,如地表及其地下土层、植被、大气等,并且带来土壤污染与土地资源压占、大气污染、水资源污染与短缺、地质灾害等一系列生态问题(刘晓龙等,2019)。

(3)安全负外部性。我国95%的煤矿开采是地下作业,煤层储存地质条件复杂多变是造成采矿安全问题的客观原因。一方面,我国煤矿开采的煤层大多属于石炭—二叠纪煤层(林柏泉等,2006),储层物性具有"三低一高"(即低孔、低渗透、低压力,高吸附性)的特征,构造极为复杂,大量存在瓦斯、煤尘、火、水、顶板等一系列不安全因素。另一方面,安全问题在煤矿开采过程中没有得到应有的重视,部分企业并未将安全生产作为企业可持续发展的前提与保障,从而导致文化程度较低的一线煤矿开采作业人员欠缺安全生产技术知识,存在侥幸心理,违章作业,频繁发生矿难事故。由于煤矿安全设备设施及技术投入大且具有滞后性的特点,在其会计年度核算期间必然会降低企业的利润。作为独立经济人,企业以追求利润最大化作为目标,也会选择减少安全设备设施及技术的相关投入,导致安全设备设施及技术落后,使得煤矿开采过程中的安全隐患更加突出。特别是煤炭企业安全管理制度不健全、落实不到位、检查不严格、监督整改不及时，从而难以有效扼制安全事故的频繁发生。

2. 胁迫强化流表现形式

东部资源枯竭型企业的跨区转移行为，导致环境脆弱、生态承载能力较低的中西部资源富集地生态系统呈现出区域性破坏、结构性解体到功能性紊乱的发展态势，形成环境胁迫强化流，其具体形成的逻辑关系如图 9-3 所示，表现形式为：大量土地塌陷，固体废物、废水、废气和粉尘排放严重。

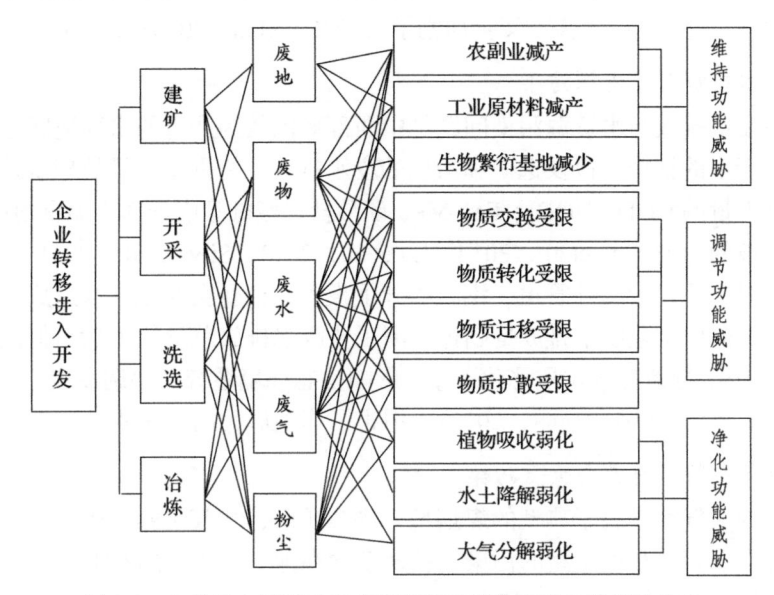

图 9-3 企业转入开发对于自然环境功能胁迫强化的逻辑关系

1）土地塌陷

无论是地下开采，还是露天开采，随着矿山建设和资源产品的输出，会在一定程度上损伤地表土层和植被，破坏地层结构，引发土地塌陷和水土流失。由于采空区的大面积出现，围岩原有的应力平衡会被破坏，岩层移动，地面出现裂缝甚至塌陷等不连续变形，不仅会对地表形态以及标高产生影响，而且会破坏地表植被的生长环境。而露天开采作业方式，必须剥离表土层及其上生长的大量植被、景观，出现大面积裸露地面，导致水土流失加剧。据《煤炭工业发展"十三五"规划》①统计，目前，我国煤炭开发每年造成约 6.56 万公顷土地塌陷，约 22 亿立方米地下水资源破坏。同时，资源的开采也会伴随着泥石流、滑坡等灾害的发生。

---

① 参见 2016 年 12 月 22 日国家发展改革委 国家能源局《关于印发煤炭工业发展"十三五"规划的通知》（发改能源〔2016〕2714 号）。

2) 固体废物排放与土壤污染

矿产资源的开采常常会伴随大量矸石的产生。调查显示，我国煤矸石产量约占煤炭总量的 20%，但受资源性质、经济条件以及技术设备等因素的制约，其综合利用率较低，大部分未被合理处理以及充分利用的煤矸石会被采用平地起堆式或沟谷倾倒的方式堆积挤压在矿区四周，不仅会压占土地，而且露天堆放的煤矸石渗透系数大，经淋溶、氧化和风蚀后，其有害重金属物质如 Hg、Au、As、Zn、Pb、Cu、Cd 等与可溶性盐的活性增强，部分被溶解并且随着降水进入土壤，造成土壤及地表和地下水体污染。当含微量有毒物质的煤矸石粉直接落于土壤中，经过风化后重金属大量积累，又会加剧了污染(Shi et al., 2016; Jiang et al., 2014)。

3) 废水排放与水资源污染

矿山废水排放与水资源污染问题是中西部矿区较为严重的水环境问题。地下采空区矿床水的抽排，以及选矿和冶炼的废水排放，特别是未经处理直接倒排，其中含有大量的 COD、BOD_5、Fe、Me、硫酸盐、氨氮等成分都会加重地面水系、土壤和植被的污染(Sun et al., 2014; Lu et al., 2013; Silva et al., 2011)。酸性矿井水下渗时，不仅会腐蚀管道、钢轨等井下设备，而且会对地下水造成污染。据调查统计，矿山工业废水排放量超过全国工业废水排放总量的 10%，但废水处理率却不到 5%，导致矿区水质恶化严重，影响生态环境系统的协调发展，进一步加剧了水资源短缺(沈镭和高丽，2013)，损害了当地居民的生活质量。

4) 废气和粉尘排放与大气污染

矿区的大气污染属于典型的煤烟型，许多矿区，尤其是露天矿、风沙较大的矿区还存在着粉尘和沙尘型的污染。长期蕴含在地下资源中的 CH_4、SO_2、NO_2、NH_3 等烃类气体，会直接排放到空气中形成污染，可能引起区域性酸雨(Fabianska et al., 2018; Di Maria et al., 2014; Wang et al., 2011; Wang et al., 2009; Sun et al., 2009; Murray, 1988)，特别是 CH_4(瓦斯)作为一种重要的温室气体，其温室效应是 CO_2 的 21 倍。还有煤矸石的不充分自燃会产生 SO_2、CO、H_2S 等有害气体，严重影响大气环境与周围居民的身体健康。造成矿区大气污染的物质除了有害气体外还有粉尘。矿井爆破和采动产生的大量粉尘和废气排放，又进一步加剧了空气污染。特别是露天采矿区由于没有土地复垦与再生植被，粉尘含量远远超出国家二级环境质量标准，尤其是每年的春夏之交与秋冬之交往往成为污染高峰期。

9.2.2 胁迫效应的弱化流

环境胁迫强化流的所有直接表现都将不同程度地增大对生态环境的压力。而中西部资源富集地生态环境破坏和污染水平的信息将会不断反馈到相关政府决策部门和市场，使其通过政策干预和市场调节来促进生态修复，提高自然净化水平，一定程度上减轻对生态环境的压力，从而形成生态环境胁迫弱化流（图9-4）。

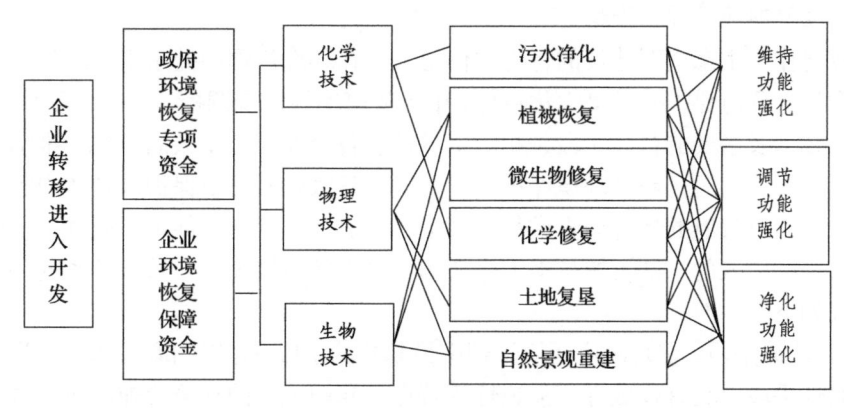

图9-4　企业转入开发引致自然环境功能胁迫弱化的逻辑关系

1. 胁迫弱化流产生原因

1) 政府及环境规制的监督作用

若跨区转移的东部资源枯竭型企业在中西部资源富集地进行无节制、大规模的资源开发与利用，且肆意排放生产废物，所造成的生态环境破坏信息会很快被反馈到转入地政府的决策部门。政府作为维护环境公共利益的被委托人，是生态文明建设的推动者和维护者，具有环境保护与环境治理的双重责任。因此，地方政府会加强对现有矿山企业的监督管理，严格监督转入的东部资源枯竭型企业依法履行环境保护义务。同时，以法律规制和技术创新手段规范、提高矿产资源生态环境补偿机制，进行生态环境保护与修复作业。由于市场失灵与政府失灵是导致环境问题的两个基本原因，因此生态补偿机制必须坚持政府主导、市场推进的实施方式，以提高补偿的政策系统性和协调性，使资源开发和环境保护得到协调发展。

2) 企业的环境治理作用

环境反馈信息接收的另一个主体是跨区转入的东部资源枯竭型企业。企业既是市场经济的主体，同时又是环境治理的主体，资本与市场在生态文明建设体系中发挥着极其重要的作用。将资本投向环保领域对于环境污染治理作用日益突出，环保投资及环保技术升级都依赖于企业的资本投入。而市场手段相比命令控制型手段具有更高的灵活性与激励效果，有利于建立企业环境治理和环境保护长效机制。在企业环境治理体系中引入的市场机制被定义为环境保护市场机制，由各项环境市场政策构成，利用市场化手段协调污染外部性，通过价格、供求、竞争与风险约束机制等因素的制约作用来实现环境污染的外部优化，主要包括环境补贴、价格政策、生态税费等。

2. 胁迫弱化流调节手段

1) 政府的环境管理手段

政府作为生态文明建设的行为主体之一，在环境治理中处于主导地位。为实现整个社会环境保护效益最大化目标，中央政府实施宏观调控，通过一系列法律、经济、技术及必要的行政手段，积极引导社会各企业与公众共同参与，推动绿色可持续发展。同时，新《环境保护法》明确了各级政府环境保护的具体内容，并从多个方面对政府的环境职责进行了规定。政府通过禁止、促进、激励、扶助等形式对跨区转入的东部资源枯竭型企业等环境责任主体进行干预，具体的环境管理手段如下：

(1) 法律手段。它是政府环境管理中最基本的手段，是以国家法律条文为基础的强制性手段，具有权威性、强迫性等特点。我国现行的环境管理法律体系是由宪法、环境保护基本法、环境与资源保护单行法、地方性法规、部门及地方政府规章等组成。运用法律手段管理环境是有效控制、减少并消除污染，保证自然资源合理开发利用，保持生态平衡的重要举措。

(2) 经济手段。它是指基于经济利益关系，运用价格、税收、补贴、押金等手段对资源型企业等经济活动主体进行财务约束或激励的措施，以间接平衡经济社会发展与环境保护的相互利益关系，主要包括：环境价格政策、环境财税政策、绿色金融政策、绿色贸易政策、生态补偿机制、环境信用制度、排污权有偿使用和交易制度等。

(3) 行政手段。它是指中央及地方政府凭借行政权力，通过行政命令、规定、指示、措施等形式，对生态环境保护进行管理、干预的一种手段。具体表现为：研究制定环境政策与计划、建立生态保护特区和重点治理区域、勒令重污染企业停产改造、激励各项环境防治保护工作并予以资金及技术扶持。

(4) 技术手段。它是指利用先进的生产技术和污染处理技术，提高生产效率、降低环境污染、控制生态破坏，从而达到生态环境保护的目的。

2) 企业的环境防治手段

跨区转入的东部资源枯竭型企业作为区域经济发展的主要推动者与实践者，对于化解保障环境质量与追求经济增长间的矛盾起着至关重要的作用。作为以利益最大化为目标的独立经济人，企业在政府监督和激励的双重政策下，分别从环保投资与绿色技术创新两方面对环境污染进行预防和治理。

(1) 企业环保投资。它是指企业用于环境保护的相关资金投入，分为环保预防性投资和环保治理性投资两类。环保预防性投资主要包括环保技术研发投入、环保设备购入支出和设施建设投入，以及环保工程建设期的长期借款利息等；环保治理性投资主要包括排污费等环保税费，以及各项环保资产的折旧、摊销费等。

(2)企业绿色技术创新。它是指技术的拓展与提升，不仅包括绿色产品与绿色技术创新，还有与之相关的组织、管理创新。企业通过绿色技术创新提高资源利用率，降低生产成本，为其带来利润增长空间的同时，能够增强企业核心竞争力。但绿色技术创新活动同其他创新活动一样，具有融资成本与调整成本高、投资失败风险大的特点，因此，需要政府的绿色信贷支持与政策激励。

3) 政府与企业、市场的协调手段

作为资源开发与环境保护的行为主体，政府与跨区转入的东部资源枯竭型企业相互监督、相互配合，利用环境保护专项资金，分别采用物理防治、生物防治、化学防治等污染修复措施，包括土地复垦、微生物修复、自然景观恢复与重建等多种途径，使受损的矿区环境得到修复，逐渐恢复各种生态功能，强化自然环境维持功能、调节功能与净化功能，使之渐趋良性循环。因此，环境胁迫弱化流的调节主体为政府决策部门与市场，协调发挥二者间的调节作用，使其相互弥补缺陷，共同调配环境资源，促进资源开发与环境保护的协调发展。

综合上述分析可知，东部资源枯竭型企业跨区转移行为环境胁迫强化流的直接表现为土地塌陷，固体废物、废水、废气和粉尘的排放等，所有这些表现都会不同程度地引发对自然环境功能的损伤，增大对生态环境的压力。然而，随着东部资源枯竭型企业的转入与生产活动的大规模推进，转入地政府相关监督管理部门和决策部门会不断获知大量有关中西部资源富集地自然环境损害信息，并运用政策干预、市场调节手段提高生态修复水平、完善生态补偿机制与环境保护市场机制，本质上形成了一类自然环境胁迫弱化流，在一定程度上缓解了自然环境压力。而区域生态环境的优劣状态则取决于该区域内某一时刻的破坏积蓄和污染存量，即强化流减去弱化流后的时间累积。因此，东部资源枯竭型企业跨区转移行为胁迫效应是环境胁迫强化流与弱化流交互作用的结果，其间技术因子起着关键作用。

9.3 胁迫效应的机理检验

9.3.1 机理假设的提出

为了进一步检验东部资源枯竭型企业跨区转移行为胁迫效应的机理，尤其是胁迫强化流与胁迫弱化流的客观性和异质性，基于上述机理分析，提出相应的两个假设：

假设 H1：东部资源枯竭型企业跨区转移行为，产生大量土地塌陷、固体废物、废水、废气和粉尘，形成对于中西部资源富集地自然环境功能胁迫的强化流，即资源枯竭型企业跨区直接投资地域越大，这种自然环境功能胁迫的程度越高。

假设 H2：东部资源枯竭型企业跨区转移行为，引致相关政府和企业协同进行的矿区自然环境修复行为，形成对于中西部资源富集地自然环境功能胁迫的弱化流，即相关政府和企业的环境修复投资规模愈大，这种自然环境功能胁迫的程度愈低。

9.3.2 检验变量的选择

胁迫效应机理测度变量的选择基于以下三种考虑进行：一是测度变量应该具有可操作性，便于量化表达；二是变量数据具有可获得性，能够从各类《统计年鉴》中直接或间接获得；三是变量内涵具有可比性，在现有研究基础上，测度变量相比其他变量更能够准确地度量这种胁迫效应的机理。

根据胁迫机理分析，对于自然环境三大功能产生胁迫的源泉是东部资源枯竭型企业跨区转移行为实施后在建设和开发过程中形成的土地塌陷，以及固体废物、废水、废气和粉尘，因此，采取土地塌陷的面积，以及固体废物、废水、废气和粉尘的排放量作为胁迫程度的测度指标。

根据假设H1，形成对于中西部资源富集地自然环境功能胁迫强化流的主要致因是承接东部资源枯竭型企业的跨区转移，而表征承接东部资源枯竭型企业跨区转移程度的有效指标为东部资源枯竭型企业跨区直接投资总额。因此，采用东部资源枯竭型企业跨区直接投资总额来说明这种强化流的程度。

根据假设H2，形成对于中西部资源富集地自然环境功能胁迫弱化流的主要致因是政府和转入企业协同进行的矿区自然环境修复行为，而表征转入企业开发矿区自然环境修复行为发生程度的有效指标是其自然环境修复投资总额。因此，采用转入企业开发矿区自然环境修复投资总额来说明这种弱化流的程度。

9.3.3 检验模型的构建

假设东部资源枯竭型企业跨区转移行为胁迫强化流与胁迫弱化流存在，拟建立中西部资源富集省区各类胁迫程度指标与其吸收东部资源枯竭型企业直接投资总额，及其矿区自然环境修复投资总额之间的因果关系测度模型。同时考虑到两方面因素：一是把解释变量之外的影响因素归结到控制变量。引入一个控制变量——中西部资源富集地产业结构指标，以体现对于中西部资源富集地环境胁迫影响的其他因素，因为产业结构差异体现出对于自然环境污染物排放数量的差异。二是减少异方差和序列相关的影响。构建对数模型加以检验，以体现相对量变动，提高模型的解释力。具体构建测度模型如下：

$$\ln T/A_{it} = \alpha_{it} + \beta_1 \ln \text{RDI}/\text{IAV}_{it} + \beta_2 \ln \text{RDI}/\text{IAV}_{mit} + \varphi \ln S_{it} + \varepsilon_{it} \quad (9\text{-}1)$$

$$\ln T/A_{it} = \alpha_{it} + \theta_1 \ln \text{ERI}/\text{IAV}_{it} + \theta_2 \ln \text{ERI}/\text{IAV}_{mit} + \varphi \ln S_{it} + \varepsilon_{it} \quad (9\text{-}2)$$

$$\ln T/A_{it} = \alpha_{it} + \beta_1 \ln \text{RDI}/\text{IAV}_{it} + \beta_2 \ln \text{RDI}/\text{IAV}_{mit} \\ + \theta_1 \ln \text{ERI}/\text{IAV}_{it} + \theta_2 \ln \text{ERI}/\text{IAV}_{mit} + \varphi \ln S_{it} + \varepsilon_{it} \quad (9\text{-}3)$$

式中，T 为中西部资源富集省区转入企业开发矿区环境胁迫程度指标；A 为中西部资源富集省区的国土面积；α 为截距项；ε 为随机扰动项；i 为省区；t 为年份；m 为滞后期；RDI 为中西部资源富集省区承接东部资源枯竭型企业转入投资额；ERI 为中西部资源富集省区转入企业开发矿区环境修复投资额；IAV 为中西部资源富集省区工业增加值；β、θ、φ 为回归系数。

需要指出，式中 T 表示中西部资源富集省区转入企业开发矿区环境胁迫程度指标，分别选用其土地塌陷面积，以及固体废物、废水、废气和粉尘排放量来量度。由于中西部不同省区的国土面积、产出规模和产业结构差异较大，为了体现对不同省区转入企业开发矿区环境胁迫强化状况、弱化状况的比较分析，式中用 T/A 表示中西部资源富集省区单位国土面积上的转入企业开发矿区胁迫程度；RDI/IAV 为中西部资源富集省区所承接东部资源枯竭型企业转入投资额与本省区工业增加值之比，表示单位产出承接资源枯竭型企业转入投资额，反映了转入企业开发矿区的环境胁迫相对强化状况；ERI/IAV 为中西部资源富集省区转入企业开发矿区环境修复投资额与本省区工业增加值之比，表示单位产出转入企业开发矿区环境修复投资额，反映了转入企业开发矿区的环境胁迫相对弱化状况。β_1、β_2 检验胁迫强化流的程度，θ_1、θ_2 检验胁迫弱化流的程度。

9.3.4 样本数据的收集

考虑到东部资源枯竭型企业跨区转移行为的区域代表性、数据资料完整性、研究结果普适性，尤其是近二十年来我国中西部资源富集省区中贵州(简称贵，gui)、山西(简称晋，jin)和陕西(简称陕，shan)承接东部煤炭企业的转移最为活跃，故选择资源枯竭型企业跨区转移行为胁迫效应的测度样本为贵州、山西和陕西；测度时段为 2000~2015 年，数据为《中国国土资源统计年鉴》和《中国国土资源年鉴》中按省区分组的国土面积、转入企业开发煤矿区环境保护统计数据，以及三省《统计年鉴》中按产业分组的转入企业开发煤矿区环境保护、工业增加值统计数据。具体指标包括以下内容。

1 个被解释变量：单位面积胁迫程度指标。实际同时检验五类指标，分别选用三省历年来转入企业开发煤矿区土地塌陷面积(Land，单位：公顷)、固体废物排放量(Solid，单位：万吨)、废水排放量(Water，单位：万吨)、废气排放量(Gas，单位：万吨)、粉尘排放量(Dust，单位：万吨)，与其国土面积(A，单位：公顷)之比。

几个解释变量：一是单位产出承接东部资源枯竭型企业转入投资额，分别采用历年来三省承接转入煤炭企业总投资额(RDI，单位：亿元)与其工业增加值(IAV，单位：亿元)之比。二是单位产出转入企业开发矿区环境修复投资额，分别采用历年来三省转入企业开发煤矿区环境修复总投资额(ERI，单位：亿元)与其工业增加值(IAV，单位：亿元)之比。三是产业结构指标，作为一种控制变量，分别采用历年来三省第二产业总产值占 GDP 比重。

在模型拟合过程中，运用 5 个面板数据进行实证检验。

9.3.5 检验结果的分析

利用 EVIEWS 8.0 软件分别对模型(9-1)～模型(9-3)［式(9-1)～式(9-3)］进行计量分析，得到如下结果。

1. 模型(9-1)的计量分析

为了明晰 ln(RDI/IAV) 对 ln(T/A) 的影响状况，对模型(9-1)分别采用五类胁迫指标进行分析，并将分析结果列入表 9-1。

表 9-1 模型(9-1)回归结果

项目	ln(T/A)				
	ln(L/A)	ln(S/A)	ln(W/A)	ln(G/A)	ln(D/A)
α	4.46***	7.52***	7.75***	1.96***	0.00
ln$R$-gui	0.43***	0.37*	0.53*	0.34*	0.39*
ln$R$-jin	0.43***	0.70**	0.48*	0.43*	0.41*
ln$R$-shan	0.43***	0.70***	0.57*	0.50**	0.34*
ln$R$-gui(-1)	0.38***	0.43*	0.77*	0.39*	0.71*
ln$R$-jin(-1)	0.38***	0.72**	0.46	0.28	0.12
ln$R$-shan(-1)	0.38***	0.34*	0.09	0.11	0.07
ln$R$-gui(-2)	0.33***	0.36**	0.71***	0.46***	0.67***
ln$R$-jin(-2)	0.33***	0.81**	0.10	0.01	0.15
ln$R$-shan(-2)	0.33***	0.03	0.20	0.10	0.13
ln$S$-gui	0.51*	0.81*	0.72**	0.69*	0.62*
ln$S$-jin	0.51*	1.65**	0.66	0.74*	0.57**
ln$S$-shan	0.51*	1.02**	0.63	0.98***	0.52
ε-gui	−1.22	−1.30	−0.84	−0.51	−0.28
ε-jin	1.03	1.76	0.95	0.50	0.59
ε-shan	0.19	−0.46	−0.11	0.01	−0.30
R^2	0.98	0.98	0.95	0.97	0.95
Adj-R^2	0.98	0.97	0.94	0.96	0.93
F 值	334.33	137.58	56.83	102.51	47.92
F 的 P 值	0.00	0.00	0.00	0.00	0.00
N	16	16	16	16	16
M	3	3	3	3	3
K	3	3	3	3	3
选择模型形式	变截距	变系数	变系数	变系数	变系数

***、**、*分别表示为 1%、5%、10%的显著性水平，本章下同。

表 9-1 显示了模型(9-1)对于近 16 年,贵州(gui)、山西(jin)、陕西(shan)三省五类胁迫指标的面板数据拟合结果。$R^2=0.95\sim0.98$,Adj-$R^2=0.93\sim0.98$,整体拟合较好,也通过了 F 统计量的检验,达到 1%的显著性水平。

从 $\ln(\text{RDI/IAV})$ 对于 $\ln(L/A)$ 的影响来看,三省所对应的变截距回归结果显示,当年的、延迟一年的和延迟两年的系数分别为 0.43、0.38 和 0.33,都通过了 t 检验,并达到 1%的显著性水平。这说明 $\ln(\text{RDI/IAV})$ 对于 $\ln(L/A)$ 有着显著的正向影响,其根本原因在于东部资源枯竭型企业跨区转移进入中西部三省,伴随矿山建设与资源产品的输出而损伤地表土层和植被、破坏地层结构,对于土地塌陷有着显著的强化作用。

从 $\ln(\text{RDI/IAV})$ 对于 $\ln(S/A)$ 的影响来看,三省的影响效果不一。贵州所对应的变系数回归结果显示,当年的系数为 0.37,延迟一年的系数为 0.43,都通过了 t 检验,并达到 10%的显著性水平;延迟两年的系数为 0.36,通过了 t 检验,并达到 5%的显著性水平。山西所对应的变系数回归结果显示,当年的系数为 0.70、延迟一年的系数为 0.72、延迟两年的系数为 0.81,都通过了 t 检验,并达到 5%的显著性水平。陕西所对应的变系数回归结果显示,当年的系数为 0.70,通过了 t 检验,并达到 1%的显著性水平;延迟一年的系数为 0.34,通过了 t 检验,并达到 10%的显著性水平;延迟两年的影响不显著。这说明 $\ln(\text{RDI/IAV})$ 对于 $\ln(S/A)$ 总体上有着显著的正向影响,其根本原因在于东部资源枯竭型企业跨区转移进入中西部三省,伴随掘进、回采、选矿和冶炼的进行,对于矸石、矿渣等固体废物的产生有着显著的强化作用。而在三省之中,山西、陕西两省的当年系数更加突显,其主要致因在于山西、陕西两省的矿产资源开发产量较高,如山西、陕西的煤炭产量分别相当于贵州的 10 倍和 2 倍多,因而固体废物的排放量较大。

从 $\ln(\text{RDI/IAV})$ 对于 $\ln(W/A)$ 的影响来看,三省的影响效果不一。贵州所对应的变系数回归结果显示,当年的和延迟一年的系数分别为 0.53、0.77,都通过了 t 检验,达到 10%的显著性水平;延迟两年的系数为 0.71,通过了 t 检验,达到 1%的显著性水平。山西所对应的变系数回归结果显示,当年的系数为 0.48,通过了 t 检验,达到 10%的显著性水平;延迟一年、两年的影响都不显著。陕西所对应的变系数回归结果显示,当年的系数为 0.57,通过了 t 检验,并达到 10%的显著性水平,延迟一年、两年的影响都不显著。这说明 $\ln(\text{RDI/IAV})$ 对于 $\ln(W/A)$ 总体上有着显著的正向影响,其根本原因在于东部资源枯竭型企业跨区转入中西部三省,伴随建井与回采的进行,破坏了地下水系,对于废水,特别是含有重金属元素矿床水的产生有着显著的强化作用。而在三省之中,贵州的系数更加突出,其主要致因在于贵州地下水系更为丰富,地下水资源量分别相当于山西的 4 倍、陕西的 2.5 倍,因而排放的矿床水也会更多。

从 $\ln(\text{RDI/IAV})$ 对于 $\ln(G/A)$ 的影响来看,三省的影响效果不一。贵州所对应的变系数回归结果显示，当年的和延迟一年的系数分别为 0.34、0.39，都通过了 t 检验，并达到 10%的显著性水平；延迟两年的系数为 0.46，通过了 t 检验，并达到 1%的显著性水平。山西所对应的变系数回归结果显示，当年的系数为 0.43，通过了 t 检验，并达到 10%的显著性水平；延迟一年、两年的影响都不显著。陕西所对应的变系数回归结果显示，当年的系数为 0.50，通过了 t 检验，并达到 5%的显著性水平，延迟一年、两年的影响都不显著。这说明 $\ln(RDI/IAV)$ 对于 $\ln(G/A)$ 总体上有着显著的正向影响，其主要原因在于东部资源枯竭型企业跨区转移进入中西部三省，伴随回采的进行，对于长期蕴藏在地下矿床中的 SO_2、CH_4 等气体的释放有着显著的强化作用。而在三省之中，贵州延迟一年、两年的系数更加突出，这可能与该省矿产资源烃类气体含量较高有关，如贵州煤炭资源多为高硫、高瓦斯煤炭，硫份含量在 1%~4%，瓦斯含量占全国的 10%，瓦斯突出矿井占全国的 30%，列全国之首。

从 $\ln(RDI/IAV)$ 对于 $\ln(D/A)$ 的影响来看，三省的影响效果不一。贵州所对应的变系数回归结果显示，当年的和延迟一年的系数分别为 0.39、0.71，都通过了 t 检验，并达到 10%的显著性水平；延迟两年的系数为 0.67，通过了 t 检验，达到 1%的显著性水平。山西所对应的变系数回归结果显示，当年的系数为 0.41，通过了 t 检验，并达到 10%的显著性水平；延迟一年、两年的影响都不显著。陕西所对应的变系数回归结果显示，当年的系数为 0.34，通过了 t 检验，并达到 10%的显著性水平；延迟一年、两年的影响都不显著。这说明 $\ln(RDI/IAV)$ 对于 $\ln(D/A)$ 有着显著的正向影响，其主要原因在于东部资源枯竭型企业跨区转移进入中西部三省，伴随爆破、采动和冶炼的进行，对于粉尘的产生有着显著的强化作用。值得关注的是，贵州矿产资源开发产能比山西、陕西要小得多，而粉尘的产生却与山西、陕西规模相当，并具有延迟一年、两年的强化特征，这一矛盾的发现，其主要致因在于贵州的资源开发大多在浅层，如贵州煤炭资源不仅埋藏浅，而且煤层薄，薄煤层占到 32.8%，还保留了一定规模的炮采炮掘，开采机械化程度不高。

综上分析可知，东部资源枯竭型企业的跨区转移行为对于中西部三省的土地塌陷、固体废物、废水、废气和粉尘胁迫指标都有着显著的强化作用，假设 H1 得到证实，即东部资源枯竭型企业跨区转移行为，产生大量土地塌陷、固体废物、废水、废气和粉尘，形成了对于中西部资源富集地自然环境功能胁迫的强化流。换言之，东部资源枯竭型企业跨区直接投资地域愈大，这种自然环境功能胁迫的程度愈高。

2. 模型(9-2)的计量分析

为了明晰 $\ln(ERI/IAV)$ 对 $\ln(T/A)$ 的影响状况，对模型(9-2)分别采用五类胁迫指标进行分析，并将分析结果列入表 9-2。

表 9-2 模型(9-2)回归结果

项目	ln(T/A)				
	ln(L/A)	ln(S/A)	ln(W/A)	ln(G/A)	ln(D/A)
α	3.09*	1.05	6.74***	0.79	1.87
ln$E$-gui	−0.32	−0.35*	−0.75*	−0.18	−0.31*
ln$E$-jin	−0.10	−0.63***	−0.32	−0.10	−0.19
ln$E$-shan	−0.59	−1.71**	−0.50*	−1.15*	−0.30
ln$E$-gui(-1)	−1.45**	−1.07***	−1.25*	−1.57	−1.81
ln$E$-jin(-1)	−0.62*	−0.35*	0.06	−0.12	−0.04
ln$E$-shan(-1)	−0.79*	−1.57**	−0.78	−0.72	0.03
ln$E$-gui(-2)	−2.21**	−2.52*	−2.59**	−1.22	−1.49
ln$E$-jin(-2)	−0.48	−0.54	−0.30	−0.21	−0.23
ln$E$-shan(-2)	−0.47	−1.09	−0.36	−0.18	−0.26
ln$S$-gui	−0.56**	−1.12	−0.92***	0.36	−0.64*
ln$S$-jin	−0.61*	−1.79**	0.67	−0.91**	0.51
ln$S$-shan	−0.73	−1.51*	−0.59	−0.78***	0.39
ε-gui	10.56	17.30	9.56	9.89	5.17
ε-jin	−2.37	−1.79	−2.50	−0.99	−1.86
ε-shan	−8.20	−15.51	−7.06	−8.90	−3.31
R^2	0.93	0.89	0.88	0.91	0.90
Adj-R^2	0.91	0.87	0.85	0.87	0.87
F 值	37.27	16.02	18.61	26.82	25.75
F 的 P 值	0.00	0.00	0.00	0.00	0.00
N	16	16	16	16	16
M	3	3	3	3	3
K	3	3	3	3	3
选择模型形式	变系数	变系数	变系数	变系数	变系数

表 9-2 显示了模型(9-2)对于近 16 年,贵州(gui)、山西(jin)、陕西(shan)三省五类胁迫指标的面板数据拟合结果。R^2=0.88~0.93,Adj-R^2=0.85~0.91,整体拟合较好,也通过了 F 统计量的检验,达到1%的显著性水平。

从 ln(ERI/IAV)对于 ln(L/A)的影响来看,三省的影响效果不一。三省所对应的变系数回归结果显示,当年的都未能通过 t 检验,不显著。延迟一年的有着不同的显著性影响,贵州回归系数为−1.45,通过了 t 检验,并达到5%的显著性水平;山西回归系数为−0.62,通过了 t 检验,并达到10%的显著性水平;陕西回归系数为−0.79,通过了 t 检验,并达到10%的显著性水平。延迟两年的影响程度又有不同,贵州回归系数为−2.21,通过了 t 检验,并达到5%的显著性水平;

山西和陕西影响程度并不显著。这说明环境修复投入对于土地塌陷的弱化作用具有延迟一年的显著性效果，也体现了塌陷区整治、土地复垦和植被恢复的显著滞后性。

从 ln(ERI/IAV) 对于 ln(S/A) 的影响来看，三省的影响效果不一。贵州所对应的变系数回归结果显示，当年的系数为–0.35，通过了 t 检验，并达到10%的显著性水平；延迟一年的系数为–1.07，通过了 t 检验，并达到1%的显著性水平；延迟两年的系数为–2.52，通过了 t 检验，并达到10%的显著性水平。山西所对应的变系数回归结果显示，当年的系数为–0.63，通过了 t 检验，并达到1%的显著性水平；延迟一年的系数为–0.35，通过了 t 检验，并达到10%的显著性水平；延迟两年的系数未能通过 t 检验，不显著。陕西所对应的变系数回归结果显示，当年的、延迟一年的系数分别为–1.71、–1.57，都通过了 t 检验，并达到5%的显著性水平；延迟两年的系数未能通过 t 检验，不显著。这说明环境修复投入对于固体废物的弱化作用具有当年显著和延迟一年显著的效果。换言之，相关政府和转入企业作为资源开发的收益主体基本能够在当年和延迟一年时间内实施固体废物的处理。

从 ln(ERI/IAV) 对于 ln(W/A) 的影响来看，三省的影响效果不一。贵州所对应的变系数回归结果显示，当年的、延迟一年的系数分别为–0.75、–1.25，都通过了 t 检验，并达到10%的显著性水平；延迟两年的系数为–2.59，通过了 t 检验，并达到5%的显著性水平。山西对应的变系数回归结果，当年的、延迟一年的和延迟两年的都未能通过 t 检验，不显著。陕西对应的变系数回归结果显示，当年的系数为–0.50，通过了 t 检验，并达到10%的显著性水平；延迟一年、两年的都未能通过 t 检验，不显著。这说明环境修复投入对于废水的弱化作用只在贵州、陕西两省有着显著的效果。换言之，贵州、陕西两省政府和相关企业对于矿区污水净化处理较为重视，收效较为明显。

从 ln(ERI/IAV) 对于 ln(G/A) 的影响来看，三省的影响效果不一。陕西所对应的变系数回归结果显示，当年的系数为–1.15，通过了 t 检验，并达到10%的显著性水平；延迟一年、两年的都未能通过 t 检验，不显著。贵州和山西两省影响程度并不显著。这说明环境修复投入对于废气的弱化作用只在陕西当年有着显著的效果。换言之，陕西省政府和转入企业对于矿区废气治理较为重视，处理成效显著。

从 ln(ERI/IAV) 对于 ln(D/A) 的影响来看，三省的影响效果不一。贵州所对应的变系数回归结果显示，当年的系数为–0.31，通过了 t 检验，并达到10%的显著性水平；延迟一年、两年的都未能通过 t 检验，不显著。山西和陕西两省对应的变系数回归结果都未能通过 t 检验，不显著。这说明环境修复投入对于粉尘的弱化作用只在贵州当年有着显著的效果。换言之，贵州省政府和转入企业对于矿区粉尘治理较为重视，成效较为明显。

综合上述分析可知，中西部三省区环境修复投入对于土地塌陷、固体废物和废水三项胁迫指标都有着显著的负向影响和弱化作用；陕西对于废气胁迫指标有着显著的负向影响和弱化作用；贵州对于粉尘胁迫指标有着显著的负向影响和弱化作用。假设 H2 在大部分胁迫途径得到了证实，即东部资源枯竭型企业跨区转移行为，引致相关政府和企业协同进行的矿区自然环境修复行为，形成对于中西部三省区土地塌陷、固体废物、废水排放自然环境功能胁迫的弱化流，以及陕西废气胁迫、贵州粉尘胁迫的弱化流。即相关政府和企业的环境修复投资规模愈大，这种自然环境功能胁迫的程度愈低。

3. 模型(9-3)的计量分析

为了进一步明晰 $\ln(RDI/IAV)$、$\ln(ERI/IAV)$ 共同和交替对于 $\ln(T/A)$ 的影响状况，以及两方面影响程度的差异，对模型(9-3)分别采用五类胁迫指标进行分析，其结果如表 9-3 所示。

表 9-3 模型(9-3)回归结果

项目	$\ln(T/A)$				
	$\ln(L/A)$	$\ln(S/A)$	$\ln(W/A)$	$\ln(G/A)$	$\ln(D/A)$
α	2.44	4.91***	4.42**	−0.47	−1.80
$\ln R$-gui	0.47***	0.44***	0.37**	0.35**	0.27**
$\ln R$-jin	0.69**	0.44***	0.42**	0.49**	0.34**
$\ln R$-shan	0.43*	0.44***	0.49**	0.48**	0.29**
$\ln E$-gui	−0.42**	−0.31**	−0.29**	−0.03	−0.25**
$\ln E$-jin	−0.14	−0.31**	−0.02	−0.01	−0.20
$\ln E$-shan	−0.35	−0.31**	−0.45**	−0.31*	−0.22
$\ln R$-gui(−1)	0.45**	0.32*	0.64**	0.32**	0.46*
$\ln R$-jin(−1)	0.07	0.32*	0.55	0.38**	0.03
$\ln R$-shan(−1)	0.11	0.32*	0.07	0.35**	0.06
$\ln E$-gui(−1)	−0.43*	−0.17	−0.26	−0.28	−0.51
$\ln E$-jin(−1)	−0.05	−0.17	−0.19	−0.06	0.01
$\ln E$-shan(−1)	−0.40*	−0.17	−0.57	−0.21	−0.06
$\ln R$-gui(−2)	0.36**	0.33**	0.57**	0.41***	0.39*
$\ln R$-jin(−2)	0.12	0.33**	0.14	0.02	0.16
$\ln R$-shan(−2)	0.07	0.33**	0.39	0.34	0.33
$\ln E$-gui(−2)	0.02	−0.08	−0.28	−0.67	−0.18
$\ln E$-jin(−2)	−0.14	−0.08	−0.11	−0.06	−0.14

续表

项目	ln(T/A)					
	ln(L/A)	ln(S/A)	ln(W/A)	ln(G/A)	ln(D/A)
ln$E$-shan(-2)	−0.19	−0.08	−0.39	−0.09	−0.13
ln$S$-gui	1.21*	2.02*	0.93***	0.87*	−0.56
ln$S$-jin	2.13*	2.02*	0.81*	0.95**	1.07*
ln$S$-shan	1.97**	2.02*	−0.64	0.71	0.89**
ε-gui	−0.70	−0.50	−0.81	0.73	−0.45
ε-jin	3.40	0.76	5.87	2.33	2.83
ε-shan	−2.70	−0.26	−5.07	−3.05	−2.38
R^2	0.99	0.98	0.97	0.98	0.96
Adj-R^2	0.98	0.97	0.94	0.96	0.92
F 值	131.76	167.72	32.36	55.90	23.92
F 的 P 值	0.00	0.00	0.00	0.00	0.00
N	16	16	16	16	16
M	3	3	3	3	3
K	6	6	6	6	6
选择模型形式	变系数	变截距	变系数	变系数	变系数

表 9-3 显示了模型(9-3)对于近 16 年，贵州(gui)、山西(jin)、陕西(shan)三省五类胁迫指标的面板数据拟合结果。R^2=0.96~0.99，Adj-R^2=0.92~0.98，整体拟合较好，也通过了 F 统计量的检验，达到 1%的显著性水平。

从 ln(RDI/IAV) 和 ln(ERI/IAV) 对于 ln(L/A) 的共同和交替影响来看，当年三省 ln(RDI/IAV) 对应的变系数回归结果都通过了 t 检验，其中贵州的回归系数为 0.47，达到了 1%的显著性水平；山西的回归系数为 0.69，达到了 5%的显著性水平；陕西的回归系数为 0.43，达到了 10%的显著性水平。延迟一年、两年的影响只有贵州是显著的，其余两省并不显著。这在一定程度上支持了假设 H1。当年三省 ln(ERI/IAV) 对应的变系数回归结果只有贵州通过了 t 检验，回归系数为−0.42，达到了 5%的显著性水平；山西和陕西的回归系数并不显著。延迟一年的影响贵州和陕西都通过了 t 检验，回归系数分别为−0.43、−0.40，达到了 10%的显著性水平；山西不显著。延迟两年的影响三省都未能通过 t 检验，不显著。这在一定程度上支持了假设 H2。进一步从 ln(RDI/IAV) 和 ln(ERI/IAV) 分别对于 ln(L/A) 影响的对比来看，ln(RDI/IAV) 的影响程度要高于 ln(ERI/IAV) 的影响程度。这说明胁迫的正向强化流作用高于负向弱化流作用，山西最为突出，陕西次之，贵州稍好。

从 ln(RDI/IAV) 和 ln(ERI/IAV) 对于 ln(S/A) 的共同和交替影响来看，当年三省 ln(RDI/IAV) 对应的变截距回归结果为 0.44，都通过了 t 检验，达到 1%的显著性水平。延迟一年、两年的影响都是显著的，分别达到了 10%和 5%的显著性水平。以上这也进一步支持了假设 H1。当年三省 ln(ERI/IAV)对应的变截距回归结果为-0.31，都通过了 t 检验，达到 5%的显著性水平。延迟一年、两年的影响并不显著，这在一定程度上支持了假设 H2。进一步从 ln(RDI/IAV)和 ln(ERI/IAV)分别对于 ln(S/A)影响的对比来看，ln(RDI/IAV)的影响程度要高于 ln(ERI/IAV)的影响程度。这说明胁迫的正向强化流作用高于负向弱化流作用。

从 ln(RDI/IAV)和 ln(ERI/IAV)对于 ln(W/A)的共同和交替影响来看，当年三省 ln(RDI/IAV)对应的变系数回归结果都通过了 t 检验，贵州、山西、陕西的回归系数分别为 0.37、0.42、0.49，都达到了 5%的显著性水平。延迟一年、两年的影响只有贵州是显著的，其余两省并不显著。以上这在一定程度上支持了假设 H1。当年三省 ln(ERI/IAV)对应的变系数回归结果只有贵州、陕西两省通过了 t 检验，回归系数分别为-0.29 和-0.45，达到了 5%的显著性水平；山西的影响并不显著。延迟一年、两年的影响三省都不显著。以上在一定程度上支持了假设 H2。进一步从 ln(RDI/IAV)和 ln(ERI/IAV)分别对于 ln(W/A)影响的对比来看，ln(RDI/IAV)的影响程度要高于 ln(ERI/IAV)的影响程度。这说明胁迫的正向强化流作用高于负向弱化流作用，山西最为突出，贵州次之，陕西稍好。

从 ln(RDI/IAV)和 ln(ERI/IAV)对于 ln(G/A)的共同和交替影响来看，当年三省 ln(RDI/IAV)对应的变系数回归结果都通过了 t 检验，贵州、山西、陕西的回归系数分别为 0.35、0.49、0.48，都达到了 5%的显著性水平。延迟一年的影响三省还都是显著的，延迟两年的影响只有贵州省是显著的，其余两省并不显著。以上在一定程度上支持了假设 H1。当年三省 ln(ERI/IAV)对应的变系数回归结果只有陕西通过了 t 检验，其回归系数为-0.31，达到了 10%的显著性水平；其余两省的回归系数并不显著。延迟一年、两年的影响并不显著。以上在一定程度上支持了假设 H2。进一步从 ln(RDI/IAV)和 ln(ERI/IAV)分别对于 ln(G/A)影响的对比来看，ln(RDI/IAV)的影响程度要高于 ln(ERI/IAV)的影响程度。以上说明胁迫的正向强化流作用高于负向弱化流作用，山西最为突出，贵州次之，陕西稍好。

从 ln(RDI/IAV)和 ln(ERI/IAV)对于 ln(D/A)的共同和交替影响来看，当年三省 ln(RDI/IAV)对应的变系数回归结果都通过了 t 检验，贵州、山西、陕西的回归系数分别为 0.27、0.34、0.29，都达到了 5%的显著性水平。延迟一年、两年的影响只有贵州是显著的，其余两省并不显著。以上在一定程度上支持了假设 H1。当年三省 ln(ERI/IAV)对应的变系数回归结果只有贵州通过了 t 检验，回归系数为-0.25，达到了 5%的显著性水平；其余两省并不显著。延迟一年、两年的影响并不显著。以上在一定程度上支持了假设 H2。进一步从 ln(RDI/IAV)和 ln(ERI/IAV)分别对于 ln(D/A)影响的对比来看，ln(RDI/IAV)的影响程度要高于 ln(ERI/IAV)的影响程度。这说明胁迫的正向强化流作用高于负向弱化流作用，山西最为突出，陕西次之，贵州稍好。

综合上述分析可知，假设 H1 和假设 H2 获得进一步支持，东部资源枯竭型企业跨区转移行为对于中西部三省区自然环境功能胁迫的正向强化流作用高于负向弱化流作用，不同省区程度也有差异。

9.3.6 稳健性检验

为了提高研究结果的可靠度，在此进行了回归模型的稳健性检验。

1. 被解释变量的替代检验

本章在采用面板数据固定效应模型进行估计的过程中，对于被解释变量单位面积胁迫程度指标 $\ln(T/A)$，实际采用了三省区的五类不同指标，具体包括转入企业开发煤矿区土地塌陷指标 $\ln(L/A)$、固体废物排放指标 $\ln(S/A)$、废水排放指标 $\ln(W/A)$、废气排放指标 $\ln(G/A)$、粉尘排放指标 $\ln(D/A)$。换言之，实际进行了被解释变量的 5 个替代回归。这 5 个回归的 F 检验都高度显著，说明 5 个回归总体上是显著的，而且变量拟合系数的正、负趋向和相对影响程度保持稳定，受张启望(2016)研究的启示，可以认定模型总体上是稳健的。

2. 内生性问题检验

借鉴何威风等(2016)、周泽将和刘中燕(2017)的做法，采取滞后变量法检验模型的内生性状况。本章对两类解释变量——单位产出承接东部资源枯竭型企业转入投资额和单位产出转入企业开发矿区环境修复投资额，均采用滞后一年和滞后二年数值进行回归拟合，结果显示变量系数的正、负趋向和相对影响程度都基本保持稳定，也进一步说明模型没有受到内生性问题的实质性影响，稳健性较好。

3. 整体稳健性检验

受张启望(2016)的研究启示，本章进一步采用差分 GMM 方法检验动态面板模型整体的稳健性，回归结果显示稳健性较好。

9.4 本章小结

本章运用系统工程的思想，采取理论分析与实证检验相结合的方法，分析了自然环境的系统功能特征，厘清了东部资源枯竭型企业跨区转移行为产生自然环境功能胁迫效应的机理特征，选取山西、陕西和贵州三个中西部省份资源产业 2000～2015 年的相关数据进行了实证检验。研究发现：

(1) 东部资源枯竭型企业跨区转移行为对于中西部三省的土地塌陷、固体废物、废水、废气和粉尘五项胁迫指标都有着显著的强化作用。随着矿山建设、掘进、回采、选矿和冶炼的进行，会在一定程度上损伤地表土层和植被，破坏地层结构和地下水系，释放地下资源中的烃类气体，排放可能含有一些重金属元素的地下矿床水、选矿和冶炼产生的废水，矸石和矿渣等固体废物，以及粉尘等物质，污染土壤、地表及地下水体、大气，并威胁到自然环境的维持功能、调节功能和净化功能，形成对于中西部资源富集地自然环境功能胁迫的强化流。换言之，东部资源枯竭型企业跨区直接投资地域愈大，产生土地塌陷、固体废物、废水、废气和粉尘的数量愈大，对于自然环境功能胁迫的程度愈高。

(2) 东部资源枯竭型企业跨区转移行为，引致相关政府和企业协同进行的矿区自然环境修复行为，形成对于中西部三省土地破坏、固体废物、废水排放自然环境功能胁迫的显著弱化流，以及陕西省废气胁迫、贵州省粉尘胁迫的显著弱化流。作为资源开发的收益主体，相关政府和企业，分别运用各自专项资金，分工负责，采取物理、化学和生物技术措施，通过污水净化、植被恢复、微生物和化学修复、土地复垦、自然景观重建等具体途径，使矿区受损环境部分或全部恢复，也就形成一种自然环境胁迫的弱化流，在一定程度上减轻对自然环境的压力。换言之，相关政府和企业的环境修复投资规模愈大，这种自然环境功能胁迫的程度愈低。

(3) 东部资源枯竭型企业跨区转移行为对于中西部三省自然环境功能胁迫的正向强化流作用高于负向弱化流作用。这不仅揭示了东部资源枯竭型企业的跨区转移行为，既具有一般的经济活动对于中西部资源富集地环境输入污染的特性，又具有自身从事资源开采对于中西部资源富集地环境破坏的本质，形成环境胁迫的双重压力，还揭示了塌陷区整治、土地复垦、植被恢复、污水净化等环境修复工程实施的显著滞后性。

(4) 东部资源枯竭型企业跨区转移行为对于中西部三省自然环境功能胁迫强化流与弱化流作用对比的省际差异较大。山西土地塌陷、固体废物、废水、废气和粉尘五项胁迫指标都最为突出，陕西土地塌陷、固体废物和粉尘三项胁迫指标都较为明显，贵州废水、废气和固体废物三项胁迫指标都较为明显，这不仅体现了不同省份自然环境功能胁迫程度的差异，还反映了不同省份的资源禀赋、地层结构、承接转移企业投资规模和开采方式差异，揭示了不同省份环境修复工程实施针对性和有效性的差异。

上述研究结论，对于中西部资源富集地政府部门厘清东部资源枯竭型企业跨区转移行为胁迫效应形成过程，制定防控胁迫效应，促进区域资源产业升级、经济高质量发展和生态文明建设的相关政策和策略，具有十分重要的启示。

第10章 资源枯竭型企业跨区转移行为胁迫效应的强度

前章的理论分析，初步揭示了东部资源枯竭型企业跨区转移行为胁迫效应的形成机理，那么这类胁迫效应有何具体影响？其作用强度如何？有何特征规律？对此还需要通过实证研究（empirical research）来进一步测量、验证、解释和支撑。而进行实证研究的前提和基础是对于胁迫效应强度变化趋势的分析与假设、测度模型的构建、各类因素的测度把握、样本数据的科学采集等。

本章共分为7节。10.1节进行胁迫效应强度变化趋势的分析并提出理论假设；10.2节进行胁迫效应强度门限计量模型的构建；10.3节进行模型指标的设计；10.4节进行数据采集与处理；10.5节进行检验结果的综合分析；10.6节进行稳健性检验；10.7节进行本章主要内容的小结。

10.1 胁迫效应强度变化趋势分析与假设

东部资源枯竭型企业跨区转移行为不仅给中西部资源富集地带来了丰富的资金、优秀的人才、先进的技术和有效的管理等资源和要素及其溢出效应，同时也带来了环境胁迫效应。伴随着"一带一路"倡议的实施和《国务院关于中西部地区承接产业转移的指导意见》[①]政策效应的逐步显现，东部资源枯竭型企业向中西部资源富集地转移的步伐进一步加快，其对转入地环境质量的影响也更加显著。

由于研究对象、区域、时期和方法的差异，关于区际产业转移对环境质量影响程度的问题，学术界仁者见仁，智者见智，实证检验的结果也不尽相同（陈景华，2019），而对东部资源枯竭型企业跨区转移行为胁迫效应的强度变化趋势的研究更显不足。

根据企业生命周期理论，企业发展与成长的动态轨迹包括初创期、成长期、成熟期、衰退期四个阶段，而实施跨区转移的主体是生命周期处于成熟期和衰退期的企业，东部资源枯竭型企业是最典型的代表，它的跨区转移行为必将加重承接地的土地破坏、环境污染和能耗。再从"污染天堂"假说来看，我国东部省区随着经济社会发展水平的显著上升，环境标准相应提高，使得东部资源枯竭型企

[①] 参见2010年8月31日国发〔2010〕28号文件《国务院关于中西部地区承接产业转移的指导意见》，http://www.gov.cn/zhengce/content/2010-09/06/content_1536.htm。

业不仅面临资源枯竭的困扰，而且需要承担高昂的环境成本，被迫转移到资源丰富且环境管理相对较松、治污成本相对较低的中西部省区，从而导致承接地的环境质量下降。而从环境库兹涅茨曲线的假说来看，环境污染与经济增长的关系呈现"倒 U 形"曲线趋势，在经济增长过程中，环境一般会经历先恶化后改善的过程。东部资源枯竭型企业的跨区转移行为会促进中西部资源富集地的经济增长，随着承接地对环境问题重视程度的逐渐增强，企业跨区转移行为对环境的影响也会呈现出先恶化后改善的现象。对于这种趋势，已有学者从贸易与环境的关系视角作了进一步分析，认为经济增长对于污染排放量的影响主要体现在三个方面：一是由于经济规模变化引起污染排放量的变化；二是由于经济结构变化引起污染排放量的变化；三是由于清洁生产技术的变化引起污染排放量的变化(陈景华，2019；Copeland and Taylor，2004)。应该指出，东部资源枯竭型企业跨区转移行为所带来的产业规模和总体经济规模的扩张，不仅会导致资源消耗的增加、土地塌陷的增大、"三废"排放的增多，即企业跨区转移行为胁迫效应的强度渐趋上升，也会导致承接地产业结构的转化，以及原有生态环境状况的改变，即引起企业跨区转移行为胁迫效应强度的变化，同时还会带来较为成熟的先进技术、管理经验和优秀人才，以及可能的溢出效应。由此而促进承接地绿色开采和清洁生产的发展，以及产业优化升级，使得单位产出的土地破坏和"三废"排放逐步减少，即企业跨区转移行为的胁迫效应强度渐趋下降。

显然，东部资源枯竭型企业跨区转移行为对环境影响存在较高的不确定性和复杂性，仅仅依靠单一理论假设难以表达企业跨区转移行为胁迫效应的强度变化趋势和效果。东部资源枯竭型企业跨区转移行为与环境之间的关系，既有一般性企业对于环境的共性影响，还有从事资源开采产业对于环境的个性影响。应该说，东部资源枯竭型企业跨区转移行为对于环境影响具有多条路径、多种机制，且通过不同方式将会出现不同程度的影响效果，而现实中呈现出的正是多条路径和多种机制复合作用的结果和变化趋势。

但是，这些作用的效果也取决于相关区域的环境规制。因为作为承接企业跨区转移的环境准入门槛和有效政策工具，环境规制对于承接地抑制污染密度较大的投资、缓解胁迫效应意义重大。环境规制对于东部资源枯竭型企业跨区转移行为的作用机理主要体现在两个方面：一是环境规制对于企业生产资金和时间的"挤出效应"。随着环境规制的趋严，不仅劳动力和资本是企业生产要素，环境也成为企业的一种重要生产要素，尤其会直接影响一个区域污染产品的产量 (Siebert，1977)。东部资源枯竭型企业面对更加严格的环境规制，如果缺乏对策措施，必须支付更高的矿山污染治理设施运行费用、排污费用和环境修复费用等，导致生产成本的上升，形成对于资源产品生产的"挤出效应"；如果引进更加先进的绿色开采技术和生产及治污设备，这些投资又会挤占企业用于生产技术创新的投资，从而形成对企业生产技术创新的"挤出效应"。不仅如此，东部资源枯竭型企业还不得不将更多的时间用于矿山污染治理和环境修复，而用于企业管理和生产组织的时间又会受到挤占（张彩云和郭艳青，2015）。当然这类"挤出效应"的分析是基于静态视角的观点。二是环境规制对于企业的"创新补偿效应"。从动态角度审视，合理的环境规制标准能够鞭策和激励企业绿色开采技术和治污技术的研发，并且促进生产技术创新。这种创新行为既能够直接减少单位产量造成的土地破坏和"三废"排放，还会降低资源产品的生产成本。根据 Porter（1991）假说，如果东部资源枯竭型企业选择提高环保技术水平、引进更为先进的绿色开采技术和治污设备，虽然短期内挤占了企业用于产品生产的成本，但在绿色开采和环保技术提高的过程中，企业除了生产更为清洁的资源产品外，也能节省单位产量的能耗和生产成本。在"创新补偿效应"影响下，企业更倾向于增加产量。当然，在不同的环境规制水平下，"挤出效应"和"创新补偿效应"的强弱程度不同，而且"创新补偿效应"常常滞后于"挤出效应"（李平和慕绣如，2013；张成等，2011）。经济发展的初级阶段，"挤出效应"较为显著并逐渐增强；随着经济发展水平的逐步上升，环境规制的标准不断提高，将鞭策和激励企业通过改进开采和治污技术，提高生产管理水平等方式降低成本，由此"创新补偿效应"会逐渐超越"挤出效应"，促进企业跨区转移行为胁迫效应强度的减弱。

综合上述分析可知，不同区域产业规模、产业结构、技术水平，尤其是环境规制的差异，将会导致东部资源枯竭型企业的跨区转移行为对该区域环境质量的影响效果出现差异，可能存在"门槛效应"。特别是目前我国所实施的环境规制大多以费用型规制为主，处罚力度大于激励强度，很大程度上会增加企业跨区转移成本与生产成本，减少其利润，即实施环境外部成本内生化。在环境规制标准逐步提高初期，大部分企业选择逃避污染税费、减少环保投入，对环境保护的被动性增加。因此，在环境规制约束下，资源枯竭型企业跨区转移行为对承接地环境影响如何，即胁迫效应的强度变化趋势如何，在很大程度上取决于规制实施强度的相对大小。

由此，本章假设东部资源枯竭型企业跨区转移行为胁迫效应的强度变化趋势可能存在"倒U形"曲线、"U形"曲线、"倒N形"曲线、"N形"曲线四种非线性趋势，并以此构建企业跨区转移行为与生态环境胁迫程度之间的非线性关系计量模型。通过回归分析，判断东部资源枯竭型企业跨区转移行为胁迫效应强度变化趋势的具体表现形式。

10.2 胁迫效应强度门限计量模型构建

考虑到东部资源枯竭型企业跨区转移行为对中西部省区环境影响状况可能并

非简单的线性关系,即胁迫效应的强度变化趋势可能是非线性的,因此,本章在 Hansen 面板门限模型方法的基础上,构建环境规制约束下东部资源枯竭型企业跨区转移行为与承接地环境胁迫面板门限回归模型,表述如下:

$$y_{i,t} = u_i + \beta_1' x_{i,t} I(q_{i,t} \leqslant \gamma) + \beta_2' x_{i,t} I(q_{i,t} > \gamma) + e_{i,t} \tag{10-1}$$

式中,$x_{i,t}$ 为解释变量;$y_{i,t}$ 为被解释变量;$q_{i,t}$ 为门限变量;γ 为待估门限值;u_i 为个体效应;i 为省区;t 为年份;$e_{i,t}$ 为随机扰动项,$e_{i,t} \sim idd(0, \sigma^2)$,独立分布且与 $x_{i,t}$ 不相关;$I(\cdot)$ 为指示函数,相应条件成立时取 1,否则取值为 0。

式(10-1)等价于

$$y_{i,t} = \begin{cases} u_i + \beta_1' x_{i,t} + e_{i,t}, & q_{i,t} \leqslant \gamma \\ u_i + \beta_2' x_{i,t} + e_{i,t}, & q_{i,t} > \gamma \end{cases} \tag{10-2}$$

该模型为分段函数形式,当 $q_{i,t} \leqslant \gamma$ 时,$x_{i,t}$ 前的系数为 β_1',当 $q_{i,t} > \gamma$ 时,$x_{i,t}$ 前的系数为 β_2'。

在模型(10-1)中,首先进行面板门限参数估计。对于给定的 γ 值,采用 OLS(即传统 within 估计)对模型系数进行估计,得到 $\widehat{\beta_1}(\gamma)$、$\widehat{\beta_2}(\gamma)$ 一致性估计量、残差平方和 RSS(γ)。根据 Hansen 的研究,当 γ 越接近门限的真实值时,回归模型的残差平方和越小,因此,最小化 RSS(γ) 以得到真实的门限值,进而展开门限效应检验与门限值检验。

门限效应检验:H0:$\beta_1 = \beta_2$,即当假设 H0 成立,该模型不存在门限效应。Hansen 构建了 LR 检验统计量:

$$LR = \frac{RSS^* - RSS(\hat{\gamma})}{RSS(\hat{\gamma})/N(T-1)} \tag{10-3}$$

式中,RSS* 为门限效应不存在条件下的残差平方和;RSS($\hat{\gamma}$) 为门限效应存在条件下的残差平方和。

由于采用 LR 渐近线的分布依赖于样本矩,无法直接获得其临界值,因此采用"自抽样"(bootstrap)法获得渐近线的分布,从而进行临界值的计算。

当拒绝原假设时,说明存在门限效应,然后进行门限值的检验。H0:$\gamma = \gamma_0$。由于 LR 为非标准分布,因此,采用 Hansen 所提出的另外一种方法来计算其非拒绝域,即当满足 LR(γ_0) $\leqslant c(\alpha)$ 时,能够拒绝原假设,其中 $c(\alpha) = -2\ln(1-\sqrt{1-\alpha})$,$\alpha$ 为显著性水平。

结合模型(10-1),构建以下模型:

$$\begin{aligned} P_{i,t} = & c + \beta_1 EI_{i,t} I(q_{i,t} \leqslant \gamma_1) + \beta_2 EI_{i,t} I(\gamma_1 < q_{i,t} < \gamma_2) \\ & + \cdots + \beta_n EI_{i,t} I(q_{i,t} > \gamma_n) + \theta X_{i,t} + u_i + \varepsilon_{i,t} \end{aligned} \tag{10-4}$$

式中，$P_{i,t}$ 为中西部省区环境胁迫效应指标；$EI_{i,t}$ 为东部资源枯竭型企业跨区转移行为指标；$X_{i,t}$ 为一组对环境可能存在影响的控制变量；$\varepsilon_{i,t}$ 为随机误差项；u_i 为个体固定效应；i 为省区；t 为年份；$I(\cdot)$ 为指示函数。

10.3 模型指标设计

上节构建的胁迫效应强度门限计量模型中涉及几个重要的指标，根据东部资源枯竭型企业跨区转移行为的特征，现将重要指标进行如下设计。

10.3.1 环境污染指数

对于中西部资源富集省区，随着东部资源枯竭型企业的转入，不仅形成一般经济活动对于承接地环境输入污染的表现，而且还会产生自身从事资源开采对于承接地环境破坏的特征。在矿山建设和开采、选矿或焦化过程中产生的大量矸石、矿渣等固体废物，不仅压占土地植被，而且由于其中可能含有重金属元素，风蚀后会释放有毒有害物质，污染土壤、水体、大气。地下资源中的 CH_4、CO、H_2S 等气体，会排放形成空气污染、酸雨。爆破、采动和焦化产生的粉尘和废气，会强化空气污染。地下矿床水的抽排，以及选矿或焦化的废水排放，其中含有的大量 COD、硫酸盐等都会加重地面污染。这些都威胁到自然环境系统的维持功能、调节功能和净化功能，促进了对于中西部资源富集省区自然环境系统功能胁迫强度的上升。基于研究问题的针对性、系统性，收集数据的完整性、可靠性，在此以中西部资源富集省区工业固体废弃物、工业二氧化硫（SO_2）、工业废水作为主要污染排放物，同时，为了避免在一个方程中不同污染物所产生的共线性问题，将不同的污染物排放量构造成一个综合指标（朱平芳等，2011），即环境污染指数：

$$P_i = \frac{a_{i,1} + a_{i,2} + a_{i,3}}{3}, \quad a_{i,j} = \frac{q_{i,j}}{\sum_{i=1}^n q_{i,j}/n} \tag{10-5}$$

式中，P_i 为环境污染指数；$a_{i,j}$ 为相对于全国平均水平的环境污染指数；$q_{i,j}$ 为单位 GDP 污染物排放量（污染物排放绝对值/GDP）；i 为省区；j 为污染物。

应该指出，$a_{i,j}$ 为 i 省份 j 污染物的相对于全国平均水平的环境污染指数，其值越大并超过 1，说明 i 省份 j 污染物的排放水平在全国范围内越高。由于 $a_{i,j}$ 本身就是无量纲变量，因此加总平均是有实际意义的。

10.3.2 企业跨区转入程度

为了测度东部资源枯竭型企业跨区转入程度（EI），采取承接地企业集中度的变化指标。由于我国目前尚缺乏权威的企业跨区转移微观经济数据统计资料，因此，一般采用企业集中度的变化来反映企业转入程度(何龙斌，2013)。而企业集中度则是用相关各省份某种产业产值占全国该类产业总产值的比重来衡量。对于东部资源枯竭型企业的跨区转移行为来说，它将导致转入地调出到本国其他地区的资源相关产品增加，或是转入地资源相关产业投资增加。换言之，将会导致转出地资源产值的减少与承接地资源产值的增加，因此，该类企业的集中度可以用企业所在区域资源产业产值与该资源产业全国总产值的比重来表示(侯伟丽等，2013)。当然该种衡量方法也需要基于一定的假设条件：①该类资源相关产品的进出口结构不变；②各省区对该类资源相关产品的需求量稳定；③居民对自己所在区域的投资额年变化稳定；④该类资源相关产品还未出现完全可替代品。

10.3.3 环境规制强度

对于环境规制强度(environmental regulation stringency)的测度，如果采用企业为执行、落实环境规制而发生的费用和成本作为指标，问题在于企业的治污费用和成本负担会因规模不同而无法直接比较。因此，在衡量环境规制强度的指标中必须将企业的规模差异考虑在内，具体用污染治理费用除以企业总产值(GDP)来消除这种差异，即以"每千元工业污染治理完成额占企业总产值的比重"来衡量环境规制强度，并对其取对数处理。具体计算公式为：环境规制强度=ln[(污染治理费用÷企业总产值)×1000]，在测度模型中用 ln(ERS) 表示环境规制强度。考虑到工业污染治理投资完成额可以体现一个区域在环境管理上的实际付出和担当，以及数据的可获性和完整性，则以该指标去衡量环境规制强度具有一定的合理性(王国印和王动，2011)。

10.3.4 控制变量

除了环境规制外，还有一些因素可能也会影响东部资源枯竭型企业跨区转移行为胁迫效应的强度，为了尽量减小测度模型中随机误差项间可能存在自相关而带来的回归参数估计偏差，需要将其他一些对因变量可能有显著影响的因素从随机误差项中分离出来进行单独控制。为此，在遵循变量选取基本原则的基础上，参考相关研究成果，选取所研究区域的经济发展水平、贸易开放程度和能源结构3个变量作为控制变量。

1. 经济发展水平(EDL)

现有研究表明，随着经济的高速增长，环境并没有得到明显改善，反而进一步恶化(贺俊等，2016)，这也充分说明区域的经济发展水平对于环境影响的复杂性。而区域经济发展水平是指一个区域经济发展的规模、速度和所达到的水准，可用经济增长率反映,即以"(当年 GDP/上年 GDP–1)×100%"测算(陈凡和周民良,2019)。在此,选取区域经济增长率作为控制变量,来代表区域经济发展水平对环境的影响。

2. 贸易开放程度(TRO)

随着经济全球化,我国进入全球价值链分工体系中,且贸易开放程度逐步增大。而贸易开放程度会对环境产生影响(Copeland and Scott Taylor,2004),但该类影响对于一个区域究竟是体现出环境胁迫作用还是绿色改善作用,主要取决于该区域对知识溢出的吸收能力。由于该能力对于区域经济发展状况和技术投入水平的不同具有区域异同性,因此,选取贸易开放度作为控制变量,并用"承接地进出口总量与 GDP 的比重"进行具体衡量(陈凡和周民良,2019)。

3. 能源结构(ES)

我国的国情决定了能源消费结构以煤炭消费为主,煤炭的开采和使用对于区域环境 PM2.5 的浓度贡献达到 61%,成为雾霾问题的诱因之首(刘晓龙等,2019)。尽管目前我国的清洁能源比重在不断上升,但煤炭消耗仍占最大份额,2019 年达到 60%左右。一般来说,一个区域对于非清洁能源的依赖程度越大,则对环境的破坏程度就越大。因此,选取能源结构作为控制变量,并以"煤炭消费占能源总消费的比重"进行具体衡量(胡宗义和李毅,2019)。

10.4 指标数据采集与处理

考虑到东部资源枯竭型企业跨区转移行为的区域代表性、数据资料的完整性、研究结果的普适性,以及近二十年来我国中西部资源富集省区承接东部煤炭资源枯竭型企业的跨区转移最为活跃,而且《煤炭工业发展"十三五"规划》又进一步引导煤炭资源开发向中西部地区转移,重点是面向内蒙古、陕西、新疆三省区。另外,山西和贵州两省又是我国较早的煤炭建设基地,煤炭开发强度大,承接东部煤炭资源枯竭型企业跨区转移数量较多且条件成熟。因此,本章选取 2000~2015 年内蒙古、陕西、新疆、山西、贵州五省区数据作为东部资源枯竭型企业跨区转移行为胁迫效应强度测度的样本,数据来源为《环境保护年鉴》(2001~2016)、《中国工业经济统计年鉴》(2001~2016)、《中国煤炭工业年鉴》(2001~2016)和《中国能源统计年鉴》(2001~2016),以及内蒙古、陕西、新疆、山西、贵州五省区相应年度的《统计年鉴》。对于个别省区或少数年份的缺失数据采用年平均增长率的方法进行适当补齐。实证模型中各变量的定义与统计性描述如表 10-1 所示。

表 10-1　变量的定义和描述性统计

变量性质	变量符号	变量名称	计算方式	平均值	标准差	最小值	最大值	中位数
被解释变量	P	环境污染指数	中西部省区工业固体废弃物、二氧化硫及废水计算环境污染综合指数	1.716	0.585	0.641	2.972	1.703
解释变量	EI	企业跨区转入程度	中西部省区煤炭产业产值占全国煤炭产业总产值比重的变化	4.792	4.240	0.502	16.489	3.459
门限变量	ln(ERS)	环境规制强度	每千元工业污染治理完成额占 GDP 比重的对数	2.702	0.466	1.686	3.747	2.647
控制变量	EDL	经济发展水平	经济增长率	0.157	0.074	0.004	0.290	0.161
控制变量	TRO	贸易开放程度	承接地进出口总量占 GDP 的比重	1.103	0.066	0.012	0.370	0.082
控制变量	ES	能源结构	煤炭消费量在能源消费总量的占比	0.912	0.266	0.561	1.770	0.873

10.5　检验结果综合分析

10.5.1　单位根检验

不平稳的面板数据可能会导致"伪回归"现象，且门限面板模型要求变量平稳，因此，在正确设定模型与估计参数之前，需要对各个变量进行单位根检验。

根据本章数据的特点，分别采用 LLC 检验与 Fisher-ADF 检验两种方法进行同根检验和异根检验，H0 假设：数据序列包含单位根；备择假设：面板平稳。通过表 10-2 的单位根检验结果可知，所有变量在 5%的显著性水平下通过 LLC 检验，在 1%的显著性水平下通过 Fisher-ADF 检验，两种检验结果均显著，拒绝原假设，该面板数据不含单位根，具有较好的平稳性，因此，可将各变量一起纳入回归模型中。

为了便于比较，在估计非线性模型之前，本章初步估计了一个线性模型，采用豪斯曼（Hausman）检验得到 P 值为 0.0007（<0.1），确定采用固定效应模型进行面板参数值估计，具体结果见表 10-3 中的模型Ⅰ。同时考虑到内生性问题及滞后效应，借鉴肖文和殷宝庆（2011）的做法，将东部资源枯竭型企业跨区转移行为指标的滞后一期代替当期作为自变量进行回归，回归结果见表 10-3 中的模型Ⅱ。

表 10-2　面板数据平稳性(单位根)检验

指标	LLC	Fisher-ADF	单位根判断
P	3.483*** (0.006)	10.798*** (0.002)	否
EI	−4.326*** (0.000)	18.064*** (0.005)	否
EDL	−2.416*** (0.007)	21.148** (0.020)	否
TRO	−2.092** (0.018)	27.628*** (0.002)	否
ln(ERS)	−2.904*** (0.010)	31.421*** (0.000)	否
ES	−1.974** (0.024)	34.119*** (0.000)	否

注：括号内数据为估计量的伴随概率。

表 10-3　线性面板模型估计结果

变量	模型 I	模型 II
EI	−0.024** (−2.48)	
EI_{t-1}		−0.102* (−1.96)
EDL	−1.035** (−2.08)	−0.839* (−1.74)
TRO	0.146** (2.14)	0.477** (2.45)
ES	0.432** (2.07)	0.822*** (3.71)
ln(ERS)	0.207*** (3.92)	0.015** (2.06)
_cons	1.712 (1.46)	1.622 (1.15)

注：括号内数据为修正异方差后的 t 统计量。

从表 10-3 的回归检验结果可见，模型 I、模型 II 中核心解释变量与控制变量的回归系数差异较小，说明当期与滞后一期进行回归差别较小，即该模型的内生性程度并不严重。模型 I 中的企业跨区转移投资前系数显著为负，说明东部资源枯竭型企业跨区转移行为对承接地环境胁迫效应有着显著的弱化效应，但该种弱化效应在环境规制的约束下会表现出何种作用规律与动态形式，需要在线性模型的估计基础上，使用面板门限展开进一步探究。

10.5.2 门限效应检验与门限值估计

首先检验环境规制是否存在门限值使得中西部省区环境胁迫效应与东部资源枯竭型企业跨区转移行为之间的关系发生结构性变化。由于存在门限时，传统的统计方法已不再适用，因此本章基于 Hansen 的研究方法，使用 Stata 15.0 软件，通过 Bootstrap 法计算 F 值与 P 值，抽样为 300 次，对单一门限效应、双重门限效应以及三重门限效应的存在性依次进行检验。门限值估计结果与检验如表 10-4 所示。单一门限模型的自抽样 P 值为 0.047，在 5% 的水平下显著，双重门限模型自抽样 P 值为 0.067，在 10% 的水平下显著，而三重门限并没有通过显著性检验，说明选取的样本中只包含两个门限值，即在东部资源枯竭型企业跨区转移行为对中西部资源富集省区环境胁迫影响中，环境规制强度存在两个门限估计值。

表 10-4 门限值估计结果与检验

模型	F 值	P 值	BS 值	临界值 1%	临界值 5%	临界值 10%
单一门限	4.480**	0.047	300	24.941	16.496	13.220
双重门限	9.870*	0.067	300	12.636	10.525	8.758
三重门限	3.400	0.713	300	26.996	16.238	13.310

注：P 是用 Bootstrap 法反复抽样 300 次得到的结果。

各门限的估计值和相应的 95% 的置信区间如表 10-5 所示。构建双门限模型 (10-6)，低于第一门限称为低门限阶段 $[\ln(\text{ERS}) \leq 2.208]$，处于第一门限值和第二门限值区间内为中门限阶段 $[2.208 < \ln(\text{ERS}) \leq 3.006]$，高于第二门限值称为高门限阶段 $[3.006 < \ln(\text{ERS})]$，即由公式 (10-4) 简化为二重门限模型：

$$P_{i,t} = c + \beta_1 \text{EI}_{i,t} I(q_{i,t} \leq \gamma_1) + \beta_2 \text{EI}_{i,t} I(\gamma_1 < q_{i,t} < \gamma_2) \\ + \beta_3 \text{EI}_{i,t} I(q_{i,t} > \gamma_2) + \theta X_{i,t} + u_i + \varepsilon_{i,t} \tag{10-6}$$

表 10-5 门限值估计结果

门限变量		估计值	95%置信区间
$\ln(\text{ERS})$	门限值 1	2.208	[2.152, 2.272]
	门限值 2	3.006	[2.208, 3.011]

10.5.3 门限模型检验结果分析

将环境规制作为门限变量进行门限效应回归，利用表 10-5 中对门限变量的检验以及门限估计值，进一步探析门限变量不同阶段东部资源枯竭型企业跨区转移行为对中西部资源富集省区环境胁迫作用的程度。具体利用 Stata 15.0 软件，对门限效应模型(10-6)进行回归估计，结果如表 10-6 所示。

表 10-6　门限模型估计结果

项目	回归系数	T 统计量	P 统计量
ERL	−0.768*	−1.58	0.098
TRO	2.289**	2.080	0.041
ES	0.927***	2.850	0.006
EI[ln(ERS)≤2.208]	0.029**	2.460	0.045
EI[2.208<ln(ERS)≤3.006]	−0.112***	−3.57	0.001
EI[3.006<ln(ERS)]	−0.030	−0.980	0.333
个体效应	控制	控制	控制
固定效应	控制	控制	控制
_cons	−0.215	−0.400	0.006
Adj-R^2	0.390	0.390	0.390

由表 10-6 的回归结果可以分析不同强度环境规制中，东部资源枯竭型企业跨区转移行为对中西部资源富集省区环境胁迫的作用程度。当环境规制处于低门限阶段时，东部资源枯竭型企业跨区转入程度回归系数为 0.029，在 5%的水平下显著；但当转入中门限阶段时，跨区转移行为与承接地环境胁迫效应呈负相关关系，回归系数为−0.112，并通过了 1%的显著性检验；而随着环境规制强度的进一步上升并进入高门限阶段时，虽然跨区转移行为对转入地环境胁迫效应依然为抑制作用，但却不显著。东部资源枯竭型企业跨区转移行为对转入地环境胁迫的门限效应呈现"倒 U 形"关系，即当承接地环境规制处于不同强度阶段时，东部资源枯竭型企业的跨区转移行为对其环境影响效果显著不同。随着东部资源枯竭型企业跨区转移行为的不断扩张，该行为对承接地环境胁迫作用表现为先促进后抑制。因此，需要将承接地环境规制强度设定在一个适度区间。

当环境规制处于较低强度水平时，东部资源枯竭型企业的跨区转入会加大承接地环境胁迫的强度。究其原因，首先，GDP 是我国评价考核区域发展与官员政绩的重要手段，甚至一度出现"唯 GDP 论"的现象。过分强调 GDP 的重要性，会使地方政府尤其是经济发展较为落后的中西部资源富集省区更多关注短期的经济增长和建设规模扩张，而忽视长期社会福利最大化与环境的可持续发展。经济和环境目标非对称的晋升考核激励使地方政府间长期存在着"为增长而竞争、为竞争而污染"的行为模式，选择通过引进东部资源枯竭型企业的投资来实现短期内经济绩效的快速提高，但在缓解财政窘迫的同时为一些破坏环境和污染较重型企业的进入提供了可乘之机，从而出现环境质量下滑现象。其次，财政分权制度赋予了地方政府在税收管理、预算执行等方面更大的自主权。为了提高就业率和引资过程中的竞争优势，促进经济增长，部分承接地政府会主动降低准入门槛和环境规制强度，吸引东部资源枯竭型企业的大量涌入与资本注入，但在赢得外来投资流入的同时也出现了环境标准的逐底竞争。中西部资源富集省区多以煤炭资源为主，而煤炭本身就是一种易消耗、开采和利用过程极易产生土地破坏、环境污染和生态伤害的资源。如果引入一些东部资源枯竭型企业进行无节制、粗放式的开采，环境问题就更为突出。

随着中西部资源富集省区环境规制的进一步增强，东部资源枯竭型企业的跨区转移行为对于承接地环境胁迫效应会明显减弱。国务院《关于中西部地区承接产业转移的指导意见》[①]强调指出，中西部地区不仅要着力在承接中发展，提高自主创新能力，促进产业优化升级，而且要着力加强环境保护，节约集约利用资源，促进可持续发展。不仅如此，国家还将环境成本纳入各级政府的政绩考核体系中。执政绩效和执政成本的双重考核使承接地逐步加强环境规制强度，不再以牺牲环境为代价发展本地经济。其中，对于国家《环境保护法》和《环境保护税法》等相关法律法规的严格执行正是中西部资源富集省区环境规制强度增加的直接表现形式，固定性和强制性的法律手段倒逼转入的东部资源枯竭型企业加大环保减排力度，发展绿色开采技术，加快绿色转型。

然而，环境规制过度增强，又会使得东部资源枯竭型企业跨区转移行为对于中西部资源富集省区环境胁迫效应的抑制作用随之减弱，过强的环境规制降低了转入企业竞争发展的积极性与环境保护的主动性。东部资源枯竭型企业在选择转入地时，除了需要考虑其自然资源富集度外，还要衡量转移成本问题。环境规制过高造成了东部资源枯竭型企业转移、投资生产成本增加，并且辖区内引资结构转型也会使得作为独立法人的东部资源枯竭型企业对于转移到该地区保持观望态度。而对于已转入企业，较高的环境保护与转型升级费用又使其对环境规制遵守的被动性增强，逐利心理驱使其寻找其他方法获得垄断性利润，进而导致政企合谋和寻租现象的增加以及政府腐败行为的出现（张莉等，2013），并不利于承接地的环境保护与可持续发展。

控制变量中，经济发展水平（EDL）与环境胁迫效应呈负相关关系，且在10%的水平下显著。经济发展水平越高，政府和人民对于环境保护的意识与主动性越强。而经济发展水平代表着环保技术水平与创新能力，因此，发展较快的中西部资源富集省区能够利用先进的资源开采与污染排放处理技术实现环境与经济协调发展的目标。贸易开放程度（TRO）和能源结构（ES）与环境胁迫效应成正相关关

---

① 参见2010年8月31日《国务院关于中西部地区承接产业转移的指导意见》（国发〔2010〕28号），http://www.gov.cn/zhengce/content/2010-09/06/content_1536.htm。

系，且分别在5%和1%的水平下显著。这表明随着贸易开放程度与能源结构中煤炭开采和利用比重的增大，该区域环境胁迫效应不断增强。开征环境保护税之前，主要采用污染配额方式对企业生产进行管控，进而实现生态环境保护，因此，鼓励东部资源枯竭型企业进入，虽然通过产品外销带来了经济增长，但土地破坏和污染排放的累积增加与资源的过度消耗导致生态伤害范围扩大，加剧该区域的环境胁迫，不利于可持续发展。表10-6中的回归结果显示能源结构与环境胁迫效应呈显著的正相关关系，也验证了造成环境严重污染的主要因素是我国以燃煤为主的能源消费结构（郑博福等，2005）。能源消费结构影响着"三废"的排放量，而该影响贯穿于能源资源从建矿、开采到运输和消费的每一个环节，且不可再生能源对环境质量的影响更大。中西部资源富集省区煤炭资源最为丰富，而煤炭的开采和使用是我国大气污染的主要原因。据统计，我国二氧化硫排放量的90%、烟尘排放的70%、二氧化碳排放量的70%、氮氧化物排放量的67%都来自煤炭资源的开采和使用（周茜和胡慧源，2014）。因此，当能源结构中的煤炭资源消费占比越高时，对环境的污染程度就越大。

10.6 稳健性检验

考虑到基准拟合已经基本回答了研究的问题，但仍可能有一些敏感性因素会影响实证的推断，在此依据研究的数据特征，采取替换环境规制衡量指标的方法对面板门限模型进行稳健性检验。

由于环境资源具有公共品的性质，这就决定了环境破坏和污染排放问题并不能通过市场手段完全解决，必须依靠合理有效的环境规制约束来实现社会福利最大化。而对于环境规制强度衡量方法，经过梳理已有文献发现主要有四种：一是用污染排放密度或污染物治理成效衡量（Cole and Elliott，2003）；二是用污染治理投资占企业总成本或总产值的比重来衡量（沈能，2012；Lanoie et al.，2008）；三是以环境规章制度作为虚拟变量进行衡量（王兵等，2008）；四是以"三废"排放量作为评价指标，利用综合指数法构建环境规制评价的综合测量体系（李玲和陶锋，2012；傅京燕和李丽莎，2010）。结合东部资源枯竭型企业跨区转移行为胁迫效应问题的特点，采用单位GDP能源消耗值来衡量环境规制强度，从而进行稳健性检验（李阳等，2014）。该衡量指标不仅能够从治理角度对环境规制进行衡量，而且能够度量政府针对环境规制的真正执行效果，较好地发挥检验节能减排成效的作用。在总产值不变的情况下，能源消耗越少，该值越小，代表着污染排量越低，节能减排效果越好，即单位GDP中的绿色发展能力越强。

首先，进行门限效应检验与门限值估计，利用Stata 15.0软件、Bootstrap方法计算F值与P值，Bootstrap抽样为300次。门限值估计与检验结果如表10-7所示。单一门限模型和双重门限模型的自抽样 P 值为 0.064 和 0.048，分别通过了 10% 与 5% 的显著性检验，但三重门限检验不显著，因此，在选取的样本中依然是包含两个门限值，环境规制强度的两个门限估计值和 95% 的置信区间如表 10-8 所示。

表 10-7 门限值估计与检验结果

模型	F 值	P 值	BS 值	临界值 1%	临界值 5%	临界值 10%
单一门限	7.1508*	0.064	300	31.712	25.167	21.653
双重门限	5.720**	0.048	300	30.850	18.664	15.725
三重门限	3.950	0.527	300	16.094	9.671	7.953

注：P 是用 Bootstrap 法反复抽样 300 次得到的结果。

表 10-8 门限值估计结果

门限变量		估计值	95%置信区间
ln(ERS)	门限值 1	1.392	[1.292, 1.416]
	门限值 2	1.768	[1.695, 1.776]

通过表 10-8 中的门限估计值将环境规制强度分阶段进行门限效应回归，以进一步验证模型 (10-6) 的稳健性，具体检验结果如表 10-9 所示。

表 10-9 稳健性检验的门限模型估计结果

项目	回归系数	T 统计量	P 统计量
EDL	−0.944**	−2.00	0.050
TRO	0.618*	1.550	0.052
ES	0.756***	2.820	0.007
EI[ln(ERS)≤1.392]	0.091**	2.060	0.043
EI[1.392<ln(ERS)≤1.768]	−0.248***	−3.520	0.006
EI[1.768<ln(ERS)]	−0.038*	−1.800	0.071
个体效应	控制	控制	控制
固定效应	控制	控制	控制
_cons	1.076	2.900	0.005
Adj-R^2	0.295	0.295	0.295

由表 10-9 可知，在低强度环境规制阶段，东部资源枯竭型企业跨区转移行为对于中西部资源富集省区环境胁迫起着促进作用，转移行为会加重对环境的破坏程度；而处于中、高强度环境规制阶段，该种促进作用转化为抑制作用，抑制转入地环境的持续恶化，且抑制作用随着环境规制的增强逐渐降低。因此，稳健性

检验与原始门限回归结果所得结论相同，即随着环境规制强度的不断增加，东部资源枯竭型企业的跨区转移行为强度与中西部资源富集省区环境胁迫成"倒U形"关系。控制变量中，区域经济发展水平前的系数为负，在5%的水平下显著；贸易开放程度与能源结构前的系数为正，分别在10%与1%的水平下显著，也进一步证实了原始门限回归模型系数及显著性水平均保持稳健，通过了稳健性检验。

10.7 本章小结

本章围绕东部资源枯竭型企业跨区转移行为胁迫效应强度测度问题，进行了胁迫效应强度变化趋势的分析和理论假设，构建了胁迫效应强度测度门限计量模型，设计了胁迫效应强度测度的指标体系，选取2000~2015年内蒙古、陕西、新疆、山西、贵州五省区的相关数据作为测度样本，经过实证分析发现：

(1) 东部资源枯竭型企业跨区转移行为对中西部资源富集省区环境胁迫的门限效应呈现"倒U形"变化趋势。即当承接地环境规制处于不同强度阶段时，东部资源枯竭型企业的跨区转移行为对其环境影响效果显著不同，随着东部资源枯竭型企业跨区转移行为的不断扩张，该行为对于承接地环境胁迫作用表现为先促进后抑制的趋势。因此，需要将承接地环境规制强度设定在一个适度区间。

(2) 当环境规制处于较低强度水平时，东部资源枯竭型企业的跨区转入会加大承接地环境胁迫的强度。究其原因，一是GDP成为我国评价考核区域发展与官员政绩的重要手段，甚至一度出现"唯GDP论"的现象和"为增长而竞争、为竞争而污染"的行为模式。二是财政分权制度赋予了地方政府在税收管理、预算执行等方面更大的自主权，以致其主动降低准入门槛和环境规制强度，吸引东部资源枯竭型企业的大量涌入与资本注入，但在赢得外来投资流入的同时也出现了环境标准的逐底竞争。

(3) 随着中西部资源富集省区环境规制的进一步增强，东部资源枯竭型企业的跨区转移行为对于承接地的环境胁迫效应会明显减弱。由于国家将环境成本纳入各级政府的政绩考核体系中，加之固定性和强制性的法律手段倒逼转入的东部资源枯竭型企业加大环保减排力度，发展绿色开采技术，加快绿色转型。

(4) 环境规制过度增强，又会使得东部资源枯竭型企业跨区转移行为对于中西部资源富集省区环境胁迫效应的抑制作用随之减弱。过强的环境规制会降低转入企业竞争发展的积极性与环境保护的主动性。

本章的研究不仅为清晰地揭示资源枯竭型企业跨区转移行为胁迫效应的强度变化趋势提供了关键依据，而且为深度探究资源枯竭型企业跨区转移行为胁迫效应与其影响因素之间的关系及其作用机理提供了重要基础。

第11章 资源枯竭型企业跨区转移行为胁迫效应的影响因素

前章基于资源枯竭型企业跨区转移行为胁迫效应的机理分析，通过构建面板门限回归模型，检验发现，在不同环境规制强度的约束下，资源枯竭型企业跨区转移行为胁迫效应强度变化趋势的具体表现形式为"倒U形"，且一重门限所对应的胁迫效应强度值为最大值。那么，此类胁迫效应的强度变化趋势何以形成？受哪些因素影响？这些因素的影响方式、影响程度如何？又如何调节？为此，需要从系统分析入手，选择东部资源枯竭型企业和中西部资源富集地相关政府部门的决策者为访谈对象，分析和厘清东部资源枯竭型企业跨区转移行为胁迫效应的影响因素，尤其是要分别从转入项目与承接地两个视角探究揭示此类影响因素对于胁迫效应作用的本质关系。

本章共分为 7 节。11.1 节基于访谈调查对企业跨区转移行为胁迫效应的影响因素进行初步提炼；11.2 节对胁迫效应影响因素进行理论分析并提出相应假设；11.3 节进行影响因素检验模型的分析和构建；11.4 节进行检验模型的数据收集和相应处理；11.5 节进行实证检验和结果讨论；11.6 节进行实证过程和结果的稳健性检验；11.7 节进行本章主要内容的小结。

11.1 胁迫效应影响因素的初步提炼

为了厘清资源枯竭型企业跨区转移行为胁迫效应的影响因素和影响机理，首先通过对相关企业管理高层和政府管理部门的访谈获悉。因为访谈调查是发现东部资源枯竭型企业跨区转移行为胁迫效应影响因素的一个直接有效的重要环节。本章的实地访谈采用半结构化方式进行。访谈的具体时间集中在 2019 年 2 月至 6 月，通过专程到企业和政府部门去调研进行。访谈的对象主要选自三类人员：第一类是产业内具有一定实力，近年来跨区域转移较为活跃的东部资源枯竭型企业的负责人，如徐州矿务集团、兖矿集团、苏晋能源控股有限公司和中石化集团 4 家企业的负责人；第二类是承接东部资源枯竭型企业跨区转移的中部省区相关企业和政府部门的负责人，如大冶有色金属集团控股有限公司、潞安集团和湖南煤矿安全监察局娄底分局的负责人；第三类是承接东部资源枯竭型企业跨区转移的西部省区相关企业和政府部门的负责人，如六枝工矿(集团)有限责任公司、四川煤矿安全监察局、陕西省煤矿安全监察局和新疆煤炭工业管理局的负责人。分别选择中部省区和西部省区的相关企业和政府部门的负责人访谈旨在比较中部省区与西部省区胁迫效应的影响因素是否存在迥异（黄芳铭，2002；Boomsma and Hoogland，2001；Marsh and Hau，1999；Anderson and Gerbing，1988；Boomsma，1985）。选择中西部省区政府部门和相关企业的负责人访谈旨在不仅了解承接地政府部门的意见，而且收集承接地同行企业的反映。访谈的对象限于经历、了解东部资源枯竭型企业跨区转移行为的高级管理人员，以确保研究的有效性（表11-1）。

表11-1 资源枯竭型企业跨区转移行为胁迫效应影响因素主要访谈对象一览表

序号	单位名称	访谈对象	人数
1	徐州矿务集团	总经理、副总经理、矿长	3
2	兖矿集团	副总经理、矿长	2
3	苏晋能源控股有限公司	副总经理	1
4	中石化集团	副总工程师	1
5	大冶有色金属集团控股有限公司	副总经理	1
6	潞安集团	副总经理	1
7	六枝工矿(集团)有限责任公司	副总经理	1
8	四川煤矿安全监察局	局长	1
9	湖南煤矿安全监察局娄底分局	副局长	1
10	陕西省煤矿安全监察局	局长	1
11	新疆煤炭工业管理局	副局长	1

半结构化访谈设计的主要内容和提纲如表11-2及附录2所示。为了获得对于研究有明显支持作用的信息，访谈过程中采用了一些策略：如主动介绍来意背景、轻松切入访谈主题；注意挖掘语言中的深层含义，从而启发对方逐步深入；针对访谈对象的专业背景及社会地位，适当替换学术用语，使访谈对象快速了解问题的内涵（汤建影，2009；吴明隆，2003；金瑜，2001；Berdie，1994）。

表11-2 半结构化访谈内容

访谈主题	主要内容
基本信息	您所在单位名称、基本发展状况、经营规模、资源可采储量？
东部资源枯竭型企业的问题	您所在单位是否进行了跨区转移？为何转移？转向了何处？为何选择这一区位？
	您认为您所在单位跨区转移的优势要素有哪些？
中西部资源富集地的问题	您认为中西部资源富集地的开发存在哪些问题？
	您认为企业跨区转移会对转入地环境产生破坏和污染吗？如果会，您认为对于这类破坏和污染的主要影响因素有哪些？有何防控建议？

其次，通过文献梳理、案例分析等方式，对于访谈获取的可能影响因素做出进一步甄别。由此，初步提取关于东部资源枯竭型企业跨区转移行为胁迫效应的四类影响因素：转入地环境规制、转入项目经营规模、转入项目环保投资、转入项目发展方式。进而分别对此类影响因素进行深度分析，以揭示这些影响因素通过有关路径对于东部资源枯竭型企业跨区转移行为胁迫效应发生作用的本质关系。

11.2 胁迫效应影响因素的理论假设

资源枯竭型企业跨区转移行为胁迫效应的产生不仅与不同来源地的企业技术、管理水平和发展状况密切相关，而且在很大程度上取决于转入地的自然条件和政策环境。此前经过访谈调查、文献研究等方式，初步提取可能的四类影响因素，在此将四类影响因素作为解释变量，中西部资源富集地胁迫程度指标作为被解释变量，构建双对数函数模型，以实证探究各类因素对于资源枯竭型企业跨区转移行为胁迫效应的作用机制。具体研究假设如下。

11.2.1 环境规制

环境规制是指政府基于环境污染的负外部性，通过相关政策和措施，有效调节各类企业活动，以实现环境胁迫抑制和经济发展相协调的目标。这种调节功能对于东部资源枯竭型企业跨区转移行为胁迫效应的影响不外乎两个渠道：一是通过内生性政策规制的影响，如开展征税或补贴、进行民主协商达成契约和违约惩罚、推行信息公开、设定标准等，有效刺激并改变东部资源枯竭型企业跨区转移行为的方式，增强改进创新环保节能技术的动力 (Rio et al., 2011; Zeng and Zhao, 2009; Porter, 1991)，缓解资源开发的负外部性和胁迫效应的强度。二是通过外生性政策规制的影响，如开展绿色发展教育，增强东部资源枯竭型企业、政府、社会的环保共识，减少环境规制施行阻力，扩大监督、相互牵制等，强化对环境规制者的规制，避免可能的寻租腐败行为，提升环境规制实施的有效性，从而降低东部资源枯竭型企业跨区转移行为胁迫效应的强度。由此提出以下假设。

H1：转入地环境规制越严，东部资源枯竭型企业跨区转移行为胁迫效应的强度越弱。

11.2.2 项目经营规模

项目经营规模是指对于东部资源枯竭型企业跨区转入项目的生产、营运等范围的划型。受"环境库兹涅兹曲线"逻辑含义的启发 (Pargaland and Wheeler, 1996)，现代经济增长的初期，资源型企业经营规模较小，环境意识淡薄，因市场竞争而过度损伤环境来降低成本的激励较大，伴随经济增长对于环境的胁迫越来越重（Dixit，1995）。调查资料显示，西部省区煤炭储量占到全国总储量的60%，小型煤矿达到煤矿总数的85%，平均年产能不足15万吨，回采率不到15%；采矿对环境的负面影响达到65%～75%(张吉雄等，2019；谢和平等，2012)。而经济增长到达一定水平后，资源型企业经营规模也有一定扩张，特别是经过稳产期后进入资源枯竭期并实施跨区转移时，如果从总量视角审视，转入项目经营规模越大往往产能越大，似乎采动影响越大，废物排放越多，胁迫越强。而从边际视角审视，转入项目经营规模越大、产能及产值越大，单位产值平摊的环境修复成本越低，环境修复的规模经济效应越好。同时项目经营规模越大，技术与管理创新能力越强，科学开采和绿色开采的能力越强，对于环境的损伤越小；越会为环境监管部门和社会公众所关注，开采行为约束越多，也越会注重社会形象和品牌信誉，环境保护自律程度越高，因而胁迫效应的强度会越弱。由此提出以下假设：

H2：东部资源枯竭型企业转移项目经营规模越大，其跨区转移行为胁迫效应的强度越弱。

11.2.3 项目环保投资

项目环保投资是指以东部资源枯竭型企业跨区转入项目为主体的环境技术研发和环境防控的相关投资。当东部资源枯竭型企业转移到中西部省区时，带给当地的不仅是先进的技术与管理水平，还会有一定程度的环境胁迫。受政府法律、法规和环境成本内部化的强制、财税经济手段的诱导，以及公众的监督（Clarkson et al.，2008），东部资源枯竭型企业的跨区转移会履行环境责任，进行环境预防、控制等相关项目的投资。它主要包括两方面：一是环境技术投资。一些企业投资对洗煤厂部分生产环节进行技术改造，增加压滤车间，回收了大量尾煤；投资改造生产技术流程，利用瓦斯抽排技术建造瓦斯运用工程。二是环境设施设备投资。一些企业投资制作水泥、砖瓦，开发生物肥料及铝盐加工业务，以综合利用废弃煤矸石；投资污水处理厂以利用矿床水；投资脱硫设备以降低二氧化硫的排放。这样不仅增加了经济收益，可能享受国家财政补贴，还降低了对环境的胁迫强度，提升了企业形象。由此提出以下假设：

H3：东部资源枯竭型企业转移项目环保投资水平越高，其跨区转移行为胁迫效应的强度越弱。

11.2.4 项目发展方式

项目发展方式是指东部资源枯竭型企业转入中西部省区项目的开发方法和模式，也是经济发展阶段特征及与生态系统适应性的直接反映。在社会生产力落后的状态下，粗放型、投入驱动式的发展方式会成为企业项目开发的主流。一般资源型企业的开发项目在很大程度上表现出粗放开采、就易避难、重厚弃薄、高产高耗、以物为本、事故频发、环境污染的特征,特别是中西部省区小型企业"涸泽而渔"式开发的环境后果已经开始显现。而随着科技进步和社会生产力水平提升,集约型、效率驱动式的发展方式成为企业项目开发的主导(Chang et al., 2015; 董大海和冯雪飞,2014)。一些资源枯竭型企业在实施跨区转移项目开发时,深入研究、积极推进低碳经济、绿色开采工艺和生态矿山建设,取得了以矸石井下充填、瓦斯抽排利用、矿井回风利用、矿井水复用为重点的"三废"循环利用成果①,实现以最小的生态扰动获取最大的资源回收和经济效益,并在采矿活动结束后通过最小的末端治理,使矿山工程与生态环境融为一体,明显地降低了环境胁迫效应(Wang et al., 2013b)。由此提出以下假设:

H4:东部资源枯竭型企业转入项目发展方式水平越高,其跨区转移行为胁迫效应的强度越弱。

11.3 胁迫效应影响因素的检验模型设定

资源枯竭型企业跨区转移行为胁迫效应程度是否真的受到上述四类因素的共同影响,其影响强度如何呢?还需要对于上述理论假设进行科学的实证检验。

11.3.1 测度变量选择

对于胁迫效应影响因素测度变量的选择需要考虑三方面要求:一是测度变量体现可操作性,容易量化;二是变量数据体现可获得性,可以从各类《统计年鉴》中直接或间接收集;三是变量内涵体现可比性,与其他变量相比,测度变量在目前研究条件下,更可以准确测量此类胁迫效应影响因素的作用机制。

根据胁迫机理分析,对于自然环境功能产生胁迫的载体和表征是东部资源枯竭型企业转入项目建设和开发过程中形成的矿山废弃矸石和废渣、矿床水和选矿废水、矿山粉尘等,因此,采取矿山固体废物、废水和粉尘的排放量作为胁迫程度的测度指标。

根据假设 H1,环境规制的主要功能在于调节包括东部资源枯竭型企业跨区转入项目在内的各类企业经济活动,以实现环境胁迫的有效抑制,而表征各类企业经济活动环境胁迫抑制程度的关键指标为事后环境污染治理投资强度。因此,采用中西部资源富集地事后环境污染治理投资强度说明环境规制效能的强弱。

根据假设 H2,项目经营规模取决于资源枯竭型企业跨区转入项目的生产、营

---

① 参见 2020 年 6 月 6 日经济日报《冀中能源股份公司:坚定不移走生态优先绿色发展道路》。

运的范围和能力，而表征企业跨区转入项目生产、营运的范围和能力大小的关键指标是企业跨区转入项目平均总资产占全国同产业企业平均总资产的比率。因此，采用企业跨区转入项目平均总资产占全国同产业企业平均总资产比率说明项目经营规模的大小。

根据假设 H3，项目环保投资水平取决于以东部资源枯竭型企业跨区转入项目为主体的环境技术研发和环境防控的相关投资强度，而表征企业跨区转入项目为主体的环境技术研发和环境防控相关投资强度的关键指标是企业跨区转入项目污染控制性投入费用占总产值的比率。因此，采用企业跨区转入项目污染控制性投入费用占总产值的比率说明其环保投资水平的高低。

根据假设 H4，项目发展方式水平取决于东部资源枯竭型企业跨区转入项目的科学开发能力、有效减排程度，而表征企业跨区转入项目科学开发能力、有效减排程度的重要指标是"三废"综合利用率。因此，采用企业跨区转入项目"三废"综合利用率说明其发展方式水平的高低。

11.3.2 计量模型设计

针对上述资源枯竭型企业跨区转移行为胁迫效应影响因素的机理分析与变量选择，同时考虑到两方面因素：一是把解释变量之外的因素归结到控制变量。引入 2 个控制变量，体现出对于胁迫效应的其他影响因素。二是降低异方差与序列相关的影响。采用双对数函数计量模型，分析胁迫效应与主要影响因素之间的因果关系，以体现相对量变动，提高模型的解释力。通过对于变系数模型、变截距模型和混合模型的比较分析，确定适用于本章研究内容的模型为变系数回归模型。设计基本模型如下：

$$\ln T_{rij} = \rho_i + \delta_{pi} \ln I_{pij} + \varphi_{ni} \ln K_{nij} + \mu_{ij} \tag{11-1}$$

式中，T 为被解释变量向量；I 为解释变量向量；K 为控制变量向量；i 为样本省区序数；j 为年序；ρ 为截距项；μ 为随机扰动项；δ 为解释变量的回归系数向量；φ 为控制变量的回归系数向量；r 为被解释变量的序数；p 为解释变量的序数；n 为控制变量的序数。

11.4 检验模型变量数据来源及处理

考虑到资源枯竭型企业跨区转移行为的区域代表性、数据资料完整性、研究结果普适性，特别是近二十年来我国中西部资源富集省区中山西省、贵州省和内蒙古自治区承接东部煤炭资源枯竭型企业的跨区转移行为最为活跃，且煤炭产能位居全国前列，故选择东部资源枯竭型企业跨区转移行为胁迫效应的测度样本为山西省、贵州省和内蒙古自治区;测度时段为1997~2016年,数据为《中国国土资源统计年鉴》和《中国国土资源年鉴》中按省区分组的煤矿区环境保护统计数据,以及三省区《统计年鉴》中按产业分组的环境保护、增加值统计数据。具体指标包括以下内容。

11.4.1 被解释变量

被解释变量为具体胁迫程度指标,实际同时检验3类指标,分别选用三省区历年来东部资源枯竭型企业跨区转入煤矿项目的固体废物排放量(T_1)、废水排放量(T_2)、粉尘排放量(T_3)。图11-1~图11-3显示了山西省、贵州省和内蒙古自治区1997~2016年转入煤矿项目固体废物排放量、废水排放量、粉尘排放量的时序过程,都有着明显的波动上升趋势。这种趋势到底受到哪些因素的影响?

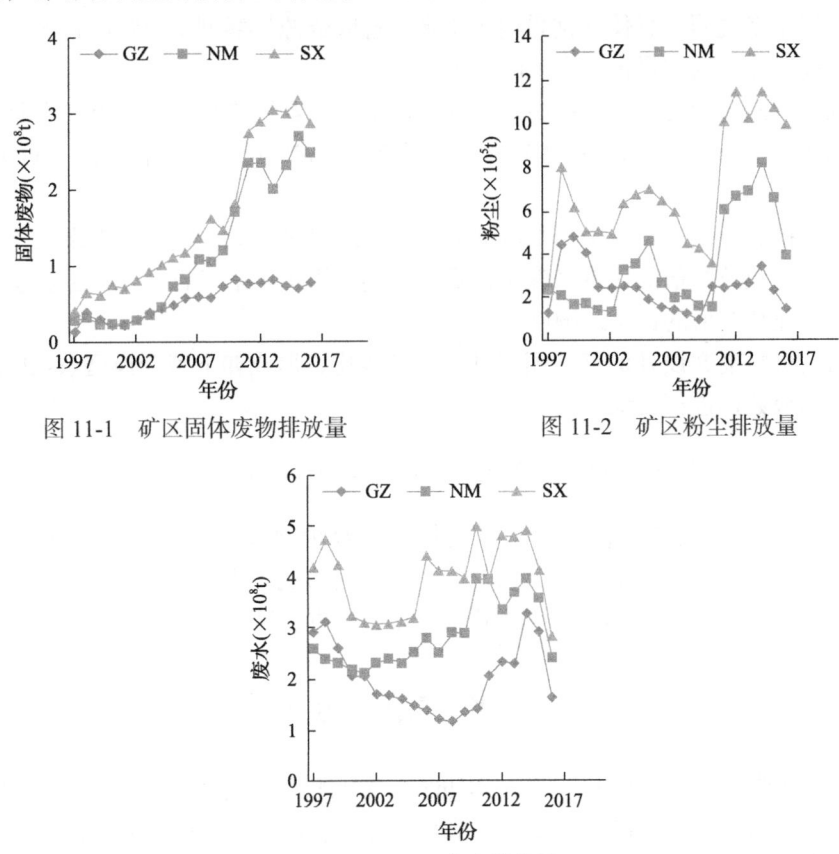

图11-1 矿区固体废物排放量

图11-2 矿区粉尘排放量

图11-3 矿区废水排放量

11.4.2 解释变量

检验模型中涉及4个解释变量和2个控制变量,具体包括:

一是环境规制变量。采用中西部资源富集地事后环境污染治理投资强度来说明，具体分别采用历年来三省区政府煤矿区环境污染治理投资占 GDP 的比重来测度(R)。

二是项目经营规模变量。采用东部资源枯竭型企业跨区转入项目平均总资产占全国同产业企业平均总资产比率来说明，具体分别采用历年来三省区资源枯竭型企业跨区转入煤矿项目平均总资产占全国煤炭资源型企业平均总资产的比率来测度(D)。

三是项目环保投资水平变量。采用东部资源枯竭型企业跨区转入项目污染控制性投入费用占总产值比率来说明，具体分别采用历年来三省区资源枯竭型企业跨区转入煤矿项目污染控制性本年投入资金占总产值的比率(P)。

四是项目发展方式水平变量。采用东部资源枯竭型企业跨区转入项目"三废"综合利用率来说明，具体分别采用历年来三省区资源枯竭型企业跨区转入煤矿项目"三废"综合利用量占产生量的比率(E)。

五是控制变量之一。采用中西部资源富集地产业结构指标，即第二产业总产值占 GDP 的比重来表示，具体分别采用历年来三省区第二产业总产值占 GDP 的比重来测度(S)。

六是控制变量之二。采用中西部资源富集地煤炭产业比重，即煤炭工业总产值占全部工业总产值的比重来表示，具体分别采用历年来三省区煤炭工业总产值占全部工业总产值的比重来测度(C)。

由此可将前文设计的基本模型进一步具体化，形成如下拟合模型(11-2)，运用 3 个面板数据进行实证检验。

$$\ln T_{rij} = \rho_i + \delta_{1i} \ln R_{ij} + \delta_{2i} \ln D_{ij} + \delta_{3i} \ln P_{ij} + \delta_{4i} \ln E_{ij} + \varphi_{1i} \ln S_{ij} + \varphi_{2i} \ln C_{ij} + \mu_{ij} \quad (11\text{-}2)$$

式中，T 为胁迫程度指标；R 为环境规制变量；D 为项目经营规模变量；P 为项目环保投资水平变量；E 为项目发展方式水平变量；S 为产业结构控制变量；C 为产业比重控制变量；r 为被解释变量的序数；i 为样本省区序数；j 为年序。

11.5 检验结果分析

为了明晰 $\ln R$、$\ln D$、$\ln P$、$\ln E$ 对 $\ln T$ 的影响状况，对模型(11-2)分别采用内蒙古(NM)、山西(SX)和贵州(GZ)三省区近 20 年的 3 类胁迫指标，并逐步加入控制变量，运用 Stata 15.0 软件进行面板数据分析，结果如表 11-3 所示。

由表 11-3 可以看出，在分别加入控制变量 S、C 与同时加入控制变量 S 和 C 的三种状态下，面板数据拟合结果的 $R^2 = 0.860 \sim 0.970$，Adj-$R^2 = 0.788 \sim 0.949$，整体拟合较好，也通过了 F 统计量的检验，达到了 1% 的显著性水平；从对比分析来看，解释变量对于被解释变量的影响趋势基本一致，其中状态 I，即单独加入控制变量 S 的显著性最好，解释力最强。因此，本章以状态 I 作为假设检验的结果和稳定性检验的基础。

表 11-3 逐步加入控制变量后四种影响因素对于 3 类胁迫指标的拟合结果

项目	I			II			III		
	$\ln T_1$	$\ln T_2$	$\ln T_3$	$\ln T_1$	$\ln T_2$	$\ln T_3$	$\ln T_1$	$\ln T_2$	$\ln T_3$
ρ	14.694	10.859	13.374	13.227	11.068	13.805	11.975	11.871	15.387
$\ln R\_NM$	1.050**	0.006	2.160***	1.059***	0.072	2.372***	1.010***	0.029	2.355***
$\ln R\_SX$	0.760**	0.005	0.293*	0.388	−0.154	0.481	0.657***	−0.258	0.379
$\ln R\_GZ$	0.744**	0.555***	0.241	0.083	0.714***	0.434	−0.243	0.809***	0.614
$\ln D\_NM$	−0.182*	−0.130*	0.089	−0.187**	0.051	0.192	−0.120*	−0.008	0.168
$\ln D\_SX$	−0.333***	−0.099*	−0.302**	−0.200*	0.042	−0.368*	−0.263**	0.018	−0.344*
$\ln D\_GZ$	−0.456***	−0.089	−0.383***	−0.084	0.018	−0.296*	0.012	−0.040	0.188
$\ln P\_NM$	−0.025	−0.033*	−0.042*	−0.025	0.036	−0.033	−0.035	0.027	−0.037
$\ln P\_SX$	−0.045*	−0.028*	−0.129*	−0.030	0.034	−0.136*	−0.053	0.043	−0.127*
$\ln P\_GZ$	−0.100*	0.025	−0.039*	0.039	0.037	−0.025	−0.015	−0.069**	0.035
$\ln E\_NM$	−0.031*	0.005	−0.018	0.011	−0.008	−0.054	0.039	0.015	−0.044
$\ln E\_SX$	−0.053*	−0.001	−0.243*	−0.015	0.015	−0.262	−0.065	0.034	−0.243*
$\ln E\_GZ$	−0.403**	−0.168*	−0.320**	0.124	-0.100	−0.336	−0.066*	0.014	−0.122
$\ln S\_NM$	2.936***	1.1718**	3.143***	3.117*	2.732*	1.109			
$\ln S\_SX$	0.150	0.669*	−0.158	−0.743	0.288	0.282			
$\ln S\_GZ$	4.188**	2.143**	4.140*	3.537**	2.118*	3.988*			
$\ln C\_NM$				−0.076	−0.656	−1.787	1.106***	0.380*	1.366***
$\ln C\_SX$				1.050	0.448	−0.518	0.538	0.647*	−0.323
$\ln C\_GZ$				0.617***	−0.118	−0.143	0.638***	−0.131	−0.167
NM_μ	0.309	0.410	5.105	1.784	2.256	4.825	3.053	−0.532	3.250
SX_μ	−2.88	0.145	−0.485	−1.857	−0.254	−0.698	0.045	−1.309	−2.527
GZ_μ	2.575	−0.555	−4.620	0.074	−0.002	−4.128	−3.097	1.842	−0.723
R^2	0.925	0.918	0.863	0.970	0.928	0.874	0.958	0.910	0.860
Adj-R^2	0.886	0.876	0.793	0.949	0.880	0.790	0.937	0.863	0.788
F 值	23.958	21.72	12.276	47.696	19.343	10.379	44.762	19.600	11.949
P 值	0.000	0.000	0.000	0.000	0.000	0.000	0.000	0.000	0.000
DW	1.508	2.071	1.937	1.478	2.118	1.914	1.487	1.979	1.837

***、**、*分别为 1%、5%、10%的显著性水平，本章下同。

11.5.1 环境规制影响的检验与讨论

从 $\ln R$ 对于 $\ln T$ 的影响来看，三省区的影响效果不一。内蒙古所对应的回归结果显示，$\ln T_1$(固体废物)的系数为1.050，通过了 t 检验，达到5%的显著性水平；$\ln T_2$(废水)的系数为0.006，并不显著；$\ln T_3$(粉尘)的系数为2.160，通过了 t 检验，并达到1%的显著性水平。这说明内蒙古的环境规制对其资源枯竭型企业跨区转入项目胁迫效应的主要方面有着显著的正向影响，即环境规制越严，此类胁迫效应越弱。

山西所对应的回归结果显示，$\ln T_1$(固体废物)的系数为0.760，通过了 t 检验，达到5%的显著性水平；$\ln T_2$(废水)的系数为0.005，也不显著；$\ln T_3$(粉尘)的系数为0.293，通过了 t 检验，达到10%的显著性水平。这说明山西的环境规制对其资源枯竭型企业跨区转入项目胁迫效应的主要方面有着显著的正向影响，即环境规制越严，此类胁迫效应越弱。

贵州所对应的回归结果显示，$\ln T_1$(固体废物)的系数为0.744，通过了 t 检验，达到5%的显著性水平；$\ln T_2$(废水)的系数为0.555，通过了 t 检验，达到1%的显著性水平；$\ln T_3$(粉尘)的系数为0.241，并不显著。这说明贵州环境规制对其资源枯竭型企业跨区转入项目胁迫效应的主要方面有着显著的正向影响，即环境规制越严，此类胁迫效应越弱。

综合上述三省区检验结果可见，环境规制对于资源枯竭型企业跨区转入项目胁迫效应的主要方面有着显著的正向影响，即环境规制越严，此类胁迫效应越弱，假设 H1 得到了验证。其主要原因在于资源富集地政府的两方面效能：一方面是征税或补贴、民主协商达成契约和违约惩罚、信息公开、标准设定等内生性政策规制发挥了作用，使得东部资源枯竭型企业跨区转移行为方式得到了有效刺激和改变，改进创新环保节能技术的动力得到增强，进而缓解了资源开发的负外部性和胁迫效应的强度；另一方面是绿色发展教育，社会对企业监督，政府对环保执法寻租行为的惩治等外生性政策规制发挥了作用，使得东部资源枯竭型企业、政府、社会的环保共识得到了增强，环境规制施行阻力有所减弱，从而降低了东部资源枯竭型企业跨区转移行为胁迫效应的强度。

11.5.2 项目经营规模影响的检验与讨论

从 $\ln D$ 对于 $\ln T$ 的影响来看，三省区的影响效果不一。内蒙古所对应的回归结果显示，$\ln T_1$(固体废物)的系数为–0.182，通过了 t 检验，达到10%的显著性水平；$\ln T_2$(废水)的系数为–0.130，通过了 t 检验，达到10%的显著性水平；$\ln T_3$(粉尘)的系数不显著。这说明内蒙古资源枯竭型企业跨区转入项目经营规模对其胁迫效应的主要方面有着显著的负向影响，即东部资源枯竭型企业跨区转入项目经营规模越大，其胁迫效应越弱。

山西所对应的回归结果显示，$\ln T_1$(固体废物)的系数为–0.333，通过了 t 检验，达到1%的显著性水平；$\ln T_2$(废水)的系数为–0.099，通过了 t 检验，达到10%的显著性水平；$\ln T_3$(粉尘)的系数为–0.302，通过了 t 检验，达到 5%的显著性水平。这说明山西资源枯竭型企业跨区转入项目经营规模对其胁迫效应有着显著的负向影响，即东部资源枯竭型企业跨区转入项目经营规模越大，其胁迫效应越弱。

贵州所对应的回归结果显示，$\ln T_1$(固体废物)的系数为–0.456，通过了 t 检验，达到 1%的显著性水平；$\ln T_2$(废水)的系数为–0.089，并不显著；$\ln T_3$(粉尘)的系数为–0.383，通过了 t 检验，达到 1%的显著性水平。这说明贵州资源枯竭型企业跨区转入项目经营规模对其胁迫效应的主要方面有着显著的负向影响，即东部资源枯竭型企业跨区转入项目经营规模越大，其胁迫效应越弱。

综合上述三省区检验结果可见，东部资源枯竭型企业跨区转入项目经营规模对其胁迫效应的主要方面有着显著的负向影响，即东部资源枯竭型企业跨区转入项目经营规模越大，其胁迫效应越弱，假设 H2 得到验证。其主要原因在于，客观上东部资源枯竭型企业跨区转入项目经营规模越大、产能及产值越大，单位产值平摊的环境修复成本越低，环境修复的规模效应越好；同时越会为环境监管部门和社会公众关注，开采行为约束越多。主观上东部资源枯竭型企业跨区转入项目经营规模越大，技术与管理创新能力越强，科学开采和绿色开采的能力越强，对于环境的损伤越弱；也越会注重社会形象和品牌信誉，环境保护自律程度越高，因而胁迫效应的强度会越弱。

11.5.3 项目环保投资影响的检验与讨论

从 $\ln P$ 对于 $\ln T$ 的影响来看，三省区的影响效果不一。内蒙古所对应的回归结果显示，$\ln T_1$(固体废物)的系数为–0.025，并不显著；$\ln T_2$(废水)的系数为–0.033，通过了 t 检验，达到 10%的显著性水平；$\ln T_3$(粉尘)的系数为–0.042，通过了 t 检验，达到 10%的显著性水平。这说明内蒙古资源枯竭型企业跨区转入项目环保投资水平对其胁迫效应的主要方面有着显著的负向影响，即东部资源枯竭型企业跨区转入项目环保投资水平越高，其胁迫效应越弱。

山西所对应的回归结果显示，$\ln T_1$(固体废物)的系数为–0.045，通过了 t 检验，达到 10%的显著性水平；$\ln T_2$(废水)的系数为–0.028，通过了 t 检验，达到 10%的显著性水平；$\ln T_3$(粉尘)的系数为–0.129，通过了 t 检验，达到 5%的显著性水平。这说明山西资源枯竭型企业跨区转入项目环保投资水平对其胁迫效应有着显著的负向影响，即东部资源枯竭型企业跨区转入项目环保投资水平越高，其胁迫效应越弱。

贵州所对应的回归结果显示，$\ln T_1$(固体废物)的系数为–0.100，通过了 t 检验，达到 10%的显著性水平；$\ln T_2$(废水)的系数并不显著；$\ln T_3$(粉尘)的系数为–0.039，通过了 t 检验，达到 10%的显著性水平。这说明贵州资源枯竭型企业跨区转入项目环保投资水平对其胁迫效应的主要方面有着显著的负向影响，即东部资源枯竭型企业跨区转入项目环保投资水平越高,其胁迫效应越弱。

综合上述三省区检验结果可见,东部资源枯竭型企业跨区转入项目环保投资水平对其胁迫效应的主要方面有着显著的负向影响,即东部资源枯竭型企业跨区转入项目环保投资水平越高,其胁迫效应越弱,假设 H3 得到验证。其主要原因在于,受政府法律、法规和环境成本内部化的强制、财税经济手段的诱导,以及公众的监督,东部资源枯竭型企业跨区转入项目会选择从环境技术方面进行投资,如改造洗煤厂生产环节,增加压滤车间,回收尾煤;改造生产技术流程,建造瓦斯抽排运用工程。或者从环境设施设备方面进行投资,如利用废弃煤矸石制作水泥、砖瓦,开发生物肥料及铝盐加工业务;建设污水处理厂利用矿床水。这样既形成新的经济收益增长点,还可能享受国家财政补贴,又促进了环境胁迫强度的降低。

11.5.4 项目发展方式影响的检验与讨论

从 $\ln E$ 对于 $\ln T$ 的影响来看,三省区的影响效果不一。内蒙古所对应的回归结果显示,$\ln T_1$(固体废物)的系数为–0.031,通过了 t 检验,达到 10%的显著性水平;$\ln T_2$(废水)和 $\ln T_3$(粉尘)的系数都不显著。这说明内蒙古资源枯竭型企业跨区转入项目发展方式水平对其胁迫效应的主要方面有着显著的负向影响,即东部资源枯竭型企业跨区转入项目发展方式水平越高,其胁迫效应越弱。

山西所对应的回归结果显示,$\ln T_1$(固体废物)的系数为–0.053,通过了 t 检验,达到 10%的显著性水平;$\ln T_2$(废水)的系数不显著;$\ln T_3$(粉尘)的系数为–0.243,通过了 t 检验,达到 10%的显著性水平。这说明山西资源枯竭型企业跨区转入项目发展方式水平对其胁迫效应的主要方面有着显著的负向影响,即东部资源枯竭型企业跨区转入项目发展方式水平越高,其胁迫效应越弱。

贵州所对应的回归结果显示,$\ln T_1$(固体废物)的系数为–0.403,通过了 t 检验,达到 5%的显著性水平;$\ln T_2$(废水)的系数为–0.168,通过了 t 检验,达到 10%的显著性水平;$\ln T_3$(粉尘)的系数为–0.320,通过了 t 检验,达到 5%的显著性水平。这说明在贵州资源枯竭型企业跨区转入项目发展方式水平对其胁迫效应有着显著的负向影响,即东部资源枯竭型企业跨区转入项目发展方式水平越高,其胁迫效应越弱。

综合上述三省区检验结果可见,东部资源枯竭型企业跨区转入项目发展方式水平对其胁迫效应的主要方面有着显著的负向影响,即东部资源枯竭型企业跨区转入项目发展方式水平越高,其胁迫效应越弱,假设 H4 得到验证。其主要原因在于,随着科技进步和社会生产力发展,一些东部资源枯竭型企业在实施跨区转移项目时逐渐重视、深入研究、积极推进低碳经济、绿色开采和生态矿山建设,在矸石井下充填、瓦斯抽排利用、矿井回风利用、矿井水复用等方面取得了重要成果,努力以最小的生态扰动获取最大的资源回收和经济效益,并在采矿活动结束后通过最省的末端治理，使矿山工程与生态环境相融合，明显地降低了环境胁迫效应。

11.6 稳健性检验

11.6.1 被解释变量替代性检验

本章选用三省区承接东部资源枯竭型企业跨区转入项目的废弃物排放量来测量企业跨区转移行为胁迫效应的强度，分别使用了固体废物排放量、废水排放量和粉尘排放量。由于 SO_2 也是地下煤炭资源的主要排放物，而且进入大气后极不稳定，容易被氧化成 SO_3，进而形成酸雨，腐蚀建筑与金属，造成河流、湖泊的水体酸化，破坏环境以及生态体系。因此，采用 SO_2 的排放量代替粉尘排放量，对于表 11-3 中的拟合状态 I 进行稳健性检验。具体检验结果如表 11-4 所示。

表 11-4 两种稳健性检验

项目	替换被解释变量 T_3				替换解释变量 R		
	$\ln T_1$	$\ln T_2$	$\ln T_3$	$\ln T_3^*$	$\ln T_1$	$\ln T_2$	$\ln T_3$
ρ	14.694	10.859	13.374	6.604	12.613	10.473	12.085
$\ln R\_NM$	1.050**	0.006	2.160***	0.529**	0.624**	−0.101	1.017***
$\ln R\_SX$	0.760**	0.005	0.293*	0.115	0.628***	0.075	0.533*
$\ln R\_GZ$	0.744**	0.555***	0.241	0.271*	0.086	0.211***	0.066
$\ln D\_NM$	−0.182*	0.130	0.089	−0.126**	−0.155*	0.020	0.051
$\ln D\_SX$	−0.333***	−0.099*	−0.302**	0.008	−0.279**	0.081	−0.212*
$\ln D\_GZ$	−0.456***	0.089	−0.383***	−0.105	−0.427***	−0.085*	−0.385***
$\ln P\_NM$	−0.025	−0.033*	−0.042*	−0.043*	0.031	−0.036*	−0.082*
$\ln P\_SX$	−0.045*	−0.028*	−0.129**	−0.031	−0.009	0.023	−0.135*
$\ln P\_GZ$	−0.100*	0.025	−0.039*	0.006	−0.145**	−0.061*	−0.024
$\ln E\_NM$	0.013	0.005	−0.018	−0.109**	−0.093	0.008	−0.156
$\ln E\_SX$	−0.053*	−0.001	−0.243*	0.009	0.045	−0.001	−0.206
$\ln E\_GZ$	−0.483**	−0.168*	−0.420**	−0.221*	0.241	−0.246***	−0.472**
$\ln S\_NM$	2.936***	1.1718**	3.143***	0.634	2.775**	1.465**	2.668*
$\ln S\_SX$	0.150	0.669*	−0.158	0.766*	−0.446	0.702**	−0.243
$\ln S\_GZ$	4.188**	2.143**	4.140*	1.201	3.357*	2.178**	4.233*
NM_μ	0.309	0.410	5.105	0.746	0.587	0.716	2.429
SX_μ	−2.88	0.145	−0.485	−1.139	−1.411	0.825	1.763
GZ_μ	2.575	−0.555	−4.620	0.393	0.823	−1.541	−4.192
R^2	0.925	0.918	0.863	0.810	0.915	0.921	0.833
$Adj\text{-}R^2$	0.886	0.876	0.793	0.712	0.872	0.881	0.767
F 值	23.958	21.72	12.276	8.269	21.037	22.88	9.670
P 值	0.000	0.000	0.000	0.000	0.000	0.000	0.000
DW	1.508	2.071	1.937	1.859	1.374	2.359	1.981

由表 11-4 中 $\ln T_2'$ 与表 11-3 中拟合状态 I 的对比可以看出,回归系数比较稳定,表明本章研究结论的稳健性较好。

11.6.2　解释变量替代性检验

为了确认拟合结果的稳健性,本章进一步采用解释变量替代测量方法进行稳健性检验。前面对于环境规制强度测量采用三省区政府矿区环境污染治理投资占 GDP 的比重,来反映环境规制强度的动态变化。由于环境规制是当地政府对于整个地区环境保护所采取的政策性措施,其调整的对象是全方面的,不仅包括对于矿区环境污染治理活动,还包括对于城镇环境基础设施建设活动,而且在《中国环境统计年鉴》中都有统计数据记录,因此,对于环境规制的测量还可以采用三省区城镇环境基础设施建设投资占 GDP 的比重。如此替代 R 的回归结果如表 11-4 所示。由表 11-4 可以看出,解释变量替代性测量后的回归系数还是比较稳定的,表明本章研究结果的稳健性较好。

11.7　本章小结

本章基于系统工程的思想与实证研究的思路,通过对相关政府管理部门和企业高级管理人员的访谈,结合文献研究与转入地的特征分析,初步析取"环境规制""项目经营规模""项目环保投资水平"和"项目发展方式水平"四类资源枯竭型企业跨区转移行为胁迫效应的影响因素。通过对于变系数模型、变截距模型和混合模型的比较分析,选定适用于本研究的变系数回归模型,并构建双对数函数计量模型,采取中西部 3 省区煤炭资源产业 1997~2016 年的面板数据进行实证分析和检验。结果发现:

(1) 对于东部资源枯竭型企业跨区转移行为胁迫效应的主要影响因素有 4 个 (环境规制、项目经营规模、项目环保投资水平、项目发展方式水平),都有着显著的作用。4 个影响因素变量对于东部资源枯竭型企业跨区转移行为胁迫效应的作用强度排序有着一定规律。项目环保投资水平的影响强度最低,项目发展方式水平的影响强度稍高,项目经营规模的影响强度较高,环境规制的影响强度最高。

(2) 环境规制越严,东部资源枯竭型企业跨区转移行为的胁迫效应越弱。中西部资源富集地政府的征税或补贴、环保契约和违约惩罚、信息公开、标准设定等内生性政策规制,以及绿色发展教育、社会对企业监督、政府对环保执法寻租腐败行为的惩治等外生性政策规制都对东部资源枯竭型企业跨区转移行为胁迫效应有着不同程度的作用,从而缓解了资源开发的负外部性和胁迫效应的强度。

(3) 项目经营规模越大,其胁迫效应越弱。经营规模越大的项目产能及产值越大,单位产值平摊的环境修复成本越低,环境修复的规模经济效应越好;也越会为环境监管部门和社会公众所关注，开采行为约束越多。同时技术与管理创新能力越强，科学开采和绿色开采的能力越强，对于环境的损伤越弱；也越会注重社会形象和品牌信誉，环境保护自律程度越高，因而其胁迫效应的强度会越弱。

(4)项目发展方式水平越高，其胁迫效应越弱。随着科技进步和社会生产力水平提升，东部资源枯竭型企业逐渐重视并在转入项目中推进低碳经济、绿色开采和生态矿山建设，在矸石井下充填、瓦斯抽排利用、矿井回风利用和矿井水复用等方面取得了重要成果，实现以最小的生态扰动获取最大的资源回收和经济效益，以最省的末端治理达成矿山工程与生态环境相融合，对其环境胁迫效应的下降有着显著的促进作用。

(5)项目环保投资水平越高，其胁迫效应越弱。受政府法律、法规和环境成本内部化的强制，财税经济手段的诱导，以及公众的监督，东部资源枯竭型企业跨区转移会选择从环境技术方面进行投资，如改造洗煤厂生产环节，增加压滤车间，回收尾煤；改造生产技术流程，建造瓦斯抽排运用工程。或者从环境设施设备方面进行投资，如利用废弃煤矸石制作水泥、砖瓦，开发生物肥料及铝盐加工业务；建设污水处理厂充分利用矿床水。这样既形成了新的经济收益增长点，还可能享受国家财政补贴，又促进其环境胁迫强度的降低。

第 5 篇

资源枯竭型企业跨区转移行为溢出效应与胁迫效应的比较

第 12 章　资源枯竭型企业跨区转移行为溢出效应与胁迫效应的比较分析

东部资源枯竭型企业的跨区转移行为，如果产生溢出效应或者说溢出效应比较显著，对于中西部资源富集地的资源产业，乃至相关产业的全要素生产率提升、结构优化、高质量发展都会有着明显的促进作用；如果产生胁迫效应或者说胁迫效应比较显著，对于中西部资源富集地生态环境的破坏或威胁会有所强化，生态文明建设会受到抑制。因此，需要对东部资源枯竭型企业跨区转移行为可能产生的溢出效应与胁迫效应进行比较研究。

本章共分为 4 节。12.1 节论述东部资源枯竭型企业跨区转移行为溢出效应与胁迫效应比较分析的必要性；12.2 节进行比较分析指标的设定；12.3 节阐述比较分析指标的特征和意义；12.4 节进行本章主要内容的小结。

12.1　比较分析的必要性

12.1.1　系统分析的视角

东部资源枯竭型企业跨区转移行为的实现不仅是跨区投资的到位，还伴随着关键技术、高效管理等知识的转移。除已有知识产权之外，知识既带有一般公共物品的特性，还具有一定程度的异质性，因此，东部资源枯竭型企业跨区转移行为可能产生溢出效应，促进承接地企业全要素生产率和运营效益的提升，以及经济社会的高质量发展。这种溢出效应的形成涉及经济系统和社会系统的问题。而东部资源枯竭型企业跨区转移行为毕竟是资源开发活动的转移，自然会产生一定程度的土地破坏和环境污染，形成胁迫效应。这种胁迫效应涉及生态系统的问题，因此，对于东部资源枯竭型企业跨区转移行为溢出效应与胁迫效应的分析，需要在一个包含经济子系统、社会子系统和环境子系统的复合系统中进行，才能符合科学研究的逻辑性和系统性。

20 世纪 60 年代，美国经济学家鲍尔丁 (Boulding) 在《一门科学——生态经济学》中指出，人类经济社会活动一直与生态系统保持紧密关联，且经济社会系统的运行是以生态系统为基础，并与生态系统构成了耦合关系复杂的生态经济复合系统。经济社会系统的不断增长对自然资源的需求无限，这与生态环境系统对自然资源供给的有限性之间始终存在矛盾 (范斐等, 2013)。资源枯竭型企业的跨区转移行为也不例外。

东部资源枯竭型企业跨区转入项目在经济子系统中以其较为成熟的先进技术和管理给当地企业提供了借鉴和模仿的基础和条件，即其溢出效应的有效发挥，促进当地企业为社会子系统提供了更多、更好的资源产品和资金支持，为生态环境的改善和治理提供了必要的资金和技术。而社会子系统作为经济子系统发展的基础与不竭动力，为转入项目的发展提供了必备的劳动力资源与基础设施等外在要素；生态子系统作为人类社会存在和发展的物质基础，为转入项目提供了大量的资源、空间条件和必要的投融资环境，从而成为助推项目发展的又一引擎。

然而，转入项目尽管受到社会系统进步的影响，能够对其环境破坏和污染有所控制，但在资源开发过程中，总会给生态子系统带来一定数量的土地破坏和"三废"排放物，出现一定程度的胁迫效应。当然，生态子系统具有扩散、降解、同化废物的机能，但是，生态子系统的污染净化能力是有限的，当转入项目的环境破坏和污染超过生态子系统的承载力时，社会子系统中的资本和人才会因生态环境的不断恶化而离开，导致转入项目及其经济子系统的发展变缓或出现衰退。因此，转入项目与经济子系统、社会子系统和环境子系统的矛盾是客观存在、不容忽视的(张煊等，2014)。

总之，针对东部资源枯竭型企业跨区转入项目与生态子系统、经济子系统和社会子系统之间既存在互利契合关系，又可能出现对立矛盾的关系，需要对于此类溢出效应与胁迫效应进行比较研究。

12.1.2 机理分析的视角

东部资源枯竭型企业跨区转移行为可能产生溢出效应，由于这类溢出效应的产生源于知识的转移，因此，并不会仅仅局限于本产业之内。从产业分工与协作角度审视，产业链包含横向与纵向的分工协作，以及相互价值交换。因此，东部资源枯竭型企业跨区转移行为溢出效应的形成路径包括两个方面：一是横向产业内的溢出效应。它的本质是伴随东部资源枯竭型企业的跨区进入，其先进的生产技术和高效的管理经验通过示范模仿和竞争优化等渠道(李存芳，2019a)，溢出到中西部资源富集省区同类企业，促进了这些企业技术、管理水平和生产效率的提升。其中，示范模仿渠道体现在当地企业会自觉模仿转入项目的行为，提高研发经费标准，推进开发技术和管理升级，开展员工培训，不同程度地提升自我开发技术与管理水平和运作效益，受到溢出效果。竞争优化渠道体现在当地企业迫于转入项目而加剧的竞争压力，增加研发投入，组织实施开发技术和管理革新，或者进行开发技术及管理的引进、吸收、再创新，一定程度上促进了当地企业的开发技术与管理水平、运作效益与竞争能力的上升，并激发转入项目进一步开展管理模式优化和技术创新或者引进更加先进的开发技术与管理方式，以保持并增强以往竞争优势，进而形成更高层次的溢出。此类溢出效应产生的根本原因在于东部资源枯竭型企业与当地同类企业之间存在着一定程度的技术和管理差距，成为溢出效应所需的"势能"。而且这种"势能"的大小也直接影响到溢出效应的强度高低。二是纵向产业间的溢出效应。它的本质是伴随东部资源枯竭型企业的跨区进入，其先进的管理经验和优势的技术标准为中西部资源富集省区关联企业所接受，促进中西部省区关联企业管理水平、产品质量和生产效率的提高。此类溢出效应产生的根本原因在于东部资源枯竭型企业跨区进入中西部资源富集省区后嵌入当地产业链，参与当地产业分工与协作，进而形成了投入关联溢出和产出关联溢出。其溢出效应强度的高低取决于东部资源枯竭型企业与当地企业之间的投入产出关联度，以及当地企业的应对性和创新力(李存芳等，2019c)。正是这类跨区转移行为溢出效应的存在，有效促进了中西部省区资源产业可持续、高质量发展新动能的强化(图12-1)。

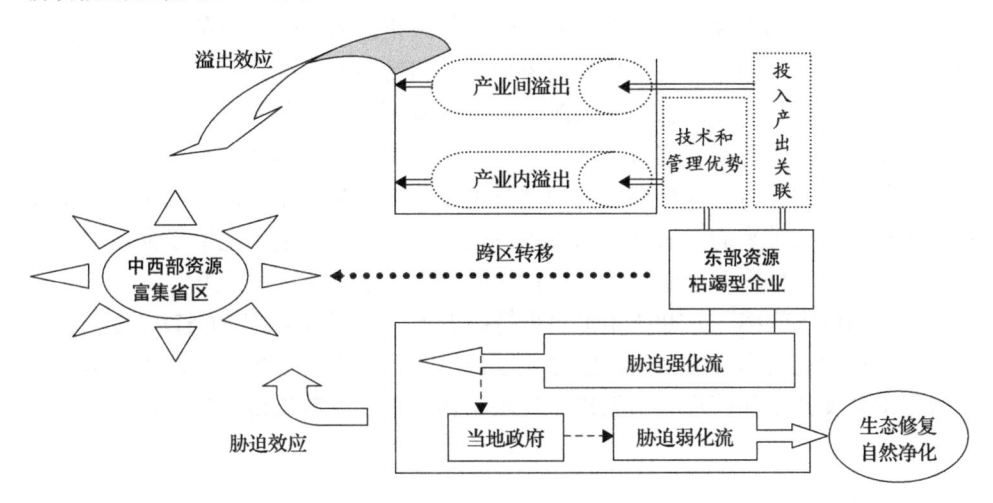

图12-1 资源枯竭型企业跨区转移行为溢出效应与胁迫效应的机理分析模型

不仅如此，东部资源枯竭型企业跨区转移行为毕竟是资源开发活动的转移，在给中西部资源富集省区带来大量投资、关键技术和高效管理，以及可能的溢出效应的同时，也会带来自然环境功能胁迫问题。这种胁迫问题，不仅具有一般的经济活动对于中西部资源富集省区环境输入污染的表现，而且还具有自身从事资源开发对于中西部资源富集省区环境破坏的特征。由于自然环境功能的优劣状况取决于当地某一时刻的环境破坏和污染的累积，这种累积的本质是土地破坏和环境污染的强化流减去弱化流后的时间积蓄。东部资源枯竭型企业的转入，在建矿、开采、洗选、冶炼等阶段都会不同程度地产生土地塌陷、固体废物、废水、废气和粉尘，形成对于中西部资源富集省区自然环境功能的胁迫强化流。而随着资源枯竭型企业的转入与开发活动的逐步推进，中西部资源富集省区自然环境破坏和污染水平的信息也将不断地反馈到各级政府决策部门，可能通过政府的政策干预和利益调节来促进相关企业及部门环境修复行为的实现和自然净化能力的增强（Sezgin，2013），形成胁迫弱化流。东部资源枯竭型企业跨区转移行为胁迫效应的产生和程度正是上述胁迫强化流与胁迫弱化流两类相反力量交互作用的过程和结果（图12-1）。

由此可见，东部资源枯竭型企业跨区转移行为既可能产生正向溢出效应，对于中西部资源富集省区产业升级和结构优化有着明显的促进作用，也可能产生负向胁迫效应，对于中西部资源富集省区高质量发展和生态文明建设有着明显的抑制作用。因此，需要对于此类溢出效应与胁迫效应进行深度比较研究。

12.2 比较分析指标的设定

为了进行东部资源枯竭型企业跨区转移行为正向溢出效应与负向胁迫效应的比较分析与测度，即能够科学地比较溢出效应与胁迫效应的相对程度，引入"生态溢出效率"（ecological spillover efficiency，ESE）指标。"生态溢出效率"等于东部资源枯竭型企业跨区转移行为带来的中西部资源富集省区经济价值增量与生态环境劣化增量的比值。这种经济价值增量揭示的本质是由于东部资源枯竭型企业跨区转移行为而带来的先进技术与管理等的扩散；生态环境劣化增量揭示的本质是由于东部资源枯竭型企业跨区转移行为而带来的生态环境的胁迫。

"生态溢出效率"与1992年世界可持续发展工商理事会（WBCSD）提出的"生态效率"概念有着本质的区别，能够显示出转入地承受一个单位的环境胁迫所可能获得的开发技术和管理溢出效果，反映出转入地的发展质量，具体可用公式表示为

$$\delta = \sum_{i=1}^{n} \lambda_i y_i \Big/ \sum_{j=1}^{m} \mu_j x_j \tag{12-1}$$

式中，δ 为生态溢出效率；y_i 为第 i 种资源产品和相关产品的增加值；x_j 为第 j 种生态环境劣化要素的增量；λ_i、μ_j 为权重。

需要指出，生态溢出效率 δ 越高，表明转入地承受一定强度的环境胁迫而可能获得的技术和管理溢出强度和收益越高；反之，生态溢出效率 δ 越低，表明转入地承受一定强度的环境胁迫而可能获得的技术和管理溢出强度和收益越低。

由此，基于东部资源枯竭型企业跨区转移行为的溢出机理和胁迫机理分析，并依据系统性、科学性、可获性原则，构建东部资源枯竭型企业跨区转移行为的生态溢出效率评价指标体系，主要包括生态环境劣化增量（投入）、经济价值增量（产出）等指标，具体如表12-1所示。

表 12-1 资源枯竭型企业跨区转移行为生态溢出效率评价的投入产出指标体系

比较类别	具体变量
生态环境劣化增量(投入)	矿山废水排放量(x_1)
	矿山固体废物排放量(x_2)
	矿山废气排放量(x_3)
	矿山土地压占和沉陷破坏量(x_4)
经济价值增量(产出)	资源产业工业增加值(y_1)
	关联产业工业增加值(y_2)

(1)投入指标。资源枯竭型企业跨区转移行为的胁迫效应机理揭示,对于自然环境功能产生胁迫的主要源泉是东部资源枯竭型企业跨区转入后建设与开发过程中所形成的矿山废弃矸石和废渣、矿床水和选矿冶炼废水、矿山废气,以及压占、沉陷破坏的土地等,因此采取转入地矿山固体废物、废水和废气的排放量,以及土地压占和沉陷破坏量,作为胁迫程度,即生态环境劣化增量的测度指标,并以此作为分析系统的投入指标。

(2)产出指标。资源枯竭型企业跨区转移行为的溢出效应机理揭示,溢出效应不仅发生在横向产业内,而且体现在纵向产业间。因此,对于溢出效应的测度,不仅要对转入地测量资源产业的经济价值增量,还要测量关联产业的经济价值增量(周游等,2016),并以此作为分析系统的产出指标。

12.3 比较分析指标的特征与意义

生态溢出效率作为进行资源枯竭型企业跨区转移行为溢出效应与胁迫效应比较分析的主要指标,具有一些重要特征,对于企业跨区转移行为绩效和价值的综合评价乃至企业战略管理的发展具有重要的理论意义和现实意义。

12.3.1 比较分析指标的特征

1. 不仅考虑非期望产出,更突出体现溢出贡献

生态溢出效率显示了转入地承受一个单位的环境胁迫所可能获得的开发技术和管理溢出效果,反映了东部资源枯竭型企业转入项目技术管理水平和承接地的发展质量,充分考虑了转入项目的非期望产出,突出体现了溢出贡献。它不同于生态效率或生态经济效率。生态效率的概念于 1990 年被瑞士学者 Schaltegger 和 Sturm 首次提出,定义为经济增加价值与增加的生态环境影响的比值(Schaltegger and Sturm, 1990)。1992 年世界可持续发展工商委员会又从商业角度重新定义生

态效率的概念和内涵,即提供能满足和提高人类生活质量的竞争性商品和服务,且将整个生命周期的生态影响与资源强度逐渐降低至与地球承载能力相当的水平(Lehni, 2000)。此后对其研究也较为丰富(Bonfiglio et al., 2017; Maia et al., 2016; Charmondusit et al., 2014; Camarero et al., 2013),尽管研究视角、方法各异,但普遍认同生态效率的核心思想是以最少的资源损耗和环境污染成本生产最大的产品和服务价值,符合循环经济、生态文明建设和可持续发展的目标(郑德凤等,2018)。但是,它没有涉及研究对象的溢出贡献,使其对于资源枯竭型企业跨区转移行为贡献的测度受到限制。

2. 不仅评估环境影响,还要评估经济价值

生态溢出效率不但要表征所研究对象的环境影响,而且评价其对于承接地相关企业的经济贡献,即溢出贡献。因此,与生态足迹等可持续性评价方法在范围上有着重要区别。生态足迹(ecological footprint)也称"生态占用",由加拿大规划与资源生态学家 William 于 1992 年提出。它是一种以土地为度量单位的生态可持续性评估方法,是指在现有技术条件下,特定的区域人类社会需要多少具备生物生产力的土地(biological productive land)和水域,来生产所需资源和吸纳所衍生的废物(William and Wackernagel, 1996)。它的应用意义在于,通过生态足迹需求与自然生态系统的承载力(亦称生态足迹供给)进行比较来定量判断某一区域发展的可持续性,评估其对于生态系统的影响,以便对于未来区域人类社会发展做出科学规划和建议。显然,它缺乏对于区域人类社会发展的经济价值的计算与评估,不能完整地反映资源枯竭型企业跨区转移行为的实际效果。

3. 不仅反映溢出经济效益,还要兼顾环境成本

生态溢出效率是以东部资源枯竭型企业跨区转移行为带来的中西部资源富集省区经济价值增量与其生态环境劣化增量的比值来衡量。这种经济价值增量揭示了由东部资源枯竭型企业跨区转移行为带来的先进技术与管理等的扩散成效;生态环境劣化增量揭示了由东部资源枯竭型企业跨区转移行为带来的生态环境的胁迫程度。显然,生态溢出效率不仅关注东部资源枯竭型企业跨区转移行为的溢出经济效益,而且兼顾了自身生产过程中的环境影响。它与清洁生产内涵和要求有所差异。对于清洁生产的内涵,联合国环境规划署工业与环境规划中心(UNEPIE/PAC)认为,它是指一种新的创造性的思想,能将整体预防的环境战略持续应用于生产过程、产品和服务中,以增加生态效率和减少人类及环境的风险。《中华人民共和国清洁生产促进法》[①]进一步明确指出,它是指"不断采取改进设

[①] 参见 2012 年 2 月 29 日第十一届全国人民代表大会常务委员会第二十五次会议《关于修改〈中华人民共和国清洁生产促进法〉的决定》修正稿,http://www.npc.gov.cn/wxzl/gongbao/2012-05/29/content_1728285.htm。

计、使用清洁的能源和原料、采用先进的工艺技术与设备、改善管理、综合利用等措施，从源头消减污染，提高资源利用效率，减少或者避免生产、服务和产品使用过程中污染物的产生和排放，以减轻或者消除对人类健康和环境的危害"。由此可见，清洁生产实际包含了对于生产全过程和产品生命周期全过程的控制，更加关注污染的源头消减和过程控制方法，优先考虑环境效益，同时评价经济成本（吕彬和杨建新，2006）；而生态溢出效率则强调关注溢出经济效益，同时兼顾环境效益。

12.3.2 比较分析指标的意义

1. 理论意义

从理论层面来看，生态溢出效率的主要功能在于测度资源枯竭型企业跨区转移行为对承接地企业先进技术与管理的传导而形成的经济增值，与自身环境影响增加之间的比值。作为一种"效率"的要义，不仅需要少投入、多产出，而且需要少污染、多溢出，形成在对生态环境不构成威胁前提下发展经济，实现经济、环境、资源、社会协调发展的目标。而在传统微观经济学中的"效率"是一种生产概念，意指帕累托最优，即产出一定时所需的投入最省，或者投入一定时获得的产出最多。具体在生产函数能够反映出在一定时期、既定技术水平下各种生产要素的组合与其可能生产的最高产出之间的关系（王国顺和张建玲，2008）。不仅如此，在生态经济学中的"生态效率"也只新增了对于非期望产出的考虑。现实中东部资源枯竭型企业跨区转入项目的运作过程中不仅不可避免地形成非期望产出，而且很有可能产生对于当地企业先进技术和管理的传导和收益。但传统微观经济学和生态经济学的效率评价未能全面考虑这些影响问题。现代经济模式下的企业效率则不但要关注自身投入产出，还要关注溢出效果、非期望产出的环境影响，而且希望非期望产出越低越好、溢出效果越高越好。也即应该以考虑东部资源枯竭型企业跨区转移行为对于承接地企业溢出程度、环境影响程度的生态溢出效率来弥补传统企业生产效率的欠缺，以科学测度东部资源枯竭型企业跨区转移行为的实际贡献。显然它具有重要的理论价值。

2. 实践意义

从现实意义来看，随着西部大开发和中部崛起战略的推进，中西部省区经济发展加快，资源约束趋紧、环境污染加重、生态系统退化的形势日趋严峻，加之长期以来"高投入、高消耗、高排放"的经济发展模式，致使中西部资源富集地环境承载力与经济发展之间的矛盾日益突出。党的十八大报告把生态文明建设纳入中国特色社会主义事业五位一体总体布局，着重指出，要把生态文明建设放在突出地位，努力建设美丽中国；党的十九大报告则对新时代生态文明建设进行了新的定位,特别强调,建设生态文明是中华民族永续发展的千年大计。党的十九届五中全会通过的《中共中央关于制定国民经济和社会发展第十四个五年规划和二〇三五年远景目标的建议》中进一步明确要求,国土空间开发保护格局得到优化,生产生活方式绿色转型成效显著,能源资源配置更加合理、利用效率大幅提高,主要污染物排放总量持续减少,生态环境持续改善,生态安全屏障更加牢固,城乡人居环境明显改善。在这一背景下,对东部资源枯竭型企业跨区转移行为的生态溢出效率进行测算,为衡量承接企业跨区转移发展规模、质量、效益和环境影响提供重要依据,对于有效推动我国中西部资源富集省区经济可持续、高质量发展和生态文明建设具有重大的现实意义。

12.4 本章小结

本章基于系统工程的思想,论述了进行资源枯竭型企业跨区转移行为溢出效应与胁迫效应比较分析的必要性,提出了"生态溢出效率"的新概念,并以其作为比较分析的重要指标,阐述了比较分析指标的特征和意义,为进行资源枯竭型企业跨区转移行为溢出效应与胁迫效应的比较检验奠定了重要基础。

第13章　资源枯竭型企业跨区转移行为溢出效应与胁迫效应的比较检验

资源枯竭型企业跨区转移行为作为资源开发活动的转移，可能产生溢出效应，促进承接地企业全要素生产率和运营效益的提升，以及社会经济的高质量发展，也自然会产生一定程度的土地破坏和环境污染，形成胁迫效应。那么这两类效应之间的强度差异如何？需要基于生态溢出效率进行强度差异的比较检验。

本章共分为 5 节。13.1 节进行东部资源枯竭型企业跨区转移行为溢出效应与胁迫效应比较检验的方法选择；13.2 节进行比较检验样本数据来源的确定；13.3 节进行比较检验的静态分析；13.4 节进行比较检验的动态分析；13.5 节进行本章主要内容的小结。

13.1　比较检验的方法选择

基于前章分析，对于东部资源枯竭型企业跨区转移行为溢出效应与胁迫效应的比较检验，关键在于测算并分析东部资源枯竭型企业跨区转移行为的生态溢出效率。那么，应该采用何种方法进行生态溢出效率的有效测算和科学分析呢？

13.1.1　比较检验方法的特征需求

生态溢出效率的测算本质上是对具有多种胁迫（投入）和多种溢出（产出）的单位，即决策单元（decision making units，DMU）之间相对有效性的综合评价。其评价方法选择具有一定的特征需求：

（1）能够有效保证测算过程的客观性。由于中西部省区资源产业的生产差异性较大，尽量避免对可能涉及生产函数的形式、数学表达式及其参数估计作出一些假设；避免对决策单元的胁迫（投入）和溢出（产出）指标的权重进行一定假设，以消除测算过程中的主观影响。

（2）能够有效处理多种胁迫（投入）和多种溢出（产出）的决策单元。对于涉及多个胁迫指标和多个溢出指标的决策单元的测算，不仅需要评判此类决策单元是否有效，还需要提供非有效决策单元有关指标的调整方向和调整数量，以提升测算结果的应用效能。

（3）能够有效排除胁迫（投入）和溢出（产出）指标值量纲的影响。决策单元所涉及的胁迫（投入）和溢出（产出）指标数量较多、量纲不同，需要减少或消除这些不同指标及其量纲的影响，以提高测算结果的精确度。

(4)能够有效进行静态特征和动态趋势的分析评价。对于决策单元不仅需要进行胁迫(投入)和溢出(产出)的内涵、结构分析，厘清它们的关键要素和具体指标，还需要把握它们各项指标的动态变化规律，以增强测算结果的科学性和时效性。

13.1.2 比较检验方法的确定

针对上述比较检验方法的特征需求，考虑到一般的效率测算方法主要有两类：一类是参数方法，另一类是非参数方法。参数方法包括回归生产模型和随机前沿模型，它们需要预先设定生产函数的具体形式，可能存在因生产函数设定不当而影响结论准确性的风险。非参数方法包括 Fisher 指数法、Tornqvist 指数法和 Malmquist 指数法，它们虽然不需要设定生产函数的具体形式，但仍需要假设不存在随机误差现象，也可能影响效率估计的质量(刘艳君和李惠茹，2012)。而在一般的实证分析中，由于非参数的 Malmquist 指数法表现出多种明显的优势，诸如，计算简便，只需要投入和产出的数据，不需要假设生产函数的具体形式；可以分别用于规模报酬不变和规模报酬可变两种情形下的效率测算；特别是能够与数据包络分析方法(data envelopment analysis，DEA)的 CCR 模型(基于规模报酬不变假设)或 BCC 模型(基于规模报酬可变假设)相结合，利用经过科学度量的距离函数之比来构造效率指数，解决效率测算的静态分析和动态分析问题，并得到广泛的应用(魏权龄，2012，1988；马占新，2012)。同时，考虑到中西部省区资源产业生产差异性较大，体现产出的产业内和产业间溢出效果难以准确计量，因此，采用更加符合资源产业生产现实的 DEA 方法中投入导向型 BCC 模型与非参数 Malmquist 指数相结合的方法来测算生态溢出效率，进行东部资源枯竭型企业跨区转移行为溢出效应与胁迫效应的比较检验。

13.2 比较检验的数据来源

为了保证研究样本的代表性、研究数据的可得性、研究过程的有效性、研究结果的普适性，并考虑到山西、内蒙古、四川、贵州、云南、陕西、甘肃、青海、宁夏、新疆等资源富集省区承接东部煤炭资源枯竭型企业的跨区转移比较活跃，故选取中西部 10 省区煤炭产业作为研究对象；同时，由于此类跨区转移行为是在国务院《探矿权采矿权转让管理办法》(1998 年)和西部大开发政策(2000 年)相继实施之后逐渐大批涌现，但其相关效应的显现还有一个延迟过程，加之 2006 年起又受到国家"万商西进工程"的强力推动，因此测算的时间区段选取 2007~2017 年，而且能够保证决策单元数量至少超过投入指标数量与产出指标数量之和(李玉龙和李忠富，2011)。

具体地，对于东部资源枯竭型企业跨区转移行为承接地经济价值增量(产出)

的测度,分别采用承接跨区转移行为的中西部10省区煤炭产业工业增加值指标和电力、热力的生产及其供应业工业增加值指标,以充分体现对承接地资源产业的经济价值增量和关联产业的经济价值增量的测度。对于东部资源枯竭型企业跨区转移行为生态环境劣化增量(投入)的测度,采用中西部10省区承接煤炭资源枯竭型企业跨区转移行为新增矿山固体废物、废水、废气排放量和矿山土地压占及沉陷破坏量。相关数据来源于2007~2017年《中国国土资源统计年鉴》《中国环境统计年鉴》《中国环境统计年报》《中国统计年鉴》以及相关省区的《统计年鉴》,其描述性统计如表13-1所示。

从表13-1中各指标的均值来看,山西、陕西和内蒙古三省区在煤炭产业新增工业增加值、关联产业新增工业增加值、废水排放量、废气排放量、固废排放量以及土地压占破坏量方面都位居前列,说明东部资源枯竭型企业的跨区转移行为给三省区带来显著溢出效应的同时也带来了显著的胁迫效应。而宁夏虽然煤炭产业新增工业增加值、关联产业新增工业增加值并不高,但是其废水排放量、废气排放量和土地压占沉陷破坏量均居高不下,说明东部资源枯竭型企业的跨区转移行为给该省区带来的溢出效应一般、胁迫效应较强。相对而言,新疆、青海煤炭资源丰富,煤炭产业新增工业增加值、关联产业新增工业增加值、废水排放量、废气排放量和固废排放量却较低,说明东部资源枯竭型企业的跨区转移行为给两省区带来的溢出效应和胁迫效应并不明显。

从表13-1中各指标的标准差值来看,山西、内蒙古和陕西三省区在煤炭产业新增工业增加值、关联产业新增工业增加值、废水排放量、废气排放量、固废排放量和土地压占沉陷破坏量方面的标准差值均较高,说明东部资源枯竭型企业的跨区转移行为给三省区带来的溢出效应和胁迫效应波动性较大。仅有青海和新疆两省区在煤炭产业新增工业增加值、关联产业新增工业增加值、废水排放量、废气排放量、固废排放量方面的标准差值均较低,说明东部资源枯竭型企业的跨区转移行为给两省区带来的溢出效应和胁迫效应波动性较小。对于此类统计分析,还需要进行深入的实证检验。

表13-1 投入产出指标的描述性统计(2007~2017年)

省区		废水排放量(万吨)	固体废物排放量(万吨)	废气排放量(万吨)	土地压占沉陷破坏量(公顷)	煤炭产业工业增加值(亿元)	关联产业工业增加值(亿元)
山西	最小值	20122.317	72.101	0.971	29014.000	1086.510	256.670
	最大值	61159.759	226.205	7.392	200709.690	3529.485	547.823
	均 值	44832.701	165.585	4.899	113895.552	2352.123	431.549
	标准差	12775.346	53.681	1.998	45447.890	759.874	110.112

续表

省区	变量	废水排放量(万吨)	固体废物排放量(万吨)	废气排放量(万吨)	土地压占沉陷破坏量(公顷)	煤炭产业工业增加值(亿元)	关联产业工业增加值(亿元)
内蒙古	最小值	9942.980	26.725	0.699	75801.000	480.910	323.040
	最大值	25776.304	96.848	3.761	501822.430	2499.182	995.333
	均值	17517.812	66.839	2.643	250010.131	1796.856	741.464
	标准差	5508.482	24.179	0.996	165628.239	684.886	242.712
四川	最小值	2648.424	4.425	0.079	9502.480	167.560	386.090
	最大值	35024.963	10.829	0.621	21170.660	656.291	981.723
	均值	10666.687	7.213	0.375	14319.091	430.047	719.047
	标准差	9157.898	2.203	0.198	4188.907	136.056	220.072
贵州	最小值	2737.771	8.304	0.800	5437.000	90.850	205.060
	最大值	17398.330	28.695	2.383	40423.000	805.727	455.359
	均值	9401.340	21.339	1.465	15426.014	522.364	342.870
	标准差	4905.248	6.562	0.570	9028.089	279.857	84.786
云南	最小值	2065.399	2.554	0.120	7260.000	45.400	175.700
	最大值	35028.063	17.593	0.507	52425.550	321.907	521.804
	均值	7614.668	9.587	0.282	36363.425	176.789	372.892
	标准差	9259.593	4.975	0.135	14360.477	79.850	132.324
陕西	最小值	9236.195	6.925	0.285	6003.000	224.350	156.340
	最大值	17918.700	24.904	1.555	68635.680	1872.967	495.006
	均值	14111.334	16.600	1.039	46030.214	1082.800	361.202
	标准差	3051.424	4.641	0.430	22524.087	494.701	122.766
甘肃	最小值	1744.911	1.355	0.148	19841.000	44.790	130.410
	最大值	35031.163	4.859	0.288	52566.780	184.442	305.475
	均值	5096.464	3.520	0.238	34459.966	126.684	227.913
	标准差	9931.581	1.230	0.039	11698.288	44.944	64.556
青海	最小值	191.729	0.436	0.012	11747.000	7.900	40.540
	最大值	1987.846	16.848	0.136	24401.100	80.499	178.694
	均值	1060.258	6.354	0.074	23180.009	35.030	106.438
	标准差	716.792	6.919	0.050	3794.815	26.590	46.347

续表

省区		变量					
		废水排放量(万吨)	固体废物排放量(万吨)	废气排放量(万吨)	土地压占沉陷破坏量(公顷)	煤炭产业工业增加值(亿元)	关联产业工业增加值(亿元)
宁夏	最小值	4542.808	2.148	0.249	6232.600	69.110	83.260
	最大值	35034.263	12.467	0.852	63829.910	298.650	296.125
	均值	9867.111	7.310	0.583	24044.232	219.007	202.635
	标准差	8569.136	3.087	0.184	15548.157	83.966	84.506
新疆	最小值	1254.880	0.806	0.073	14861.650	32.320	72.990
	最大值	2985.515	4.893	0.308	57607.930	128.873	487.843
	均值	2146.924	3.079	0.209	41061.508	91.286	258.300
	标准差	677.531	1.447	0.083	13588.482	33.918	145.845

13.3 比较检验的静态分析

利用 DEAP 2.1 软件，对 2007~2017 年我国中西部 10 个资源富集省区承接东部煤炭资源枯竭型企业跨区转移行为的生态溢出效率进行分析，进一步运用其基于规模报酬可变假设的 BCC 模型将生态溢出效率（ecological spillover efficiency，ESE）分解出纯技术效率（pure technical efficiency，PTE）和规模效率（scale efficiency，SE）。这里纯技术效率反映出与东部煤炭资源枯竭型企业跨区转移行为的技术与管理因素相关的生态溢出效率，规模效率反映出与东部煤炭资源枯竭型企业跨区转移行为的规模因素相关的生态溢出效率。而且，生态溢出效率（ESE）等于纯技术效率（PTE）与规模效率（SE）之积。

13.3.1 生态溢出效率的综合分析

从整体变化趋势来审视。图 13-1 显示出在 2007~2017 年东部煤炭资源枯竭型企业跨区转移行为的生态溢出效率的两方面特征：一是纯技术效率曲线、规模效率曲线和生态溢出效率曲线整体上均呈现出先下降后上升的趋势，并且纯技术效率曲线一直处于较高水平，而生态溢出效率曲线与规模效率曲线基本保持平行。这表明规模效率相较于纯技术效率虽然处于较低水平，但是其与生态溢出效率的相关性及其影响却更强，反映出规模因素占据主导地位。随着东部煤炭资源枯竭型企业跨区转移规模的扩大，中西部省区胁迫效应明显强化，溢出效应相对弱化，生态溢出效率下降，到达 2013 年降至最低，仅为 0.627。此后，中西部省区承接煤炭资源枯竭型企业跨区转移行为的规模得到科学有效的控制，创新驱动战略逐步实施，产业升级逐步见效，溢出效应得到强化，胁迫效应相对弱化，生态溢出效率显著回弹。二是纯技术效率曲线高于规模效率曲线。这表明东部煤炭资源枯竭型企业跨区转移行为的实施，不仅有跨区直接投资的落地，还有先进技术和管理的转入，并且通过示范模仿、竞争优化等渠道实现产业内的溢出，通过投入产出关联实现产业间的溢出，进而赋能产业升级。如统计表明 2007 年由技术市场流向山西、内蒙古、四川、贵州、云南、陕西、甘肃、青海、宁夏、新疆 10 个中西部省区的技术合同数为 26135 项，2017 年达到 62751 项，合同金额也从 256.92 亿元增长到 2236.04 亿元，增长近 8 倍，显著促进了煤炭产业的科学开发、技术进步和发展质量。

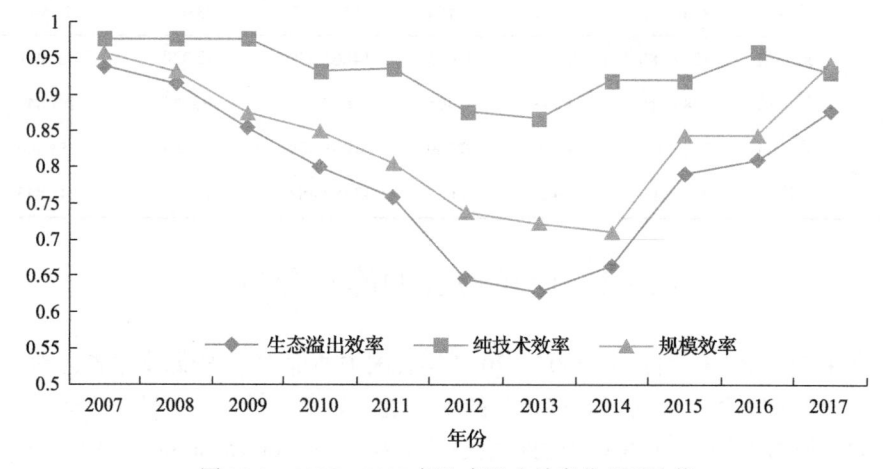

图 13-1 2007~2017 年生态溢出效率分项平均值

从局部特征年度表现来审视。表 13-2 列出了中西部 10 省区 2007 年、2012 年和 2017 年的生态溢出效率值[①]。对此可由三方面来做进一步分析。

一是分析生态溢出效率。2007 年、2012 年和 2017 年生态溢出效率平均值均小于 1，未处于前沿面上，即未能实现 DEA 有效，其中 2007 年和 2012 年的规模效率平均值均低于技术效率平均值，结合图 13-1 观察，在所研究的 11 个样本年中，仅 2017 年规模效率赶超纯技术效率，其他年份规模效率均处于相对较低状态。也就是说东部煤炭资源枯竭型企业的跨区转移行为给中西部省区带来生态溢出效率的提升主要来源于技术和管理的进步，而投资规模扩大带来的贡献较小，与上文结论相同。进一步审视可见，不同省区的生态溢出效率也存在一定的差异，如四川和陕西两省在 3 个研究年度均处于前沿面，内蒙古也接近前沿面，说明他们在承接东部煤炭资源枯竭型企业跨区转移行为时，投资规模适度、质量较高，资源配置较优，溢出渠道通畅，溢出效应显著强化，胁迫效应相对弱化。而其他省区的纯技术效率和规模效率则存在不同程度的短板，特别是宁夏的短板更为显著，

---

① 由于篇幅限制，本章仅列出 2007 年、2012 年和 2017 年的结果，并加以分析。

这与其承接煤炭资源枯竭型企业跨区转移行为的规模、质量、效率的协调度不高有关。宁夏承接煤炭资源枯竭型企业跨区转移行为的规模较大,但国土面积不大,产业链发展延伸不长,特别是煤化工和煤综合利用等相关产业开发不足,国有重点煤矿非煤产业工业总产值所占比重不足30%;煤炭开采机械化水平不高,仅达到全国机械化水平的45%,未能有效吸收东部煤炭资源枯竭型企业的先进开采技术和管理经验,溢出效应发挥不足,胁迫效应相对强化。

表13-2　10省区2007年、2012年和2017年生态溢出效率值

省区	2007年 生态溢出效率	纯技术效率	规模效率	规模收益	2012年 生态溢出效率	纯技术效率	规模效率	规模收益	2017年 生态溢出效率	纯技术效率	规模效率	规模收益
山西	1.000	1.000	1.000	—	0.589	1.000	0.589	drs	0.695	1.000	0.695	drs
内蒙古	1.000	1.000	1.000	—	0.975	1.000	0.975	drs	0.991	1.000	0.991	drs
四川	1.000	1.000	1.000	—	1.000	1.000	1.000	—	1.000	1.000	1.000	—
贵州	1.000	1.000	1.000	—	0.703	0.703	1.000	—	0.970	1.000	0.970	drs
云南	1.000	1.000	1.000	—	0.416	0.834	0.499	irs	1.000	1.000	1.000	—
陕西	1.000	1.000	1.000	—	1.000	1.000	1.000	—	1.000	1.000	1.000	—
甘肃	1.000	1.000	1.000	—	0.430	0.602	0.714	—	0.841	0.955	0.881	irs
青海	0.795	1.000	0.795	irs	0.489	1.000	0.489	irs	0.989	1.000	0.989	irs
宁夏	0.600	0.761	0.788	irs	0.422	0.623	0.678	irs	0.476	0.519	0.917	irs
新疆	0.976	1.000	0.976	irs	0.418	1.000	0.418	irs	0.796	0.823	0.967	irs
平均值	0.937	0.976	0.956		0.644	0.876	0.736		0.876	0.930	0.941	

注:生态溢出效率=纯技术效率×规模效率;irs、—、drs分别表示规模收益递增、规模收益不变、规模收益递减。

二是分析纯技术效率。2007年、2012年和2017年的纯技术效率平均值分别为0.976、0.876和0.930,呈现出先下降后上升的趋势,而且比较接近于1。三个观察年度中,纯技术效率均达到1的省区分别有9个、6个和7个,说明纯技术效率对生态溢出效率的贡献较大,反映出这些省区所承接转移的煤炭资源枯竭型企业在技术水平和管理能力上具有明显优势,当地企业的学习模仿、吸收内化能力不差,产业关联度较高,溢出渠道通畅,溢出效应得到强化。进一步分析表明,在煤炭产业规模收益不变的情况下,当前的溢出效应达到最佳。如调查显示,四川省煤炭产业技术引进的经费支出从2007年的5.1亿元增加到2017年的6.7亿元,而且引进消化吸收再创新过程较为有效,专利申请数也增加了8.74倍,在2017年达到167484项[①]。有效促进了技术和管理进步,以及纯技术效率、生态溢出效率的提升。

---

① 数据来源于2008~2018年中国统计出版社《中国科技统计年鉴》。

三是分析规模效率。在 3 个观察年度中,规模效率均达到 1 的省区仅有四川和陕西两省,数量明显少于纯技术效率达到 1 的省区数量,其余规模效率未达到 1 的省区均存在不同程度的效率损失。这表明规模效率对于生态溢出效率的贡献较小,换言之,造成生态溢出效率下降的主要原因在于规模效率低下。这反映出承接东部煤炭资源枯竭型企业跨区转移行为的规模扩张过快,重复建设明显,质量不高、收益不大,而且煤炭资源开发能力超出了当地的生态承载力。

13.3.2 生态溢出效率的区域特征分析

考虑到生态溢出效率可能因区域产能的明显差异而体现出显著不同的特征,在所选 10 个样本省区中,内蒙古和山西是全国煤炭产量最高的 2 个省区(年产量相近,均超过 8 亿吨),与云南、贵州、四川、陕西、甘肃、宁夏、青海、新疆 8 个省区产量差异较大,故将其归于高产组,而将其余 8 省区归于一般组。由此进一步分组计算生态溢出效率的结果如表 13-3 所示。

表 13-3 2007~2017 年生态溢出效率分项平均值及规模报酬变化情况

年份	组别	生态溢出效率	纯技术效率	规模效率	规模报酬增减省区个数			
					递增	递减	不变	合计
2007	高产组	1.000	1.000	1.000			2	2
	一般组	0.921	0.970	0.945	3		5	8
	全样本	0.937	0.976	0.956	3		7	10
2008	高产组	0.960	1.000	0.960		1	1	2
	一般组	0.903	0.969	0.922	3		5	8
	全样本	0.914	0.975	0.930	3	1	6	10
2009	高产组	1.000	1.000	1.000			2	2
	一般组	0.816	0.970	0.841	4		4	8
	全样本	0.853	0.976	0.873	4		6	10
2010	高产组	0.783	1.000	0.783		1	1	2
	一般组	0.802	0.913	0.864	4		4	8
	全样本	0.798	0.931	0.848	4	1	5	10
2011	高产组	0.836	1.000	0.836		1	1	2
	一般组	0.737	0.920	0.796	5		3	8
	全样本	0.756	0.936	0.804	5	1	4	10

续表

年份	组别	生态溢出效率	纯技术效率	规模效率	规模报酬增减省区个数			
					递增	递减	不变	合计
2012	高产组	0.782	1.000	0.782		2		2
	一般组	0.692	0.950	0.725	5		3	8
	全样本	0.710	0.960	0.736	5	2	3	10
2013	高产组	0.783	1.000	0.783		1	1	2
	一般组	0.630	0.887	0.705	6		2	8
	全样本	0.661	0.910	0.721	6	1	3	10
2014	高产组	0.791	1.000	0.791		1	1	2
	一般组	0.630	0.898	0.689	5		3	8
	全样本	0.662	0.919	0.709	5	1	4	10
2015	高产组	0.791	1.000	0.791		1	1	2
	一般组	0.789	0.898	0.857	4		4	8
	全样本	0.789	0.919	0.843	4	1	5	10
2016	高产组	0.888	1.000	0.888		1	1	2
	一般组	0.788	0.947	0.833	4	1	3	8
	全样本	0.808	0.958	0.844	4	2	4	10
2017	高产组	0.843	1.000	0.843		2		2
	一般组	0.884	0.912	0.966	4	1	3	8
	全样本	0.876	0.930	0.941	4	3	3	10

在研究时段内，高产组省区的纯技术效率均高于一般组省区，除了2010年、2015年和2017年3年以外的规模效率均高于一般组省区，除了2010年和2017年两年以外的生态溢出效率均高于一般组省区，而且在2007年和2009年的生态溢出效率均达到前沿面，2008年也接近前沿面。形成这种局面的主要原因在于，高产组省区相较一般组省区的基础设施更为完备，思想观念较为开放，学习模仿能力较强，能有效地消化吸收东部资源枯竭型企业跨区转移带来的先进技术和管理经验，促进落后生产力的淘汰和产业升级。同时市场机制较好、竞争压力较大，迫使转入企业不断进行技术和管理模式的更新升级，从而使得溢出效应逐步强化。如山西省煤炭资源丰富，煤炭探明保有储量占全国的1/3，承接煤炭资源枯竭型企业跨区转移行为和促进产业升级相关政策较为完善，曾在2013年7月28日至8月6日半个月内连续出台"煤炭20条""低热值煤炭发电20条"和"煤层气20条"三项煤炭产

业招商引资、科学发展的扶持措施和激励政策,有效吸引了东部煤炭资源枯竭型企业的跨区转移行为,并促进了本省煤炭产业升级和生态溢出效率的提高[①]。

而一般组省区在研究时段内生态溢出效率均未达到最优,并且在 2010 年至 2016 年,一直处于偏低水平。表 13-3 显示,2017 年纯技术效率是生态溢出效率偏低的主要致因,而其他年份生态溢出效率偏低主要源于规模效率明显低于 1。形成这种局面的主要原因在于,一般组省区幅员辽阔,经济发展落后,基础设施不足,优秀人才欠缺,承接东部煤炭资源枯竭型企业跨区转移行为的规模不当,技术和管理的引进消化吸收和再创新的能力不足,溢出效应强度较弱,加之生态环境脆弱,胁迫效应相对较强,如调查统计表明,到 2017 年,在 8 个一般组样本省区中有 6 个省区煤炭产业集中度 CR_4 小于 30%,有 5 个省区年产能 $Q \leqslant 9$ 万吨煤矿数量占比超过 40%,集约化程度总体不高[②]。

13.3.3 生态溢出效率的改善途径及潜力分析

针对样本省区生态溢出效率的计算和分析结果,可以利用 DEA 模型挖掘原始数据中的投入冗余部分和产出不足部分,分析效率偏低的致因,进而提出改进路径。在此选取 2017 年的生态溢出效率进行深度分析,通过 DEA 模型计算并厘清生态溢出效率非有效省区的致因及其改进路径和改进潜力,具体结果如表 13-4 所示。

表 13-4　2017 年 DEA 非有效省区无效率原因及改善潜力

非有效省区	生态溢出效率	投入冗余部分				产出不足部分	
		废水排放量(万吨)	废气排放量(万吨)	固体废物排放量(万吨)	土地压占破坏面积(公顷)	煤炭业工业增加值(亿元)	电力、热力生产和供应业工业增加值(亿元)
山西	0.695	17198.69(−42.43)	27.64(−58.49)	3045.85(−58.49)	130721.09(−37.03)	2755.32(0)	898.93(0)
内蒙古	0.991	6724.42(−0.94)	19.96(−40.25)	3965.57(−60.09)	219208.00(−57.21)	2197.57(0)	180.95(0)
贵州	0.970	5612.36(−26.63)	12.07(−55.89)	1270.06(−3.00)	15283.10(−3.00)	794.35(0)	77.69(41.6)
甘肃	0.841	770.07(−15.93)	1.86(−56.92)	239.54(−41.36)	9309.09(−37.04)	184.44(0)	53.49(0)
青海	0.989	294.52(−1.09)	0.42(−12.99)	88.24(−6.26)	1260.99(−1.09)	43.20(39.20)	25.47(0)
宁夏	0.476	2018.28(−52.40)	4.54(−68.17)	492.21(−55.72)	27158.06(−59.44)	294.46(0)	53.84(0)
新疆	0.796	928.65(−20.39)	2.03(−60.89)	220.56(−29.34)	9176.89(−39.15)	128.87(55.73)	73.31(0)

注:括号内的数据为投入、产出调整改善的百分比。

[①] 山西省半个月内接连出台 3 项措施扶持煤炭业,山西煤炭,2013(9):37-38。
[②] 根据国家安全监管总局及相关省区发改委、煤监局发布数据统计整理。

观察表 13-4 发现，导致样本省区生态溢出效率 DEA 无效的原因存在显著差异，投入产出的改进潜力也各不相同。如内蒙古的废水排放冗余比例为 0.94%，而宁夏的废水排放冗余比例却高达 52.4%；青海的废气排放冗余比例为 12.99%，而宁夏的废气排放冗余比例则为 68.17%。从整体上看，大部分省区的产出部分达到了最优值，造成生态溢出效率 DEA 无效的原因主要在于废水、废气、固体废物排放量过大，以及土地压占沉陷破坏量过高。由表 13-4 进一步将 7 个生态溢出效率 DEA 非有效省区的投入冗余平均调整潜力降序排列依次为：废气 50.52%、固体废物 36.32%、土地压占沉陷破坏 33.43%、废水 22.83%。这表明东部煤炭资源枯竭型企业跨区转移行为在为中西部省区煤炭产业和相关产业带来工业产值和经济效益提升并促进当地技术进步和经济发展的同时，又带来了一般产业转移所拥有的"三废"环境影响，还有煤炭资源开采所特有的 CH_4、H_2S、NO_2、NH_3 和 CO 等气体的排放污染，地下矿床伴生重金属矿物如 Hg、Au、As、Zn、Pb、Cu 和 Cd 等的土壤及地表和地下水体污染，土地压占沉陷，地下水系结构破坏等问题，必须引起高度重视。

13.4 比较检验的动态分析

为了进一步分析中西部 10 省区生态溢出效率的变化趋势，揭示不同年度资源枯竭型企业跨区转移行为溢出效应与胁迫效应比较的变化规律，利用 10 省区 2007~2017 年的面板数据，采取 Malmquist 指数模型计算其生态溢出效率的变化值，并进行相应的结构分解，作为动态分析的基础。

13.4.1 生态溢出效率的全样本变化分析

表 13-5 显示出 2007~2017 年全样本 Malmquist 生态溢出效率指数均值为 1.097，表明研究期间内生态溢出效率的变化是正向的，整体呈现上升态势，且以 9.7%的年均速度稳步上升。

表 13-5 2007~2017 年 Malmquist 生态溢出效率指数及其分解

年份	技术效率变化	技术进步	纯技术效率变化	规模效率变化	Malmquist 生态溢出效率指数
2007~2008	0.966	1.146	0.999	0.967	1.107
2008~2009	0.928	1.219	1.003	0.925	1.131
2009~2010	0.921	2.019	0.944	0.976	1.859
2010~2011	0.944	0.733	1.005	0.939	0.692
2011~2012	0.925	1.06	1.031	0.896	0.980

续表

年份	技术效率变化	技术进步	纯技术效率变化	规模效率变化	Malmquist 生态溢出效率指数
2012~2013	0.930	0.976	0.943	0.986	0.908
2013~2014	0.957	1.455	1.000	0.957	1.393
2014~2015	1.238	1.219	1.000	1.238	1.509
2015~2016	1.066	0.415	1.060	1.006	0.442
2016~2017	1.091	1.735	0.959	1.137	1.892
平均值	0.992	1.106	0.994	0.998	1.097

从结构上看，可以将 Malmquist 生态溢出效率指数分解为技术效率变化和技术进步。其中技术效率变化体现出东部煤炭资源枯竭型企业跨区转移行为带来的溢出效应与胁迫效应的相对变化，反映出转入地煤炭产业及其相关产业现有技术与管理水平及生态保护状况；技术进步体现出东部煤炭资源枯竭型企业跨区转移行为带来的新技术应用状况或技术创新进展状况。表 13-5 显示，技术进步年均增长 10.6%，而技术效率变化却小于 1，表明新技术应用或技术创新是中西部省区承接东部煤炭资源枯竭型企业跨区转移行为 Malmquist 生态溢出效率指数增长的主要驱动因素。纯技术效率变化反映了东部煤炭资源枯竭型企业跨区转移过程中生产技术和管理经验要素配置与利用率的变化；规模效率变化反映了东部煤炭资源枯竭型企业跨区转移的生产规模效率变化情况。表 13-5 显示纯技术效率变化和规模效率变化分别平均下降了 0.6%和 0.2%，进而导致技术效率变化均值下降 0.8%，显然通过提高生产技术和管理经验要素的有效配置与利用、调节生产结构规模来实现生态溢出效率的提升还有一定的空间。这也进一步说明生态溢出效率的提升主要依靠技术进步，东部煤炭资源枯竭型企业跨区转入中西部省区后，带来的先进技术和管理经验通过示范模仿、竞争优化等渠道形成产业内的溢出，以及通过投入产出关联形成产业间溢出，促进了当地企业的技术进步和管理升级，以及煤炭产业和经济社会的高质量发展。

13.4.2 生态溢出效率的分区域变化分析

表 13-6 显示了研究期间承接东部煤炭资源枯竭型企业跨区转移行为的 10 个中西部样本省区的 Malmquist 生态溢出效率指数值。显然，各省区的 Malmquist 生态溢出效率指数值均大于 1，表明各省区的生态溢出效率不断提升，发展势头良好。事实上，尽管技术效率出现不同程度的下降，但是技术进步对于 Malmquist 生态溢出效率指数的影响更大。

表 13-6　样本省区 Malmquist 生态溢出效率指数及其分解

省区	技术效率变化	技术进步	纯技术效率变化	规模效率变化	Malmquist生态溢出效率指数
山西	0.964	1.127	1.000	0.964	1.087
内蒙古	0.999	1.041	1.000	0.999	1.040
四川	1.000	1.117	1.000	1.000	1.117
贵州	0.997	1.015	1.000	0.997	1.011
云南	1.000	1.229	1.000	1.000	1.229
陕西	1.000	1.081	1.000	1.000	1.081
甘肃	0.983	1.114	0.995	0.987	1.095
青海	1.022	1.151	1.000	1.022	1.176
宁夏	0.977	1.094	0.962	1.015	1.069
新疆	0.980	1.104	0.981	0.999	1.081
高产组	0.982	1.084	1.000	0.982	1.064
一般组	0.995	1.113	0.992	1.003	1.107
平均值	0.992	1.106	0.994	0.998	1.097

进一步观察发现，高产组省区和一般组省区的 Malmquist 生态溢出效率指数均呈现出上升的趋势，但一般组省区 10.7%的增长率要明显高于高产组省区 6.4%的增长率。形成这一局面的主要原因在于，一般组省区的技术进步带给其 Malmquist 生态溢出效率指数提升的贡献较大。一般组省区的开发较高产组省区也晚，工业基础和技术储备较为薄弱，随着西部大开发战略的实施和东部煤炭资源枯竭型企业的跨区转移，不仅带来了大量的投资，更重要的是带来了先进的绿色开采技术和现代化管理，促进了技术进步的显著实现和生产技术效率大幅度提升。统计资料显示，随着东部煤炭资源枯竭型企业的跨区转移，流入一般组省区的技术合同金额增长速度较快，在 2007 年时低于高产组省区，到 2017 年已明显超过高产组省区[①]。表明东部省区煤炭资源枯竭型企业的跨区转移行为对于一般组省区的知识扩散影响比起高产组省区更大，因而一般组省区的生态溢出效率的上升速度更快。

13.5　本章小结

本章基于资源枯竭型企业跨区转移行为溢出效应与胁迫效应的机理分析，以

---

① 数据来源于 2008~2018 年中国统计出版社《中国科技统计年鉴》。

及"生态溢出效率"的概念提出与其测度指标体系的设计,运用 DEA-Malmquist 指数法并选取中西部 10 省区资源产业 2007~2017 年相关数据,进行东部资源枯竭型企业跨区转移行为溢出效应与胁迫效应的比较检验。研究表明:①资源枯竭型企业的跨区转移行为既产生了溢出效应,也形成了胁迫效应。②"生态溢出效率"能够有效测度资源枯竭型企业跨区转移行为的溢出效应与胁迫效应的比较关系。③"生态溢出效率"可以分解为"纯技术效率"和"规模效率",而且"纯技术效率"整体上高于"规模效率"。④"生态溢出效率"偏低的主要致因,依其投入冗余程度由高到低排序为废气排放量、固体废物排放量、土地压占沉陷破坏量和废水排放量。⑤高产组省区(内蒙古、山西)的"生态溢出效率"高于一般组省区(云南、贵州、四川、陕西、甘肃、宁夏、青海、新疆),但其"生态溢出效率"的增长率低于一般组省区。

这些发现可为中西部省区资源产业可持续、高质量发展的相关政策制定提供理论依据和实践支持。

第 14 章 研究结论与政策建议

本章主要从三个方面展开论述：一是研究结论，这是对全书理论分析和实证研究工作的总结和提炼；二是主要创新，将本书的研究过程和结论与已有相关研究成果进行对比，显现出拓展深化研究的创新点；三是政策建议，主要从资源枯竭地政府、资源富集地政府、中央政府、中央银行和各商业银行等全方位提出调控资源枯竭型企业跨区转移行为的系统性政策建议。

14.1 研 究 结 论

本书采取科学的理论与实证研究思路和方法，对于资源枯竭型企业跨区转移行为及其溢出效应和胁迫效应问题展开研究。以收集整理的 1992~2020 年我国境内资源枯竭型企业跨区转移的 155 个项目及其施行前提分析为基础，研究掌握了东部资源枯竭型企业的运营现状、退出特征与优势要素，以及中西部资源富集地的开发现状、产业集中度与优势要素；揭示了东部资源枯竭型企业与中西部资源富集地优势要素耦合的驱动机理；厘清了企业跨区转移行为溢出效应与胁迫效应的形成机理、表现强度和影响因素；提出了企业跨区转移行为生态溢出效率测度指标，获取了溢出效应与胁迫效应的比较研究结果。本书研究的主要结论如下。

14.1.1 企业跨区转移行为驱动机理研究结论

（1）东部资源枯竭型企业与中西部资源富集地双方优势要素的耦合正是企业跨区转移行为的本质。东部资源枯竭型企业的问题与出路清晰。东部资源枯竭型企业由于长期开发而面临着严峻的资源枯竭和可持续发展问题，但还具有关键技术、高效管理、优秀人才、足够资金等优势要素。解决问题的出路在于有效发挥其自身比较优势。这些比较优势的存在为其参与中西部资源开发奠定了基础。中西部资源富集地的劣势与优势并存。中西部资源开发既存在产业集中度较低、资源开发浪费较多、安全和新的地质灾害隐患较大、生态环境破坏较重等发展劣势，也具有丰厚资源、优惠政策、富余人力、通畅物流等优势要素。特别是双方的优势要素具备明显的互补特征与耦合条件。一旦耦合形成，即可实现东部资源枯竭型企业跨区转移行为，而且双方的收益均可获得。

（2）东部资源枯竭型企业跨区转移行为的实现取决于其与中西部资源富集地双方优势要素的系统耦合度。此类系统耦合度的高低不仅可以反映出东部资源枯竭型企业与中西部资源富集地之间相互影响、协同作用的程度强弱，以及东部资源枯竭型企业跨区转移行为驱动强度的大小，而且可以作为企业跨区转移目标地选择的科学依据。

(3) 东部资源枯竭型企业与中西部资源富集地双方均应高度重视自身条件短板补足的举措，以进一步提高系统耦合度。这些举措不仅是助力企业走出资源枯竭困境、实现可持续发展的迫切需要，而且是加快中西部资源产业落后产能淘汰、转型升级及新型工业化进程，实现区域创新、协调、绿色、开放、共享发展的有效措施。

14.1.2　企业跨区转移行为溢出效应研究结论

(1) 东部资源枯竭型企业跨区转移行为产业内溢出效应形成的主要渠道有两条。它们的形成原因、溢出效能差异显著。

两条渠道的成因存在差异：一是示范模仿渠道。东部资源枯竭型企业凭借多年来在资源开发技术创新与管理创新方面的研发投入，转入中西部资源富集地后产生了一种"技术运用、管理方法、经营模式"等方面的示范和优势，激励了当地同类企业的模仿和边干边学行为，产生了溢出效果。换言之，东部资源枯竭型企业生产和管理的高效行为，通过示范模仿渠道提升了中西部资源富集地同类企业的效益，即东部资源枯竭型企业的技术与管理的先进性愈强，中西部资源富集地同类企业的效益愈好。二是竞争优化渠道。东部资源枯竭型企业的跨区进入和市场渗透作用的发挥，冲破了中西部资源富集地同类市场竞争结构，加剧了市场竞争程度和对当地企业的竞争压力，迫使当地企业优化管理模式与资源配置，加大资源开发技术的研发投入或者施行引进、消化、吸收、再创新，从而推动当地企业资源开发技术与管理水平、竞争能力和经营效益的提升。同时，也会反向形成对转入企业的竞争压力，迫使转入企业进一步优化管理模式，开展资源开发技术和管理的创新或者引进更加先进的技术与管理，也将导致更高层次的溢出。换言之，东部资源枯竭型企业生产和管理的高效行为，通过竞争优化渠道提升了中西部资源富集地同类企业的效益，即东部资源枯竭型企业的市场渗透性愈强，中西部资源富集地同类企业的效益愈好。

两条渠道的效能也有差异。竞争优化渠道的溢出效能明显高于示范模仿渠道的溢出效能。示范模仿渠道效能的发挥取决于当地企业对于自身资源开发技术和管理差距的认识过程及其深度、学习与模仿的自觉高度，它对当地企业自身行为的刺激作用较慢、力度较弱。而竞争优化渠道效能的发挥取决于东部资源枯竭型企业的市场渗透力和当地市场竞争度，不仅对于企业行为的刺激作用更直接、速度更快、力度较强，而且会引发多重外溢，产生效能更新、叠加效应。

(2)东部资源枯竭型企业的跨区转移行为既有产业内溢出效应,还有产业间溢出效应,两者均受到政府科技项目资金投入的强化作用。东部资源枯竭型企业的跨区转移行为,不仅通过示范模仿渠道和竞争优化渠道形成产业内溢出效应,而且因其参与中西部资源富集地的产业分工,嵌入当地产业链,形成与当地企业的投入、产出关联,产生一种技术与管理的新挑战,促进当地产业间关联企业改进技术与管理,提升管理水平、产品质量和全要素生产率,即形成了产业间溢出效应。只不过这种产业间的溢出效应强度会低于其产业内的溢出效应强度。因为资源产业的产业专门性相对较强,产业关联性相对较弱。

不仅如此,中西部资源富集地政府的科技项目资金投入对于东部资源枯竭型企业跨区转移行为产业内、产业间溢出效应及其当地企业全要素生产率提升都有显著的强化作用。政府的科技项目资金投入对于当地企业形成产出的乘数效应,以及人才引进、技术和管理创新投入的杠杆效应,提升了当地企业创新产出的边际贡献率,促进了当地企业学习、消化、吸收、集成和再创新能力的增强。换言之,中西部资源富集地政府的科技项目资金投入在实现与当地企业自身研发资金投入和人力资本储备有机结合时,对于东部资源枯竭型企业跨区转移行为溢出效应的强化作用大于挤出作用。

(3)东部资源枯竭型企业跨区转移行为溢出效应的主要影响因素有4类,其影响程度具有一定区域差异性,影响方式具有一定规律性。东部资源枯竭型企业跨区转移行为溢出效应的形成主要受到"市场化程度""产业发展水平""地方政府干预程度"和"知识产权保护力度"4类制度环境因素的影响。

一方面,它们的影响程度呈现出明显的区域差异性。在产能一般省区(陕西、新疆、贵州等),"市场化程度"的作用并不显著,"产业发展水平"的上升会显著地促进溢出效应的发挥,"地方政府干预程度"和"知识产权保护力度"的上升均显著地抑制溢出效应的发挥。在高产省区(内蒙古、山西等),"市场化程度"的上升会显著地促进溢出效应的发挥,"产业发展水平"的上升抑制了普通层次的溢出效应,"地方政府干预程度"的增强明显地抑制溢出效应的发挥,"知识产权保护力度"却在一定程度上促进溢出效应的发挥。出现这种区域差异的根本原因在于制度环境因素的水平差异。

另一方面,它们的影响方式显现出一定的规律性。"市场化程度"的上升能显著地促进溢出效应的发挥,"产业发展水平"的影响趋向存在一个阈值,当"产业发展水平"达到一定程度时,对于一般层次溢出效应的促进作用出现下降,期待更高层次的溢出效应;不仅如此,"市场化程度"比"产业发展水平"的影响效能更强。"地方政府干预程度"的增强会抑制溢出效应的发挥,"知识产权保护力度"的变化会以"倒U形"趋向影响溢出效应的发挥,对其施行全面、规范、科学的保护,会促进溢出效应的发挥,而一旦保护失当,甚至出现滥用,则会抑制溢出效应的发挥；不仅如此，"地方政府干预程度"比"知识产权保护力度"的影响效能更强。

14.1.3 企业跨区转移行为胁迫效应研究结论

(1) 东部资源枯竭型企业跨区转移行为胁迫效应的产生和程度是胁迫强化流与胁迫弱化流交互作用的过程和结果。一方面，随着矿山建设、掘进、回采、选矿和冶炼的进行，会在一定程度上损伤地表土层和植被，破坏地层结构和地下水系，释放地下资源中的烃类气体，排放可能含有一些重金属元素的地下矿床水、选矿和冶炼产生的废水、矸石和矿渣等固体废物，以及粉尘等物质，污染土壤、地表及地下水体、大气，并威胁到自然环境的维持功能、调节功能和净化功能，形成对于中西部资源富集地自然环境功能胁迫的强化流。换言之，东部资源枯竭型企业跨区直接投资地域愈大，产生土地塌陷、固体废物、废水、废气和粉尘的数量愈大，对于自然环境功能胁迫的程度愈高。另一方面，作为资源开发的收益主体，相关政府和企业，分别运用各自专项资金，分工负责，采取物理、化学和生物技术措施，通过污水净化、植被恢复、微生物和化学修复、土地复垦、自然景观重建等具体途径，使矿区受损环境部分或全部恢复，也就形成一种自然环境胁迫的弱化流，在一定程度上减轻对自然环境的压力。换言之，相关政府和企业的环境修复投资规模愈大，这种自然环境功能胁迫的程度愈低。不仅如此，这类胁迫的正向强化流作用高于负向弱化流作用。它不仅揭示了东部资源枯竭型企业的跨区转移行为，既具有一般的经济活动对于中西部资源富集地环境输入污染的特性，又具有自身从事资源开采对于中西部资源富集地环境破坏的本质，形成环境胁迫的双重压力，还揭示了塌陷区整治、土地复垦、植被恢复、污水净化等环境修复工程实施的显著滞后性。

同时，这类胁迫的强化流作用与弱化流作用对比的省际差异较大。如山西省土地塌陷、固体废物、废水、废气和粉尘五项胁迫指标都最为突出，陕西省土地塌陷、固体废物和粉尘三项胁迫指标都较为明显，贵州省废水、废气和固体废物三项胁迫指标都较为明显。这不仅体现了不同省区自然环境功能胁迫程度的差异，还反映了不同省区的资源禀赋、地层结构、承接转移企业投资地域和开采方式的差异，并揭示了不同省区环境修复工程实施针对性和有效性的差异。

(2) 东部资源枯竭型企业跨区转移行为环境胁迫的门限效应呈现"倒 U 形"变化趋势。在中西部资源富集地环境规制处于不同强度阶段，东部资源枯竭型企业的跨区转移行为对其环境影响效果显著不同，而且随着跨区转移行为的不断扩张，该行为对承接地环境胁迫作用表现为先促进后抑制的趋势。因此，需要将中西部资源富集地环境规制强度设定在一个适度区间。

当环境规制处于较低强度水平时，东部资源枯竭型企业的跨区转入会加大中西部资源富集地环境胁迫的强度。究其原因，一是 GDP 成为我国评价考核区域发展与官员政绩的重要手段，甚至一度出现"唯 GDP 论"的现象和"为增长而竞争、为竞争而污染"的行为模式。二是财政分权制度赋予了地方政府在税收管理、预算执行等方面更大的自主权，以致其主动降低准入门槛和环境规制强度，吸引东部资源枯竭型企业的大量涌入与资本注入，但在赢得外来投资流入的同时也出现了环境标准的逐底竞争。

随着环境规制的进一步增强，东部资源枯竭型企业的跨区转移行为对于中西部资源富集地的环境胁迫效应会明显减弱。由于国家将环境成本纳入各级政府的政绩考核体系中，加之固定性和强制性的法律手段倒逼转入的东部资源枯竭型企业加大环保减排力度，发展绿色开采技术，加快绿色转型。而环境规制的过度增强，又会使得东部资源枯竭型企业跨区转移行为对中西部资源富集地环境胁迫效应的抑制作用随之减弱。因为过强的环境规制会降低转入企业竞争发展的积极性与环境保护的主动性。

(3) 东部资源枯竭型企业跨区转移行为胁迫效应的主要影响因素有 4 类，其影响强度排序和影响方式存在一定规律性。东部资源枯竭型企业跨区转移行为胁迫效应的形成主要受到"环境规制""项目经营规模""项目环保投资水平"和"项目发展方式水平" 4 类因素的影响。这些因素对于企业跨区转移行为胁迫效应的作用强度排序有着一定规律性。"项目环保投资水平"的影响强度最低，"项目发展方式水平"的影响强度稍高，"项目经营规模"的影响强度较高，"环境规制"的影响强度最高。

环境规制越严，东部资源枯竭型企业跨区转移行为的胁迫效应越弱。中西部资源富集地政府的征税或补贴、环保契约和违约惩罚、信息公开、标准设定等内生性政策规制，以及绿色发展教育、社会对企业监督、政府对环保执法寻租腐败行为的惩治等外生性政策规制都会对东部资源枯竭型企业跨区转移行为胁迫效应有着不同程度的作用，从而缓解了资源开发的负外部性和胁迫效应的强度。

项目经营规模越大，其胁迫效应越弱。经营规模越大的项目产能及产值越大，单位产值平摊的环境修复成本越低，环境修复的规模经济效应越好；也越会为环境监管部门和社会公众所关注，开采行为约束越多。同时技术与管理创新能力越强，科学开采和绿色开采的能力越强，对于环境的损伤越弱；也越会注重社会形象和品牌信誉，环境保护自律程度越高，因而其胁迫效应的强度会越弱。

项目发展方式水平越高，其胁迫效应越弱。随着科技进步和社会生产力水平提升，东部资源枯竭型企业逐渐重视并在转入项目中推进低碳经济、绿色开采和生态矿山建设，在矸石井下充填、瓦斯抽排利用、矿井回风利用、矿井水复用等方面取得了重要成果，实现以最小的生态扰动获取最大的资源回收和经济效益，以最省的末端治理达成矿山工程与生态环境相融合,对其环境胁迫效应的下降有着显著的促进作用。

项目环保投资水平越高,其胁迫效应越弱。受政府法律、法规和环境成本内部化的强制,财税经济手段诱导,以及公众的监督,东部资源枯竭型企业跨区转移会选择从环境技术方面进行投资,如改造洗煤厂生产环节,增加压滤车间,回收尾煤;改造生产技术流程,建造瓦斯抽排运用工程。或者从环境设施设备方面进行投资,如利用废弃煤矸石制作水泥、砖瓦,开发生物肥料及铝盐加工业务;建设污水处理厂充分利用矿床水。这样既形成了新的经济收益增长点,还可能享受国家财政补贴,又促进其环境胁迫强度的降低。

14.1.4 企业跨区转移行为溢出效应与胁迫效应比较研究结论

(1)"生态溢出效率"能够有效测度东部资源枯竭型企业跨区转移行为溢出效应与胁迫效应的比较关系。东部资源枯竭型企业的跨区转移行为既产生了溢出效应,也形成了胁迫效应。而对于两种效应的相对强度可以采取"生态溢出效率"来测度。"生态溢出效率"解释为一种转移行为的溢出效应与其胁迫效应的比值,即东部资源枯竭型企业的跨区转移行为以对于当地单位环境的破坏所换来的体外的经济产出增量。它与1992年世界可持续发展工商理事会(WBCSD)提出的"生态效率"概念有着本质的区别。"生态溢出效率"不仅对于科学测度东部资源枯竭型企业跨区转移行为溢出效应与胁迫效应的比较关系,丰富组织行为评价体系,有着重要的理论价值,而且对于有效调控东部资源枯竭型企业的跨区转移行为,促进转入地产业升级和区域高质量发展的相关政策制定提供了重要依据。

(2)"生态溢出效率"可以分解为"纯技术效率"和"规模效率",而且"纯技术效率"整体上要高于"规模效率"。东部资源枯竭型企业的跨区转移行为,不仅有跨区直接投资的落地,而且有先进技术和管理模式的转移,并且通过示范模仿和竞争优化等渠道实现产业内的溢出,通过投入产出关联实现产业间的溢出,特别是这种主要源于生产技术和管理经验的溢出效能对于生态溢出效率的贡献更大,进而赋能产业升级。

(3)"生态溢出效率"偏低的主要致因依其投入冗余程度由高到低排序为相关省区废气排放量、固体废物排放量、土地压占沉陷破坏量、废水排放量。东部资源枯竭型企业的跨区转移行为不仅带来了一般产业转移所拥有的"三废"环境影响,还有资源开采所特有的 CH_4、CO、H_2S、NH_3 等气体的排放污染,地下矿床伴生重金属矿物污染,土地压占沉陷,地下水系破坏等问题。

(4)"生态溢出效率"与省区的产能有关。高产能省区(如内蒙古、山西等)承接东部资源枯竭型企业的跨区转移行为生态溢出效率高于产能一般的省区

(如云南、贵州、四川、陕西、甘肃、宁夏、青海、新疆等)，但是"生态溢出效率"的增长率却低于产能一般的省区。这是由高产能省区的产业基础相对优势与产能一般省区的技术进步相对优势所决定的。而从整体上看，东部资源枯竭型企业跨区转移行为的生态溢出效率呈现上升趋势，主要原因在于技术进步的有效实现。

14.2 主要创新

本书的研究过程和结论与已有相关研究成果相对比，显现出的主要创新点如下。

(1) 从东部资源枯竭型企业与中西部资源富集地优势要素耦合的新思路，揭示资源枯竭型企业跨区转移行为及其效应的规律性。此前学者主要研究了资源枯竭型企业的退出问题，尤其是关闭破产、产业转型和改制重组路径，而对转移路径的研究较为少见，至于从东部资源枯竭型企业与中西部资源富集地优势要素耦合的思路出发，对于东部资源枯竭型企业跨区转移行为机理、效应及其强度与影响因素的深度研究，以及由此而实现东部资源枯竭型企业可持续发展战略与中西部资源科学开发战略协同共赢的系统研究则更加少见。本书的研究弥补了资源枯竭型企业跨区转移行为与战略管理理论研究的空缺。

(2) 从东部资源枯竭型企业跨区转移行为正面溢出效应与负面胁迫效应系统分析的新方位，解决资源枯竭型企业跨区转移行为调控政策的偏颇性。在以往文献中，少有对于正面溢出效应与负面胁迫效应的全面研究，而且溢出效应不仅包含技术溢出，还包含管理溢出等问题，更少见对于资源枯竭型企业跨区转移行为正面溢出效应与负面胁迫效应的全面研究，及其相应的激励和防控措施的系统探究。本书的研究，厘清了溢出效应的溢出渠道和溢出强度变化规律、胁迫效应的形成机理和强度变化趋势，不仅是对资源开发企业转移行为效应和产业组织理论研究不足的有效补缺，而且为中西部资源开发调控政策全面性、系统性提升提供了有益参考。

(3) 以收集整理的 1992~2020 年我国境内资源枯竭型企业跨区转移（跨省到县）的 155 个项目为基础，建立一套反映转移项目特征信息、转入区位特征信息的《数据库》，成为资源枯竭型企业跨区转移行为及其效应研究的新源泉。基于此，系统地分析东部资源枯竭型企业的运营困扰、优势要素、有效出路，中西部资源富集地的开发困扰、优势要素、发展需求，厘清企业跨区转移行为实施的必要性和可行性，为进一步揭示东部资源枯竭型企业跨区转移行为的本质在于自身优势要素与中西部资源富集地优势要素的耦合，以及解析溢出效应和胁迫效应的机理，提供了科学依据。

(4) 以资源枯竭型企业跨区转移行为溢出效应与胁迫效应的影响因素研究为重点，提供影响因素确定的新范式。基于文献研究和访谈调查的初步提取，分别运用 DEA-Malmquist 指数、双对数函数计量模型和面板数据，对溢出效应和胁迫效应的影响因素进行系统分析，验证了一些迄今为止尚未系统研究过的因素，揭示了它们的具体影响方式和影响程度。具体按照整体影响强度依次递减排序，"市场化程度""产业发展水平""地方政府干预程度"和"知识产权保护力度"等成为溢出效应的主要影响因素；"环境规制""项目经营规模""项目发展方式水平"和"项目环保投资水平"成为胁迫效应的主要影响因素。这种范式丰富了资源枯竭型企业跨区转移行为效应影响因素识别的方法论，所验证确定影响因素的理论价值和实践价值都非常明显。

(5) 以资源枯竭型企业跨区转移行为溢出效应与胁迫效应的比较研究为重点，提出企业跨区转移行为"生态溢出效率"的新概念。它与1992年世界可持续发展工商理事会(WBCSD)提出的"生态效率"概念有着本质的区别。"生态效率"解释为一种经济输出与环境影响的比值关系，即经济体以单位环境的破坏所换来的经济产出。而"生态溢出效率"则解释为一种行为的溢出产出与环境影响的比值关系，即经济体以单位环境的破坏所换来的体外的经济产出。"生态溢出效率"不仅对于测度企业跨区转移行为溢出效应与胁迫效应的比较关系，丰富组织行为、资源经济和企业战略管理的理论体系，有着重要的理论价值，而且对于清晰地反映企业跨区转移项目的环境破坏给转移项目以外的本产业乃至相关产业的经济贡献大小、促进当地产业结构优化升级，以及高质量发展和生态文明建设，有着重要的实践价值。

14.3 政策建议

本书的研究结论和创新点对于引导资源枯竭型企业在新发展理念下跨区转移行为有效实施，具有重要的借鉴意义。而资源枯竭型企业跨区转移行为的有效实施，有利于促进我国新时代资源市场化配置机制的进一步完善；有利于促进中西部资源产业结构优化，以及区域高质量发展和现代化进程的加速；有利于促进东部资源枯竭型企业可持续发展问题的根本解决，以及区域社会稳定与和谐的有效保证；有利于促进资源枯竭型企业、东部资源枯竭地、中西部资源富集地的合作共赢和生态文明建设水平的提升。应该指出，企业跨区转移行为的决策者和实施者是资源枯竭型企业，但是政府能够从制度建设、政策引导、监管加强等方面发挥无可替代的作用。由此，为了促进和调控资源枯竭型企业在新发展理念下跨区转移行为有效实施，推动东部资源枯竭地区绿色转型，促进中西部资源富集地产业结构优化升级和绿色矿山建设、经济高质量发展和生态文明建设,建议采取以下措施。

(1)资源枯竭地(东部省区)政府与中央政府要加大产业结构调整政策的力度,指导资源枯竭型企业渐次退出本地资源开采业,在谁收益谁补偿生态的原则下全面释放政策指向效应。资源枯竭地政府要组织制订"资源产业调整退出和新兴主导产业集聚发展的规划",明确在矿区生态环境修复、员工安置方面的企业主体责任与政府援助责任,明确在社会保障、户籍管理方面的政府主体责任与企业配合责任,明确在企业接替资源找矿和产业链条延伸的政府支持责任,以帮助企业顺利转移;中央政府应组织制订"资源枯竭型国有企业退出和转移条例",明确对于企业跨区转移而进行资源勘探与开发的税收鼓励政策,如允许企业在税前扣除进行跨区资源勘探的前期费用,并给予增值税先征后返等;明确对于企业矿山地质生态环境恢复治理、棚户区改造等历史欠账的财政扶持标准。同时,建立以政府资金为引导的多元化投入融资渠道,鼓励企业及相关社会力量开展矿山尾矿、固体废弃物和废水等资源化利用,以及历史遗留损毁土地的复垦和矿区环境修复治理。通过这些政策指向效应的释放,使得企业在原地处于劣势的资产专用性、人力资源专业性,转变成进入资源富集地的发展与竞争优势。

(2)资源富集地(中西部省区)政府在推进资源产业供给侧结构性改革中,要积极引进大型优质项目,不断增强科技创新资金投入,逐步完善环境规制,切实推进以"生态溢出效率"为重点的承接产业转移和高质量发展考核,以顺利实现优势要素耦合和共赢的战略。具体建议如下:

①大力引进东部资源枯竭型企业中的大型优质项目,充分发挥示范模仿渠道的溢出效应,并有效抑制胁迫效应。积极策应技术和管理水平高、生态修复能力强、有社会责任感的大型优质资源枯竭型企业的跨区转移,严把引进项目的矿山最低开发规模标准,推进资源产业兼并重组,整顿淘汰小型矿山,去除低端产能,提升装备水平,提高资源生产集约化程度和全要素生产率;加大技术与管理人才引进的力度,提升引进消化吸收再创新能力;加速推进"互联网+"科技信息平台的建设,有效构建公共科研数据的管理和共享机制,实现技术和产品在线多样化展示,努力拓宽转入企业的当地化采购渠道;切实加强资源开发技术市场建设,大力开展大型科技成果推介、对接服务活动和技能竞赛,增强转入企业与当地企业之间的联系交流,促进当地企业加强学习和创新,以进一步缩小技术与管理差距,提高对转入企业生产和环境技术及管理溢出的吸收能力,真正形成当地企业全要素生产率、产品质量升级和环境友好的长效机制。

②不断强化政府科技创新项目资金与产业引导资金投入的有效性,充分发挥其对于东部资源枯竭型企业跨区转移行为溢出效应的促进作用和胁迫效应的抑制作用。确保政府科技创新项目资金与产业引导资金投入增长速度高于经常性财政

收入增长的速度，建立科技创新投入适度超前、持续增长机制。强化政府科技创新项目资金与产业引导资金投入对于企业的人才引进、技术改造和研发投入的带动机制，发挥财政投入"四两拨千斤"的杠杆作用，促进采用清洁生产工艺，进行采空区固体废物充填，推进循环利用与发展，严控排放标准；推广高效过滤净化处理工艺，减少废水排放污染，建设人工湿地并普种植被；推广矿山瓦斯抽放回收利用技术，控制废气污染；加强固体废物储存基础设施和各环节的管理，限期治理已经形成的污染；切实提高工业废水处理率和工业固体废物综合利用率。同时建立科技项目资金投入审核评价机制，公开进行资金投入的分配过程、产出成果和投入产出效率的审核评价，以发挥政府科技项目资金投入对于东部资源枯竭型企业跨区转移行为溢出效应的强化作用和胁迫效应的弱化作用，并防控挤出作用，提升其对于创新产出的边际贡献率，促进企业和区域的发展方式转变、全要素生产率增长和高质量发展。

③逐步完善环境规制，有效促进东部资源枯竭型企业跨区转移行为溢出效应的强化和胁迫效应的弱化。进一步完善环境规制法律体系，配套健全环境监测、评价制度，部署绿色、可持续发展目标和措施，形成对于转入地资源型企业的有效约束和管控。建立健全碳排放权、排污权、用水权、用能权的初始分配制度，明晰产权主体。充分利用环境税、财政补贴、排污权交易等规制政策，改进环境治理的公众参与机制，激励和鞭策转入地资源型企业增强学习、消化、吸收和集成或再创新能力，同时积极披露环境信息，申请环境认证，自愿参与环境保护。完善反映资源供求关系、环境损害成本的价格形成机制，实现生态环境负外部性的内部化。在严格审查矿山开采方案的同时，注重对矿山环境影响报告、环境保护和恢复工程计划的审查，有效控制其对生态环境的影响；加强产学研合作、技术联盟等，促进企业主动进行生态建设和环境综合治理；健全和完善矿区内部环境管理机构及体制，细化责任，建立科学的考核体系和奖惩激励机制。明确政府、企业的环境保护责任清单，尤其要突出区域的针对性，补齐各自的短板。如山西省要进一步严控资源产能扩张，推进技术创新和管理创新，采用清洁生产工艺，进行采空区固体废物充填，推进循环利用与发展，严控排放标准；实施与产能规模相匹配的环境修复工程，治理边坡、尾矿、受污水源和土壤，提高污染处理能力，加强监督管理。陕西省要进一步严控土地塌陷、固体废物和粉尘三项胁迫指标，采用采矿-排土-造地-复垦一体化技术和生物工程技术，限期完成采矿塌陷区的修复；改变粗放式的开采方式，实行边采矿、边处理，及时完成固体废物的处理和利用；采用安装除尘装置、湿式作业等措施，综合抑制凿岩、爆破、装卸、运输时的粉尘，重视生态环境保护。贵州省要进一步严控废水、废气和固体废物三项胁迫指标，推广高效过滤净化处理工艺，减少废水排放污染，建设人工湿地并普种植被；推广矿山瓦斯抽放回收利用技术，控制废气污染；加强固体废物储

存基础设施和各环节的管理，限期治理已经形成的污染；切实提高工业废水处理率和工业固体废物综合利用率。从而促进相关区域资源产业、环保水平的升级和经济竞争力的增强。

④坚持落实"生态溢出效率"作为承接东部资源枯竭型企业跨区转移及其高质量发展考核的一项重要指标。凡是生态溢出效率偏低的区域，说明承接东部资源枯竭型企业跨区转移对于区域发展质量提升不力。一方面需要强力提升市场有效性，充分发挥竞争优化渠道的溢出效能。结合当地发展现状提升市场化程度，强化市场经济的主体地位，增强市场活力，增加东部资源枯竭型企业跨区转入的资本、劳动、技术、管理经验等要素自动流入当地企业的机会；对于转入企业和本土企业，都要以公开市场方式规范施行矿产资源探矿权和采矿权的"招标、拍卖、挂牌"；实施严格市场监管，禁止非生产性"寻租"行为滋生；深入推进完全成本核算和资源价格的完全市场化，使价格真正灵活体现资源的稀缺程度和社会成本，从而进一步促进东部资源枯竭型企业跨区转移行为多重溢出、叠加效应的实现。另一方面需要落实企业生态环境保护责任，提高转入企业环保投资水平。推行"谁污染谁治理，谁破坏谁补偿"原则，完善环境保护、节能减排的约束性指标管理，提高责任企业赔偿费，使缴费标准高于污染治理成本；实施生态环境损害责任终身追究制，落实资源开采区与跨区域生态环境恢复治理；构建防范性补偿、即时性补偿和修复性补偿体系，通过政府财政的转移支付及资源税费及生态补偿费的征收，建立生态补偿和恢复治理的专项资金；完善生态补偿监管机制建设，禁止非建设性"寻租"行为滋生；通过政府采购、工程招标、资源审批、信誉评级等多种途径，建立政府介入的社会和市场监督机制，将那些环境胁迫严重或发生过重大环境事件的企业列入黑名单，采取市场管制，迫使企业提高环保投资水平，落实绿色矿山建设的标准。

(3)中央政府要全面推进探矿权与采矿权的市场化，有效构建东部资源枯竭型企业跨区转移行为的调控机制。具体建议如下：

①坚持规划引领全国资源产业的协调发展和资源枯竭型企业的有序跨区转移。在系统总结《全国矿产资源规划(2016～2020年)》实施成效、经验和存在问题的基础上，准确把握新时代矿产资源面临的新形势、新要求、新任务，组织编制并认真落实《全国矿产资源规划(2021～2025年)》，加强东部、中部和西部省区矿产资源勘查开发与保护的统筹部署。继续大力鼓励东部资源枯竭型企业进入中西部更加辽阔的资源富集地区，实现优质、高效生产要素的跨区自由、有效流动，化解生产资源配置在区域间的不平衡、不协调的结构性矛盾，以及中西部资源产业科技创新能力不足、科学管理水平不高的问题，有效补齐产业链、供应链的缺环，也避免重复建设和投机性资金进入，从而促进相关地区高效、安全、绿色矿山建设和高质量发展，实现资源产业高级化、智能化、数字化、绿色化，以

及竞争力强化和生态文明建设的协调共赢,有效缓解区域间发展的不平衡、不充分问题。

②全面推进探矿权与采矿权的市场化,充分发挥市场对资源配置的决定作用和对企业跨区转移行为溢出效应的激化作用、胁迫效应的抑制作用。论证修订《矿产资源法》,以"权利金"代替"资源补偿费",通过探矿权和采矿权市场化来实现权利金的价值化与转让的规范化;制订更加规范、便于操作的实施细则,确保对于不同储量规模、不同种类质量、不同地质与开采条件的资源,会以不同的"权利金"价位公开、公平、公正地转让;建立规范的产权登记制度和用途管制制度,严格监管矿产资源的市场运作,禁止非生产性"寻租"行为的发生,以共同维护政府和企业双方的利益。明确职责分工,优先规划、优先落实资源富集地的重大基础设施建设;可通过发行长期国债、鼓励外资与民营资本增加投入,设立和运用资源开发引导基金,并协同信贷、税收、保险等经济手段,促进东部优质资源枯竭型企业的跨区转移,激发企业自身的研发投入,增强创新能力,进一步促进全要素生产率增长和产业升级。建立"资源型企业生态补偿与可持续发展准备金"制度,由企业从成本中提取,并允许在税前扣除,专门用于支持企业生态补偿与可持续发展的各项需要;从完全成本核算与全面反映市场供求、资源稀缺程度、生态环境损害代价和修复效益出发,构建资源价格的科学调控机制,逐步实现资源性产品的成本核算与国际接轨;建立吸引社会资本投入矿区生态环境保护的市场化机制,推进生态环境恢复的第三方治理,有效抑制东部资源枯竭型企业跨区转移行为胁迫效应的形成。

③切实深化政府管理改革,有效促进东部资源枯竭型企业跨区转移行为溢出效应的强化和胁迫效应的弱化。精简规范行政审批程序,推行企业投资"负面清单"管理和涉企经营许可事项清单管理,管控政府官员的不当干预,从根本上遏制政府官员寻租行为的产生,有效维护市场经济秩序,保证东部资源枯竭型企业与当地企业在稳定的市场环境中有序地开展经济活动。加强知识产权保护的政策研究,基于国家法律鼓励中西部省区形成有利于资源型企业健康发展的知识产权保护细则,建立健康良好的企业交流互动平台,促进人才交流、技术学习,助力东部资源枯竭型企业先进技术与管理经验的有效溢出和传播,实现两方企业的互利共赢。探索编制自然资源资产负债表,对政府主要负责人实行自然资源资产离任审计。形成政府和企业的生态环境损害责任传导共担与终身追究制度。

(4)中央银行与各商业银行要增强对东部资源枯竭型企业跨区转移行为的融资力度,充分释放政策支持效应。构建优惠贷款实现机制,体现依据项目类别、技术水平、生态影响程度与补偿能力、规模投资能力与偿还能力等方面优胜劣汰原则,有效扶植优势明显的资源产业链项目,如煤制甲醇、煤电一体化、煤炭液化等高附加值项目，支持产业链优化升级。设置资产重组或企业集团并购的专项贷款，鼓励企业兼并重组，防止低水平重复建设。有效开发资源产品票据贴现、资源产品期货等金融创新产品；强力挖掘和施展股票与债券市场对东部资源枯竭型企业跨区转移行为的融资支持功效。以此助力东部资源枯竭型企业的可持续发展和中西部资源产业升级及高质量发展。

参 考 文 献

阿尔弗雷德·韦伯, 1997. 工业区位论. 李刚剑, 陈志人, 张英保, 译. 北京: 商务印书馆.
安同良, 杨晨, 2020. 互联网重塑中国经济地理格局: 微观机制与宏观效应. 经济研究, (2): 4-19.
阿瑟·刘易斯, 1984. 国际经济秩序的演变. 乔依德, 译. 北京: 商务印书馆.
阿瑟·刘易斯, 1990. 经济增长理论. 上海: 上海三联书店.
埃德加·M. 胡佛, 1990. 区域经济学导论. 王翼龙, 译. 北京: 商务印书馆.
白俊红, 吕晓红, 2015. FDI 质量与中国环境污染的改善. 国际贸易问题, (8): 72-83.
白涛, 焦捷, 金占明, 等, 2013. 投资区位、进入模式选择与海外子公司存活率之间的关系——以中国企业对外直接投资为例. 清华大学学报, 53(2): 280-288.
鲍洋, 2013. "金砖国家"引进 FDI 的溢出效应: 技术差距抑或研发能力. 改革, (4): 98-104.
毕克新, 王禹涵, 杨朝均, 2014. 创新资源投入对绿色创新系统绿色创新能力的影响——基于制造业 FDI 流入视角的实证研究. 中国软科学, (3): 153-166.
曹翔, 余升国, 2014. 外资与内资对我国大气污染影响的比较分析. 国际贸易问题, (9): 67-76.
曹裕, 2014. 产品市场竞争、控股股东倾向和公司现金股利政策. 中国管理科学, 22(3): 141-149.
陈凡, 周民良, 2019. 国家级承接产业转移示范区是否加剧了地区环境污染. 山西财经大学学报, 41(10): 42-54.
陈培如, 冼国明, 2020. 中国对外直接投资的逆向技术溢出效应——基于二元边际的视角. 科研管理, 41(4): 1-10.
陈艳莹, 董旭, 2013. 服务业与制造业对华 FDI 区位选择的差异——基于存量调整模型的实证研究. 世界经济研究, (3): 53-58.
陈传明, 孙俊华, 2008. 企业家人口背景特征与多元化战略选择. 管理世界, (5): 124-133.
陈德湖, 马平平, 2013. 外商直接投资、产业关联与技术外溢. 统计研究, 30(7): 55-63.
陈丰龙, 徐康宁, 2014. 经济转型是否促进 FDI 技术溢出: 来自 23 个国家的证据. 世界经济, (3): 104-128.
陈红, 2006. 中国煤矿重大事故中的不安全行为研究. 北京: 科学出版社.
陈红蕾, 陈秋峰, 2009. 经济增长、对外贸易与环境污染: 联立方程的估计. 产业经济研究, (3): 29-34.
陈建军, 2002. 产业区域转移与东扩西进战略. 北京: 中华书局.
陈景华, 2019. 区域产业转移对环境质量影响的机理分析. 东南学术, (1): 123-130.
陈升, 李兆洋, 2014. 共享性资源对资源型地区产业集群竞争力影响的实证研究. 经济地理, 34(2): 114-119.
陈仕华, 姜广省, 卢昌崇, 2013. 董事联结、目标公司选择与并购绩效——基于并购双方之间信息不对称的研究视角. 管理世界, (12): 117-135.
陈文沛, 2013. 市场导向、创新与核心能力: 路径和机制. 中国科技论坛, (12): 24-30.
陈翔, 单仁亮, 蔡炜凌, 等, 2014. 煤炭开采的负外部性矫正模型研究. 中国煤炭, 40(2): 38-41.
陈振汉, 厉以宁, 1982. 工业区位理论. 北京: 人民出版社.
成刚, 2014. 数据包络分析方法与 MaxDEA 软件. 北京: 知识产权出版社有限公司.
程衍生, 2019. 影响中国对外直接投资区位选择因素研究. 华东经济管理, 33(5): 91-97.
崔新健, 2001. 外商对华直接投资的决定因素. 北京: 中国发展出版社.
道格拉斯·C·诺斯, 1994. 经济史中的结构与变迁. 陈郁, 罗华平, 等, 译. 上海: 上海人民出版社.
董大海, 冯雪飞, 2014. 扎根理论与中央企业发展方式转型. 改革, (9): 114-122.
董藩, 2004. 缘西边境国际经济合作带的构建依据与发展规划. 北京师范大学学报(社会科学版), (5): 114-121.
董沛武, 张雪舟, 2013. 林业产业与森林生态系统耦合度测度研究. 中国软科学, (11): 178-184.

参 考 文 献

杜沈悦, 李存芳, 2019. 供应链视角下东部煤矿生产企业跨区转移的溢出效应研究. 物流科技, (1): 143-146.

杜彦其, 李宏志, 2015. 资源型区域资源损耗、生态环境破坏形成机理及其破解——基于跨期消费选择的视角. 河北学刊, 35(2): 125-128.

范丹宇, 2002. 我国城市化战略与模式分析的视角转换——空间结构变动的演化机制. 科学学与科学技术管理, (6): 60-62.

范斐, 孙才志, 王学妮, 2013. 社会、经济与资源环境复合系统协同进化模型的构建及应用——以大连市为例. 系统工程理论与实践, 33(2): 413-419.

范黎波, 王肃, 2011. 中国跨国公司海外并购的成长路径演进. 财贸经济, (8): 101-105.

范英, 朱磊, 2014. 能源-环境-经济综合评估模型的发展趋势. 中国科学院院刊, 29(6): 690-691.

方慧, 魏文菁, 尚雅楠, 2014. 英国文化产业集群创新机制研究. 世界经济研究, (1): 81-86.

冯阔, 林发勤, 陈珊珊, 2019. 我国城市雾霾污染、工业企业偷排与政府污染治理. 经济科学, (5): 56-68.

付书科, 杨树旺, 唐鹏程, 等, 2014. 基于群决策 ANP 的矿产资源境外投资风险评价研究. 中国矿业, 23(4): 41-48.

傅京燕, 李丽莎, 2010. 环境规制、要素禀赋与产业国际竞争力的实证研究——基于中国制造业的面板数据. 管理世界, (10): 87-98, 187.

傅帅雄, 张可云, 张文彬, 2011. 环境规制与中国工业区域布局的"污染天堂"效应. 山西财经大学学报, 33(7): 8-14.

高波, 2013. 全球化时代的经济发展理论创新. 南京大学学报(哲学·人文科学·社会科学), (1): 13-26.

高风平, 张璞, 刘大成, 2019. 国际稀土市场新格局与中国稀土产业战略选择. 国际贸易问题, (7): 63-81.

龚辉锋, 茅宁, 2014. 咨询董事、监督董事与董事会治理有效性. 管理科学学报, 17(2): 81-95.

关爱萍, 陈超, 2015. 区际产业转移对承接地行业内技术溢出效应的联动研究——以甘肃省为例. 软科学, 29(1): 87-91.

关凤利, 李勇, 刘飞, 2014. FDI 区位选择与犯罪率——来自中国的证据. 世界经济文汇, (1): 35-50.

郭凡生, 1986. 何为"反梯度理论"——兼为"反梯度理论"正名. 开发研究, (3): 39-40.

郭沛, 蒋庚华, 张曙霄, 2013. 外商直接投资对中国碳排放量的影响——基于省际面板数据的实证研究. 中央财经大学学报, (1): 47-52.

国家煤炭工业局, 1999. 关于国有煤炭企业关闭破产工作指导意见的通知(煤放字〔1999〕215 号). http://www.labournet.com.cn.

哈罗德·孔茨, 海因茨·韦里克, 1993. 管理学. 9 版. 郝国华, 金慰祖, 葛昌权, 等, 译. 北京: 经济科学出版社.

郝生宾, 于渤, 2008. 企业技术能力与技术管理能力的耦合度模型及其应用研究. 预测, (6): 12-15.

韩会然, 杨成凤, 宋金平, 2018. 北京批发企业空间格局演化与区位选择因素. 地理学报, 73(2): 219-231.

韩亚峰, 张占东, 赵叶, 2020. 技术来源、空间溢出与创新价值链提升: 协同抑或挤占. 财经论丛, (8): 12-21.

何龙斌, 2013. 国内污染密集型产业区际转移路径及引申——基于 2000~2011 年相关工业产品产量面板数据. 经济学家, (6): 78-86.

何威风, 刘巍, 黄凯莉, 2016. 管理者能力与企业风险承担. 中国软科学, (5): 107-118.

何兴强, 欧燕, 陈平, 2014. 上下游供求潜力与 FDI 在我国的区位选择——基于地区投入产出表和空间效应的分析. 学术研究, (6): 71-79.

何钟秀, 1983. 论国内技术的梯度转递. 科研管理, (1): 16-19.

贺灿飞, 梁进社, 1999. 中国外商直接投资的区域分异及其变化. 地理学报, 54(2): 97-105.

贺灿飞, 2005. 外商直接投资区位: 理论分析与实证研究. 北京: 中国经济出版社.

贺建涛, 2021. 加拿大对海外采矿企业社会责任的战略建构: 以拉美为例. 拉丁美洲研究, 43(2): 131-153, 158.

贺俊, 刘启明, 唐述毅, 2016. 环境污染治理投入与环境污染——基于内生增长的理论与实证研究. 大连理工大学学报(社会科学版), 37(3): 12-18.

贺卫, 1997. 人类行为的成本-收益假说. 昆明理工大学学报, 22(5): 119-122.

赫伯特·西蒙, 1988. 管理行为——管理组织的决策过程的研究. 杨砾, 韩春立, 徐立, 译. 北京: 北京经济学院出版社.

赫伯特·西蒙, 1989. 现代决策理论的基石: 有限理性说与论事理. 杨砾, 徐立, 译. 北京: 北京经济学院出版社.

洪联英, 刘兵权, 张在美, 2013. 企业进入权、组织控制与跨国公司专用性投资激励. 中国管理科学, 21(3): 169-177.

侯杰泰, 温忠麟, 成子娟, 2004. 结构方程模型及其应用. 北京: 教育科学出版社.

侯伟丽, 方浪, 刘硕, 2013. "污染避难所"在中国是否存在?——环境管制与污染密集型产业区际转移的实证研究. 经济评论, (4): 65-72.

胡健, 焦兵, 2010. 中国西部能源产业技术溢出效应的比较研究. 资源科学, 32(3): 478-484.

胡波, 2019. 面向资源聚合的矿山开采环境污染综合治理研究. 环境科学与管理, 44(4): 22-26, 91.

胡平, 伍新木, 文余源, 2014. 基于面板数据SDM的长江中游城市群FDI决定因素分析. 经济地理, 34(1): 15-22.

胡宗义, 李毅, 2019. 金融发展对环境污染的双重效应与门限特征. 中国软科学, (7): 68-80.

黄芳铭, 2002. 结构方程模式: 理论与应用. 台北: 五南图书出版公司.

黄菁, 赖明勇, 王华, 2008. FDI在中国的技术外溢效应: 基于面板数据的考察. 世界经济研究, (10): 48-55, 88.

黄亮雄, 钱馨蓓, 隋广军, 2018. 中国对外直接投资改善了"一带一路"沿线国家的基础设施水平吗. 管理评论, 30(3): 226-239.

黄琳, 2020. 中国与南部非洲矿业合作选区研究. 北京: 中国地质大学.

黄璇, 任宛竹, 2017. 财政政策、产业集聚与日商在华投资企业的区位选择. 经济问题探索, (6): 64-70.

霍国庆, 景万, 郭晶, 2010. 组织通用核心竞争力研究. 管理评论, 22(8): 90-95.

冀相豹, 2014. 地区政务服务水平对我国FDI区域分布的影响——基于动态面板模型的实证研究. 国际贸易问题, (4): 101-109.

加里·S·贝克尔, 1995. 人类行为的经济分析. 王业宇, 陈琪, 译. 上海: 上海人民出版社.

贾军, 2015. 基于东道国环境技术创新的FDI绿色溢出效应研究——制度环境的调节效应. 软科学, 29(3): 28-32.

江永红, 方茂君, 2020. "一带一路"沿线国家技术进步——中国OFDI空间溢出及其解释. 统计与信息论坛, 35(8): 26-34.

蒋殿春, 张宇, 2008. 经济转型与外商直接投资技术溢出效应. 经济研究, (7): 26-38.

蒋含明, 2018. 要素价格扭曲与异质性企业区位选择——基于泊松面板回归的实证研究. 中国经济问题, (6): 112-122.

蒋仁爱, 冯根福, 2012. 贸易、FDI、无形技术外溢与中国技术进步. 管理世界, (9): 49-60.

蒋樟生, 2017. 制造业FDI行业内和行业间溢出对全要素生产率变动的影响. 经济理论与经济管理, (2): 78-87.

吉生保, 姜美旭, 2020. FDI与环境污染: 溢出效应还是污染效应?——基于异质性双边随机前沿模型的分析. 生态经济, 36(4): 170-175, 187.

金刚, 沈坤荣, 胡汉辉, 2015. 中国省际创新知识的空间溢出效应测度——基于地理距离的视角. 经济理论与经济管理, (12): 30-43.

金瑜, 2001. 心理测量. 上海: 华东师范大学出版社.

金占明, 王克稳, 2012. 经济结构转型与政企关系界定. 人民论坛, (12): 16-17.

金占明, 段霄, 刘星, 等, 2014. 管理学研究的理性回归和道德坚守——管理学在中国的历史与现实. 管理学报, 11(7): 937-943.

金中坤, 潘镇, 2019. 生产率异质性、东道国因素与企业海外投资区位选择. 中国流通经济, 33(9): 93-102.

赖明勇, 包群, 阳小晓, 2002. 我国外商直接投资吸收能力研究. 南开经济研究, (3): 45-50.

劳尔·普雷维什, 1990. 外围资本主义: 危机与改造. 苏振兴, 袁兴昌, 译. 北京: 商务印书馆.

李存芳, 2015. 中国可耗竭资源型企业转移区位选择行为的实证研究. 北京: 科学出版社.

李存芳, 周德群, 2007. 基于模糊数学的企业综合竞争力评价和实证. 控制与决策, 22(3): 337-341.

李存芳, 周德群, 2008. 试论可耗竭资源型企业转移区位选择行为的研究价值. 改革与战略, 24(7): 50-52.

李存芳, 蒋业香, 周德群, 2007a. 基于模糊集理论的企业核心竞争力系统评价. 工业工程, 10(4): 54-58, 104.

李存芳, 蒋业香, 周德群, 2007b. 企业核心竞争力评价: 衰退矿区战略转移的前提研究. 科研管理, 28(4): 134-140.

李存芳, 周德群, 葛世龙. 2009. 可耗竭资源型企业转移区位选择行为研究进展及启示. 经济地理, 29(8): 1288-1292.

李存芳, 黄智, 汤建影, 2010a. 可耗竭资源型企业转移行为方式与区位选择规律. 资源科学, 32(9): 1799-1805.

李存芳, 周德群, 张红梅, 2010b. 基于转移的可耗竭资源型企业区位选择行为的特征与趋势. 经济地理, 30(6): 982-987.

李存芳, 周德群, 杨保华, 2012. 中国可耗竭资源型企业转移行为的特征和趋势. 管理评论, 24(3): 150-156.

李存芳, 杨保华, 王世进, 2013. 基于产业转移的可耗竭资源型企业区位选择行为影响因素的实证分析. 管理评论, 25(12): 112-124.

李存芳, 董梅, 王青, 等, 2017. 资源枯竭型企业跨区转移行为外溢效应与胁迫效应的研究进展. 经济地理, 37(3): 106-112.

李存芳, 张晓旭, 王梅玲, 等, 2018. 东部资源枯竭型企业何以转向中西部——基于系统耦合的视角. 资源开发与市场, 34(9): 1276-1281.

李存芳, 董梅, 王青, 2019a. 资源型企业跨区转移外溢效应的机理分析与检验. 管理评论, 31(1): 71-80.

李存芳, 杜沈悦, 张博, 2019b. 资源枯竭型企业跨区转移溢出效应的干预因子——以煤炭产业为例. 软科学, 33(6): 95-100.

李存芳, 王维, 杜沈悦, 等, 2019c. 资源产业跨区直接投资外溢效应测度与启示. 资源科学, 41(4): 613-626.

李存芳, 王梅玲, 张晓旭, 等, 2020. 东部资源型企业与西部资源富集地系统耦合研究. 管理评论, 32(10): 83-94.

李国平, 李具恒, 2003. 梯度理论创新与西部开发的战略选择. 中国软科学, (4): 128-131.

李海舰, 周霄雪, 2017. 产品十化: 重构企业竞争新优势. 经济管理, (10): 33-43.

李怀祖, 1993. 决策理论导引. 北京: 机械工业出版社.

李金亮, 2020. 中国能源企业对外直接投资的区位选择研究. 广州: 广东外语外贸大学.

李克庆, 2019. 面向全生命周期的矿产资源开发生态补偿机制研究. 北京: 北京科技大学.

李锴, 齐绍洲, 2011. 贸易开放、经济增长与中国二氧化碳排放. 经济研究, (11): 60-72, 102.

李玲, 陶锋, 2012. 中国制造业最优环境规制强度的选择——基于绿色全要素生产率的视角. 中国工业经济, (5): 70-82.

李猛, 张米尔, 2002. 资源型城市产业转型的国际比较. 大连理工大学学报(社会科学版), 23(1): 16-20.

李平, 刘志勇, 2001. 发展中国家技术创新的特点及其对策. 南开经济研究, (6): 45-48.

李平, 慕绣如, 2013. 波特假说的滞后性和最优环境规制强度分析——基于系统GMM及门槛效应的检验. 产业经济研究, (4): 21-29.

李青, 2007. 知识溢出: 对研究脉络的基本回顾. 数量经济技术经济研究, (6): 153-161.

李停, 2016. 基于演化博弈理论的集群式承接产业转移模式选择研究. 区域经济评论, (5): 120-129.

李文华, 2012. 生态文明与绿色经济. 环境保护, (11): 12-15.

李霞, 文琦, 杨瑞兰, 2016. 能源开发区产业结构演变的环境效应分析——以榆林市为例. 经济地理, 36(8): 127-134.

李小建, 1996. 香港对大陆投资的区位变化与公司空间行为. 地理学报, 51(3): 213-221.

李小平, 卢现祥, 2010. 国际贸易、污染产业转移和中国工业CO_2排放. 经济研究, (1): 15-26.

李小平, 余东升, 余娟娟, 2020. 异质性环境规制对碳生产率的空间溢出效应——基于空间杜宾模型. 中国软科学, (4): 82-96.

李新春, 胡晓红, 2012. 科学管理原理: 理论反思与现实批判. 管理学报, 9(5): 658-670.

李新玉, 2000. 矿产资源开发布局中的有关问题研究. 地质技术经济管理, 22(1): 45-49.

李秀娥, 卢进勇, 2013. 中国企业跨境并购效率影响因素实证研究: 基于制度视角. 世界经济研究, (5): 67-73.

李燕, 李应博, 2013. OFDI 反向技术溢出对我国经济增长的影响——基于对东盟的实证研究. 科学学与科学技术管理, 34(7): 3-11.

李彦军, 戴凤燕, 李保霞, 等, 2015. 政策因素对资源型企业迁移决策影响的实证研究. 中国人口·资源与环境, 25(6): 135-141.

李阳, 臧新, 薛漫天, 2013. 经济资源、文化制度与对外直接投资的区位选择——基于江苏省面板数据的实证研究. 国际贸易问题, (4): 148-157.

李阳, 党兴华, 韩先锋, 等, 2014. 环境规制对技术创新长短期影响的异质性效应——基于价值链视角的两阶段分析. 科学学研究, 32(6): 937-949.

李勇辉, 王丽艳, 罗理恒, 2014. FDI 异质性、区域经济增长与引资转型. 重庆大学学报(社会科学版), 20(3): 12-20.

李裕瑞, 王婧, 刘彦随, 等, 2014. 中国"四化"协调发展的区域格局及其影响因素. 地理学报, 69(2): 199-212.

李玉龙, 李忠富, 2011. 基于非参数 Malmquist 指数方法的我国基础设施投资生产率研究. 土木工程学报, 44(3): 128-135.

李子豪, 2017. 腐败如何影响外商直接投资技术溢出. 中国软科学, (1): 161-174.

李子豪, 刘辉煌, 2011. FDI 的技术效应对碳排放的影响. 中国人口·资源与环境, 21(12): 27-33.

梁志成, 2002. 南北贸易与国际技术转移理论模型及其发展. 经济学动态, (3): 61-64.

廖望科, 陈春艳, 徐齐利, 等, 2013. 地区采矿业专业化强度及差异性判别: 基于就业量的云南省实证分析. 中国矿业, 22(12): 49-53.

林柏泉, 常建华, 翟成, 2006. 我国煤矿安全现状及应当采取的对策分析. 中国安全科学学报, 16(5): 42-46.

林柄全, 谷人旭, 王俊松, 2020. 集聚经济与基于价值链的企业区位选择. 经济地理, 40(4): 56-64, 74.

林兰, 2010. 技术扩散理论的研究与进展. 经济地理, 30(8): 1233-1239, 1271.

刘朝, 韩先锋, 宋文飞, 2014. 环境规制强度与外商直接投资的互动机制. 统计研究, 31(5): 32-40.

刘宏, 李述晟, 2013. FDI 对我国经济增长、就业影响研究——基于 VAR 模型. 国际贸易问题, (4): 105-114.

刘经雨, 1988. 论土壤的环境功能. 杭州大学学报, 15(1): 114-119.

刘明瑜, 郑明贵, 2012. 海外铜矿资源投资区位选择研究. 矿业研究与开发, 32(2): 117-120.

刘啟仁, 陈恬, 2020. 出口行为如何影响企业环境绩效. 中国工业经济, (1): 99-117.

刘思峰, 杨英杰, 吴利丰, 等, 2015. 灰色系统理论及其应用. 北京: 科学出版社.

刘莎, 2016. 东道国国家风险对中国能源资源企业海外投资的影响研究. 长沙: 长沙理工大学.

刘晓龙, 葛琴, 姜玲玲, 等, 2019. 中国煤炭消费总量控制路径的思考. 中国人口·资源与环境, 29(10): 160-166.

刘晓敏, 2020. 贸易摩擦背景下企业海外投资策略问题探究. 财会通讯, (10): 118-121.

刘艳君, 李惠茹, 2012. 河北省服务业全要素生产率增长的实证分析. 河北大学学报(哲学社会科学版), 37(4): 59-64.

刘岳平, 付晓东, 2018. 空间邻近、溢出效应对企业区位选择的影响. 软科学, 32(4): 49-53.

刘再兴, 1988. 论梯度理论——兼评《论中国工业布局的区位开发战略》. 经济问题, (6): 2-8.

卢根鑫, 1994. 试论国际产业转移的经济动因及其效应. 上海社会科学院学术季刊, (4): 33-42.

鲁明泓, 1997. 外国直接投资区域分布与中国投资环境评估. 经济研究, (12): 37-44.

鲁明泓, 1999. 制度因素与国际直接投资区位分布: 一项实证研究. 经济研究, (7): 57-66.

陆大道, 1988. 区位论及区域研究方法. 北京: 科学出版社.
罗若愚, 何慧玲, 张龙鹏, 2014. 中国西部地区产业承接能力的区域差异与政府间合作治理研究. 电子科技大学学报(社科版), 16(2): 7-12.
罗世兴, 沙景华, 2014. 加拿大矿业企业社会责任管理及启示. 资源与产业, 16(2): 27-31.
雒海潮, 苗长虹, 李国梁, 2014. 不同区域尺度产业转移实证研究及相关论争综述. 人文地理, 29(1): 1-8.
吕彬, 杨建新, 2006. 生态效率方法研究进展与应用. 生态学报, 26(11): 3898-3906.
吕大国, 耿强, 简泽, 等, 2019. 市场规模、劳动力成本与异质性企业区位选择——中国地区经济差距与生产率差距之谜的一个解释. 经济研究, (2): 36-53.
吕涛, 聂锐, 2005. 东部煤炭企业跨区域资源开采模式研究. 中国矿业, 14(6): 37-39.
吕涛, 聂锐, 刘玥, 2010. 西部能源开发利用中的产业联动战略研究. 资源科学, 32(7): 1236-1244.
栾秋琳, 安虎森, 2018. "一带一路"背景下中国企业如何"走出去"——基于"新"新经济地理学的视角. 西南民族大学学报(人文社会科学版), (11): 97-105.
马捷, 岳阳, 段颀, 2012. 市场规模、利润侵蚀和争取多产品跨国企业的政策竞争. 经济研究, (2): 106-119.
马丽, 田华征, 康蕾, 2020. 黄河流域矿产资源开发的生态环境影响与空间管控路径. 资源科学, 42(1): 137-149.
马容, 2020. 资源型企业绿色会计核算研究——以国城矿业为例. 财会通讯, (1): 106-109.
马生昀, 马占新. 2017. 广义数据包络分析方法Ⅱ. 北京: 科学出版社.
马歇尔, 1983. 经济学原理(上、下卷). 朱志泰, 译. 北京: 商务印书馆.
马占新. 2012. 广义数据包络分析方法. 北京: 科学出版社.
毛蕴诗, 郑奇志, 2012. 基于微笑曲线的企业升级路径选择模型. 中山大学学报(社会科学版), 52(3): 162-174.
苗红娟, 陈瑛, 2012. 我国资源型企业对外直接投资区位选择研究. 资源开发与市场, 28(1): 66-69.
迈克尔·波特, 2005. 竞争战略. 陈小悦译. 北京: 华夏出版社.
聂名华, 柳杨, 2014. 中国FDI区位选择影响因素变化的实证分析——基于1984-2012年的城市数据. 湖北社会科学, (5): 86-90.
聂锐, 梁森, 吕涛, 2008. 我国煤炭企业境外投资煤矿的思考. 中南大学学报(社会科学版), 14(4): 452-457.
倪瑛, 陈柏云, 王忆雯, 2020. 金融发展、环境规制与绿色全要素生产率——基于空间杜宾模型的实证分析. 贵州财经大学学报, (3): 12-21.
牛振东, 2015. 煤炭企业横向并购后整合协同及绩效评价研究. 北京: 中国矿业大学(北京).
欧阳志云, 王如松, 赵景柱, 1999. 生态系统服务功能及其生态经济价值评价. 应用生态学报, 10(5): 635-640.
皮建才, 仰海锐, 2017. 京津冀协同发展中产业转移的区位选择——区域内还是区域外. 经济管理, 39(7): 19-33.
齐子翔, 于瀚辰, 2015. 区位选择、双边匹配与化解产能过剩的机制设计. 改革, (9): 101-111.
祁毓, 卢洪友, 张宁川, 2016. 环境规制能实现"降污"和"增效"的双赢吗——来自环保重点城市"达标"与"非达标"准实验的证据. 财贸经济, 37(9): 126-143.
乔小娟, 李国敏, 周金龙, 等, 2010. 采煤对地下水资源与环境的影响分析——以山西太原西山煤矿开采区为例. 水资源保护, 26(1): 49-52.
冉启英, 吴海涛, 2019. 外商直接投资的污染避难所效应会一直存在吗——基于动态门限面板模型的实证分析. 生态经济, 35(4): 152-159.
任建兰, 张伟, 2003. 发达国家和发展中国家不同的贸易地位引发的贸易与环境问题分析. 人文地理, 18(2): 79-82.
任曙明, 吕镯, 2014. 融资约束、政府补贴与全要素生产率: 来自中国装备制造企业的实证研究. 管理世界, (11): 10-23, 187.
任阳军, 汪传旭, 齐颖秀, 等, 2020. 资源型产业集聚对绿色全要素生产率影响的实证. 统计与决策, 36(14): 124-127.

邵利敏, 高雅琪, 王森, 2018. 环境规制与资源型企业绿色行为选择: "倒逼转型"还是"规制俘获". 河海大学学报(哲学社会科学版), 20(6): 62-68.

沈镭, 高丽, 2013. 中国西部能源及矿业开发与环境保护协调发展研究. 中国人口·资源与环境, 23(10): 17-23.

沈能, 2012. 环境效率、行业异质性与最优规制强度——中国工业行业面板数据的非线性检验. 中国工业经济, (3): 56-68.

沈能, 胡怡莎, 彭慧, 2020. 环境规制是否能激发绿色创新. 中国人口·资源与环境, 30(4): 75-84.

沈静, 刘伟, 魏也华, 2019. 环境管制对佛山市污染密集型企业空间格局变化的影响——基于2004年、2008年、2013年经济普查数据的实证. 地理科学, 39(12): 1972-1981.

盛垒, 2010. 外资研发是否促进了我国自主创新——一个基于中国行业面板数据的研究. 科学学研究, 28(10): 1571-1581.

盛鹏飞, 魏豪豪, 2020. 环境规制与中国工业部门的全球价值链提升——基于"波特假说"的再检验. 现代财经, (7): 85-98.

史丹, 2018. 绿色发展与全球工业化的新阶段: 中国的进展与比较. 中国工业经济, (10): 5-18.

史俊伟, 孟祥瑞, 董羽, 等, 2015. 煤炭企业绿色竞争力评价指标体系研究. 煤炭经济研究, 35(11): 44-49.

史青, 2013. 外商直接投资、环境规制与环境污染. 财贸经济, (1): 93-103.

宋德勇, 易艳春, 2011. 外商直接投资与中国碳排放. 中国人口·资源与环境, 21(1): 49-52.

苏重基, 2003. 现代企业区位选择与布局. 成都: 西南财经大学出版社.

宿瑞华, 2004. 衰退矿区目标资源选择综合评价模型研究. 矿业快报, (6): 16-19.

孙辉煌, 韩振国, 2014. 外资活动、外部技术知识与内资企业R&D投入. 研究与发展管理, 26(1): 34-42.

孙健, 于良, 2013. 中国企业在美直接投资(FDI)障碍分析. 预测, 32(1): 1-6.

孙立成, 程发新, 李群, 2014. 区域碳排放空间转移特征及其经济溢出效应. 中国人口·资源与环境, 24(8): 17-23.

孙楚仁, 张楠, 王松, 2018. 出口状态、城市特征与企业在城市内部的区位选择. 国际贸易问题, (9): 53-65.

孙瑞东, 席强敏, 2019. 供给与市场邻近对新生企业区位选择的影响研究. 世界经济文汇, (5): 43-58.

孙永平, 余佩, 2008. 人力资本、FDI区域分布与经济发展. 经济评论, (5): 26-31.

斯丽娟, 2020. 环境规制对绿色技术创新的影响——基于黄河流域城市面板数据的实证分析. 财经问题研究, (7): 41-49.

汤建影, 2009. 基于员工流动的技术知识转移机理研究. 北京: 科学出版社.

陶佩, 鲍春燕, 2020. 中国OFDI区位选择的实证分析. 湖南工业大学学报, 34(2): 80-86.

田馨予, 雷平, 2016. 环境规制对污染企业区位决策的差别化影响. 生态经济, 32(7): 87-91.

万伦来, 卢晓倩, 张颖, 2013. 矿产资源型地区生态系统服务功能的影响因素. 资源与产业, 15(1): 50-54.

万伦来, 刘福, 郭文慧, 2016. 煤炭开采对生态系统功能的胁迫作用: 模型·实证. 环境科学研究, 29(6): 916-924.

王安, 2013. 西部能源如何开发利用. 求是, (3): 41-43.

王保进, 2002. 视窗版SPSS与行为科学研究(第二版). 台北: 心理出版社.

王兵, 吴延瑞, 颜鹏飞, 2008. 环境管制与全要素生产率增长: APEC的实证研究. 经济研究, (5): 19-32.

王道臻, 李寿德, 任荣明, 2014. 外国直接投资对工业污染物处理的影响: 理论分析与实证检验. 系统管理学报, 23(2): 284-289.

王方方, 赵永亮, 2012. 企业异质性与对外直接投资区位选择——基于广东省企业层面数据的考察. 世界经济研究, (2): 64-69.

王锋正, 刘宇嘉, 孙玥, 2020. 制度环境、开放式创新与资源型企业转型. 科技进步与对策, 37(5): 114-123.

王巍, 马慧, 2019. 本地交通基础设施建设对企业区位选择的异质性影响——基于中国地级市制造业细分行业层面的实证分析. 西部论坛, 29(6): 97-109.

王广成, 张萌萌, 2019. 煤炭矿区复合生态系统资源代谢评价. 辽宁工程技术大学学报(自然科学版), 38(2): 141-147.

王良举, 王永培, 梁云, 2017. 企业的异质性会否影响其区位选择——来自中国制造业数据的实证分析. 现代财经, (12): 84-96.

王静娴, 杨敏, 2013. 资源企业对外直接投资逆向技术溢出效应实证研究. 生态经济, (6): 103-106.

王国华, 2006. 决策理论与方法. 合肥: 中国科学技术大学出版社.

王国顺, 张建玲, 2008. 生态经济效率评价方法比较分析. 生态经济(学术版), (10): 28-30.

王国印, 王动, 2011. 波特假说、环境规制与企业技术创新——对中东部地区的比较分析. 中国软科学, (1): 100-112.

王珺, 甘小军, 刘超, 2013. 国际双边发展援助对FDI的影响研究——基于17个OECD国家对华发展援助的实证. 国际贸易问题, (6): 115-123.

王缉慈, 1994. 现代工业地理学. 北京: 中国科学技术出版社.

王强民, 赵明, 2017. 干旱半干旱区煤炭资源开采对水资源及植被生态影响综述. 水资源与水工程学报, 28(3): 77-81.

王维, 李存芳, 2019. 企业转移行为胁迫效应干预因子的分析与检验——以资源枯竭型企业转移为例. 资源开发与市场, 35(6): 750-756, 761.

王文治, 陆建明, 2012. 要素禀赋、污染转移与中国制造业的贸易竞争力——对污染天堂与要素禀赋假说的检验. 中国人口·资源与环境, 22(12): 73-78.

王绪龙, 2009. 煤炭资源开采的代际外部性分析. 煤炭经济研究, (6): 4-5.

王志宏, 刘强, 王冲, 2012. 区域分割下的煤炭产业链效率评价及发展策略. 煤炭学报, 37(4): 705-710.

韦斯陶, 2019. 中国资源型企业的环境风险控制研究. 武汉: 中南财经政法大学.

魏后凯, 贺灿飞, 王新, 2002. 中国外商投资区位决策与公共政策. 北京: 商务印书馆.

魏后凯, 白玫, 王业强, 等, 2010. 中国区域经济的微观透视: 企业迁移的视角. 北京: 经济管理出版社.

魏杰, 2008. 中国企业改革历程的若干要点. 改革, (8): 21-31.

魏杰, 施成杰, 2014. 建立市场起决定性作用的经济增长方式——十八届三中全会关于经济体制改革的若干问题. 经济学家, (2): 5-13.

魏权龄, 1988. 评价相对有效性的DEA方法: 运筹学的新领域. 北京: 中国人民大学出版社.

魏权龄, 2000. 数据包络分析(DEA). 科学通报, 45(17): 1793-1807.

魏权龄, 2012. 评价相对有效性的数据包络分析模型——DEA和网络DEA. 北京: 中国人民大学出版社.

温忠麟, 叶宝娟, 2014. 中介效应分析: 方法和模型发展. 心理科学进展, 22(5): 731-745.

文含蕊, 何大义, 2020. 石油企业经济、环境和社会绩效的协调度评价研究. 资源与产业, 22(4): 32-40.

吴大进, 曹力, 陈立华, 1990. 协同学原理和应用. 武汉: 华中理工大学出版社.

吴画斌, 许庆瑞, 李杨, 2019. 创新引领下企业核心能力的培育与提高——基于海尔集团的纵向案例分析. 南开管理评论, 22(5): 28-37.

吴明隆, 2003. SPSS统计应用实务——问卷分析与应用统计. 北京: 科学出版社.

武常岐, 钱婷, 2011. 集团控制与国有企业治理. 经济研究, (6): 93-104.

武常岐, 张林, 2014. 国企改革中的所有权和控制权及企业绩效. 北京大学学报(哲学社会科学版), 51(5): 149-156.

武春友, 岳良文, 张米尔, 2012. 基于MFA和DEA的煤炭资源效率测算方法的研究. 中国人口·资源与环境, 22(12): 135-142.

武康平, 张雪峰, 倪丽洁, 2014. 国有土地拍卖机制研究. 中国管理科学, 22(6): 141-149.

夏禹龙, 刘吉, 冯之浚, 等, 1983. 梯度理论和区域经济. 科学学与科学技术管理, (2): 5-6.

项保华, 2007. 战略管理——艺术与实务(第 4 版). 上海: 复旦大学出版社.
项歌德, 朱平芳, 张征宇, 2012. 中国高技术产业 R&D 溢出效应研究——本土与跨国途径两个维度的视角. 上海经济研究, (9): 19-29.
肖海林, 2009. 企业最优业务组合战略的一个理论廓清——以格兰仕为案例. 经济管理, 31(10): 126-133.
肖文, 殷宝庆, 2011. 垂直专业化的技术进步效应——基于 27 个制造行业面板数据的实证分析. 科学学研究, 29(3): 382-389.
肖文, 周君芝, 2014. 国家特定优势下的中国 OFDI 区位选择偏好——基于企业投资动机和能力的实证检验. 浙江大学学报(人文社会科学版), 44(1): 184-196.
谢和平, 钱鸣高, 彭苏萍, 等, 2011. 煤炭科学产能及发展战略初探. 中国工程科学, 13(6): 44-50.
谢和平, 王金华, 申宝宏, 等, 2012. 煤炭开采新理念——科学开采与科学产能. 煤炭学报, 37(7): 1069-1079.
谢敏, 赵红岩, 朱娜娜, 等, 2017. 宁波市软件产业空间格局演化及其区位选择. 经济地理, 37(4): 127-134, 148.
谢伟, 孙忠娟, 李培馨, 2011. 影响技术并购绩效的关键因素研究. 科学学研究, 29(2): 246-251.
谢雄标, 吴越, 冯忠垒, 等, 2015. 中国资源型企业绿色行为调查研究. 中国人口·资源与环境, 25(6): 5-11.
谢雄标, 孙理军, 吴越, 等, 2019. 网络关系、管理者认知与企业环境技术创新行为——基于资源型企业的实证分析. 科技管理研究, (23): 142-150.
徐宏毅, 蔡萌, 赵迎红, 2012. 基于元回归分析的外商直接投资对中国生产率溢出效应的实证研究. 经济评论, (6): 84-91.
徐嘉兴, 李钢, 陈国良, 等, 2013. 矿区土地生态质量评价及动态变化. 煤炭学报, 38(S1): 180-185.
徐康宁, 陈健, 2008. 跨国公司价值链的区位选择及其决定因素. 经济研究, (3): 138-149.
徐斯旸, 辛冲冲, 杨先旭, 2021. 产业政策、地方政府干预与僵尸企业贷款. 江西社会科学, 41(1): 61-73.
徐维祥, 张筱娟, 刘程军, 2019. 长三角制造业企业空间分布特征及其影响机制研究: 尺度效应与动态演进. 地理研究, 38(5): 1236-1252.
徐彦坤, 祁毓, 2017. 环境规制对企业生产率影响再评估及机制检验. 财贸经济, 38(6): 147-161.
徐志伟, 刘晨诗, 2020. 环境规制的"灰边"效应. 财贸经济, 41(1): 145-160.
许抄军, 王亚新, 张东日, 等, 2011. 基于广义梯度理论的雷州半岛发展研究. 经济地理, 31(12): 2001-2006.
许和连, 邓玉萍, 2012. 外商直接投资导致了中国的环境污染了吗?——基于中国省际面板数据的空间计量研究. 管理世界, (2): 30-43.
许圣如, 文华维, 2019. 煤既是能源又是资源: 三院士谈煤炭清洁利用. http://shequ.docin.com/p-807930534.html.
薛漫天, 赵曙东, 2008. 外国直接投资的行业内与行业间溢出效应: 哪些行业受益. 南开经济研究, (1): 57-74.
薛琰如, 2016. 套利动机下矿产资源型国有企业对外直接投资决策研究. 昆明: 昆明理工大学.
颜燕, 贺灿飞, 刘涛, 等, 2014. 工业用地价格竞争、集聚经济与企业区位选择——基于中国地级市企业微观数据的经验研究. 城市发展研究, 21(3): 9-14.
杨宝良, 2005. 我国渐进式改革中的产业地理集聚与国际贸易. 上海: 复旦大学出版社.
杨丙忻, 2002. 西部发展中能源与资源利用及环保的关键问题——香山科学会议第 170 次学术讨论会. 中国基础科学, (2): 45-47.
杨波, 2006. 我国资源枯竭型城市剩余劳动力的迁移模式探析. 矿业研究与开发, 26(6): 1-5.
杨高举, 黄先海, 2013. 内部动力与后发国分工地位升级——来自中国高技术产业的证据. 中国社会科学, (2): 25-46.
杨列勋, 纪军, 张金锁, 2008. 西部能源资源开发与利用中的宏观战略与管理问题. 管理学报, 5(5): 625-626.
杨冕, 晏兴红, 李强谊, 2020. 环境规制对中国工业污染治理效率的影响研究. 中国人口·资源与环境, 30(9): 54-61.

杨显明, 程子彪, 2015. 枯竭型煤炭城市转型绩效评估及发展对策研究——以淮北市为例. 煤炭经济研究, 35(2): 22-29.

杨亚平, 2007. FDI 技术行业内溢出还是行业间溢出——基于广东工业面板数据的经验分析. 中国工业经济, (11): 73-79.

杨友才, 耿璐璐, 史倩姿, 2020. 我国高技术产业间技术创新效率溢出效应——基于 GVAR 模型的研究. 管理评论, 32(6): 138-149.

杨肃昌, 孔晴, 徐立君, 2020. 产业和人口集聚对环境污染的影响: 基于省级层面的实证. 统计与决策, (14): 55-60.

阎海峰, 王启虎, 2019. 双边关系与对外投资区位选择: 被忽略的制度因素. 南大商学评论, (3): 1-29.

叶玉瑶, 吴康敏, 张虹鸥, 2019. 珠三角新晋跨境制造业企业地理集聚与区位选择. 地理科学进展, 38(10): 1583-1595.

叶娇, 王佳林, 2014. FDI 对本土技术创新的影响研究——基于江苏省面板数据的实证. 国际贸易问题, (1): 131-138.

尹德先, 杨志波, 2013. 中国对外直接投资发展阶段研究. 商业研究, (1): 61-67.

尹国俊, 杨雅娜, 2012. 企业对外投资区位选择的能力资源整合分析——以万向集团为例. 财贸经济, (2): 81-88.

游达明, 欧阳乐茜, 2020. 环境规制对工业企业绿色创新效率的影响——基于空间杜宾模型的实证分析. 改革, (5): 122-138.

于瀚辰, 周麟, 沈体雁, 2019. 制造业企业区位选择集聚经济指向的空间效应. 地理研究, 38(2): 273-284.

于立宏, 李嘉晨, 2016. 双重外部性约束下中国资源型企业绩效研究. 中国人口·资源与环境, 26(4): 63-72.

于立宏, 王艳, 陈家宜, 2019. 考虑环境和代际负外部性的中国采矿业绿色全要素生产率. 资源科学, 41(12): 2155-2171.

于立, 于左, 2009. 资源枯竭问题研究的重点与方向. 改革, (7): 153-154.

于立, 孟韬, 姜春海, 2003. 资源枯竭型国有企业退出障碍与退出途径分析. 中国工业经济, (10): 5-12.

于立, 孟韬, 姜春海, 2004. 资源枯竭型国有企业退出问题研究. 北京: 经济管理出版社.

余东华, 邢韦庚, 2019. 政绩考核、内生性环境规制与污染产业转移——基于中国 285 个地级以上城市面板数据的实证分析. 山西财经大学学报, 41(5): 1-15.

余壮雄, 米银霞, 董洁妙, 2019. 中国制造业企业跨行业转移的机制与效率. 经济学报, 6(1): 29-61.

余际从, 郭巍, 2009. 层次分析法在西部矿产资源接替选区经济社会综合评价中的应用. 中国矿业, 18(1): 50-58.

余际从, 刘慧芳, 雷蕾, 等, 2013. 矿产资源开发社会效益综合评价方法研究. 资源与产业, 15(3): 62-67.

余伟, 陈强, 2015. "波特假说" 20 年——环境规制与创新、竞争力研究述评. 科研管理, 36(5): 65-71.

俞路, 2015. 我国 FDI 地区间溢出效应与渠道影响因素分析. 世界地理研究, 24(4): 94-102.

虞依娜, 陈丽丽, 2012. 中国环境库兹涅茨曲线研究进展. 生态环境学报, 21(12): 2018-2023.

袁丹, 雷宏振, 2014. 西部地区 FDI、技术水平与经济增长——基于 VAR 模型的动态研究. 西南民族大学学报(人文社会科学版), (3): 117-120.

袁榴艳, 杨改河, 冯永忠, 2007. 干旱区生态与经济系统耦合发展模式评判. 西北农林科技大学学报(自然科学版), 35(11): 41-47.

约翰·冯·杜能, 1986. 孤立国同农业和国民经济的关系. 吴衡康, 译. 北京: 商务印书馆.

曾康华, 夏海利, 2020. 省级财政竞争对企业投资区位选择的影响——基于空间策略互动分析. 山东财经大学学报, 32(2): 36-45.

曾祥炎, 曾小明, 成鹏飞, 2019. 人力资本外溢对新建企业选址的影响. 系统工程, 37(5): 150-158.

曾萍, 邓腾智, 宋铁波, 2013. 制度环境、核心能力与中国民营企业成长. 管理学报, 10(5): 663-670.

曾萍, 廖明情, 汪金爱, 2020. 区域多元化抑或产品多元化?制度环境约束下民营企业核心能力构建与成长战略选择. 管理评论, 32(1): 197-210.

张彩云, 2019. 科技标准型环境规制与企业出口动态——基于清洁生产标准的一次自然实验. 国际贸易问题, (12): 32-45.

张彩云, 郭艳青, 2015. 污染产业转移能够实现经济和环境双赢吗?——基于环境规制视角的研究. 财经研究, 41(10): 96-108.

张彩云, 吕越, 2018. 绿色生产规制与企业研发创新——影响及机制研究. 经济管理, (1): 71-91.

张成, 陆旸, 郭路, 等, 2011. 环境规制强度和生产技术进步. 经济研究, (2): 113-124.

张丹桐, 2020. 跨国石油企业经营策略的选择与评价. 北京: 中国地质大学(北京).

张复明, 2011. 资源型区域面临的发展难题及其破解思路. 中国软科学, (6): 1-9.

张国有, 2009. 中国经济以自己的方式走出成熟发展的道路. 北京大学学报(哲学社会科学版), 46(6): 52-59.

张海波, 2014. 对外直接投资对母国出口贸易品技术含量的影响——基于跨国动态面板数据模型的实证研究. 国际贸易问题, (2): 115-123.

张航燕, 黄群慧, 2018. 转向高质量发展的中国工业经济——2017 年运行特征与未来政策建议. 理论探索, (3): 26-31, 45.

张豪, 张建华, 何宇, 等, 2018. 企业间存在全要素生产率的溢出吗?基于中国工业企业数据的考察. 南开经济研究, 202 (4): 104-121.

张可, 高庆昆, 2013. 基于突破性技术创新的企业核心竞争力构建研究. 管理世界, (6): 180-181.

张健, 2006. 外商直接投资区域选择. 北京: 经济科学出版社.

张建, 李占风, 2020. 对外直接投资促进了中国绿色全要素生产率增长吗——基于动态系统 GMM 估计和门槛模型的实证检验. 国际贸易问题, (7): 159-174.

张莉, 高元骅, 徐现祥, 2013. 政企合谋下的土地出让. 管理世界, (12): 43-53.

张吉雄, 鞠杨, 张强, 等, 2019. 矿山生态环境低损害开采体系与方法. 采矿与岩层控制工程学报, 1(1): 013515.

张启望, 2016. 最优现金持有行为研究: 基于绩效的判断标准. 中国工业经济, (4): 144-159.

张青, 2011. 资源型企业群落脆弱性形成机理及其治理模式研究. 管理世界, (1): 172-173.

张蕊, 2002. 西部地区信息产业发展的区位选择. 经济体制改革, (3): 121-124.

张仁杰, 董会忠, 2020. 基于省级尺度的中国工业生态效率的时空演变及影响因素. 经济地理, 40(7): 124-132, 173.

张婷, 李红, 2016. 21 世纪初中国吸引亚洲国家和地区 FDI 的动力在哪. 亚太经济, (2): 107-114.

张煊, 王国顺, 王一苇, 2014. 生态经济效率评价及时空差异研究. 经济地理, 34(12): 153-160.

张勇, 2016. 新常态下西部地区经济转型与环境承载力耦合关系. 社会科学家, (6): 61-65.

张翊, 陈雯, 骆时雨, 2015. 中间品进口对中国制造业全要素生产率的影响. 世界经济, 38 (9): 107-129.

张宇, 蒋殿春, 2014. FDI、政府监管与中国水污染——基于产业结构与技术进步分解指标的实证检验. 经济学(季刊), 13(2): 491-514.

张子珍, 2016. 城乡产业互动视角下企业区位选址影响因素演变研究. 经济问题, 2016(3): 72-79.

章文光, 王晨, 2014. 外资研发与区域创新系统互动——机制分析与实证检验. 北京师范大学学报(社会科学版), (2): 147-156.

赵国浩, 卢晓庆, 2011. 煤炭开采综合效益模型及其应用. 资源科学, 33(10): 1924-1931.

赵国浩, 杨毅, 郝奇彦, 2014. 中国能源投融资耦合协调机制研究——基于应对气候变化与实施环境保护视角. 资源科学, 36(6): 1244-1255.

赵庚学, 王洪涛, 郝晓森, 等, 2013. 煤炭企业社会责任评价指标体系的完善. 煤炭经济研究, 33(4): 55-61.

赵俊风, 张聪群, 2016. 核心企业驱动产业集群式转移的演化博弈仿真研究. 科技与管理, 18(4): 34-41.

赵丽, 孙艳芳, 杨志斌, 等, 2018. 煤矸石去除矿井水中水溶性有机物及氨氮的实验研究. 煤炭学报, 43(1): 236-241.

赵伟, 向永辉, 2012. 区位优势、集聚经济和中国地区间 FDI 竞争. 浙江大学学报(人文社会科学版), 42(6): 111-125.

赵旭, 吴孟, 2007. 区域城市化与城市生态环境耦合协调发展评价——基于全国30个省市的比较. 重庆工商大学学报(西部论坛), 12(17): 73-77.

赵永亮, 葛振宇, 2019. 政府距离和企业生产率的区际边界效应. 统计研究, 36(4): 71-83.

郑博福, 邓红兵, 严岩, 等, 2005. 我国未来能源消费及其对环境的影响分析. 环境科学, (3): 1-6.

郑德凤, 郝帅, 孙才志, 等, 2018. 中国大陆生态效率时空演化分析及其趋势. 预测, 37(5): 1035-1046.

郑妍妍, 李磊, 2020. FDI 与中国企业创新能力: 量变还是质变. 南开学报(哲学社会科学版), (4): 53-64.

中国煤炭工业协会, 2011. 2010 中国煤炭工业发展研究报告. 北京: 中国经济出版社.

钟昌标, 2001. 我国实施"走出去"战略的产业选择和区位选择. 管理世界, (3): 195-196.

钟倩文, 2018. 生态文明视野下环境库兹涅茨曲线的理论反思. 南通大学学报(社会科学版), 34(6): 131-136.

周兵, 梁松, 邓庆宏, 2014. 金融环境视角下 FDI 流入与产业集聚效应的双门槛检验. 中国软科学, (1): 148-159.

周德群, 2010. 能源软科学研究进展. 北京: 科学出版社.

周凤起, 2009. 西部能源发展战略和能源政策. http://www.china.com.cn/economic/.12.01.

周浩, 陈益, 2013. FDI 外溢对新建企业选址的影响. 管理世界, (12): 78-89.

周浩, 余壮雄, 杨铮, 2015. 可达性、集聚和新建企业选址——来自中国制造业的微观证据. 经济学(季刊), 14(4): 1393-1416.

周立群, 刘东勋, 2001. 关于启动"东业西移"的思考. 经济研究参考, (20): 42-48.

周密, 2010. 技术空间扩散理论的发展及对我国的启示. 科技进步与对策, 27(6): 1-4.

周起业, 1989. 区域经济学. 北京: 中国人民大学出版社.

周茜, 胡慧源, 2014. 中国经济发展与环境质量之困——基于产业结构和能源结构视角. 科技管理研究, 34(22): 231-236.

周犀行, 欧阳㵟蔓, 2013. 国内外市场潜力对 FDI 区位选择的影响研究. 国际贸易问题, (6): 124-134.

周游, 谭光荣, 王涛生, 2016. 财政分权的门槛与 FDI 技术溢出效应的非线性研究——基于地方政府竞争视角. 管理世界, (4): 168-169.

周勇, 吴海珍, 韩兆安, 2019. 企业转移模式、本地化嵌入行为与知识转移绩效. 科技进步与对策, 36(18): 119-128.

周泽将, 刘中燕, 2017. 独立董事本地任职对上市公司违规行为之影响研究——基于政治关联与产权性质视角的经验证据. 中国软科学, (7): 116-125.

邹乐欢, 季强, 刘纪显, 2020. 厂商异质性、环境规制与中国经济波动——基于六部门 DSGE 模型的数值分析. 统计与信息论坛, 35(6): 122-128.

朱华, 2014. 基于区位拉动因素的中国企业 OFDI 动机的实证研究. 科研管理, 35(1): 139-149.

朱剑英, 2001. 智能系统非经典数学方法. 武汉: 华中科技大学出版社.

朱佩枫, 周德群, 王群伟, 2009. 技术差距对煤炭企业跨区直接投资技术溢出的影响. 中国软科学, (11): 147-153.

朱平芳, 张征宇, 姜国麟, 2011. FDI 与环境规制: 基于地方分权视角的实证研究. 经济研究, 46(6): 133-145.

朱平芳, 项歌德, 王永水, 2016. 中国工业行业间 R&D 溢出效应研究. 经济研究, (11): 44-55.

朱训, 2002. 关于矿业企业发展的几个问题. 中国矿业, 11(6): 1-4.

宗芳宇, 路江涌, 武常岐, 2012. 双边投资协定、制度环境和企业对外直接投资区位选择. 经济研究, (5): 71-84.

Abraham F, Konings J, Slootmaekers V, 2010. FDI spillovers in the Chinese manufacturing sector: Evidence of firm heterogeneity. Economics of Transition, 18(1): 143-182.

Abramovitz M, 1986. Catching up, forging ahead, and falling behind. Journal of Economic History, 46: 385-406.

Aigbedion I, Iyayi S E, 2007. Environmental effect of mineral exploitation in Nigeria. International Journal of Physical Sciences, 2(2): 33-38.

Alguacil M, Cuadros A, Orts V, 2011. Inward FDI and growth: The role of macroeconomic and institutional environment. Journal of Policy Modeling, 33(3): 481-496.

Alpay E, Buccola S, Kerkvliet J, 2002. Productivity growth and environmental regulation in Mexican and U.S.food manufacturing. American Journal of Agricultural Economics, 84(4): 887-901.

Alvarez L H R, Kanniainen V, Södersten J E, 1998. Tax policy uncertainty and corporate investment: A theory of tax-induced investment spurts. Journal of Public Economics, 69(1): 17-48.

Amerighi O, Peralta S, 2010. The proximity-concentration trade-off with profit shifting. Journal of Urban Economics, 68(1): 90-101.

Anderson J, Gerbing D, 1988. Structural equation modeling in practice: A review and recommended two-step approach. Psychological Bulletin, 103(3): 411-423.

Annandale D, Taplin R, 2003. Is environmental impact assessment regulation a 'burden' to private firms. Environmental Impact Assessment Review, 23(1): 383-397.

Antweiler W, Copeland B R, Taylor M S, 2001. Is free trade good for the environment. American Economic Review, 91(4): 877-908.

Arazmuradov A, 2012. Foreign aid, foreign direct investment and domestic investment nexus in landlocked economies of Central Asia. The Economic Research Guardian, 2(1): 129-151.

Arrow K J, 1962. The economic implication of learning by doing. Review of Economic Studies, 29: 155-173.

Arrow K J, 1963. Social Choice and Individual Values. second edition. New Haven: Yale University Press.

Arrow K, Bolin B, Costanza R, et al, 1995. Economic growth, carrying capacity, and the environment. Ecological Economics, 15(2): 91-95.

Australian Housing and Urban Research Institute (AHURI), 2007. Housing market dynamics in resource boom towns. AHURI, 86-99.

Bai C, Ma H, Pan W, 2012. Spatial spillover and regional economic growth in China. China Economic Review, 23(4): 982-990.

Bala R, Matthew Y, 2010. The determinants of foreign direct investment in service. The World Economy, 33(4): 573-596.

Baldwin J, Yan B, 2011. The death of canadian manufacturing plants: Heterogeneous responses to changes in tariffs and real exchange rates. Review of World Economics, 147(1): 131-167.

Barro R, 1990. Government spending in a simple model of endogenous growth. Journal of Political Economy, 98(5): 103-126.

Bates J, 2006. Gendered spaces of industrial restructuring in resource peripheries: The case of the corner brook region, new foundland. Journal of Economic & Social Geography, 97(2): 126-137.

Berdie D R, 1994. Reassessing the value of high response rates to mail surveys. Marketing Research, 1(3): 52-64.

Bentler P M, 1990. Comparative fit indexes in structural models. Psychological Bulletin, 107(2): 238-246.

Berman E, Bui L T M, 2001. Environmental regulations and productivity: Evidence from oil refineres. The Review of Economics and Statistics, 83(3): 498-510.

Berry H, Guillen M F, Zhou N, 2010. An institutional approach to cross-national distance. Journal of International Business Studies, 41(9): 1460-1480.

Bertrand O, Betschinger M A, 2012. Performance of domestic and cross-border acquisitions: Empirical evidence from Russian acquirers. Journal of Comparative Economics, 40(3): 413-437.

Bhagat S, Malhotra S, Zhu P C, 2011. Emerging country cross-border acquisitions: Characteristics, acquirer returns and cross-sectional determinants. Emerging Markets Review, 12(3): 250-271.

Bhavan T, Xu C, Zhong C, 2011. The relationship between foreign aid and FDI in South Asian economies. International Journal of Economics and Finance, 3(2): 143-149.

Birdsall N, Wheller D, 1993. Trade policy and pollution in Latin American: Where is the pollution haven. Journal of Environment and Development, 2(1): 137-149.

Birkinshaw J, Braunerhjelm P, Holm U, et al, 2006. Why do some multinational corporations relocate their headquarters overseas. Strategic Management Journal, 27(7): 681-700.

Bitzer J, Kerekes M, 2008. Does foreign direct investment transfer technology across borders? new evidence. Economics Letters, 100(3): 355-358.

Blalock G, Gertler P J, 2009. How firm capabilities affect who benefits from foreign technology. Journal of Development Economics, 90(2): 192-199.

Bonfiglio A, Arzeni A, Bodini A, 2017. Assessing eco-efficiency of arable farms in rural area. Agricultural Systems, 151(2): 114-125.

Boomsma A, 1985. Nonconvergence, improper solutions, and starting values in LISREL maximum likelihood estimation. Psychometrka, 50(2): 229-242.

Boomsma A, Hoogland J J, 2001. The robustness of LISREL modeling revisited. In R.//Cudeck S, du Toit & D, Sörbom, Structural equation models: Present and future. Lincolnwood: Scientific Software International.

Borts G H, 1960. The equalization of returns and regional economic growth. American Economic Review, 50: 319-347.

Bradbury J H, 1979. Towards an alternative theory of resource-based town development. Economic Geography, 55(2): 147-166.

Brain W, 1997. The Economics of Mineral Exploration and Economic Guidelines for Exploration Planning. Kington: Department of Geosciences Queen's University.

Brandt L, Van Biesebroeck J, Zhang Y, 2012. Creative accounting or creative destruction? firm-level productivity growth in Chinese manufacturing. Journal of Development Economic, 97(2): 339-351.

Branstetter L, 2006. Is foreign direct investment a channel of knowledge spillovers? Evidence from Japan's FDI in the United States. Journal of International Economics, 68(2): 325-344.

Broadman H G, Sun X, 1997. The distribution of foreign direct investment in China. The World Economy, 20(3): 339-361.

Brouthers K D, Brouthers L E, 2003. Why service and manufacturing entry mode choices differ: The influence of transaction cost factors, risk and trust. Journal of Management Studies, 40(5): 1179-1204.

Brouwer A E, 2010. The old and the stubborn? Firm characteristics and relocation in the Netherlands. European Spatial Research and Policy, 17(1): 41-60.

Buch C M, Kleinert J, Lipponer A, et al, 2005. Determinants and effects of foreign direct investment: Evidence from German firm-level data. Economic Policy, 20(41): 52-110.

Buckley P J, Voss H, Cross A R, et al, 2011. The emergence of Chinese firms as multinationals: The influence of the home institutional environment. In Pearce R.(ed.) China and the Multinationals: International Business and the Entry of China into the Global Economy. Northampton: Edward Elgar.

Camarero M, Castillo J, Andrés J, et al, 2013. Eco-efficiency and convergence in OECD countries. Environmental & Resource Economics, 55(1): 87-106.

Cantwell J, Piscitello L, 2000. Accumulating technological competence: Its changing impact on corporate diversification and internationalization. Industrial & Corporate Change, 9(1): 21-51.

Cantwell J, Dunning J H, Lundan S M, 2010. An evolutionary approach to understanding international business activity: The co-evolution of MNEs and the institutional environment. Journal of International Business Studies, 41(4): 567-586.

Card D, Hallock K, Moretti E, 2010. The geography of giving: The effect of corporate headquarters on local charities. Journal of Public Economics, 94(3): 222-234.

Carlson M, Khoker Z, Titman S, 2007. Equlibrium exhaustible resource price dynamies. Journal of Finance, 62(4): 1663-1703.

Cassiman B, Di Guardo M C, Valentini G, 2009. Oganising R&D projects to profit from innovation: Insights from coopetition. Long Range Planning, 42(2): 216-233.

Caves R E, 1971. International corporations: The industrial economics of foreign investment. Economica, 38(149): 1-27.

Chakraborty D, 2009. Does pollution haven hypothesis holds good for India? Evidences from cross-state FDI inflow patterns. Environmental Science and Pollution Research, 26(1): 23689-23695.

Chang L, Li W, Lu X, 2015. Government engagement, environmental policy and environmental performance: Evidence from the most polluting Chinese listed firms. Business Strategy and the Environment, 24(1): 1-19.

Charmondusit K, Phatarachaisakul S, Prasertpong P, 2014. The quantitative eco-efficiency measurement for small and medium enterprise: A case study of wooden toy industry. Clean Technologies & Environmental Policy, 16(5): 935-945.

Chen C H, 1996. Regional determinants of foreign direct investment in mainland China. Journal of Economic Studies, 23(2): 18-30.

Chen J, Peter C B, 2012. Implementing market segmentation using full-refund and no-refund customer returns policies in a dual-channel supply chain structure. International Journal of Production Economics, 136(1): 56-66.

Chen K M, Yang S F, 2013. Impact of outward foreign direct investment on domestic R&D activity: Evidence from Taiwan's multinational enterprises in low-wage countries. Asian Economic Journal, 27(1): 17-38.

Chen M, Moore M, 2010. Location decision of heterogeneous multinational firms. Journal of International Economics, 80(2): 188-199.

Chen M, 2011. Interdependence in multinational production networks. Canadian Journal of Economics, 44(3): 930-956.

Chen V Z, Li J, Shapiro D M, 2012. International reverse spillover effects on parent firms: Evidences from emerging-market MNEs in developed markets. European Management Journal, 30(3): 204-218.

Cheng L K, Kwan Y K, 2000. What are the determinants of the location of foreign direct investment? The Chinese experience. Journal of International Economics, 51(2): 379-400.

Chikkatur A P, Sagar A D, Sankar T L, 2009. Sustainable development of the Indian coal sector. Energy, 34(8): 942-953.

Christaller W, 1966. Central Places in Southern Germany, Jena: Fisher, 1933. English translated by Baskin C W. London: Prentice-Hall.

Christian B, Markus L, Alecksandra R, 2008. Labor costs and FDI flows into central and eastern European countries: A survey of the literature and empirical evidence. Structure Change and Economic Dynamics, 19(1): 17-37.

Cieslik A, 2005. Regional characteristics and the location of foreign firms within Poland. Applied Economics, 37(8): 863-874.

Cipollina M, Giovannetti G, Pietrovito F, et al, 2012. FDI and growth: What cross-country industry data say. World Economy, 35(11): 1599-1629.

Clark A L, Naito K, 1998. Risks and opportunities for foreign investment in the mineral sectors of the central Asian Republics. Resources Policy, 24(2): 105-114.

Clarkson P M, Li Y, Richardson G D, 2008. Revisiting the relation between environmental performance and environmental disclosure: An empirical analysis. Accounting, Organizations and Society, 33(4-5): 303-327.

Clegg J, 1998. The determinants of intra-European foreign direct investment flows: Market integration and policy issues. Journal of Transnational Management Development, 3(3-4): 89-129.

Clickman N J, Wood D P, 1988. The location of foreign direct investment in the U.S.patterns and determinants. International Regional Science Review, 11(2): 137-154.

Cole M A, Elliott R J R, 2003. Determining the trade-environ ment composition effect: The role of capital, labor and environmental regulations. Journal of Environmental Economics and Management, 46(3): 363-383.

Cole M A, Fredriksson P G, 2009. Institutionalized pollution havens. Ecological Economics, 68(4): 1239-1256.

Cole M A, Elliott R J R, Zhang J, 2011. Growth, foreign direct investment, and the environment: Evidence from Chinese cities. Journal of Regional Science, 51(1): 121-138.

Contractor F J, 1990. Ownership patterns of U.S. joint ventures abroad and the liberalization of foreign government regulations in the 1980s: Evidence from the benchmark surveys. Journal of International Business Studies, 21(1): 55-73.

Copeland B R, Taylor M S, 1994. North-south trade and the environment. The Quarterly Journal of Economics, 109(3): 755-787.

Copeland B R, Taylor M S, 2003. Trade and Environment: Theory and Evidence. Princeton: Princeton University Press.

Copeland B R, Taylor M S, 2004. Trade, growth and the environment. Journal of Economic Literature, 42(1): 7-71.

Costantini V, Crespi F, Martini C, et al, 2015. Demand-pull and technology-push public support for eco-innovation: The case of the biofuels sector. Research Policy, 44(3): 577-595.

Costinot A, Vogel J, 2010. Matching and inequality in the world economy. Journal of Political Economy, 118(4): 747-786.

Coughlin C C, Segev E, 2000. Location determinants of new foreign-owned manufacturing plants. Journal of Regional Science, 40(2): 323-351.

Coughlin C C, Terza J V, Arromdee V, 1991. State characteristics and the location of foreign direct investment within the United States. Review of Economics and Statistics, 73(4): 675-683.

Crocker L, Algina J, 1986. Introduction to Classical and Modern Test Theory. New York: Harcourt Brace Jovanovich.

Crozet M, Mayer T, Mucchielli J L, 2004. How do firms agglomerate?A study of FDI in France. Regional Science and Urban Economics, 34(1): 27-54.

Cui L, Jiang F, Stening B, 2011. The entry-mode decision of Chinese outward FDI: Firm resources, industry conditions, and institutional forces. Thunderbird International Business Review, 53(4): 483-499.

Dam L, Scholtens B, 2012. The curse of the haven: The impact of multinational enterprise on environmental regulation. Ecological Economics, 78(12): 148-156.

Daniels J D, Krug J A, Trevino L, 2007. Foreign direct investment from Latin America and the Caribbean. Transnational Corporations, 16(1): 27-53.

Dean J M, Lovely M E, Wang H, 2009. Are foreign investors attracted to weak environmental regulations? Evaluating the evidence from China. Journal of Development Economics, 90(1): 1-13.

Dees S, 1998. Foreign direct investment in China: Determinants and effects. Economics Planning, 31(2): 175-194.

Dela T A, Glachant M, Meniere Y, 2011. Innovation and international technology transfer: The case of the Chinese photovoltaic industry. Energy Policy, 39(2): 761-770.

Denize S, Young L, 2007. Concerning trust and information. Industrial Marketing Management, 36 (7): 968-982.

Devereux M P, Griffith R, 1998. Taxes and the location of production: Evidence from a panel of US multinationals. Journal of Public Economics, 68(3): 335-367.

Dhyne E, Guerin S S, 2012. Outward foreign direct investment and domestic performance: In search of a causal link. Belgium: The Natonal Bank of Belgium Research Department.

Di Maria C, Lange I, Van der Werf E, 2014. Should we be worried about the green paradox? announcement effects of the acid rain program. European Economic Review, 69: 143-162.

Dicken P, Lloyd P, 1990. Location in Space: Theoretical Perspectives in Economic Geography, 3d.ed. New York: Harper Collins.

Dijkstra B R, Mathew A J, Mukherjee A, 2011. Environmental regulation: An incentive for foreign direct investment. Review of International Economics, 19(3): 568-578.

Dikova D, Sahib P R, Van Witteloostuijn A, 2010. Cross-border acquisition abandonment and completion: The effect of institutional differences and organizational learning in the international business service industry, 1981-2001. Journal of International Business Studies, 41(2): 223-245.

Dixit A, 1995. Irreversible investment with uncertainty and scale economies. Journal of Economics Dynamics and Control, 19(3): 327-350.

Dollar D, 1986. Technological innovation, capital mobility, and the product cycle in North-South trade. American Economic Review, 76(1): 177-190.

Dong S C, Li Z H, Li Y, et al, 2015. Resources, environment and economic atterns and sustainable development modes of the silk road economic belt. Journal of Resources and Ecology, 6(2): 65-72.

Doytch N, Uctum M, 2011. Does the worldwide shift of FDI from manufacturing to services accelerate economic growth? A GMM estimation study. Journal of International Money and Finance, 30(3): 410-427.

Driffield N, Taylor K, Love J, 2009. Productivity and labour demand effects of inward and outward FDI on UK industry. Manchester School, 77(2): 171-203.

Du L, Harrison A, Jefferson G H, 2012. Testing for horizontal and vertical foreign investment spillovers in China, 1998-2007. Journal of Asian Economics, 23(3): 234-243.

Dunning J H, 1973. The determinants of international production. Oxford Economic Papers, 25(3): 289-336.

Dunning J H, 1977. Trade, location of economic activity and the MNE: A search for an eclectic approach//Hesselnorn P O, Wijkman P J. The International Allocation of Economic Activity. London: MacMillan.

Dunning J H, 1988. Explaining International Production. Boston: Unwin Hyman.

Dunning J H, 1998. Location and the multinational enterprise: A neglected factor. Journal of International Business Studies, 29(1): 45-67.

Dunning J H, 2006. Towards a new paradigm of development: Implications for the determinants of international business activity. Transnational Corporations, 15(1): 173-227.

Dunning J H, Lundan S M, 2008. Multinatioal Enterprises and the Global Economy. Cheltenham: Edward Elgar.

Ellison G, Glaeser E L, 1997. Geographic concentration in U.S. manufacturing industries: A dartboard approach. Journal of Political Economiy, 105(5): 889-926.

Eskeland G S, Harrison A E, 2003. Moving to greener pastures? Multinationals and the pollution haven hypothesis. Journal of Development Economics, 70(1): 1-23.

Fabianska M, Ciesielczuk J, Nadudvari A, et al, 2018. Environmental influence of gaseous emissions from selfheating coal waste dumps in Silesia, Poland. Environ Geochem Health, 7: 1-27.

Fagerberg J, 1988. Why Growth Rates Differ. Dosi G. et al. (ed). Technical Changes and Economic Theory. London: Pinter Pub.

Fagerberg J, Verspagen B, Tunzelman N, 1994. The Dynamics of Technology, Trade and Growth. Aldershot: Edward Elgar Publishing Limited.

Fernandes A M, Paunov C, 2012. Foreign direct investment in services and manufacturing productivity: Evidence for Chile. Journal of Development Economics, 97(2): 305-321.

Ferrer C, 1998. Pattern and determinants of location decisions by French multinationals in European regions, in J.L. Mucchielli, Multinational Location Strategy. Greenwich: JAI Press.

Findlay R, 1978. Relative backwardness, direct foreign investment, and the transfer of technology: A simple dynamic model. Quarterly Journal of Economics, 92(1): 1-16.

Forster B A, 1980. Optimal energy useina polluted environment. Journal of Environmental Economics and Management, 7(4): 321-333.

Ford S, Strange R, 1999. Where do Japanese manufacturing firms invest within Europe, and why. Transnational Corporations, 8(1): 117-141.

Fosfuri A, Motta M, 1999. Multinationals without advantages. Scandinavian Journal of Economics, 101(4): 617-630.

Fosfuri A, Motta M, Rønde T, 2001. Foreign direct investment and spillovers through workers' mobility. Journal of International Economics, 53(1): 205-222.

Franko L G, 1989. Use of minority and 50-55 joint ventures by United States multinationals during the 1970s: The interaction of host country policies and corporate strategies. Journal of International Business Studies, 20(1): 19-40.

Friedman J, Gerlowski D A, Silberman J, 1992. What attracts foreign multinational corporations? Evidence from branth plant location in the United States. Journal of Regional Science, 32(11): 403-418.

Fu J, 2000. Institutions and Investments: Foreign Direct Investment in China During an Era of Reforms. Ann Arber: The University of Michigan Press.

Gao Z G, 2012. Sustainable development and upgrading mode of coal industry in China. International Journal of Mining Science and Technology, 22(3): 335-340.

Gerasimchuk I, 2010. Rethinking green versus conventional investment flows in BRIC countries: Review of emerging trends and a model for future research. Journal of Environmental Investing, 1(2): 37-65.

Gerlagh R, 2011. Too much oil. CESifo Economic Studies, 57(1): 79-102.

Glickman N J, Woodward D P, 1988. The location of foreign direct investment in the United States: Patterns and determinants. International Regional Science Review, 11(2): 137-154.

Gong B L, 2018. Total-factor spillovers, similarities, and competitions in the petroleum industry. Energy Economics, 73: 228-238.

Gong H M, 1995. Spatial patterns of foreign investment in China's cities, 1980-1989. Urban Geography, 16(3): 189-209.

Grosse R, Trevino L J, 2005. New institution economics and FDI location in central and eastern Europe. Management International Review, 45(2): 123-145.

Grossman G M, Krueger A B, 1991. Environmental impacts of a North American free trade agreement//NBER Working Paper No.3914. Cambridge, MA: NBER.

Grossman G M, Krueger A B, 1995. Economic growth and the environment. Quarterly Journal of Economics, 110(2): 353-377.

Guimaraes P, Figueiredo O, Woodward D, 2000. Agglomeration and the location of foreign direct investment in Portugal. Journal of Urban Economics, 47(1): 115-135.

Hafeez K, Zhang Y B, Malak N, 2002. Core competence for sustainable competitive advantage: A structured methodology for identifying core competence. IEEE Transactions on Engineering Management, 49(1): 28-35.

Hägerstrand T, 1953. Innovation Diffusion as a Spatial Process. Chicago: University of Chicago Press.

Hair J F, Anderson R E, Black W C, et al, 1998. Multivariate Data Analysis. 5th edition. Upper Saddle River: Prentice Hall.

Hale G, Long C, 2011. Are there productivity spillovers from foreign direct investment in China. Pacific Economic Review, 16(2): 135-153.

Hanousek J, Kocenda E, Maurel M, 2011. Direct and indirect effects of FDI in emerging european markets: A survey and meta-analysis. Economic Systems, Elsevier, 35(3): 301-322.

Hao H, Wei Y H D, 2011. Spatial and temporal patterns and determinants of foreign investment in China. Erdkunde, 65(1): 7-23.

Harper G, Andrews A J, Fenoulhet B, 1998. Worldwide exploration trends-Where is the next exploration romance? Engineering and Mining Journal, 199(7): 40-45.

He C, 2002. Information costs, agglomeration economies and the location of foreign direct investment in China. Regional Studies, 36(9): 1029-1036.

Head K C, Ries J C, Swenson D L, 1999. Attracting foreign manufacturing: Investment promotion and agglomerationa. Regional Science and Urban Economics, 29(2): 197-218.

Helpman C E, 2011. International R&D spillover. European Economic Review, 39(5): 859-887.

Henderson V J, 1986. Efficiency of resource usage and city size. Journal of Urban Economics, 49(1): 47-70.

Hennart J C, 1991. The transaction costs theory of joint ventures: An empirical study of Japanese subsidiaries in the United States. Management Science, 37(4): 483-497.

Henson R K, 2001. Understanding internal consistency reliability estimates: A conceptual primer on coefficient alpha. Measurement and Evaluation in Counseling and Development, 34(3): 177-189.

Hicks J R, 1932. The Theory of Wages. London: Macmillan.

Hirschman A O, 1958. The Strategy of Economic Development. New Haven, Connecticut: Yale University Press.

Hoel M, 1978. Resource extraction, uncertainty, and learning. Bell Journal of Economics, 9(2): 642-645.

Hong J, 2007. Transport and the location of foreign logistics firms: The Chinese experience. Transportation Research Part A: Policy and Practice, 41(6): 597-609.

Hoover E M, 1948. The Location of Economic Activity. New York: McGraw Hill.

Hoover E M, 1975. An Introduction to Regional Economics. New York: Alfred A. Knopf Inc.

Horstman I J, Markusen J R, 1992. Endogenous market structures in international trade. Journal of International Economics, 32(1): 109-129.

Hou J W, Zhang K H, 2001. A locational analysis of Taiwanese manufacturing branch plant in mainland China. International Journal of Business, 6(2): 53-66.

Houghton D S, 1993. Long-distance commuting: A new approach to mining in Australia. Geographical Journal, 159(3): 281-290.

Hu L, Bentler P M, 1998. Fit indices in covariance structure modeling: Sensitivity to under parameterized model misspecification. Psychological Methods, 3(4): 424-453.

Huang Y, Fischer T B, Xu H, 2016. The stakeholder analysis for SEA of Chinese foreign direct investment: The case of 'one belt, one road' initiative in Pakistan. Impact Assessment and Project Appraisal, 34(3): 1-14.

Ilian P S, Yasuo H, 2005. Influence of location factors on establishment and ownership of foreign investments: The case of the Japanese manufacturing firms in Europe. International Business Review, 14(5): 577-598.

Isard W, 1956. Location and Space Economy. Cambridge: M.I.T.Press.

Isard W, 1960. Methods of Regional Analysis. Cambridge: M.I.T. Press.

Isard W, Schooler E W, Vietorisz T, 1959. Industrial Complex Analysis, Agglomeration Economies and Regional Development. Cambridge: M.I.T.Press.

Jackson R T, 1987. Commuter mining and the kidston gold mine: Goodbye to mining town. Geography, 72(2): 162-165.

Jaffe A B, Palmer K, 1997. Environmental regulation and innovation: A panel data study. Review of Economics and Statistics, 79(4): 610-619.

Javorcik B S, 2004. Does foreign direct investment increase the productivity of domestic firms? In search of spillovers through backward linkages. The American Economic Review, 94(3): 605-627.

Javorcik B S, Özden Ç, Spatareanu M, et al, 2011. Migrant networks and foreign direct investment. Journal of Development Economics, 94(2): 231-241.

Jiang F, Christodoulou C, Wei H, 2001. The determinants of international pharmaceutical firms' FDI in China: A comparison between early (pre-1992) and late (from-1992) entrants. Management Decision, 39(1): 45-56.

Jing L, Kakinaka M, Huang X G, 2012. Foreign direct investment, human capital and environmental pollution in China. Environmental and Resource Economics, 51(2): 255-275.

Jiang X, Lu W X, Zhao H Q, et al, 2014. Potential ecological risk assessment and prediction of soil heavy-metal pollution around coal gangue dump. Nat. Hazards Earth Syst. Sci. 14: 1599-1610.

Hair J F, Anderson R E, Tanham R L, et al, 1998. Multivariate Data Analysis (5th edition). Upper Saddle River, NJ: Prentice Hall.

Joreskog K G, Sorbom D, 1993. New Features in LISREL (Vol. 8). Chicago: Scientific Software International.

Julan D, Yi L, Zhigang T, 2012. Institutions and FDI location choice: The role of cultural distances. Journal of Asian Economics, 23(3): 210-223.

Just R E, Netanyahu S, Olson L J, 2005. Depletion of natural resources, technological uncertainty, and the adoption of technological substitutes. Resource and Energy Economics, 27(2): 91-108.

Joseph F Hair, Rolph E Anderson, William C Black, et al. 1998. Multivariate Data Analysis (5th edition). Upper Saddle River, NJ: Prentice Hall.

Kadokawa K, 2013. A search for an industrial cluster in Japanese manufacturing sector: Evidence from a location survey. GeoJournal, 78(1): 85-101.

Kahn M E, 1997. Particulate pollution trends in the United States. Regional Science and Urban Economics, 27(1): 87-107.

Kahn M E, 2003. The geography of US pollution intensive trade: Evidence from 1958 to 1994. Regional Science and Urban Economics, 33(4): 383-400.

Kaldor N, 1975. Economic growth and the Verdoorn law: A comment on Mr Rowthorn's article. Economic Journal, 85 (340): 891-896.

Kearsley A, Riddel M, 2010. A further inquiry into the pollution haven hypothesis and the environmental Kuznets curve. Ecological Economics, 69(4): 905-919.

Keith H, Ries J, 1996. Inter-city competition for foreign investment: Static and dynamic effects of China's incentive areas. Journal of Urban Economics, 40(1): 38-60.

Kelly M E, Kamp D, Gregory M, et al, 1991. U.S.-Mexico free trade negotiations and the environment: Exploring the issues. Columbia Journal of World Business, 26(2): 42-58.

Kemeny T, 2010. Does foreign direct investment drive technological upgrading. World Development, 38(11): 1543-1554.

KhumanY S C, Pandery R, Rao K S, 2012. Micro-watershed level population based fuelwood consumption dynamics: Implications of seasonal vs. annual models for sustainable energy resource planning. Renewable and Sustainable Energy Reviews, 16(8): 6142-6148.

Kinoshita Y, Campos N F, 2003. Why does FDI go where it goes?new evidence from the transition economies. International trade and transition economics discussion paper series No.3984. London: Centre for Economic Policy Research.

Kinoshita Y, Mody A, 2001. Private information for foreign investment in emerging economies. Canadian Journal of Economics, 34(2): 448-464.

Kirkulak B, Qiu B, Wei Y, 2011. The impact of FDI on air quality: Evidence from China. Journal of Chinese Economic and Foreign Trade Studies, 4(2): 81-98.

Kleinert J, Toubal F, 2013. Production versus distribution-oriented FDI. Rev World Ecom, 149: 423-442.

Kogut B, Chang S J, 1996. Platform investments and volatile exchange rates: Direct investment in the U.S. by Japanese electronic companies. The Review of Economics and Statistics, 78(2): 221-231.

Kohli R, Mann B S, 2012. Analyzing determinants of value creation in domestic and cross border acquisitions in India. International Business Review, 21(6): 998-1016.

Kokko A, Tansini R, Zejan M, 1996. Local technological capability and productivity spillovers from FDI in uruguayan manufacturing sector. Journal of Development Studies, 32(4): 602-611.

Kolstad I, Wiig A, 2012. What determines Chinese outward FDI. Journal of World Business, 47(1): 26-34.

Krautkraemer J A, 1988. The cut-off grade and the theory of extraction. Canadian Journal of Economics, 21(1): 146-160.

Krugman P R, 1979. A model of innovation, technology transfer, and the world distribution of income. The Journal of Political Economy, 87(2): 253-266.

Krugman P R, 1991. Increasing return and economic geography. Journal of Polictical Economy, 99(3): 483-499.

Krugman P R, Venables A J, 1995. Globalization and the inequality of nations. The Quarterly Journal of Economics, 110(4): 857-880.

Krugman P R, Venables A J, 1996. Integration, specialization and adjustment. European Economic Review, 40(3-5): 959-967.

Krumme G, Hayter R, 1975. Implications of corporate strategies and product cycle adjustments for regional employment changes. In locational dynamics of manufacturing activity, L. Collins and D.F. Walker(Eds.). New York: Wiley.

Kumar N, 2007. Emerging TNCs: Trends, patterns and determinants of outward FDI by Indian enterprises. Transnational Corporations, 16(1): 1-26.

Kuznets S, 1955. Economic growth and income inequality. American Economic Review, 45(1): 1-28.

Lan J, Kakinaka M, Xianguo H, 2011. Foreign direct investment, human capital and environmental pollution in China. Environmental and Resource Economics, 51(2): 255-275.

Lanoie P, Patry M, Lajeunesse R, 2008. Environmental regulation and productivity: Testing the porter hypothesis. Journal of Productivity Analysis, 30(2): 121-128.

Laura A, Areendam C, Sebnem K, et al, 2010. Does foreign direct investment promote growth. Exploring the role of financial markets on Linkages. Journal of Development Economics, 91(1): 242-256.

Le T, 2010. Are student flows a significant channel of R&D spillovers from the north to the south. Economics Letters, 107(3): 315-317.

Lee C Y, 2010. A theory of firm growth: Learning capability, knowledge threshold, and patterns of growth. Research Policy, 39(2): 278-289.

Lee G, 2006. The effectiveness of international knowledge spillover channels. European Economic Review, 50(8): 2075-2088.

Lee K, Jin X H, 2009. The origins of business groups in China: An empirical testing of the three paths and the three theories. Business History, 51(1): 77-99.

Lehni M, 2000. Eco-efficiency: Creating More Value with Less Impact.Geneva: Word Business Council for Sustainable Development.

Lei M, Zhao X, Deng H, et al, 2013. DEA analysis of FDI attractiveness for sustainable development: Evidence from Chinese provinces. Decision Support Systems, 56(12): 406-418.

Letchumanan R, Kodama F, 2000. Reconciling the conflict between the 'pollution-haven' hypothesis and an emerging trajectory of international technology transfer. Research Policy, 29(1): 59-79.

Leung C K, 1990. Locational characteristics of foreign equity joint venture investment in China, 1979-1985. Professional Geographer, 42(4): 403-421.

Levin A, Raut L K, 1997. Complementarilities between export and human capital in economic growth: Evidence from the semi-industrialized countries. Economic Development and Cultural Change, (1): 155-174.

Li S, Park S H, 2006. Determinants of locations of foreign direct investment in China. Management and Organization Review, 2(1): 95-119.

Liao T J, 2008. Cluster and performance in foreign firms: The role of resources, knowledge, and trust. Industrial Marketing Management, (8): 1-9.

Liao T J, 2010. Cluster and performance in foreign firms: The role of resources, knowledge, and trust. Industrial Marketing Management, 39(1): 161-169.

Lightenberg B F, 2011. Dose foreign direct investment transfer technology across borders. The Review of Economics and Statistics, 83(3): 490-497.

Lin C T, Tsai M C, 2010. Location choice for direct foreign investment in new hospitals in China by using ANP and TOPSIS. Quality & Quantity, 44(2): 375-390.

Lin G C S, Yi F, 2011. Urbanization of capital or capitalization on urban land? Land development and local public finance in urbanizing China. Urban Geography, 32(1): 50-79.

Lin J T, Xu C X, 2017. The impact of environmental regulation on total factor energy efficiency: A cross-region analysis in China. Energies, 10(10): 1-17.

Lin S, Ma A C, 2012. Outsourcing and productivity: Evidence from Korean data. Journal of Asian Economics, 23(8): 39-49.

Linda F Y Ng, Tuan C, 2003. Location decisions of manufacturing FDI in China: Implications of China's WTO accession. Journal of Asian Economics, 14(1): 51-72.

Lisa D P, Nigel D, 2006. The importance of clusters for spillover from foreign direct investment and technology sourcing. Cambridge Journal of Economics, 30(2): 277-291.

Liu B W, Tang Z H, Dong S G, et al, 2018. Vegetation recovery and groundwater pollution control of coal gangue field in a semi-arid area for a field application. International Biodeterioration & Biodegradation, 128: 134-140.

Liu W W, Xu X D, Yang Z L, et al. 2016. Impacts of FDI renewable energy technology spillover on China's energy industry performance. Sustainability, 8: 846-862.

Liu X, Song H, Wei Y, et al, 1997. Country characteristics and foreign direct investment in China: A panel data analysis. Weltwirtschaftliches Archiv, 133(2): 313-329.

Lockie S, Franettovich M, Petkova-Timmer V, et al, 2009. Coal mining and the resource community cycle: A longitudinal assessment of the social impacts of the coppabella coal mine. Environmental Impact Assessment Review, 29(5): 330-339.

Lösch A, 1954. The Economic of Location. Jena: Fisher, 1940. English translation New Haven, Connecticut: Yale University Press.

Loury G C, 1978. The optimal exploitation of an unknown reserve. Review of Economic Studies, 45(3): 621-636.

Love E H, 2012. Foreign direct investment, technology sourcing and reverse spillovers. The Manchester School, 71(6): 659-672.

Lu J Y, Dong S G, Zhang W, et al, 2013. Ground water contamination of the coal gangue leachate of sandy base field in Erdos - On the case of the coal waste field of Daliu Tower mine area. Applied Mechanics and Materials, 405-408: 2172-2176.

Lucas L M, 2006. The role of culture on knowledge transfer: The case of the multinational corporation. Learning Organization, 13(3): 257-275.

Lucas R E J, 1988. On the mechanism of economic development. Journal of Monetary Economics, 22(1): 3-22.

Lucas R E, 1990. Why doesn't capital flow from rich to poor countries. The American Economic Review, 80(2): 92-96.

Luo D M, Liu Y J, Wu Y Y, et al, 2015. Does development zone have spillover effect in China. Journal of the Asia Pacific Economy, 20(3): 489-516.

Luo Y, Neale O C, 1998. Structural change to direct investment in China: An evolutionary perspective. Journal of Applied Management Studies, 7(1): 95-110.

Luo Y D, 1997. Pioneering in China: Risks and benefits. Long Range Planning, 30(5): 768-776.

Ma Z H, Yang R L, Zhang Y, 2008. Australia's direct investment in China: Trends and determinants. Economic Papers, 27(1): 70-86.

Maia R, Silva C, Costa E, 2016. Eco-efficiency assessment in the agricultural sector: The Monte Novo irrigation perimeter, Portugal. Journal of Cleaner Production, 138(2): 217-228.

Makino S, Beamish P W, 1998. Local ownership restrictions, entry mode choice, and FDI performance: Japanese overseas subsidiaries in Asia. Asia Pacific Journal of Management, 15(2): 119-136.

Malmquist S. 1953. Index numbers and indifference surfaces. Trabajos de Estadística, 4(2): 209-242.

Mani M, Wheeler D, 1998. In search of pollution havens? Dirty industry in the world economy, 1960 to 1995. The Journal of Environment & Development, 7(3): 215-247.

Mansfield E, 1961. Technical change and the rete of innovation. Econometrica, 29(4): 741-766.

Mansour J, 1998. Core competence: What does it mean in practice. Long Range Planning, 31(1): 60-71.

Maponga O, Maxwell P, 2000. The internationalization of the Australian mineral industry in the 1990s. Resources Policy, 26(9): 199-210.

Maria C D, Lange I, Werf E V D, 2014. Should we be worried about the green paradox? Announcement effects of the Acid Rain Program. Cesifo Working Paper, 69: 143-162.

Mario H O, Yasuo H, 2007. The impact of ownership, internalization, and entry mode on Japanese subsidiaries' performance in Brazil. Japan and the World Economy, 19(1): 1-25.

Mariotti S, Piscitello L, 1995. Information costs and location of FDIs within the host country: Empirical evidence from Italy. Journal of International Business Studies, 26(4): 815-841.

Markey S, Halseth G, Manson D, 2006. The struggle to compete: From comparative to competetive advantage in Northern British Columbia. International Planning Studies, 11(1): 19-39.

Marsh H W, Hau K T, 1998. Is parsimony always desirable: Response to Sivo and Willson, Hoyle, et al. Journal of Experimental Education, 66(2): 274-285.

Marsh H W, Hau K T, 1999. Confirmatory factor analysis: Strategies for small sample sizes (pp.251-284). In R. H. Hoyle (Ed.), Statistical Strategies for Small Sample Research. Thousand Oaks, CA: Sage.

Martin D, Sparrow F T, 1984. The treatment of uncertainty in mineral exploration and exploitation. Annals of Operations Research, 2(1): 271-284.

Marvasti A, 2000. Resource characteristics, extraction costs, and optimal exploitation of mineral resources. Environmental and Resource Economics, 17(4): 395-408.

Matthew T, Paul P, Misty L, 2012. Socio-economic wellbeing in Australian mining towns: A comparative analysis. Journal of Rural Studies, 28(3): 288-301.

Mayer T, Mucchielli J L, 1998. Agglomeration Effects, State Policies, and Competition in the Location of Japanese FDI in Europe, in J. L. Mucchielli, Multinational Location Strategy. Greenwich: JAI Press.

Mayer T, Mejean I, Nefussi B, 2010. The location of domestic and foreign production affiliates by French multinational firms. Journal of Urban Economics, 68(2): 115-128.

Mayer T, Melitz M, Ottaviano G, 2011. Market size, competition, and the product mix of exporters. [2013-03-20]. http://www.nber.org/papers/w16959.

Mayes R, Pini B, 2010. The 'feminine revolution in mining': A critique. Australian Geographer, 41(2): 233-245.

Mebratie A D, Bedi A S, 2013. Foreign direct investment, black economic empowerment and labour productivity in South Africa. Journal of International Trade and Economic Development, 22(1): 94-115.

Medina J P, 2018. Mining development and macroeconomic spillovers in Chile. https://doi.org/10.1016/j.resourpol. 06. 008.

Miguel C, 2006. Time-to-build, monetary shocks, and aggregate fluctuations. Journal of Monetary Economics, 53(5): 1161-1176.

Miller D J, 2006. Technological diversity, related diversification, and firm performance. Strategic Management Journal, 27(7): 601-619.

Mills A, Phadke A, Wiser R, 2011. Exploration of resource and transmission expansion decisions in the western renewable energy zone initiative. Energy Policy, 39(3): 1732-1745.

Min Z, Myungduk C, 2010. Noneconomic effects of ethnic entrepreneurship: A focused look at the Chinese and Korean enclave economies in los angeles. Thunderbird International Business review, 52(2): 83-96.

Mochalova L A, 2019. Regulatory and legal framework for transition to the best available techniques in mining. Gornyi Zhurnal, (1): 28-33.

Mucchielli J L, Puech F, 2003. Internationalisation et localisation des firmes multinationales: L'exemple des enterprises franaises en Europe. Economie et Statistique, 363(1): 129-144.

Mulatu A, Gerlagh R, Rigby D, et al, 2010. Environmental regulation and industry location in Europe. Environmental and Resource Economics, 45(4): 459-479.

Murray R, 1988. Health hazards of mining. Environmental Geochemistry & Health, 10(3-4): 71-73.

Mutinelli M, Piscitello L, 1998. The entry mode choice of MNEs: An evolutionary approach. Research Policy, 27(5): 491-506.

Myrdal G, 1957. Economic Theory and Underdeveloped Regions. London: Duckworth.

Nakosteen R A, Zimmer M A, 1987. Determinants of regional migration by manufacturing firms. Economic Inquiry, 25(2): 351-362.

Nitzan S, Paroush J, 1985. Collective Decision Making: An Economic Outlook. Cambridge: Cambridge University Press.

Noorbakhsh F, Paloni A, 2001. Structural adjustment programs and growthin sub-saharan Africa: The importance of complying with conditionality. Economic Development and Cultural Change, 49(3): 479-509.

O'fairchea-llaigh C, 1988. Economic base and employment structure in northern territory mining towns. Resource Communities: Settlement and Workforces Issues. CSIRO Australia, 221-236.

Ohlin B, 1933. Interregional and International Trade. Cambridge: Harverd University Press.

Ortega-Argiles R, Potters L, Vivarelli M, 2011. R&D and productivity: Testing sectoral peculiarities using micro data. Empirical Economics, 41(3): 817-839.

Ouyang P, Fu S, 2012. Economic growth, local industrial development and interregional spillovers from foreign direct investment: Evidence from China. China Economic Review, 23(2): 445-460.

Palmer K, Oates E W, Portney P R, 1995. Tightening environmental standards: The benefit-cost or the no-cost paradigm? The Journal of Economic Perspectives, 9(4): 119-132.

Pao H T, Tsai C M, 2011. Multivariate granger causality between CO_2 emissions, energy consumption, FDI and GDP: Evidence from a panel of BRIC (Brazil, Russian Federation, India and China) countries. Energy, 36(1): 685-693.

Pargaland S, Wheeler D, 1996. Informal environmental regulations in developing countries: Evidence from Indonesia. Journal of Political Economy, 104(6): 1314-1327.

Pindyck R S, 1981. The optimal production of an exhaustible resource when priceis exogenous and stochastic. Scandinavian Journal of Economics, 83(2): 277-288.

Plantier-santos C, Carollo C, Yoskowttz D W, 2012. Gulf of Mexico ecosystem service valuation database (GecoServ): Gathering ecosystem services valuation studies to promote their inclusion in the decision-making process. Marine Policy, 36(1): 214-217.

Porter G, 1991. Global Environmental Politics. New York: Westview Press.

Porter M E, 1990. The Competition Advantage of Nations. NewYork: The Free Press.

Porter M E, 1991. America's green strategy. Scientific American, 268(4): 168.

Porter M E, 2005. Competitive Strategy. Beijing: Huaxia Publishing House.

Porter M E, Van der Linde C, 1995. Toward a new conception of the environment-competitiveness relationship. Journal of Economic Perspectives, 9(4): 97-118.

Posner M V, 1961. International trade and technical change. Oxford Economic Papers, 13(3): 323-341.

Prahalad C K, Hamel G, 1990. The core competence of the corporation. Harvard Business Review, 68(3): 79-91.

Pred A, 1967. Behavior and Location: Foundations for A Geographic and Dynamic Location Theory, Part I. Lund: Gleerup.

Price J L, 1997. Handbook of organizational measurement. International Journal of Manpower, 18(4-6): 303-558.

Qian S, Wilson T, Qiao Y, 2002. Determinants of foreign direct investment across China. Journal of International Money and Finance, 21(1): 79-113.

Qu T, Green M B, 1997. Chinese Foreign Direct Investment: A Subnational Perspective on Location. Brookfield: Ashgate.

Rahman K M, 2006. Theorizing Japanese FDI to China. Journal of Comparative International Management, 9(2): 16-29.

Ramasamy B, Yeung M, 2010. The determinants of foreign direct investment in service. The World Economy, 33(4): 573-596.

Ramassmy B, Yeung M, Laforet S, 2012. China's outward foreign direce investment: Location choice and firm ownership. Journal of World Business, 47(1): 17-25.

Ramirez M D, 2006. Economic and institutional determinants of foreign direct investment in Chile: A time-series analysis, 1960-2001. Contemporary Economic Policy, 24(3): 459-471.

Ren X Y, Yang S L, 2013. An empirical research on the relationship between foreign direct investment and carbon dioxide emission intensity of China. Advanced Materials Research, 807(9): 951-957.

Ridel A, 2010. Location factors of FDI and the growing services economy: Evidence for transition countries. Economics of Transition, 18(4): 741-761.

Rio P D, Moran M A T, Albinana F C, 2011. Analysing the determinants of environmental technology investments. A panel-data study of Spanish industrial sectors. Journal of Cleaner Production, 19(11): 1170-1179.

Romer P M, 1986. Increasing return and long-run growth. Journal of Political Economy, 94(5): 1002-1037.

Ruey-Jer B J, Danchi T, Sinkovics R R, 2011. Ethnic ties, location choice, and firm performance in foreign direct investment: A study of taiwanese business groups FDI in China. International Business Review, 20(6): 627-635.

Ryan B, Gross N C, 1943. The diffusion of hybrid seed corn in two iowa communities. Rural Sociology, 8(1): 15-24.

Sandhu H S, Crossman N D, Smith F P, 2011. Ecosystem services and Australian agricultural enterprises. Ecological Economics, 74(7): 19-26.

Schaltegger S, Sturm A, 1990. Ökologische rationalität: Ansatzpunkte zur ausgestaltung von ökologieorientierten management instrumenten. Die Unternehmung, 44(4): 273-290.

Sezgin Z, 2013. Ecological modernization at the intersection of environment and energy. International Journal of Energy Economics and Policy, 3(5): 93-101.

Shaomin L, Park S H, 2006. Determinants of location of foreign direct investment in China. Management and Organization Review, 2(1): 95-119.

Sharma S, Rees S. 2007. Consideration of the determinants of women's mental health in remote Australian mining towns. Australian Journal of Rural Health, 15(1): 1-7.

Shaver J M, 1998. Do foreign-owned and U.S.-owned establishments exhibit the same location pattern in U.S. manufacturing industries? Journal of International Business Studies, 29(3): 469-492.

Shi Y K, Mu X M, Li K R, et al, 2016. Soil characterization and differential patterns of heavy metal accumulation in woody plants grown in coal gangue wastelands in Shaanxi, China. Environmental Science and Pollution Research 23(13): 13489-13497.

Shi Y T, Sharma K, Murphy T, et al, 2013. Trade and environment in China:An input-output perspective on the pollution haven hypothesis. International Journal of Economics and Business Research, 5(4): 420-432.

Shofwan S, Fong M, 2011. Foreign direct investment and the pollution haven hypothesis in Indonesia. Journal of Business Systems, Governance & Ethics, 6(2): 27-35.

Siebert H, 1969. Regional Economic Growth: Theory and Policy. Scranton, Pennsylvania: International textbook company.

Siebert H, 1977. Environmental quality and the gains from trade. Kyklos, 30(4): 657-673.

Siikamakj J, Sanchirico J N, Jardine S, et al, 2013. Blue carbon: Coastal ecosystems, their carbon storage, and potential for reducing emissions. Environment: Science and Policy for Sustainable Development, 55(6): 14-29.

Silva L F O, Wollenschlager M, Oliveira M L S, 2011. A preliminary study of coal mining drainage and environmental health in the Santa Catarina region, Brazil. Environmental Geochemistry & Health, 33(1): 55-65.

Smart J, Smart A, 1991. Personal relations and divergent economies: A case study of Hong Kong investment in south China. International Journal of Urban and Regional Research, 5(2): 216-233.

Smith D F, Florida R, 1994. Agglomeration and industrial location: An econometric analysis of Japanese affiliated manufacturing establishments in automotiverelated industries. Journal of Urban Economics, 36(1): 23-41.

Smith D M, 1971. Industrial Location: An Economic Analysis. New York: John Wiley & Sons.

Smith D M, 1976. Industrial Location: An Economic Geographical Analysis. New York: John Voliley.

Smulders S, Tsur Y, Zemel A, 2010. Announcing climate policy: Can a green paradox arise without scarcity? Cesifo Working Paper, 64(3): 364-376.

Smulders S, Tsur Y, Zemel A, 2012. Announcing climate policy: Can a green paradox arise without scarcity? Journal of Environmental Economic and Management, 64(3): 364-376.

Solow R M, 1957. Technical change and the aggregate production function. Review of Economics and Statistics, 39(3): 312-320.

Stein E, Daude C, 2007. Longitude matters: Time zones and the location of foreign direct investment. Journal of International Economics, 71(1): 96-112.

Stern D, 2004. The rise and fall of the environmental Kuznets curve. World Development, 32(8): 1419-1439.

Stiglitz J E, Dasgupta P, 1981. Market structure and resource extraction under uncertainty. Scandinavian Journal of Economics, 83(2): 318-333.

Storey K, 2001. Fly-in/fly-out and fly-over: Mining and regional development in Western Australia. Australian Geographer, 32(2): 133-148.

Sun Q, Tong W, Yu Q, 2002. Determinants of foreign direct investment across China. Journal of International Money and Finance, 21(1): 79-113.

Sun S L, Peng M W, Ren B, et al, 2012. Comparative ownership sdvantage framework for crossborder M & As: The rise of Chinese and Indian MNEs. Journal of World Business, 47(1): 4-16.

Sun Y Z, Fan J S, Qin P, et al, 2009. Pollution extents of organic substances from a coal gangue dump of Jiulong Coal Mine, China. Environmental Geochemistry and Health, 31(1): 81-89.

Sun Y Z, Ling P, Li Y H, et al, 2014. Influences of coal mining water irrigation on the maize losses in the Xingdong Mine area, China. Environ Geochem Health, 36(1): 99-106.

Suri V, Chapman D, 1998. Economic growth, trade and energy: Implications for the environmental Kuznets curve. Ecological Economics, 25(2): 195-208.

Tang M F, Caroline H, 2011. Betting on indigenous innovation or relying on FDI: The Chinese strategy for catching-Up.Technology in Society, 33(1-2): 23-35.

Tassey G, 2005. The disaggregated technology production function: A new model of university and corporate research. Research Policy, 34(3): 287-303.

Tatoglu E, Glaister K W, Erdal F, 2003. Determinants of foreign ownership in Turkish manufacturing. Eastern European Economics, 41(2): 5-41.

Teece D J, Shuen A, 1997. Dynamic capabilities and strategic management. Strategic Management Journal, 18(7): 334-363.

Teirlinck P, Spithoven A, 2005. Spatial inequality and location of private R & D activities in Belgian districts. Social Geografie, 96(5): 558-572.

Teixeira A C, Fortuna N, 2010. Human capital, R & D, trade, and long-run productivity: Testing the technological absorption hypothesis for the portuguese economy, 1960-2001. Research Policy, 39(3): 335-350.

Ting G, 2005. Labor quality and the location of foreign direct investment: Evidence from China. China Economic Review, 16(3): 274-292.

Tingvall P G, Ljungwall C, 2012. Is China different?A meta-analysis of exportled growth. Economics Letters, 115 (2): 177-179.

Tokunaga S, Jin S, 2011. Market potential, agglomeration and location of Japanese manufacturers in China. Letters Spatial Resource Science, 4(1): 9-19.

Tong X, Wang J C, 2004. Transnational flows of e-waste and spatial patterns of recycling in China. Eurasian Geography and Economics, 45(8): 608-621.

Tse D K, Yigang P, Au K Y, 1997. How MNCs choose entry modes and form alliances: The China experience. The Journal of International Business Studies, 28(4): 779-806.

Tsui-Auch L S, Möllering G, 2010. Wary managers: Unfavorable environments, perceived vulnerability, and the development of trust in foreign enterprise in China. Journal of International Business Studies, 41(6): 1016-1034.

Tsur Y, Zemel A, 2003. Optimal transition to backstop substitutes for nonrenewable resources. Journal Economic Dynamics & Control, 27(4): 551-572.

UNCTAD, 2002. World Investment Report. Geneva: UNCTAD.

Vaara E, 2010. Cultural differences, convergence, and crossvergence as explanations of knowledge transfer in international acquisitions. Journal of International Business Studies, 41(8): 1365-1390.

Van der Ploeg F, Withagen C, 2012. Is there really a green paradox? Journal of Environmental Econmomics and Management, 64(3): 342-363.

Venables A J, 1996. Equilibrium locations of vertically linked industries. International Economic Review, 37(2): 341-359.

Vernon R, 1966. International investment and international trade in the product cycle. Quarterly Journal of Economics, 80(2): 190-207.

Vernon R, 1974. The location of economic activity, in Dunning J H. (ed.), Economic Analysis and the Multinational Enterprise. London: Allen and Unwin.

Vesna B, Eldin M, Emir A, 2010. Do FDI patterns differ between manufacturing and service sector in CEE countries. Journal of US-China Public Administration, 7(3): 11-25.

Voss H, Buckley P J, Cross A R, 2010. The impact of home country institutional effects on the internationalization strategy of Chinese firms. Multinational Business Review, 18(3): 25-48.

Walter I, Ugelow J L, 1979. Environmental policies in developing countries. Technology, Development and Environmental Impact, 8(2): 102-109.

Walter J, Lechner C, Kellermanns W F, 2007. Knowledge transfer between and within alliance partners: Privateversus collective benefits of socialcapital. Journal of Business Research, 60(7): 698-710.

Wang C, Hong J J, Kafouros M, 2012. What drives the internationalization of Chinese firms? Testing the explanatory power of three theoretical frameworks. International Business Review, 21(3): 425-438.

Wang D T, Gu F F, Tse D K, et al, 2013a. When does FDI matter? The roles of local institutions and ethnic origins of FDI. International Business Review, 22(2): 450-465.

Wang J L, Hu S R, Peng J C, et al, 2013b. Research environmental pollution and management of coal gangue in Pingdingshan. Advanced Materials Research, 807-809: 750-755.

Wang J X, Fan J S, Qin P, 2011. Pullution of aromatic compounds and elements of a coal gangue dump from Fengfeng Coal Mine 5, China. World Journal of Engineering, 8(1): 15-22.

Wang Q W, Chiu Y H, Chiu C R, 2015. Driving factors behind carbon dioxide emissions in China: A modified production-theoretical decomposition analysis. Energy Economics, Elsevier, 51(C): 252-260.

Wang X W, Zhong N N, Hu D M, et al, 2009. Polycyclic aromatic hydrocarbon(PAHs) pollutants in groundwater from coal gangue stack area: Characteristics and origin. Water Science and Technology, 59(5): 1043-1051.

Wang Y, 2013. Exposure to FDI and new plant survival: Evidence in Canada. Canadian Journal of Economics, 46(1): 46-77.

Wang Z Q, Swain N J, 1995. The determinnants of foreign direct investment in transforming economies: Empirical evidence from Hungary and China. Review of World Economics, 131(2): 359-382.

Wasseem M, 2007. The location determinants of FDI in the GCC countries. Journal of Multinational Financial Management, 17(4): 336-348.

Wei S J, 1995. Attracting foreign direct investment: Has China reached its potential? China Economic Review, 6(2): 187-199.

Wei Y H D, 1999. Regional inequality in China. Progress in Human Geography, 23(1): 49-59.

Wei Y H D, Liefner I, 2012. Globalization, industrial restructuring, and regional development in China. Applied Geography, 32(1): 102-105.

Wei Y Q, Liu B, Liu X M, 2005. Entry modes of foreign direct investment in China: A multinomial logit approach. Journal of Business Research, 58(11): 1495-1505.

Wheeler D, Mody A, 1992. International investment location decisions: The case of U.S. firms. Journal of International Economics, 33(1): 57-76.

William R, Wackernagel M, 1996. Urban ecological footprint: Why cites cannot be sustainable and why they are a key to sustainability. Environmental Impact Assessment Review, 16: 223-248.

Williamson J G, 1965. Regional inequality and the process of national development. Economic Development and Cultural Change, 13(4): 3-45.

Williamson O E, 1985. The Economic Institutions of Capitalism. New York: Free Press.

Wim D V, Christine G, Jan W E, et al, 2014. Impacts of nitrogen deposition on ecosystem services in interaction with other nutrients, air pollutants and climate change. Nitrogen Deposition, Critical Loads and Biodiversity, 6(51): 387-396.

Wolpert J, 1970. Departures from the usual environment in location analysis. Analysis of the Association of American Geographers, 60(2): 220-228.

Wooster R B, Diebel D S, 2010. Productivity spillovers from foreign direct investment in developing countries: A meta-regression analysis. Review of Development Economics, 14(3): 640-655.

Xu G, Liu X, Zhou Y, et al, 2012. Effects of relational embeddedness on technological innovation: An empirical study in China. Chinese Management Studies, 6(1): 108-123.

Xu X, Sheng Y, 2012. Productivity spillovers from foreign direct investment: Firm level evidence from China. World Development, 40(1): 62-74.

Zeng D Z, Zhao L, 2009. Pollution havens and industrial agglomeration. Journal of Environmental Economics and Management, 58(2): 141-153.

Zhang H M, Zhou D Q, Cao J, 2011. A Quantitive analysis on energy strategy evolution in China and US. Renewable and Sustainable Energy Reviews, 15(1): 886-890.

Zhang J, Fu X L, 2008. FDI and environmental regulations in China. Journal of the Asia Pacific Economy, 13(3): 332-353.

Zhu S J, He C F, Liu Y, 2014. Going green or going away: Environmental regulation, economic geography and firms' strategies in China's pollution-intensive industries. Geoforum, 55: 53-65.

附录1 中国境内资源枯竭型企业跨区转移项目概况汇总表

附表1 中国境内1992~2020年资源枯竭型企业跨区转移项目概况汇总表

序	转移企业概况			转入地区位概况	
	名称	_	企业转移特征概况	名称	当年区位特征概况
1	徐州矿务集团	概况	1882年起开发，1998年5月改制成为国有独资企业，注册资本42.6亿元。现有25个分公司、29个全资(控股)子公司，职工6.9万人，年生产能力1500万吨以上。位列中国企业500强、能源企业全球竞争力500强	山西省尧都区	位于临汾市(生产总值223.6亿元，全省各市平均值193.6亿元)中部。总面积1316平方千米、总人口78万、生产总值53.1亿元(列全市17个县、区的第1位)。同蒲铁路复线贯通南北，大运高速公路横跨全境。年均降水量550毫米，地下水储量1.48亿立方米。境内河流水系主要有汾河及其支流涝河、泪河等。已探明矿种38种，煤炭资源最为丰富，全区含煤面积258平方千米，保有资源储量11亿吨，是全国优质焦煤基地之一。明确了投资导向和优惠政策
		项目	2000年10月与山西省临汾市朱砂沟、石凹河煤矿签订了安全生产技术服务承包合同。后将2个煤矿改扩建，年产超过75万吨，转移职工1100人。(资料来源：勇立潮头创新业. http://www.xkjt.com/2004-06-21)		
2	徐州矿务集团	概况	同1	新疆维吾尔自治区库车县	为阿克苏地区(生产总值104.2亿元，全疆各地、市平均值85.3亿元)所辖，总面积1.5万平方千米、总人口45万人、生产总值18.5亿元(列阿克苏9县的第2位)。314国道和南疆铁路贯穿全县。塔里木河流经县域，地下水年补给量7.1亿立方米。探明煤炭储量15.6亿吨、天然气储量1752亿立方米。执行西部大开发政策，并出台了投资优惠政策。进入全国最具投资潜力中小城市100强
		项目	2001年在新疆投资2.3亿元开发了俄霍布拉克煤矿，拥有储量10亿吨，已建成了年产90万吨的矿井，后进行技改，2007年底产能达到400万吨/年。计划再投资2亿元将产能扩建到1000万吨/年。由此，南疆煤炭供应紧张的局面将得到有效缓解。(资料来源：徐矿集团实施西部煤炭资源开发战略的实践与探索. 南京：2007年西部能源资源开发利用战略研讨会)		

附录1 中国境内资源枯竭型企业跨区转移项目概况汇总表

续表

序	转移企业概况			转入地区区位概况	
	名称	企业转移特征概况	名称	当年区位特征概况	
3	徐州矿务集团	概况	同1	山西省古县	位于临汾市(生产总值293.4亿元,全省各市平均值230.9亿元)东北部。总面积1206.4平方千米、总人口9万人,生产总值10.4亿元(列全市17个县、区的第9位)。县城距大运高速公路28千米,309国道穿境。有35千伏输变电线路5条,与国家电网相联。地表水0.6亿立方米。已探明20余种矿产,其中煤炭总储量48.9亿吨。确定了外商投资的重点项目和优惠政策
		项目	2003年6月与山西省古县签订了承包玉生煤矿的协议。徐州矿务集团负责煤矿井下生产、设备管理和材料供应。该项目转移安置职工500多人,年产达100万吨。(资料来源:努力探索衰老矿井构建和谐矿区的有效途径. 政工探索, 2006(4))		
4	徐州矿务集团	概况	同1	山西省介休市	隶属晋中市(生产总值达到203.4亿元,全省各市平均值230.9亿元)。总面积744平方千米、总人口37.3万人、生产总值38.4亿元(列全市11个县、区的第2位)。南同蒲铁路复线及大运高速公路等6条公路贯穿全境。有220千伏和110千伏输电干线穿境而过,已发现煤炭储量62亿吨,可采储量32亿吨。人均水资源占有量270立方米。进入了全国最具投资潜力中小城市100强
		项目	2003年7月与山西省介休市达成合作开采新寨煤矿和提供安全技术服务的协议。该项目转移安置职工226人,依靠过硬的技术,为该矿提供7项安全技术服务,工程质量月月保持优良品,打响了徐矿品牌。(资料来源:走出去创业. 当代矿工, 2004(2))		
5	徐州矿务集团	概况	同1	陕西省黄陵县	位于延安市(生产总值142.8亿元,全省各市平均值237.8亿元)南端。总面积2275平方千米、总人口13万人、生产总值10.9亿元(列全市13个县、区的第7位)。铜黄高速公路、西延铁路、秦七运煤专线铁路贯穿县境。河流年平均流量2.3亿立方米。有110千伏变电站1所,金延330千伏输电线路横贯县境。已探明煤炭资源面积1000平方千米,储量27.3亿吨。执行国家西部大开发的各项政策措施,并出台了招商优惠政策
		项目	2003年初与陕西黄陵矿签订了承包井下回采、开拓主体工程的协议。抽调357名技术工人和部分管理人员,开赴黄陵创业。2004年4月1日还与之签订了以诚信、互利、稳固为原则的友好合作协议书。(资料来源:多元化发展,人情化管理. 政工探索, 2005(1))		

续表

序	转移企业概况			转入地区位概况	
	名称	\multicolumn{2}{c	}{企业转移特征概况}	名称	当年区位特征概况
6	徐州矿务集团	概况	同1	新疆维吾尔自治区托里县	位于塔城地区(生产总值98.7亿元,全疆各地、市的平均值132.9亿元)西部。西南与哈萨克斯坦接壤,总面积2.2万平方千米、总人口8.7万人、生产总值5.2亿元(位列塔城地区7县的第5位)。221省道过境,县乡程控电话已与全国联网。地表水资源量4.8亿立方米,地下水补给量2.2亿立方米。矿产资源主要有39种,煤炭储量约10亿吨、黄金储量约500吨。执行国家西部大开发的各项政策措施,并出台了招商引资的优惠政策
		项目	2004年底对塔城铁煤集团公司控股70%,并进行重组,获资源储量7亿吨;将原3~9万吨/年的14个小煤矿关停改造,其中两对矿井技改后年产能达到150万吨。(资料来源:同2)		
7	徐州矿务集团	概况	同1	甘肃省崇信县	位于平凉市(生产总值96.3亿元,全省各市平均值115.1亿元)东部,总面积850平方千米、总人口10.2万人、生产总值5.4亿元(列全市7个县、区的第7位)。宝中铁路、省道泾甘公路和泾河的主要支流芮河、黑河横贯全境。年水资源总量2.7亿立方米。矿产资源种类较多,已探明煤炭储量13.2亿吨,占全省20%,含煤面积74.8平方千米,煤质好、发掘方便;铁矿地质储量3.1万吨。执行国家西部大开发的各项政策措施,并制定了本地开放开发、招商引资的优惠政策
		项目	2004年6月28日在甘肃登记注册平凉新安煤业有限责任公司,注册资金5000万元,属徐州矿务集团的全资子公司。公司所有井田位于崇信县城以西40千米处,面积4.5平方千米,资源量3.2亿吨。一个设计年生产能力90万吨、实际年生产能力达150万吨、服务年限约为58.9年的大型矿井正在建设。(资料来源:同2)		
8	徐州矿务集团	概况	同1	甘肃省崇信县	同7
		项目	2004年底控股收购了甘肃百贯沟煤矿,新公司注册、改扩建规划进展顺利。投资1亿元进行矿井技改,使年产能由9万吨提升到60万吨,并达到一流的管理水平。(资料来源:同2)		

附录1 中国境内资源枯竭型企业跨区转移项目概况汇总表

续表

序	转移企业概况			转入地区位概况	
	名称	企业转移特征概况		名称	当年区位特征概况
9	徐州矿务集团	概况：同1 项目：2004年组建宝鸡秦源煤业有限公司，徐州矿务集团以资金和设备入股，占总股本80%；戚家坡矿以评估后的净资产入股，占总股本20%。新公司将原戚家坡矿年产15万吨的矿井，改扩建为年产120万吨的矿井。井田煤炭储量丰富，赋存条件好，是理想的动力用煤。（资料来源：同2）		陕西省陇县	隶属宝鸡市（生产总值320.3亿元，全省各市平均值283.6亿元），总面积2418平方千米、总人口25.1万、生产总值10.9亿元（列全市13个县、区的第8位）。宝中铁路、204省道穿境。地表水年径流量为5.9亿立方米。长焰煤、大理石、晶石墨等矿产充裕。探明戚家坡煤田储量5588万吨，加上永陇煤田，总储量列宝鸡市首位。执行国家西部大开发的各项政策，并出台了本地招商的优惠政策
10	徐州矿务集团	概况：同1 项目：陕西白石崖煤矿是徐州矿务集团2004年4月租赁承包经营的矿井。如今已经完成改扩建投资1000多万元，矿井效益逐年有所提高，年产量由9万吨提高到30万吨。（资料来源：陕西铜川：技术"联姻". http://www.chinaceo.gov.cn, 2006-06-28）		陕西省耀州区	隶属铜川市（生产总值59.9亿元，全省各市平均值283.6亿元），总面积1617平方千米、总人口25.3万、生产总值15.4亿元（居全市5个县、区首位）。西黄高速公路穿境，两条支线铁路与陇海铁路相连。建设35千伏电网项目74个。水资源3.3亿立方米，原煤储量25.6亿吨，铁矿也很丰富。执行国家西部大开发政策，出台了本地招商优惠政策。进入全国最具投资潜力中小城市100强
11	徐州矿务集团	概况：同1 项目：2005年与贵州红星发展股份有限公司组建贵州容光矿业有限责任公司，各占股50%，该子公司拥有矿产储量1.8亿吨，2005年12月30日取得贵州省期60万吨采矿许可证，依据矿井设计，二期生产规模为年产100万吨，成为贵州省2005年开工建设的35座大型重点煤矿、国家"西电东送"配套煤矿之一。（资料来源：同2）		贵州省桐梓县	为遵义市（生产总值402.3亿元，全省各地、市的平均值226.8亿元）所辖。总面积3202平方千米、总人口67万人、生产总值23.1亿元（列全市14个县、区的第6位）。川黔铁路、G210国道和崇遵高速公路、渝湛高速公路穿境。有大于20平方公里流域的河流57条，水资源总量为18.2亿立方米。初步查明矿藏29种，煤炭储量47.7亿吨，是全国重点产煤县。执行国家西部大开发的各项政策，并出台了县招商引资优惠暂行办法

续表

序	名称	转移企业概况		转入地区位概况	
			企业转移特征概况	名称	当年区位特征概况
12	徐州矿务集团	概况	同1	贵州省桐梓县	同11
		项目	2005年与华电集团、桐梓县政府合资注册成立贵州徐矿花秋矿业有限责任公司，下属花秋一矿(120万吨/年，正准备施工)、花秋二矿(180万吨/年，于2006年6月开工建设)，均为桐梓火电厂的配套项目。(资料来源：同2)		
13	徐州矿务集团	概况	同1	陕西省麟游县	隶属宝鸡市(生产总值415.8亿元，全省各市平均值332.6亿元)。总面积1704平方千米、总人口8.8万人、生产总值5.1亿元(列全市13个县、区的第12位)。完成了14条公路的改造。有1条在建的750千伏、2条35千伏输变电线路，与西北电网相联。河流水能藏量1.2万千瓦。已查明煤炭储量24亿吨以上，属特低硫的长焰煤。执行国家西部大开发的各项政策，并出台了本地招商优惠政策。
		项目	2005年徐州矿务集团出资9亿元与陕西省宝鸡市国资委签订北马坊煤矿及配套电厂并购重组项目。该项目资产重组后由徐州矿务集团控股并进行了改扩建，由年产30万吨的小矿技改成120万吨的大矿。矿井煤质属于低硫、低磷长焰煤，是理想的民用和工业锅炉用燃料。(资料来源：同2)			
14	徐州矿务集团	概况	同1	宁夏回族自治区灵武市	位于银川市(生产总值288.5亿元，全区各市平均值122.0亿元)东南部，总面积4639平方千米、总人口23万、生产总值36.3亿元(列全市6个县、区的第3位)。银青高速公路、河东机场、大古铁路及在建的中太铁路形成立交网络。四个330千伏变电站形成供电主网架。可用水资源10亿立方米。已探明煤炭储量273亿吨。执行国家西部大开发的各项政策，并出台了灵武市招商政策。进入了全国最具投资潜力中小城市100强
		项目	2005年8月与宁夏宝塔石化集团、宁东能源基地管委会签署了《合资建设"煤、电、化"一体化项目协议》，总投资48亿元。项目位于银川东部的灵武，规划区面积645平方千米，主要包括鸳鸯湖、灵武、横城三个矿区，远景规划面积约2855平方千米。该区域优质无烟煤储量达273亿吨。(资料来源：同2)			

附录1 中国境内资源枯竭型企业跨区转移项目概况汇总表

续表

序	转移企业概况			转入地区位概况	
	名称	企业转移特征概况		名称	当年区位特征概况
15	徐州矿务集团	概况	同1	新疆维吾尔自治区和布克赛尔县	隶属塔城地区(生产总值132.7亿元,全疆各地、市平均值195.5亿元)。总面积3.2万平方千米、总人口5.9万人,生产总值6.3亿元(列塔城地区7县的第6位)。217国道和在建的奎阿铁路穿越县境。县电网与铁厂沟电厂、自治区220千伏电网联网。水资源总量3.7亿立方米。已探明的矿产资源有26种,煤炭总储量302.7亿吨。执行国家西部大开发的各项政策,并突出了能源建设、煤电转化的发展导向和招商引资优惠政策
		项目	2006年7月与和布克赛尔蒙古自治县政府共同出资重组县煤炭公司,设立了徐州矿务集团新疆赛尔能源有限责任公司,获资源储量9.7亿吨,煤种以长焰煤、弱黏煤为主。公司对12个小煤矿进行整合、技改,形成年产能180万吨,产品主要供应区域内电力、石化、热电、水泥等重点企业,并与其建立了长期的战略合作关系。(资料来源:同2)		
16	徐州矿务集团	概况	同1	贵州省习水县	为遵义市(生产总值465.7亿元,全省各地、市、州的平均值261.8亿元)所辖。总面积3128平方千米、总人口67万、生产总值27.1亿元(列全市14个县、区的第5位)。境内习犍路、习赤路、茅习路等构建了通向重庆、成都、贵阳的通道。有大小河流246条。已探明煤炭总储量47.8亿吨。执行国家西部大开发的政策,并出台了习水县招商引资的规定
		项目	2006年5月在贵州成立贵州徐矿兴隆矿业有限责任公司,注册资金8000万元,计划在习水县建设三个大型煤矿,总投资超过15亿元。其中兴隆煤矿总投资5亿元,预计2010年建成,设计年产量90万吨,服务年限58年。(资料来源:同2)		
17	徐州矿务集团	概况	同1	山西省平鲁区	位于朔州市(生产总值232.4亿元,全省各市平均值438.0亿元)西部。总面积2314.5平方千米、总人口20万人,生产总值21.9亿元(列全市6县、区的第4位)。威乌高速公路纵贯南北,两条区级铁路和平朔露天矿两条专线铁路相连。有110千伏变电站1座和华北最大的神头电厂。年可采水量1.4亿立方米。已探明煤炭储量130亿吨,贮藏浅、易开采、煤质优。出台了招商优惠政策
		项目	2006年1月,与中煤能源总公司山西平朔分公司安家岭井工矿合作,承包该矿1、2号井综采工作面的安装、回采与拆除工程,输出技术、管理人员和操作工人800多人。(资料来源:献身煤海终不悔.http://www.fwsou.com,2008-02-03)		

续表

序	转移企业概况			转入地区位概况	
	名称	企业转移特征概况		名称	当年区位特征概况
18	徐州矿务集团	概况	同1	陕西省麟游县	参见13。虽然生产总值总量有所变化，但在省内、市内的位次无明显变动
		项目	2007年11月与陕西省煤田地质局、宝鸡市政府合资经营郭家河井田签约。2008年开工建设年产500万吨的矿井，与麟北的2×60万千瓦的电厂配套，经营收入由徐州矿务集团、陕西省煤田地质局、宝鸡市按60%、32.5%、7.5%的比例分配。(资料来源：同2)		
19	徐州矿务集团	概况	同1	陕西省凤翔县	隶属宝鸡市(生产总值580.2亿元，全省各市平均值345亿元)，总面积1179平方千米、总人口51万、生产总值61.8亿元(列全市13个县、区第5位)。有凤麟等公路多条，陇海铁路毗邻县境，宝中铁路穿境。有25条河流，水库蓄水量2.6亿立方米。煤炭探明储量32亿吨。执行国家西部大开发的政策，出台了本地招商优惠政策。进入了全国最具投资潜力中小城市100强(2008年)
		项目	2008年1月与宝鸡市签约，投资64亿元建立年产150万吨甲醇生产线，计划今年内动工，2年内投产，实现销售收入30亿元，新增就业岗位800余个。项目依托麟北运煤专线，在凤翔长青工业园区建设。(资料来源：徐矿集团将在陕西宝鸡建设150万吨甲醇项目. http://news.hexun.com, 2008-04-23)		
20	徐州矿务集团	概况	同1	山西省介休市	参见4。虽然生产总值总量有所变化，但在省内、市内的位次无明显变动
		项目	2019年11月29日，山西介休大佛寺煤业有限公司与徐州矿务集团成功签约，实现煤矿的整体托管，在介休市乃至晋中市尚属首例。签约当日，徐州矿务集团一支10人管理团队就进驻大佛寺煤矿全面启动托管工作。(资料来源：介休民营煤矿千里"联姻"徐矿集团. 山西经济日报, 2019-12-27)		

附录1 中国境内资源枯竭型企业跨区转移项目概况汇总表

续表

序	转移企业概况			转入地区位概况	
	名称		企业转移特征概况	名称	当年区位特征概况
21	徐州矿务集团	概况	同1	山西省古县	参见3。虽然生产总值总量有所变化,但在省内、市内的位次无明显变动
		项目	2020年3月22日与山西泓翔煤业有限公司签订煤矿整体托管协议。项目位于临汾市古县,井田面积3.9平方千米,生产能力60万吨/年,可采储量1671.9万吨,预计可安置职工130余人。(资料来源:徐矿集团24天新增两个服务外包煤矿. http://jsgzw.jiangsu.gov.cn/art, 2020-04-15)		
22	徐州矿务集团	概况	同1	陕西省子长县	位于延安市(生产总值1663.8亿元,全省各市平均值2344.8亿元)北部,总面积2405平方千米、总人口27.3万人、生产总值111.1亿元(列全市13个县、区的第6位)。205省道、包西铁路、西榆动车穿境。有4台发电机组,年发电1亿千瓦时。有清涧河、无定河、延河三大支流水系。煤炭地质储量28.9亿吨,探明储量18亿吨。执行国家西部大开发的政策,并出台了招商引资的优惠政策
		项目	2020年4月15日与陕西省车煤集团禾草沟一矿签订煤矿整体托管协议。该矿位于子长县,井田面积约16.6平方千米,生产能力60万吨/年,可采储量3178万吨,预计可安置职工130余人。(资料来源:同21)		
23	新汶矿业集团	概况	1956年创办,2003年成立集团,以国有资产为主,多种所有制并存,以煤炭、煤化工、装备制造、现代服务业为主业。年产原煤1400万吨。有员工8万人,总资产951亿元	贵州省水城县	隶属六盘水市(生产总值151.1亿元,全省各市、州平均值189.6亿元),总面积3584平方千米、总人口76万人、生产总值18.1亿元(列全市4个县、区的第3位)。境内贵昆、内昆和水柏铁路与水黄公路构成交通网络。水能蕴藏量110万千瓦。矿产资源丰富,其中煤炭探明储量68亿吨。执行国家西部大开发的各项政策,并出台了水城县招商引资优惠政策
		项目	2004年6月,收购了贵州省水城县税上煤矿,经改扩建后年产量达30万吨以上,取得了社会效益和经济效益的双丰收。(资料来源:谁持彩练当空舞 扬鞭奋进争朝夕. http://www.xwky.cn/xknews, 2008-08-13)		

续表

序	转移企业概况			转入地区位概况	
	名称		企业转移特征概况	名称	当年区位特征概况
24	新汶矿业集团	概况	同 23	新疆维吾尔自治区吉木萨尔县	隶属昌吉州(生产总值 257.1 亿元,全疆各州、市平均值 162.9 亿元)。县城距乌市 165 千米,距昌吉回族自治州首府昌吉市 206 千米。总面积 8848 平方千米、总人口 13.2 万人、生产总值 11.3 亿元(列全州 7 县、区的第 6 位)。吐乌大高等级公路、国道 216 线、省道 303 线及在建乌准铁路贯穿全境。属温带大陆性气候,冬季长而严寒,夏季短而炎热,春秋季节不明显,干旱少雨。有二工河、西大龙口河等河流,水资源总量 4.4 亿立方米。已探明 30 余种矿产资源,尤以煤、石油、天然气等储量最为丰富,煤炭 1600 亿吨左右、石油 1.5 亿吨、天然气 300 亿立方米。执行国家西部大开发的各项政策措施,出台了本地招商引资优惠政策
		项目	2005 年 4 月,与新疆吉瑞祥投资(集团)有限公司签约合资开发五彩湾矿区,第一期建设年产 200 万吨的现代化矿井,后建设 2×30 千瓦的坑口电厂和煤化工产品项目。矿区煤层距地面仅 60 米,厚度达 60 米,煤炭发热量在 5000 大卡以上,煤质优良,将建设成为新疆最重要的煤电煤化工基地和"西电东送"的基地。(资料来源:我公司与山东新汶矿业集团正式签署了《共同开发新疆五彩湾矿区协议书》.http://www.jrx.com.cn,2005-04-28)		
25	新汶矿业集团	概况	同 23	新疆维吾尔自治区伊宁县	现隶属伊犁哈萨克自治州(生产总值 440.4 亿元,全疆各州、市平均值 195.5 亿元)。总面积 6150 平方千米、总人口 37.7 万人、生产总值 16.8 亿元(列全州 10 个县、区的第 4 位)。国道 218 线、省道 314 线从县境穿过,在建的精伊霍铁路横贯全境。有三大水电站,电力充沛、电价低廉。地表水径流量 43.5 亿立方米,地下水补给总量 9.1 亿立方米。伊犁河过境 74 千米。境内矿藏富饶,探明煤炭储量 50 亿吨、石灰岩矿储量 6531 亿吨,是伊犁发展建材业的不竭之源。执行国家西部大开发的各项政策措施,并已出台了招商引资的配套优惠办法
		项目	新汶矿业集团(伊犁)泰山阳光新型建材项目 10 月 28 日奠基,填补了当地陶瓷墙地砖生产的空白。该项目投资 2 亿元,占地 34 万平方米,设计规划 5 条陶瓷生产线,分两期建设,全部达产后,年生产能力达到 1500 万平方米,年可实现工业总产值 3 亿元,并能解决 1200 人的就业问题。(资料来源:新汶矿业集团在伊建陶瓷生产基地.http://www.gxin-group.cn/xwkyjt,2006-10-30)		

附录1　中国境内资源枯竭型企业跨区转移项目概况汇总表

续表

序	转移企业概况			转入地区位概况	
	名称		企业转移特征概况	名称	当年区位特征概况
26	新汶矿业集团	概况	同23	新疆维吾尔自治区察布查尔锡伯县	隶属伊犁自治州(生产总值527.2亿元,全疆各州、市平均值232.7亿元)。总面积4485平方千米、总人口16.8万、生产总值8.5亿元(列全州10个县、区第7位)。省道313线和伊昭公路横贯全境,精伊霍铁路等重点工程开工建设。有都拉塔口岸(国家一级)。煤炭探明储量41亿吨,远景储量1500亿吨。执行国家西部大开发的各项政策,并出台了本地加强招商引资工作的意见和优惠政策
		项目	投资25.8亿元在新疆察布县新建的千万吨煤矿2007年4月29日奠基。它是伊犁煤化工基地配套矿井,建设工期42个月。(资料来源:新汶矿业集团新疆建千万吨煤矿奠基. http://www.in-en.com/coal/corp/news, 2007-04-30)		
27	新汶矿业集团	概况	同23	贵州省黔西县	隶属毕节地区(生产总值264.7亿元,全省各地、州、市平均值261.8亿元)。总面积2554.1平方千米、总人口84万人、生产总值34.8亿元(列全地区8个县的第4位)。贵毕高等级公路、321国道横贯全境。黔西电厂经过500千伏双回路高压输电线进入国家电网。水径流年总量77亿立方米。煤炭探明储量28亿吨。执行国家西部大开发的各项政策,并已出台了招商引资的配套优惠办法
		项目	2006年起,新汶矿业集团在省外启动贵州柏杨矿井(120万吨/年)新建工程。矿井在完成征地工作后,正在实施"四通一平"工程,供退水、35千伏供电工程正在开工建设,各项工作正在沿着预定方案有条不紊地扎实推进。(资料来源:加快资源开发,壮大煤炭主业. http://www.xwky.com, 2006-02-09)		
28	新汶矿业集团	概况	同23	贵州省纳雍县	位于毕节地区(生产总值264.7亿元,全省各地、市平均值261.8亿元)南部。总面积2448平方千米、总人口81.9万人、生产总值42.1亿元(列全地区8个县、区的第2位)。有省道毕节至纳雍三级柏油路、省道纳雍至水城二级水泥路,正建纳水地方铁路。有110千伏、500千伏输变电工程并入国家电网。水能蕴藏量17.6万千瓦。已探明煤炭储量123亿吨。执行国家西部大开发的政策,并实施了本地招商优惠政策
		项目	2006年5月鄂庄矿通过管理输出成功整合的纳雍县营龙煤矿正式投产。未投入任何资金,承包接管设计能力9万吨的煤矿,2007年实现原煤产量12万吨,2008年完成年产30万吨改扩建配套工程。(资料来源:奏响发展的最强音. http://huaz-hong.cwestc.com, 2008-05-26)		

续表

序	转移企业概况			转入地区位概况	
	名称		企业转移特征概况	名称	当年区位特征概况
29	新汶矿业集团	概况	同23	陕西省彬县	位于咸阳市(生产总值484亿元,全省各市平均值425.5亿元)西北部,总面积1183平方千米、总人口32万、生产总值18.1亿元(列全市13个县区的第9位)。有312国道、福银高速公路、彬宝二级运煤专线和在建的西平铁路。有发电厂四户,总装机容量达到6.1千兆瓦。投资19.6亿元的2×200兆瓦煤矸石电厂正在建设之中。水资源总量19.1亿立方米。境内富藏煤炭、陶土、油母页岩、石英砂等10余种矿藏,其中煤炭探明总储量32.6亿吨,是优质的动力用煤、气化用煤和环保型煤,发展煤电、煤化工和建材工业的前景十分广阔,是全国煤炭生产重点县。执行国家西部大开发的各项政策,并制定了投资优惠政策
		项目	2006年10月注入资金和技术,控股经营(公司注册资本6400万元)彬县水帘洞煤矿。井田面积5.5平方千米,共有地质资源量4415万吨。先后经历了三次技术改造,由一个生产能力6万吨/年的小煤矿提高到90万吨/年的大型现代化高产、高效企业。公司有陕籍矿工600多人,山东籍矿工300多人。先后荣获陕西省十佳诚信经营示范单位、陕西省煤矿安全生产先进企业和全国煤炭工业先进煤矿等荣誉称号。(资料来源:水帘洞煤炭有限责任公司.http://www.Snbinxian.gov.cn,2007-03-16)		
30	新汶矿业集团	概况	同23	内蒙古自治区鄂托克前旗	隶属鄂尔多斯市(生产总值800亿元,全自治区各市、盟平均值424.7亿元)。总面积1.2万平方千米、总人口7.3万人、生产总值16.8亿元(列全市8个旗、区的第8位)。构筑起了北通109、西连211、南接307、东达210国道的交通网络,三北羊场至新上海庙铁路开工建设。以6个35千伏变电站的电力主网,与国家电网相联。年平均降水量294.1毫米,水资源量达3.3亿立方米。已探明煤炭储量在100亿吨以上、天然气储量2500亿立方米、盐储量250万吨、石膏储量1.3亿吨。执行国家西部大开发的各项政策措施,并出台了投资优惠政策
		项目	2006年6月3日,上海庙园区首批落地的煤转化项目新汶矿业集团2×50兆瓦矸石热电厂正式启动建设。该项目作为集团公司在内蒙古开发建设的胡家井煤矿(150万吨/年)的配套项目,总投资6亿元,2007年底前一号机组发电。该项目实现热电联产综合利用,既可提高能源综合利用率,也可解决煤矸石造成的环境污染,真正形成"地下开采、地上生态"的循环经济格局。(资料来源:全力打造上海庙工业园区.http://www.nmg.xinhuanet.com,2006-06-29)		

附录1 中国境内资源枯竭型企业跨区转移项目概况汇总表

续表

序	转移企业概况			转入地区位概况	
	名称	企业转移特征概况		名称	当年区位特征概况
31	新汶矿业集团	概况	同23	安徽省萧县	隶属宿州市(生产总值359亿元,全省各市平均值371.7亿元)。总面积1885平方千米、总人口122.8万人、生产总值65.7亿元(列全市5个县、区的第2位)。陇海铁路横穿东西,符夹铁路纵贯南北,连接穿境而过的津浦铁路。连霍高速公路和合徐高级公路交汇于本县,206、310、311三条国道从境内通过。距徐州观音机场60公里。地表、地下水资源丰富,水质较好。探明煤炭可采储量在75亿吨以上、石油储量7亿吨、煤层气储量1000亿立方米、石灰岩储量30亿吨,铁矿石、瓷石等储量也很可观。出台了鼓励外商投资的相关优惠政策
		项目	2006年3月与安徽丰原集团合资(新矿控股)兴建金黄庄煤矿,是安徽省"十一五"规划"861"重点工程项目。矿井位于安徽省宿州市萧县刘套镇境内,年设计能力100万吨,并且配套同等规模的选煤厂,预计总投资额8.1亿元,2011年9月建成,达产后年实现销售收入达5亿元、利润上亿元。(资料来源:安徽省宿州市重点调度项目金黄庄煤矿进展顺利. http://www.ah.anhui news.com, 2008-01-08)		
32	新汶矿业集团	概况	同23	内蒙古自治区乌拉盖管理区	位于锡林郭勒盟(生产总值215.4亿元,全自治区各市、盟平均值424.7亿元)东北部,总面积5013平方千米、总人口1.8万、生产总值6.3亿元(列全盟13个旗、县的第13位)。西北距国家二类陆路口岸珠恩嘎达布其150千米,南距通霍铁路40千米。S101省道横穿全境。霍林河—乌拉盖—贺斯格乌拉煤田铁路已于2007年底开工。35千伏输变电线路、在建的220千伏输电线路覆盖全境。地上水资源总量为17.4亿立方米,地下水资源储量约为78.6亿立方米。矿产资源极其丰富,其中煤炭预测总储量在100亿吨以上。执行国家西部大开发的各项政策,并出台了乌拉盖管理区招商引资优惠政策
		项目	新汶矿业集团在锡林郭勒盟乌拉盖地区农乃庙煤田投资勘查,已探明该煤田可采煤层面积约34平方千米,可采储量4.2亿吨,煤层较稳定,共含煤16层,属低硫、低磷、低中灰分、高热值的优质褐煤。2006年成立内蒙古鲁新能源开发有限责任公司,决定建设年产500万吨的矿井和年产300万吨甲醇项目(2007年1月12日签约)。(资料来源:乌拉盖管理区情况介绍. http://www.wlgglq.gov.cn, 2008-07-07)		

续表

序	转移企业概况			转入地区位概况	
	名称		企业转移特征概况	名称	当年区位特征概况
33	中石化集团	概况	1998年7月在原中国石油化工总公司基础上重组成立的特大型石油石化企业集团，是国家独资的国有公司，是国家授权投资机构和国家控股公司，公司注册资本2316亿元	四川省宣汉县	隶属达州市(生产总值400.1亿元，全省各市的平均值438.0亿元)，总面积4271平方千米、总人口123万、生产总值61.1亿元(列全市7个县、区的第4位)。210国道、襄渝铁路及在建的达渝高速公路穿境。县内水流年均流量160立方米/秒。天然气预测储量1.5万亿立方米，居全国第2位，探明储量达6000亿立方米，系国家"川气东送"基地，且主管道铺设已提前完成。执行国家西部大开发的政策，并出台了招商引资优惠政策
		项目	近日，中石化与达州市签署协议，由中石化旗下中原油田投资400亿元开发宣汉县天然气资源。这是最具开发潜力的大气田之一。(资料来源：中石化投资400亿开发四川天然气资源. http://finance.sina.com.cn, 2006-04-01)		
34	中石化集团	概况	同33	四川省旌阳区	隶属德阳市(生产总值564.8亿元，全省各市的平均值438.0亿元)，总面积648平方千米、总人口63万、生产总值130.5亿元(列全市6个县、区首位)。宝成铁路复线、成绵高速公路纵贯南北，有绵远河、凯江穿过。天然气探明储量达1500亿立方米，系国家"川气东送"起点。执行国家西部大开发的政策，并出台了招商引资优惠政策
		项目	2006年3月5日，由中石化勘探的编号"新856井"钻探获得重大成果，日无阻流量逾百万立方米，日产量超过50万立方米。川西深层天然气资源转化率仅为5.8%，开发潜力巨大。(资料来源：同33)		
35	中煤集团公司	概况	1982年7月成立，现有全资公司、控股和均股子公司41家，资产总额3959亿元，职工总数12.8万人，煤炭年产能3790万吨	山西省宁武县	隶属于忻州市(生产总值311.2亿元，全省各市平均值630.8亿元)。总面积1936.4平方千米、总人口15万、生产总值17.7亿元(列全市14县、市的第8位)。北同蒲铁路、宁岢铁路、朔黄铁路和宁静铁路构成了县域铁路运输网，太宁、大运、忻保等干线公路过境。水资源总量为0.8亿立方米。已探明煤炭储量360亿吨，含煤面积1114.5平方千米。宁武煤田总储量占山西省煤炭总储量的10%。出台了本地投资优惠政策
		项目	2009年1月平朔东露天煤矿开工，设计产能2000万吨/年，总投资76.69亿元。露天矿田面积48.73平方千米，地质储量18.49亿吨。(资料来源：中煤能源集团平朔东露天煤矿. http://cpfd.cnki.com.cn/Article/CPFDTOTAL-ZGMG200909007078.htm)		

附录1 中国境内资源枯竭型企业跨区转移项目概况汇总表

续表

序	转移企业概况			转入地区位概况	
	名称		企业转移特征概况	名称	当年区位特征概况
36	中煤集团公司	概况	同35	山西省平鲁区	参见17。虽然生产总值总量有所变化，但在省内、市内的位次无明显变动
		项目	2015年7月9日，中煤平朔集团2×660兆瓦低热值煤发电项目正式开工建设。项目建成投产后年消纳矿区低热值煤510万吨。(**资料来源**：中煤平朔集团2×660兆瓦低热值煤发电项目正式开工. http://www.chinacrane.net/news, 2015-07-16)		
37	宝钢集团	概况	1978年12月23日，在上海动工兴建。1998年11月，与上钢、梅山联合重组，成为国家授权投资机构和国家控股公司试点企业，列世界500强企业的第212位	湖南省长沙县	隶属于湖南省长沙市(生产总值3744.8亿元，全省各市平均值923.6亿元)，东接浏阳市，西、南连长沙市城区，北达岳阳市平江县。总面积1756平方千米、总人口110.9万人、生产总值514.9亿元(列全市9县、区的第2位)。武广高铁和沪昆高铁贯穿境内。形成"八纵十六横"的公路网。境内河道属湘江、汨罗江两大流域，其中湘江流域面积1913.6平方千米，占95.8%。全县共发现矿产地236处，其中大型5处、中型10处。出台了招商引资政策
		项目	2010年7月23日，长沙经济开发区签约引进宝钢加工配送中心项目。宝钢投资3亿元，投产后可实现年销售收入14亿元，形成钢材加工配送能力约20万吨。(**资料来源**：宝钢集团和美国空气化工产品公司进驻长沙经开区. 深冷技术，2010(12))		
38	宝钢集团	概况	同37	新疆维吾尔自治区拜城县	隶属阿克苏地区(生产总值317.4亿元，全疆各地、州、市平均值215.6亿元)，总面积1.9万平方千米、总人口21.3万人、生产总值14.5亿元(列全地区9个县的第3位)。省道307线横穿县境。年均水径流量27.9亿立方米。矿产丰富，探明天然气地质储量2840亿立方米。年均发电量6亿千瓦时，接入国家电网。执行国家西部大开发各项政策措施，并制定了鼓励新办工业企业的优惠办法
		项目	2007年7月23日，宝钢集团新疆八一钢铁有限公司南疆生产基地项目在新疆阿克苏地区拜城县工业园奠基。宝钢集团计划斥资100亿元在该处新建年产300万吨的钢铁生产基地。(**资料来源**：宝钢、首钢、山东钢铁在新疆建设钢铁生产基地. 深冷技术，2010(12))		

续表

序	转移企业概况			转入地区区位概况	
	名称		企业转移特征概况	名称	当年区位特征概况
39	永城煤电集团	概况	1989年开工建设，是河南省属重点煤炭企业。现有子公司60余个，产业涵盖煤炭、化工、有色金属、装备制造等，年产能达到2000万吨	贵州省黔西县	参见27。虽然生产总值总量有所变化，但在省内、区内的位次无明显变动
		项目	2004年初重组贵州在建的黔金煤矿，设计年产能45万吨，总资源储量有8000万吨。重组后永煤控股61%，其他占股39%。(资料来源：永煤超越平煤. http://www.jinbw.com.cn, 2006-06-08)		
40	永城煤电集团	概况	同39	贵州省黔西县	参见27。虽然生产总值总量有所变化，但在省内、区内的位次无明显变动
		项目	2005年8月确定在黔西北采用当地无烟块煤建设合成氨尿素基地，即年产36万吨合成氨、60万吨尿素、4万吨甲醇。一期工程总投资10.5亿元。(资料来源：永煤集团到贵州黔西县考察论证煤化工项目. http://www.gzqianxi.gov.cn, 2005-08-29)		
41	永城煤电集团	概况	同39	贵州省大方县	位于毕节地区(生产总值264.7亿元，全省各地、市、州、区平均值261.8亿元)中部，总面积3505.2平方千米、总人口97.8万人、生产总值29.3亿元(列全地区8个县的第5位)。现有321国道、326国道过境，在建隆百铁路。总装机4×30万千瓦的大方火电厂已投产发电。境内水西湖绵延百余里。优质无烟煤总储量为102亿吨。执行国家西部大开发的各项政策，并出台了本县招商引资的配套优惠政策
		项目	投资控股建设五凤片区煤矿，均为大方火电厂的骨干供煤矿，其中五凤煤矿设计年产能180万吨，总投资8.8亿元，服务年限62年，于2006年8月开工建设，于2009年10月竣工投产。(资料来源：大方今年已完成大中型煤矿投资近7亿元. http://www.zgjzl-ww.net, 2007-10-25)		

附录1 中国境内资源枯竭型企业跨区转移项目概况汇总表

续表

序	转移企业概况			转入地区位概况	
	名称		企业转移特征概况	名称	当年区位特征概况
42	紫金矿业集团	概况	由福建省上杭县矿产公司改制而成的一家以黄金及金属矿产资源勘查和开发为主的大型国有控股矿业集团，有上海和香港两地(A+H股)上市公司，位居全球黄金企业第4位	新疆维吾尔自治区富蕴县	隶属阿勒泰地区(生产总值80.6亿元，全疆各州、市的平均值195.5亿元)，总面积3.4万平方千米、总人口8.3万人、生产总值21.5亿(列全地区7个县的第4位)。北距乌鲁木齐408千米，与216国道连通。主要河流有额尔齐斯河和乌伦古河。境内矿种齐全，已发现矿种100余种，以黄金、宝石、有色金属、稀有金属迄迄闻名，其中黄金等有色金属居全疆之首、全国第二。执行国家西部大开发的各项政策，并出台了招商引资政策
		项目	2006年4月新建2×15万吨直接还原球团矿项目，是国家级重点科研转化项目。"十二五"期间将延伸产业链，投资约35亿元，可实现产值超百亿元。(资料来源：紫金矿业：梦想在这里实现. http://www.zjky.cn)		
43	开滦集团	概况	始建于1878年，现有生产矿井11座，煤炭年产量2600万吨	新疆维吾尔自治区伊宁县	参见25。虽然生产总值总量有所变化，但在区内、州内的位次无明显变动
		项目	2006年3月注册了南台子13.1平方千米的探矿权(2006~2008年)。2008年开始基础设施建设。规划投资42亿元，建设一座年产300万吨的矿井和一座2×300兆瓦的发电厂，并于2011年竣工。(资料来源：开滦、神华集团在伊宁投资进展顺利. http://www.xjyl.gov.cn, 2006-04-25)		
44	开滦集团	概况	同43	新疆维吾尔自治区察布查尔县	同26
		项目	在新疆投资150亿元，建设年产200万吨的煤液化项目和1000万吨/年的矿井。利用自身优势，发展煤炭配套机械加工业，发展以水泥为主的新型建材工业，发挥伊犁河谷口岸优势，适时发展仓储物流业。(资料来源：伊犁煤化工基地格局初见端倪. http://www.in-en.com, 2007-05-30)		

续表

序	名称	转移企业概况		名称	转入地区位概况
			企业转移特征概况		当年区位特征概况
45	兖矿集团	概况	1976年建立，1996年改组为国有独资公司，是中国第四大煤炭企业。年生产能力在4000万吨以上	贵州省水城县	同23
		项目	兖矿贵州能化有限公司控股建设的发耳煤矿为发耳电厂的配套项目，设计能力为一期400万吨/年、二期800万吨/年，总投资14亿元，于2004年底动工。兖矿贵州能化有限公司是兖矿集团绝对控股的独立法人。(资料来源：兖矿贵州能化有限公司. https://baike.baidu.com, 2003-12-05)		
46	兖矿集团	概况	同45	贵州省纳雍县	参见28。虽然生产总值总量有所变化，但在省内、区内的位次无明显变动
		项目	兖矿贵州能化有限公司控股建设的五轮山煤矿，是为纳雍二电配套的煤矿，矿井设计年产能300万吨，总投资7.4亿元，2003年底动工，2005年投产。该公司代表兖矿集团在贵州省作为投资主体。(资料来源：贵州省三大煤电项目签署发起人协议书. http://www.gz.xinhuanet.com, 2003-09-16)		
47	兖矿集团	概况	同45	贵州省大方县	参见41。虽然生产总值总量有所变化，但在省内、区内的位次无明显变动
		项目	兖矿贵州能化有限公司控股建设的对江煤矿和小屯煤矿，为贵州大方电厂配套，规模分别为90万吨/年和150万吨/年。小屯煤矿于2004年正式开工建设，2006年建成投产达产，对江煤矿于2005年正式开工。(资料来源：同45)		

附录1 中国境内资源枯竭型企业跨区转移项目概况汇总表

续表

序	转移企业概况			转入地区位概况	
	名称	概况	企业转移特征概况	名称	当年区位特征概况
48	兖矿集团	概况	同45	贵州省金沙县	隶属毕节地区(生产总值196.1亿元,全省各地、市、州平均值189.6亿元),总面积2528平方千米、总人口58万、生产总值25.8亿元(列全区8个县的第4位)。326国道与贵遵、贵毕高速公路紧连。金沙电厂4×125兆瓦机组投产发电。年平均降雨量1050毫米,水能蕴藏量75234千瓦。境内矿藏达19种,其中储量大的有煤、磷、镁、铁等,探明煤炭储量44亿吨、铁矿储量1.7亿吨、磷矿储量2500万吨、镁矿储量2亿吨、铝矿储量10万吨。执行国家西部大开发的政策和毕节地区招商优惠政策
		项目	兖矿贵州能化有限公司控股建设的龙凤煤矿,为黔北金沙电厂配套的骨干煤矿。建设规模为240万吨/年,于2004年开工建设,2005年建成投产。公司抓住国家西部大开发和"西电东送""黔电送粤"的历史机遇,充分利用贵州省丰富的煤炭资源,以产业链建设为中心,以煤为主,煤电联营,向煤化工产业链延伸,提高项目的综合效益,努力实现国家、地方、企业的多赢目标。(资料来源:同45)		
49	兖矿集团	概况	同45	贵州省黔西县	参见27。虽然生产总值总量有所变化,但在省内、区内的位次无明显变动
		项目	兖矿贵州能化有限公司控股、贵州3家企业参股建设的青龙煤矿,为黔西电厂配套,总投资约4.5亿元,设计年产能360万吨,2004年10月投产,同时建了6台500千瓦机组,年发电量1900万度。(资料来源:同45)		
50	兖矿集团	概况	同45	贵州省开阳县	隶属贵阳市(生产总值525.6亿元,全省各市、州平均值226.8亿元),总面积2026平方千米、总人口42万人,生产总值30.7亿元(列全市10个县、区的第7位)。川黔铁路支线、省道久铜公路穿境。地表水年径流量6.9亿立方米,地下水年径流量3.3亿立方米。已探明30多种矿种,其中磷矿石储量4.4亿吨、煤炭储量4070.8万吨。执行国家西部大开发的各项政策,并作出了招商工作的若干规定
		项目	50万吨合成氨项目由兖矿贵州能化有限公司(控股)和贵州开磷集团(参股)共同建设,投资总额为20亿元,2005年9月28日在开阳县黄白井举行奠基仪式。(资料来源:山东兖矿弥补西部缺口贵州建50万吨合成氨项目. http://www.sdnews.com.cn,2005-10-09)		

续表

序	转移企业概况			转入地区位概况	
	名称		企业转移特征概况	名称	当年区位特征概况
51	兖矿集团	概况	同45	陕西省榆阳区	是榆林市(生产总值439.4亿元,全省各市平均值425.5亿元)的经济中心,总面积7053平方千米、总人口42万,生产总值65.2亿元(列全市12个县、区的第3位)。陕蒙高速公路、榆靖高速公路和西包铁路穿越区境,民航班机往返于西安、北京。区内供电与西北电网联网。有大小河流837条,其中常年流水河570条,水资源总量9.1亿立方米,地上水年径流量为4.5亿立方米。煤炭资源储量485亿吨,探明含煤面积约5400平方千米,占辖区总面积的77%,是世界七大煤田——榆神府煤田的重要组成部分,具有煤层厚、品质好、易开采的特点。石油、高岭土、泥炭等矿藏亦有相当规模储量。执行国家西部大开发的各项政策和榆林市投资促进若干政策。进入了全国最具投资潜力中小城市100强
		项目	兖州煤业(41%股权)、正大能源(40%股权)与榆神煤炭公司(19%股权)2006年商定合资建设的年产800万吨原煤榆树湾煤矿,拥有可采储量15亿吨,总投资13.6亿元,于2008年投产运营。该煤矿一期年产能800万吨中的150万吨用于甲醇生产,剩余650万吨部分由铁路外运销往华东地区,部分就地销售。(资料来源:山东省兖州煤业股份有限公司2006年第三季度报告全文。http://biz.cn.yahoo.com, 2006-10-26)		
52	兖矿集团	概况	同45	陕西省横山县	隶属榆林市(生产总值320.1亿元,全省各市平均值332.9亿元),总面积4333平方千米、总人口31.1万人、生产总值16亿元(列全市12个县、区的第5位)。榆靖高速公路、神延铁路穿境而过。县城建成110千伏变电站。有河流115条,年径流量达5.8亿立方米。已探明的矿产资源有煤、天然气、石油等近10种。煤炭总储量达500亿吨。天然气面积大,含气层位多,总储量为1.56亿立方米。石油预测储量500万吨。执行国家西部大开发的各项政策措施和榆林市投资促进若干政策
		项目	投资150亿元,设计总规模年产230万吨甲醇。一期启动60万吨甲醇及其配套装置,投资27.9亿元(2005年4月开工),由榆树湾煤矿配套。二期建设一套170万吨煤制甲醇,配套建设2×13.5万千瓦电厂和2000万吨/年的煤矿。(资料来源:榆林市投资超百亿元十五个重大项目简介。http://www.yldrc.gov.cn, 2005-12-25)		

附录1　中国境内资源枯竭型企业跨区转移项目概况汇总表

续表

序	转移企业概况				转入地区位概况	
	名称		企业转移特征概况		名称	当年区位特征概况
53	兖矿集团	概况	同45		山西省孝义市	位于吕梁市(生产总值321.6亿元,全省各市平均值380.1亿元)南端,总面积945.8平方千米、总人口44万人、生产总值达到95.1亿元(列全市13个县、区之首)。境内南同蒲铁路介西支线横贯东西,孝柳铁路直抵黄河,大运高速穿越而过。有文峪河、磁窑河等。储煤面积783.5平方千米,占境域总面积的82.8%。探明地质储量71亿吨,远景储量90亿吨。出台了招商引资优惠政策。进入全国最具投资潜力中小城市100强
		项目	兖矿集团投资兴建的30万吨甲醇项目,一期工程10万吨,投资5亿元,于2005年10月31日上午开工,并配套2×12兆瓦热电联产和6000立方米/小时空分装置。甲醇项目利用我国自主知识产权、具有世界领先水平的焦炉煤气转化技术生产。(资料来源:昨日山西天浩30万吨甲醇项目在孝义开工建设. http://cn.chemnet.com, 2005-11-03)			
54	兖矿集团	概况	同45		山西省和顺县	隶属晋中市(生产总值203.4亿元,全省各市平均值230.4亿元),总面积2250平方千米、总人口13.7万人、生产总值5.7亿元(列全市11个县、区的第11位)。榆邢公路纵贯东西,207国道、阳涉铁路贯通南北。有清漳河、里恩河、松溪河、西清漳河等主要河流,水资源总量2.36亿立方米。已探明地下矿藏有煤、铁、铝、铜等29种之多。其中以煤的储量为最多,已探明总储量156亿吨,现有技术条件可开采量达34亿吨;铁次之,已探明可开采量为30亿吨
		项目	兖矿集团控股的山西能化天池有限公司扩建天池煤矿,于2005年12月投产,年产量提高到120万吨。2003年7月,由兖矿山西能化有限公司、山西晋中国有资产经营有限公司、山西和顺古窑煤炭企业(集团)有限公司共同出资成立兖矿山西能化天池有限公司,并于同年9月开始矿井扩建,总投资4.1亿元。(资料来源:兖矿山西能化天池公司年产120万吨矿井投产. http://www.In-en.com, 2006-11-06)			
55	兖矿集团	概况	同45		新疆维吾尔自治区吉木萨尔县	参见24。虽然生产总值总量有所变化,但在区内、州内的位次无明显变动
		项目	2007年8月4日兖矿集团正式兼并重组哈密煤业集团的力拓有限公司和硫磺沟公司,涉及煤炭资源200亿吨。(资料来源:兖矿重组新疆两煤企. http://www.cctd.com.cn, 2007-11-13)			

续表

序	转移企业概况			转入地区位概况	
	名称		企业转移特征概况	名称	当年区位特征概况
56	中国石油集团	概况	于1998年7月组建的特大型石油石化企业集团（国家控股公司），在世界50家大石油公司中排名第5位	新疆维吾尔自治区库车县	参见2。虽然生产总值总量有所变化，但在区内、州内的位次无明显变动
		项目	2005年3月2日中石油塔里木迪那气田开发启动，将成为西气东输的主力气田之一，年产天然气40亿立方米、凝析油30万吨、油气当量450万吨。（资料来源："西气东送"第二大主气田将启动. 中国经济时报, 2005-03-17）		
57	枣庄矿业集团	概况	1956年成立，1998年改制为枣庄矿业（集团）有限责任公司（简称枣庄矿业集团）。现有生产矿井12座，总资产152.3亿元，职工6.8万人，年产煤炭2000万吨、总收入140亿元	贵州省大方县	同41
		项目	枣庄矿业集团投资控股建设的绿塘煤矿，为大方电厂配套，设计年产能240万吨，总投资12亿元。工程于2006年4月22日开工建设。（资料来源：努力搞好服务，加快大矿建设进度. http://www.gzdafang.gov.cn, 2007-10-15）		
58	枣庄矿业集团	概况	同57	贵州省清镇市	地处贵阳市（生产总值443.6亿元，全省各市平均值189.6亿元）西部，总面积1492平方千米、总人口52万人、生产总值43.4亿元（列全市10个县、区的第4位）。321国道、沪瑞高速公路横穿境内，贵昆铁路支线直达市境中部，火车货运站7个。有3个发电厂，装机容量170多万千瓦。水域总面积106平方千米。已探明的煤炭储量41亿吨。执行国家西部大开发的各项政策，出台了本地招商优惠政策。进入了全国最具投资潜力中小城市100强
		项目	2004年3月22日由枣庄矿业集团（60%）、中国华电集团（15%）、贵州煤田地质局（10%）、清镇国投公司（10%）、贵州清镇发电厂（5%）等出资组建贵州清镇煤电有限责任公司。该公司建设了一对新矿井站街煤矿，设计年产能45万吨。（资料来源：枣矿集团对外开发进展顺利. http://www.imc.com.cn, 2006-04-17）		

附录1 中国境内资源枯竭型企业跨区转移项目概况汇总表

续表

序	转移企业概况			转入地区位概况	
	名称	企业转移特征概况		名称	当年区位特征概况
59	枣庄矿业集团	概况	同57	安徽省濉溪县	是淮北市(生产总值209亿元,全省各市平均值318.5亿元)辖县,总面积1987平方千米、总人口106万人、生产总值43.8亿元(列全市4个县、区首位)。有三条铁路穿境,分接陇海、京沪线;连霍高速、合徐高速在此交叉。电力装机容量200万千瓦。水资源8.2亿立方米。已探明煤炭储量60亿吨,潜在资源约100亿吨。出台了濉溪县招商优惠政策。进入了全国最具投资潜力中小城市100强
		项目	枣庄矿业集团分别于2005年1月和9月,成功收购了淮北国有煤矿蔡山二矿、北辰煤矿。两个矿均为煤与瓦斯突出矿井,集团很快设计出矿井改造方案,完成了安全评估报告和整个工业广场改造。(资料来源:大力实施走出去战略,强势推进第二次创业. http://www.zkjt.com.cn, 2005-11-10)		
60	枣庄矿业集团	概况	同57	云南省富源县	位于曲靖市(生产总值536.8亿元,全省各市平均值254.7亿元)东部,总面积3348平方千米、总人口73.8万人、生产总值58.6亿元(列全市9个县、区第3位)。胜曲高速公路已开通,南昆铁路连接2208线直通县城。水资源总量28.8亿立方米。已探明矿藏资源有煤炭、萤石、铅、锌等21种。含煤面积833平方千米,地质储量141.1亿吨,是我国江南最大的无烟煤田。执行国家西部大开发的各项政策,并出台了本地鼓励外来投资的优惠政策
		项目	2006年3月与德鑫集团联合技改,计划到2010年枣庄矿业集团投入19.8亿元技改的德鑫杨家山煤矿由年产100万吨达到300万吨,德鑫大河洗选厂由年洗50万吨达到300万吨。(资料来源:山东枣矿集团正式进驻富源县. http://www.coal resource.com, 2006-03-27)		
61	枣庄矿业集团	概况	同57	云南省富源县	同60
		项目	与昆明斯派尔经贸有限公司合资兴建斯派尔煤矿,于2006年1月动工,首批306名生产骨干由枣庄矿业集团柴里煤矿等4个单位抽调。(资料来源:山东枣庄矿工挺进云南. http://www.coallink.com, 2007-11-12)		

续表

序	转移企业概况			转入地区区位概况	
	名称		企业转移特征概况	名称	当年区位特征概况
62	淄博矿业集团	概况	1904年始采,现为国有独资公司。拥有全资、控股子公司29个,涉及煤炭、水泥建材、煤化工、建筑、物流等领域。有职工2万多人、总资产132亿元。年生产原煤1400万吨	贵州省普安县	隶属黔西南州(生产总值102.4亿元,全省各市、州平均值189.6亿元),总面积1429平方千米、总人口28.8万人、生产总值7.6亿元(列全州8个县、区的第5位)。320国道横贯东西,在建65号高速公路穿境。建有水电站15座和11万伏输变电站1座,并接入国家电网。已查明地下矿藏有煤、黄金、铁、硅、铅、锌、石膏、大理石等28种。其中煤炭探明储量172亿吨,规划可采储量32.5亿吨。执行国家西部大开发的各项政策措施,并出台了招商引资的优惠政策
		项目	2004年成立贵州能源(集团)有限责任公司,控股建设糯东矿井(年产240万吨),获煤炭资源17.2亿吨。(资料来源:淄矿集团省外煤炭资源开发建设进展顺利.http://finance.sina.com.cn, 2005-10-13)		
63	淄博矿业集团	概况	同62	贵州省兴义市	隶属黔西南州(生产总值119.9亿元,全省各州、市平均值226.8亿元),总面积2915平方千米、总人口67万人、生产总值60.6亿元(列全州8个县、区首位)。国道320线和324线、南昆铁路穿境。地表水总量17.4亿立方米。煤炭储量7.8亿吨。执行国家西部大开发的政策,出台了招商优惠政策。进入了全国最具投资潜力中小城市100强
		项目	2005年参股国家"西电东送"240万千瓦的兴义电厂项目。电厂项目总投资50.4亿元。作为贵州、广西两省(区)煤电合作项目,兴义电厂已列入两省"十一五"电力发展规划和南方电网"十一五"发展规划。(资料来源:同62)		
64	淄博矿业集团	概况	同62	河南省新安县	隶属洛阳市(生产总值908.2亿元,全省各市平均值495.1亿元),总面积1160平方千米、总人口49万人、生产总值91.4亿元(列全市15个县、区的第4位)。有陇海铁路、连霍高速公路和310国道。新安电厂达20万千瓦的产能,接入国家电网。矿产资源丰富,已探明的包括煤炭、铝矾土等达20余种,其中煤炭储量10亿吨。出台了招商优惠政策。进入了全国最具投资潜力中小城市100强
		项目	新淄电厂和淄正煤矿(年产120万吨)由洛阳新安电力集团(持股49.5%)与淄博矿业集团(控股50.5%)出资兴建。总投资25亿元,将于2006年建成达产。(资料来源:新安县投资兴建新淄电厂和淄正煤矿项目.http://www.China5e.com, 2004-03-23)		

附录1 中国境内资源枯竭型企业跨区转移项目概况汇总表

续表

序	转移企业概况		转入地区位概况	
	名称	企业转移特征概况	名称	当年区位特征概况
65	淄博矿业集团	概况：同62 项目：2007年控股收购获得内蒙古东胜区的煤炭资源。拟建设的杨家村煤矿可采储量2.9亿吨，设计年产煤500万吨，服务年限41年。项目计划于2008年下半年开工建设，将在2012年实现当年投产、当年达产。(资料来源：山东淄矿集团资源储备44亿吨. http://www.3jjj.com, 2008-02-19)	内蒙古自治区东胜区	是鄂尔多斯市（生产总值1150.9亿元，全自治区各市平均值544.4亿元）的经济中心，总面积2530平方千米、总人口43万、生产总值290.1亿元（列全市8个旗、区的第2位）。区内有包神铁路、包西铁路和东铜铁路，有过境高速公路2条，有国道、省道3条。河流年径流量6646.3万立方米。煤炭储量186亿吨。执行国家西部大开发的政策，并出台了投资优惠政策
66	淄博矿业集团	概况：同62 项目：购买了云南捷夫有限公司吉克煤矿51%的股权，该井田面积6.6平方千米，获资源量1.2亿吨，改建新吉克煤矿。(资料来源：淄矿集团开发省外资源获重大突破. http://cn.sxcoal.com, 2006-11-05)	云南省富源县	同60
67	淄博矿业集团	概况：同62 项目：淄博矿业集团投资5.1亿元（控股）开发亭南煤矿，井田面积33.9平方千米，设计年产能120万吨。2002年10月开工，当年计划2005年12月正式投产并在次年达产，成为马屋电厂的配套煤矿，将会实现陕西煤炭资源开发建设"样板工程"的目标。(资料来源：淄矿集团省外煤炭资源开发建设进展顺利. http://finance.sina.com.cn, 2005-10-13)	陕西省长武县	隶属咸阳市（生产总值250.6亿元，全省各市平均值204.5亿元），总面积567.1平方千米、总人口17.3万人、生产总值3.4亿元（列全市13个县、区的第13位）。有泾河、黑河、南河3条主要河流，年均降水量584毫米。有公路90条，西平铁路在建。有110千伏变电站两座，与国家电网相联，在建彬长发电厂8×60万千瓦燃煤机组。矿产资源丰富，彬长煤田在长武境内的储量达到60亿吨，是优质动力煤；还有丰富的石油和天然气，能源开发优势明显，潜力巨大。执行国家西部大开发的各项政策，并确定了招商引资的重点项目和优惠政策

续表

序	转移企业概况			转入地区位概况	
	名称	\multicolumn{2}{c	}{企业转移特征概况}	名称	当年区位特征概况
68	淄博矿业集团	概况	同62	陕西省彬县	同29
		项目	2006年竞拍获得彬长矿区10.7亿吨煤炭储量，再建两个年产300万吨的煤矿，为当地马屋等电厂配套。第二个千万吨级的"陕西淄矿"将在中国西部崛起。(资料来源：淄博矿业集团走西口再造千万吨大矿. http://www.chinacoal.org.cn, 2008-01-24)		
69	中国石油集团	概况	同56	新疆维吾尔自治区拜城县	参见38。虽然生产总值总量有所变化，但在区内的位次无明显变动
		项目	2003年8月27日，克拉2气田拉开建设序幕。2004年12月1日，克拉2气田的天然气如期进入西气东输管道。早在1998年9月17日，克拉2井试油获得日产天然气66万立方米，克拉2大气田由此横空出世。(资料来源：中国天然气开发里程碑. http://news.xinhuanet.com, 2004-12-30)		
70	龙口矿业集团	概况	1968年始建，2003年改制。在册员工2万余人，固定资产30多亿元。原煤年产能1000万吨，销售额50亿元	山西省原平市	隶属忻州市(生产总值109.6亿元，全省各市平均值230.4亿元)，总面积为2560平方千米、总人口46.7万人、生产总值17.9亿元(列全市14个县、区的第2位)。京原铁路、北同蒲铁路、朔黄铁路和原太高速公路贯穿全市。多年平均水资源总量为2.4亿立方米，年可采量1.2亿立方米。矿产资源丰富，已探明煤炭储量有11.2亿吨，煤层平均厚度达19～20米。出台了招商优惠政策。进入全国最具投资潜力中小城市100强
		项目	2003年成立山西龙矿能源投资开发有限公司，控股盘道煤矿、西梁煤矿，并进行改扩建，使盘道煤矿的产能由15万吨发展到90万吨，西梁煤矿由9万吨发展到90万吨。(资料来源：龙矿集团省外建矿创佳绩. http://www.mkaq.om.cn, 2007-12-17)		

附录1 中国境内资源枯竭型企业跨区转移项目概况汇总表

续表

序	转移企业概况			转入地区位概况	
	名称		企业转移特征概况	名称	当年区位特征概况
71	临沂矿业集团	概况	1960年建局,2002年内部改制。有9个煤炭生产矿井,员工2万人,年产煤炭600多万吨,资产总额42亿元	内蒙古自治区鄂托克前旗	同30
		项目	2006年临矿榆树井300万吨矿井建设项目已完成可研报告和初步设计等工作,工业广场范围已确定,10月底开工建井。(资料来源:全力打造上海庙工业园. http://www.nmg.xinhua.org, 2006-06-29)		
72	阜新矿业集团	概况	1949年建矿,2002年组建阜新矿业集团。有31个二级单位,职工4.4万人,设计年产能900万吨,总资产65.6亿元	内蒙古自治区西乌珠穆沁旗	隶属锡林郭勒盟(生产总值133.5亿元,全自治区各盟、市平均值267.1亿元),总面积2.3万平方千米、总人口7.2万人、生产总值10.7亿元(列全盟13个旗、区的第4位)。旗政府所在地距集通铁路林西站130千米,锡林浩特—赤峰省级公路由此经过。有华北锡林供电网,建有220千伏和110千伏输变电站。有河流14条、湖泊326处,地下水年可开采量在1.5亿立方米以上。矿产资源有煤、铁、镍、大理石、萤石等,其中煤炭探明储量达185亿吨。执行国家西部大开发的各项政策,出台了招商引资的优惠政策
		项目	与沈阳金山能源股份有限公司合资建内蒙古白音华海州露天煤矿有限公司(金山股份拥有20%的股权,阜新矿业集团控股80%)。矿井规模2400万吨/年,作为金山发电公司的配套煤矿。海州煤矿一次性输出1000多人。(资料来源:劳务经济成就富民产业. http://newspap-er.indaily.com.cn, 2004-07-07)		
73	阜新矿业集团	概况	同72	内蒙古自治区西乌珠穆沁旗	参见72。虽然生产总值总量有所变化,但在区内、盟内的位次无明显变动
		项目	参股(30%)与中国电力投资集团、辽宁能源投资(集团)共同出资10.7亿元,组建白音华金山发电有限公司。建设2×600兆瓦燃煤发电机组。(资料来源:沈阳金山热电内蒙古投资电厂获准. http://www.cec.org.cn, 2005-11-08)		

续表

序	名称	转移企业概况		转入地区位概况	
			企业转移特征概况	名称	当年区位特征概况
74	金牛能源集团	概况	2005年由邢矿集团和邯矿集团联合组建，拥有河北邢台、邯郸、井陉、张家口和山西晋中五个矿区共21座生产矿井，资产总额140亿元，煤炭产量2000万吨/年，精煤产量690万吨/年以上，销售收入100亿元/年	内蒙古自治区磴口县	隶属巴彦淖尔市（生产总值278.2亿元，全自治区各盟、市的平均值424.7亿元），总面积4166.6平方千米、总人口11.5万人、生产总值26.1亿元（列全市7个旗、县的第5位）。包头至兰州铁路、包头至银川公路和110国道横穿县境，县内公路遍及全乡四通八达。有黄河流径52公里，大部分地区能引黄自流灌溉；有大小湖泊18个，水面2.25万亩。地下水位高储量足，仅黄河侧渗年补充量就达4.9亿立方米。执行国家西部大开发的各项政策措施和巴彦淖尔市重大投资项目的特殊优惠政策
		项目	投资30亿元，建设金牛煤电一期2×30万千瓦热电项目，逐步建设煤化工产业项目。磴口县以河套的灌溉水资源置换鄂尔多斯的煤炭资源，开发热电联产项目。电力可加入"西电东送"工程。（资料来源：资源外扩战略迎来能源新基地. 河北日报, 2006-09-20）		
75	金牛能源集团	概况	同74	内蒙古自治区东胜区	参见65。虽然生产总值总量有所变化，但在区内、市内的位次无明显变动
		项目	2006年获东胜煤田10亿吨的资源。建设年产1500万吨煤炭项目，拟由3×500万吨矿井组成，实现煤电、热电联产，投资150亿元以上。（资料来源：金能集团跨区扩张，百亿进军内蒙古瞄准煤电联营. http://tieba.baidu.com, 2006-08-24）		
76	金牛能源集团	概况	同74	内蒙古自治区阿拉善左旗	隶属阿拉善盟（生产总值64.1亿元，全区各盟、市的平均值335.7亿元），总面积8万平方千米、总人口15万人、生产总值46亿元（列全盟3个旗首位）。109国道和110国道及包兰铁路通过境内。高压电网覆盖全旗。黄河流经境内，年入境流量300多亿立方米。矿产资源极为丰富，探明煤炭储量13.9亿吨，其中无烟煤探明储量4亿吨。执行国家西部大开发的各项政策，出台了招商引资优惠政策
		项目	2005年6月与内蒙古煤田地质局签约，金牛能源投资勘查腾格里1245平方千米的煤气、煤炭资源，勘查收益分配结构：金牛能源占70%、内蒙古煤田地质占30%。勘查成果转给由金牛能源控股组建的公司。（资料来源：金牛能源签订勘查煤气层合作协议. http://fi-nance.sina.com.cn, 2005-06-28）		

附录1 中国境内资源枯竭型企业跨区转移项目概况汇总表

续表

序	转移企业概况			转入地区区位概况	
	名称		企业转移特征概况	名称	当年区位特征概况
77	金牛能源集团	概况	同74	山西省寿阳县	位于晋中市(生产总值385.3亿元,全省各市的平均值438.0亿元)北端,总面积2100平方千米、总人口22万人、生产总值23.2亿元(列全市12个县、区的第8位)。石太铁路、307国道和省道榆盂公路贯穿全县,还有11条地方铁路专用线和11个发运站。有水资源2.1亿立方米。矿产资源较为丰富,其中含煤面积占全县总面积的71.3%,探明煤炭总储量200亿吨。出台了招商引资优惠政策
		项目	2006年4月与寿阳县签约,投资5亿元控股70%,对段王煤矿(产能90万吨)实施技改,一期工程使其年产能达180万吨;对路家河煤矿进行综合开采机械化升级改造,使其年产能达150万吨。(资料来源:河北煤企进山西,金能重组"段王煤化". http://www.heb.china news.com.cn, 2006-04-11)		
78	金牛能源集团	概况	同74	山西省文水县	位于吕梁市(生产总值382.4亿元,全省各市的平均值438.0亿元)东部,总面积1375平方千米、总人口42万人、生产总值22.0亿元(列全市13个县、区的第8位)。在建的太中(银)铁路和307国道、夏汾高速公路穿境而过。建成110千伏变电站3座,在建220千伏变电站1座。有汾河、文峪河等主要河流。自然资源比较丰富,矿种较多,已探明煤田储量14亿吨。实行了吕梁市招商优惠政策
		项目	9月11日与山西金地煤焦有限公司签约,由金牛能源集团控股,总投资37.4亿元。建设集产煤、炼焦、热电、化工、水泥建材的闭合式循环系统。整个煤电化产业链建成投产之后,每年可完成销售收入24.9亿元、利税12.3亿元,在山西再造一个"新邯矿"。(资料来源:山西赤峪主焦煤田将实现产业链条式开发. 工人日报, 2006-09-18)		
79	首钢集团	概况	以生产钢铁业为主,兼营采矿、机械、电子、服务业、海外贸易等多种行业,列世界500强的第431名	新疆维吾尔自治区新源县	隶属新疆伊犁州(生产总值527.22亿元,全疆各地区、州平均值249.6亿元),位于天山北麓、伊犁河谷东端、巩乃斯河河谷地带。总面积7581平方千米、总人口31.6万人、生产总值28.1亿元(列全州11县、市的第5位)。公路总里程2115.6千米,通达率达到95%。河流年总径流量达25.1亿立方米。县内蕴藏着铁、铜、金、煤等30多种矿产资源,其中铁的储量近2亿吨
		项目	2008年8月,与新疆维吾尔自治区签约,兼并了原伊犁兴源实业有限公司,投资200亿元,分两期对原企业进行技术改造。2011年产能达到200万吨。(资料来源:宝钢、首钢、山东钢铁在新疆建设钢铁生产基地. 深冷技术, 2010(12))		

续表

序	转移企业概况			转入地区位概况	
	名称		企业转移特征概况	名称	当年区位特征概况
80	肥城矿业集团	概况	1958年始建,2002年组建新的股份公司,注册资本5.3亿元,国有股权100%,为中国企业集团500强、中国煤炭企业百强。现下设6个分公司、5个参股公司,在册职工3.6万人,年生产能力700万吨	山西省昔阳县	位于晋中市(生产总值385.3亿元,全省各市平均值438.0亿元)东北部。总面积1942平方千米、总人口24.5万人,生产总值14.2亿元(列全市12个县、区的第10位)。阳涉铁路、207国道、317省道纵穿县境。有清漳河、松溪河等大河流。矿产资源丰富,现已发现矿产51种,开发利用的矿种14种。其中煤炭资源是该县的最主要资源之一,煤田面积达150多平方千米,预测储量约73亿吨。实行了晋中市投资税收优惠政策
		项目	2006年10月成功收购山西昔阳安顺乐安煤业有限公司。矿井经过技改后年产能由15万吨提高到45万吨。(资料来源:鑫国公司乐安公司收购一周年纪实. http://bbs.3220078.com, 2007-10-26)		
81	肥城矿业集团	概况	同80	山西省榆次区	是地级晋中市(生产总值470.3亿元,全省各市平均值526.9亿元)所在地。总面积1327平方千米、总人口54万人、生产总值93.2亿元(列全市12个县、区的第1位)。石太、南同蒲、太焦三铁路和太旧、大运高速穿境而过。形成了以500千伏为骨干网架的输变电体系。年降雨量418~483mm,有河流12条。煤炭储量192亿吨。出台了投资优惠政策
		项目	2007年8月成功收购巍山煤矿。井田面积2.8平方千米,地质储量2380万吨。矿井设计年产30万吨。重点推进安全生产、技改扩能,搞好综采设备安装和调试。(资料来源:孔青要求三和公司加快巍山煤业和洗煤厂建设步伐. http://www.fkjt.com, 2007-10-18)		
82	肥城矿业集团	概况	同80	河南省宜阳县	隶属洛阳市(生产总值908.2亿元,全省各市的平均值495.1亿元),总面积1670平方千米,总人口67.3万人、生产总值30.9亿元(列全市15个县、区的第7位)。县城距洛阳市25千米,洛阳市正在建设的西南环高速穿境而过,焦枝铁路洛宜支线直抵县城。有大小河流及山涧溪水360多条。已探明煤炭储量3亿吨,铝土矿储量780.5万吨。出台了宜阳县招商引资优惠政策
		项目	肥域矿业集团(持股51%)与洛阳弘晟工贸有限公司(持股49%)于2004年1月合资建设恒基铝业。2005年12月进行全额受让弘晟工贸的股份。建设一期10万吨/年4A沸石、二期达到20万吨/年4A沸石,项目总投资8.7亿元。(资料来源:洛阳恒基铝业有限公司. http://yiyx.smehen.gov.cn, 2006-12-14)		

附录1 中国境内资源枯竭型企业跨区转移项目概况汇总表

续表

序	转移企业概况			转入地区位概况	
	名称	\multicolumn{2}{l	}{企业转移特征概况}	名称	当年区位特征概况

序	名称		企业转移特征概况	名称	当年区位特征概况
83	中煤集团公司	概况	同35	山西省平鲁区	参见17。虽然生产总值总量有所变化，但在省内、市内的位次无明显变动
		项目	1999年12月正式投资开工建设，2006年3月建成了年产1500万吨的现代化露井联合开采项目(安家岭煤矿)。(资料来源：中国第一座露井联合开采大型煤矿项目正式投产. http://www.chinatz.net, 2006-03-20)		
84	神华集团	概况	1995年10月组建，有54个煤矿，累计年产能2亿吨，有全长为1369千米的铁路线，有1608万千瓦装机容量的电厂，有在册员工15万人	新疆维吾尔自治区奇台县	隶属昌吉州(生产总值251.7亿元，全疆各州、市的平均值162.9亿元)。总面积1.9万平方千米，总人口23万人，生产总值18.1亿元(列全州7个县、区的第5位)。S303、S228省道和在建的乌准铁路穿过县境。依托乌鲁木齐大电网，建有110千伏输变电站3座、35千伏降变电站12座。有9条河流，年径流量4.9亿立方米。矿产资源极为丰富，有煤、金、银、铜、铁、芒硝、石墨、石灰石、膨润土、珍珠岩等20余种，其中煤炭已探明储量1400亿吨，远景储量约在2000亿吨以上。执行国家西部大开发的各项政策和昌吉州的招商优惠政策
		项目	2005年4月神华集团与新疆维吾尔自治区地矿局签署协议，在新疆建设一个年产油品千万吨以上的煤液化基地，此举将使准东煤田成为我国最主要的煤液化生产基地。(资料来源：新疆煤炭开发、市场、运输情况. http://www.coalresource.com, 2005-06-01)		
85	神华集团	概况	同84	新疆维吾尔自治区吉木萨尔县	参见24。虽然生产总值总量有所变化，但在区内、州内的位次无明显变动
		项目	神华集团在昌吉州五彩湾矿区建设5000万吨/年煤炭基地，2006年起分三期进行；300万千瓦煤电基地，首期2×30万千瓦机组2006年开工。(资料来源：一批大型企业集团参与我区煤电煤化工产业建设. http://www.xjetc.gov.cn, 2006-02-10)		

续表

序	转移企业概况			转入地区位概况	
	名称		企业转移特征概况	名称	当年区位特征概况
86	神华集团	概况	同84	新疆维吾尔自治区托克逊县	隶属吐鲁番地区(生产总值145.8亿元,全疆各地、州、市的平均值195.5亿元)。总面积1.7万平方千米、总人口102万人、生产总值11.4亿元(列全地区3个县的第3位)。兰新铁路、312国道、314国道纵横贯穿县境。有6条河流,年径流量3.6亿立方米。煤炭资源主要分布于克尔碱-布尔碱煤矿区、黑山煤矿区,已探明埋深200米以上储量100亿吨以上,远景储量600亿吨以上。执行国家西部大开发的各项政策,并出台了托克逊县经济技术协作招商引资优惠政策
		项目	在黑山投资约375亿元,建设1600万吨/年煤炭基地、320万吨/年煤液化项目、2×30万兆瓦自备电厂和铁路专运线,预计2011年全部投产。去年神华集团兼并了新矿集团,于8月4日成立由神华控股的神华新疆能源有限责任公司,计划近3年内,每年形成1200万吨的煤炭生产能力。(资料来源:一批大型企业集团参与我区煤电煤化工产业建设. http://www.xjetc.gov.cn, 2006-02-10)		
87	神华集团	概况	同84	山西省河曲县	隶属忻州市(生产总值125亿元,全省各市的平均值295.3亿元)。总面积1320平方千米、总人口12.8万人、生产总值12.5亿元(列全市14个县、区的第4位)。有通往五寨、保德的公路,过境2条铁路。黄河流经县境74公里。探明储量的矿种18种,其中煤炭约为120亿吨。出台了河曲县招商优惠政策。进入了全国最具投资潜力中小城市100强
		项目	与山西煤运公司(控股)合资的山西晋神能源有限公司于2004年10月在山西省河曲县整合收购了9座矿井,启动年产240万吨的煤矿、选煤厂和阴塔铁路扩建改造工程。(资料来源:大鱼吃小鱼,煤炭企业十一五整合加速. http://www.thebeijingnews.com, 2006-05-11)		
88	神华集团	概况	同84	山西省保德县	隶属忻州市(生产总值93亿元,全省各市的平均值193.6亿元)。总面积997.4平方千米、总人口15万人、生产总值4.6亿元(列全市14个县、区的第7位)。神朔铁路、神府线韩保二级公路穿境而过。境内除黄河外,共有18条河流。现已探明储量的有煤、铁矿、铝土矿、石灰石、高岭土等资源。煤炭资源分布面积560平方千米,总储量为127亿吨。出台了关于引进项目、资金、技术的规定
		项目	神东煤炭分公司2002年收购保德煤矿,后进行扩建,使其生产能力达到1200万吨/年。保德煤矿位于山西省保德县桥头镇境内,井田面积约60平方千米,属于高瓦斯矿井,地质条件复杂,顶板破碎,安全管理难度较大。(资料来源:保德煤矿. http://www.baike.baidu.com, 2002-12-26)		

附录1 中国境内资源枯竭型企业跨区转移项目概况汇总表

续表

序	转移企业概况			转入地区位概况	
	名称		企业转移特征概况	名称	当年区位特征概况
89	神华集团	概况	同84	新疆维吾尔自治区米东区	位于乌鲁木齐市(生产总值达571亿元,全疆各市、州的平均值162.9亿元)东北部,区府距乌鲁木齐市中心城区15千米。总面积277.9平方千米、总人口9.5万人、生产总值191.1亿元(列全市8个县、区的第1位)。火车站是新疆铁路的总枢纽,公路四通八达。矿产资源极其丰富,已发现煤炭储量76亿吨。执行国家西部大开发的各项政策,出台了多项招商引资优惠政策。进入了全国最具投资潜力中小城市100强
		项目	2005年8月4日由神华集团对乌鲁木齐矿业公司控股重组后的神华新疆能源公司揭牌,注册资本12.6亿元。公司实施煤电、煤制油和煤化工等项目,到2007年煤炭产量达1000万吨,在今年内启动2×30万千瓦机组坑口电厂建设前期工作。(资料来源:神华集团公司成功重组新矿集团公司. http://finance.sina.com.cn, 2005-09-02)		
90	神华集团	概况	同84	宁夏回族自治区灵武市	参见14。虽然生产总值总量有所变化,但在区内、市内的位次无明显变动
		项目	2007年1月神华集团以现金出资(控股51%)、宁夏区政府以宁煤净资产出资组建神宁煤业集团,投资20亿元改造羊场湾煤矿,年产计划达1102万吨。(资料来源:神华宁煤百亿投资推进宁夏跨越式发展. http://www.in-en.com, 2008-02-20)		
91	神华集团	概况	同84	陕西省神木市	隶属榆林市(生产总值138.1亿元,全省各市的平均值237.8亿元),总面积7635平方千米、总人口36.6万人、生产总值42亿元(列全市12个县、区的首位)。有神包等3条铁路及神府等4条公路。有110千伏输变电线与晋、甘、宁电网相联。黄河在境98千米。矿产资源主要有煤炭、石典砂、膨润土、岩盐、铁矿、石灰石、天然气等。探明煤炭储量500亿吨。执行国家西部大开发的政策,出台了鼓励外来投资的规定。进入了全国最具投资潜力中小城市100强
		项目	神东煤炭分公司2003年收购的哈拉沟煤矿(原产能60万吨/年)经技术改造设计生产能力达1000万吨/年,2004年12月8日建成投产。哈拉沟煤矿位于陕西省神木县境内,设计服务年限52年。(资料来源:哈拉沟煤矿.陕西煤炭, 2018, 37(S1))		

续表

序	转移企业概况			转入地区位概况	
	名称		企业转移特征概况	名称	当年区位特征概况
92	鲁能集团	概况	2003年1月成立。重点建设煤电一体化项目。运营煤矿年产能1331万吨，在建煤矿年产能3780万吨。总资产738.1亿元，资产质量优良	新疆维吾尔自治区哈密市	位于哈密地区(生产总值47.7亿元，全疆各地、州、市的平均值113.5亿元)南部。总面积8.5万平方千米、总人口40.3万人、生产总值41.6亿元(列全地区3个县的第1位)。国道312线、兰新铁路横贯哈密。哈密机场即将开工建设。水源主要由地表水(天山降雨、降雪)和地下水(天山冰川融化)两部分构成。已探明煤、铁等76类矿种，其中三道岭煤田储量15亿吨。执行国家西部大开发的各项政策，并出台了招商优惠政策。进入了全国最具投资潜力中小城市100强
		项目	2003年1月鲁能集团(控股70%)、新能集团(占股20%)、哈密地区(占股10%)正式签约。三方共建的哈密鲁能煤电化基地分三期工程，一期4×30万千瓦机组，配套煤矿产能300万吨/年，当年计划于2006年底建成投产。(资料来源：哈密鲁能煤电化基地建设启动. http://www.xjepc.com.cn, 2004-12-02)		
93	鲁能集团	概况	同92	新疆维吾尔自治区阜康市	隶属昌吉州(生产总值211.8亿元，全疆各地、州、市的平均值132.9亿元)。总面积1.2万平方千米、总人口16.2万人、生产总值29.8亿元(列全州7个县的第2位)。216国道和S303省道横贯东西，乌甘铁路与欧亚大陆桥相连。与乌市电网并网。年降雨量323~530毫米，河流年径流量2亿立方米。煤炭储量84亿吨。执行国家西部大开发的各项政策，并出台了阜康市招商优惠政策
		项目	2004年9月6日与阜康市政府签约。在阜康市建设一座90万千瓦的电厂，总投资超过40亿元，标志着新疆最大坑口电站将落户阜康。据测算，仅目前在阜康重化工基地建设、规划的项目，年耗电量就达75亿度。(资料来源：鲁能集团牵手阜康实施煤电开发. http://www.fk.gov.cn, 2004-09-07)		
94	鲁能集团	概况	同92	新疆维吾尔自治区和布克赛尔县	参见15。虽然生产总值总量有所变化，但在全疆、区内的位次无明显变动
		项目	2005年8月在和布克赛尔县注册和丰鲁能煤电化开发有限公司。投资5000万元建设2×150兆瓦发电厂，计划2007年9月正式开工。年产300万吨煤井的设计正在评审。(资料来源：和布克赛尔县工业重点项目进展顺利. http://tachengdiqu.mofcom.gov.cn, 2007-06-04)		

附录1 中国境内资源枯竭型企业跨区转移项目概况汇总表

续表

序	转移企业概况			转入地区位概况	
	名称	企业转移特征概况		名称	当年区位特征概况
95	鲁能集团	概况	同92	黑龙江省宝清县	隶属双鸭山市(生产总值129.5亿元,全省各市的平均值380.9亿元)。总面积1万平方千米、总人口42.4万人、生产总值28.2亿元(列全市8个县、区的第1位)。有公路与哈尔滨、双鸭山和周边市县直通,地方铁路与国铁并轨。实现了国家电网直接供电。地表水总量为5亿立方米,地下水日供水万吨以上。资源富集,发展潜力巨大,已探明煤炭储量70亿吨以上。出台了宝清县招商优惠政策
		项目	2004年4月与双鸭山市政府签订开发宝清县煤炭产业化项目协议。初期建设总容量为240万千瓦燃煤发电机组和年产1000万吨的煤矿,投资700亿元,2005年始建。该项目构建了一条新的煤电一体化产业链。(资料来源:山东鲁能相中双鸭山. http://cn.cwestc.com, 2004-04-14)		
96	鲁能集团	概况	同92	山西省河曲县	参见87。虽然生产总值总量有所变化,但在省内、市内的位次无明显变动
		项目	2002年6月由鲁能集团与晋能集团、山东鲁能物矿开发有限公司合资组建山西鲁能河曲电煤开发有限责任公司(分别拥有51%、30%、19%的股权)。一期2×600兆瓦发电机组及配套年产600万吨煤矿已于2005年1月全部建成并正式投产。(资料来源:鲁能"五位一体"的能源版图. http://www.zjol.com.cn, 2005-03-15)		
97	鲁能集团	概况	同92	山西省潞城市	位于长治市(生产总值206亿元,全省各市的平均值193.5亿元)东南部。总面积615平方千米、总人口21万人、生产总值24.9亿元(列全市11个县、区的第1位)。邯长铁路、太焦铁路,207国道、309国道穿越境内。水资源人均占有量约3652立方米。有10多种资源,煤炭分布面积22.2平方千米,已探明储量约2.4亿吨。执行长治市招商优惠政策。进入了全国最具投资潜力中小城市100强
		项目	2002年6月鲁能集团、山东省国有资产投资控股有限公司、国网山西省电力公司、山西地方电力有限公司分别以55%、20%、20%、5%比例合资建设王曲电厂,总投资120亿元。王曲电厂是跨省供电型坑口火电项目,首台机组2006年8月并网发电。(资料来源:鲁能煤电产业. http://www.lunenggroup.com, 2005-12-23)		

续表

序	名称	转移企业概况		名称	当年区位特征概况
		企业转移特征概况			
98	鲁能集团	概况	同92	山西省原平市	参见70。虽然生产总值总量有所变化，但在省内、市内的位次无明显变动
		项目	山西鲁能晋北铝业有限责任公司由鲁能集团(控股)和山西省投资集团有限公司共同出资，2002年成立。2004年10月开工建设年产100万吨氧化铝、3×25兆瓦电厂、180万吨铝土矿，于2006年5月投产。(资料来源：鲁能晋北铝业 100 万吨氧化铝项目开工. http://www.sx.xinhua-net.com/jryw, 2004-10-17)		
99	鲁能集团	概况	同92	云南省富源县	参见60。虽然生产总值总量有所变化，但在省内、市内的位次无明显变动
		项目	2004年12月签署雨汪煤电开发协议。以山东鲁能控股公司等3家公司为主投资，内蒙古东源投资集团有限公司以采矿权价款出资组建公司，在2008年8月建成年产600万吨煤矿和240万千瓦的电厂。(资料来源：同96)		
100	中国石油集团	概况	同56	新疆维吾尔自治区库尔勒市	是巴音州(生产总值325亿元，全疆各州、市的平均值162.9亿元)的首府，总面积7116.9平方千米、总人口43.8万人、生产总值242.8亿元(列全州9个县之首位)。年平均降水量58.6毫米。具备了铁路、公路、航空交通条件，有开往西安、乌鲁木齐的火车，可到达乌鲁木齐、吐鲁番、哈密、兰州、西安、喀什、阿克苏等地。矿产资源有50多种，已成为全国四大气区和六大油田之一，开发价值极为可观。执行西部大开发的政策，出台了招商引资优惠政策。进入了全国最具投资潜力中小城市100强
		项目	集团公司投资建设的塔里木年产尿素80万吨、合成氨45万吨项目当年开工，总投资28.4亿元。项目将成为南疆最大的化肥生产基地，能缓解国内化肥市场供求矛盾。(资料来源：塔里木石化年产80万吨尿素工程开工. http://news.chemnet.com, 2007-08-29)		

附录1　中国境内资源枯竭型企业跨区转移项目概况汇总表

续表

序	转移企业概况			转入地区位概况	
	名称		企业转移特征概况	名称	当年区位特征概况
101	山东钢铁集团	概况	2008年3月重组成立,有职工8.9万人,总资产1545亿元,年产钢2400万吨、铁2500万吨、钢材2300万吨	新疆维吾尔自治区喀什市	隶属喀什地区(生产总值375.3亿元,全疆各地、州、市的平均值232.7亿元)。总面积554.8平方千米、总人口60万、生产总值72.9亿元(列全地区12个县之首)。喀叶高速公路、喀乌铁路、喀什机场形成立体交通。河水年径流量1.3万立方米,地下回归水10亿立方米。矿产丰富,探明铁、煤等67类矿种,铁储量达15亿吨。执行国家西部大开发的各项政策,并出台了招商优惠政策
		项目	2009年8月,山东钢铁集团与喀什地区行署达成协议,山钢将在喀什地区建设一期100万吨钢铁项目,加上后续项目,总投资额约39.5亿元,这标志着山钢产业援疆计划实质性启动。(资料来源:山钢集团新疆炼钢.大众数字报,2010-08-04)		
102	淮北矿业集团	概况	始建于1958年,1998年改制为有限责任公司。有职工9万人、生产矿井17对,年产能3149万吨	陕西省府谷县	位于榆林市(生产总值1302.3亿元,全省各市的平均值817.9亿元)北端。总面积3229平方千米、总人口20.5万人、生产总值155.0亿元(列全市12个县、区的第4位)。公路通车里程1875千米,神朔铁路途经府谷47.9千米。地表地下水年径流量53.7亿立方米。矿产资源极为丰富,其中煤炭探明储量200多亿吨。执行国家西部大开发的各项政策,并作出了改善投资环境进一步扩大开放的决定
		项目	2010年8月由淮北矿业集团控股、陕西长城建设工程有限公司合资的淮北矿业(府谷)长城有限公司成立。该公司在陕西省府谷县获42亿煤炭储量,"十二五"投资300亿,建成三对矿井,年生产能力达到1800万吨。(资料来源:调结构、转方式淮矿站在新的平台上起跳.中国经济时报,2010-12-07)		
103	淮北矿业集团	概况	同102	内蒙古自治区乌审旗	隶属鄂尔多斯市(生产总值2161.0亿元,全自治区各市、盟的平均值907亿元)。总面积1.1万平方千米、总人口12.5万人、生产总值153.0亿元(列全市8个旗、区的第5位)。有银川至靖边的高速公路和东胜至乌海铁路。水资源径流总量6.8亿立方米。煤炭资源丰富、品质优良,探明储量520亿吨,预测储量1000亿吨以上。执行国家西部大开发的各项政策,并出台了乌审旗投资优惠政策
		项目	2010年9月10日淮北矿业集团与奇瑞汽车股份公司以51:49的股比签约,共同开发内蒙古鄂尔多斯市纳林河矿区16.6亿吨煤炭储量。奇瑞公司在内蒙古鄂尔多斯市进行投资,根据相关规定获得了配置的当地煤炭资源。(资料来源:淮北矿业携手奇瑞开发内蒙煤田.淮北晨刊,2010-09-19)		

续表

序	名称	转移企业概况		转入地区位概况	
			企业转移特征概况	名称	当年区位特征概况
104	华电煤业集团	概况	2005年8月在北京成立,注册资本15.6亿元,总资产220亿元。有13个分公司、10个全资(控股)子公司、18个参股子公司。控股企业煤炭产能4000万吨,发电容量462万千瓦	新疆维吾尔自治区奇台县	参见84。虽然生产总值总量有所变化,但在区内、州内的位次无明显变动
		项目	华电煤业集团2006年决定投资建设:一期火电站120万千瓦,二期火电站400万千瓦。准东将军庙基础设施建设已启动。(资料来源:奇台县将军庙煤电煤化工工业园区建设进展顺利. http://www.xjqt.gov.cn, 2006-12-18)		
105	天能集团	概况	天能集团现下辖9对煤矿、12个非煤企业,另有5个控股、参股热电厂,职工总数15000人,总资产15亿元	贵州省大方县	同41
		项目	天能集团出资2.4亿元与北京中天宏能矿产勘探科技开发有限公司合作成立贵州天能矿产有限公司,并于2006年9月8日就合作开发贵州大方资源举行签约。(资料来源:江苏天能集团公司签约开发贵州煤炭. http://xzdsq.cnxz.com.cn, 2006-09-12)		
106	天能集团	概况	同105	贵州省西秀区	隶属安顺市(生产总值142.1亿元,全省各州、市的平均值311.0亿元),总面积1704.5平方千米、总人口82.4万人、生产总值60.2亿元(列全市6个县、区之首)。有贵昆、株六铁路和清镇高速公路穿境。矿产资源极为丰富,其中煤炭储量最大,达到31亿吨。执行国家西部大开发的政策,出台了招商优惠政策。进入了全国最具投资潜力中小城市100强
		项目	2007年4月18日集团公司整合桦槁林煤矿签字仪式举行,标志着公司正式收购贵州桦槁林煤矿。集团公司启动了对矿井的防排水系统、通风系统、瓦斯监控系统、防尘供水系统等的升级改造。(资料来源:集团公司收购贵州桦槁林煤矿. http://www.jstnjt.com, 2007-04-19)		

附录1　中国境内资源枯竭型企业跨区转移项目概况汇总表

续表

序	转移企业概况			转入地区位概况	
	名称		企业转移特征概况	名称	当年区位特征概况
107	天能集团	概况	同105	贵州省都匀市	隶属黔南自治州(生产总值146.5亿元,全省各州、市的平均值189.6亿元),总面积2274平方千米、总人口46万人、生产总值28.2亿元(列全州12个县、区之首)。黔桂铁路和320国道、321国道贯通南北。矿产资源丰富,拥有各种矿床、矿点、矿化点80余处,其中,已探明铅锌矿储量为36万吨,煤炭储量为2705.7万吨。执行国家西部大开发的各项政策,出台了招商引资优惠政策。进入了全国最具投资潜力中小城市100强
		项目	2004年收购了贵州省都匀市桃子冲煤矿,改造后进行生产。(资料来源:江苏天能集团奏响煤炭工业发展的强音.中国企业报,2005-03-03)		
108	天能集团	概况	同105	贵州省威宁县	隶属毕节地区(生产总值196.0亿元,全省各地、州、市的平均值189.6亿元),总面积6295平方千米、总人口111.8万人、生产总值24.5亿元(列全地区8个县的第5位)。内昆、贵昆铁路及326国道过境。气候温凉,年均降水量890毫米,水资源蕴藏量52.5万千瓦。供电并入国家电网。有煤、石膏、铁、铜等矿产资源。其中煤炭为最,已探明煤炭储量达50亿吨。执行国家西部大开发的各项政策,并出台了招商引资配套政策
		项目	2004年收购了贵州省威宁县振华煤矿,改造后进行生产。(资料来源:同107)		
109	宝钢集团	概况	同37	四川省新都区	隶属成都市(生产总值3324.4亿元,全省各市、州的平均值503.0亿元),总面积497平方千米、总人口91.8万人、生产总值733.8亿元(列全市20个县、区的第9位)。京昆高速公路、成绵高速公路、成都绕城高速公路过境。宝成铁路、成绵乐城际铁路境内设站。清白江、毗河、西江河等水源充足。执行国家西部大开发的政策,出台了招商优惠政策
		项目	2008年7月1日,成都宝钢制罐有限公司举行开业典礼,项目总投资3.3亿元,投产后能形成年产4.6亿只钢制易拉罐的生产能力,实现产、销3亿元人民币。(资料来源:投资3亿元制罐项目宝钢西部布局.http://www.sina.com.cn,2008-07-01)		

续表

序	转移企业概况			转入地区位概况	
	名称		企业转移特征概况	名称	当年区位特征概况
110	中国石油集团	概况	同56	四川省长宁县	隶属宜宾市(生产总值1091.2亿元,全省各市、州的平均值1001.3亿元),总面积1000.2平方千米、总人口46万人、生产总值78.6亿元(列全市10个县、区的第4位)。县城距宜宾机场50千米,东临长江黄金水道,境内宜泸渝高速公路通车。矿产资源丰富,探明的主要有盐矿、地热、天然气、页岩气等。执行国家西部大开发的各项政策,出台了招商引资优惠政策
		项目	2012年3月,国家发改委及国家能源局致函中石油,同意建设长宁-威远页岩气产业化示范区,年产能达20亿立方米。(资料来源:四川长宁-威远国家级页岩气示范区设立. http://finance.sina.com.cn, 2012-04-16)		
111	连云港市煤炭工业公司	概况	始建于1970年,除了煤炭生产外还经营建材、化工、机械等多种项目。其中骨干项目有生产矿井4对,原煤生产能力100万吨	贵州省金沙县	同48
		项目	2004年4~6月买断金沙县小桥煤矿、川达煤矿。加大对周边煤矿的整合力度,进一步提升集团的整体产能。现拥有井田面积10.4平方千米,资源储量6000余万吨,煤炭开采能力138万吨/年,成为金沙电厂的供煤基地。(资料来源:2005年连云港年鉴.方志出版社,2005-10-01)		
112	江苏宏安集团	概况	创立于1970年,拥有4000多名职工、4亿多元资产,年产煤炭100多万吨,销售收入3亿多元	贵州省西秀区	参见106。虽然生产总值总量有所变化,但在省内、市内的位次无明显变动
		项目	2004年5月买断贵州省安顺市西秀区春阳煤矿,1000多万吨的储量足够再开采40年,该矿被列为安顺市地方"示范矿"。(资料来源:全面落实科学发展观,实现企业跨越式发展.理论前沿,2007(24))		

附录 1　中国境内资源枯竭型企业跨区转移项目概况汇总表

续表

序	转移企业概况			转入地区位概况	
	名称		企业转移特征概况	名称	当年区位特征概况
113	江苏宏安集团	概况	同 112	贵州省普定县	隶属安顺市(生产总值 87.8 亿元,全省各州、市的平均值 189.6 亿元),总面积 1090.5 平方千米、总人口 43 万人、生产总值 13.1 亿元(列全市 6 个县、区的第 3 位)。公路里程 700 多千米。贵昆铁路通过县境南部。水路主航道 42 千米。电力开发前景良好。矿产资源丰富,已探明煤炭储量 53.3 亿吨。执行国家西部大开发的各项政策,并出台了普定县招商优惠政策
		项目	2004 年 10 月 8 日,买断贵州省普定县莆河煤矿。该矿共完成技改投资 1000 万元,年生产能力增至 15 万吨。到所有技改工程全部完成,预计投资总额为 2500 万元,年产量可达到 45 万吨以上。(资料来源:普定莆河煤矿引资千万元完成技改工程. http://www.gz.xinhuanet.com/zfpd, 2005-07-12)		
114	河北中达集团	概况	始建于 1969 年 6 月,位于邢台市内丘县,注册资金 1.3 亿元,拥有固定资产 10 亿元,是一个综合性的国家二级企业,国家首批"质量标准化矿井"。煤炭年生产能力达 1800 万吨	陕西省旬邑县	位于咸阳市(生产总值 250.6 亿元,全省各市的平均值 204.5 亿元)北部,总面积 1811 平方千米、总人口 27.4 万人、生产总值 4.7 亿元(列全市 13 个县、区的第 10 位)。211 国道穿越南北,306 省道横贯东西。与国家电网相联,实施双电源供电:一路为 35 千伏输电线路 6 条,另一路为 110 千伏输电线路 1 条。有八河等 4 条河流。矿产主要以煤炭、石油、天然气为最,其中已探明煤炭储量 27 亿吨。执行国家西部大开发的各项政策,并出台了旬邑县招商优惠政策
		项目	2002 年旬邑县政府将燕家河煤矿产权转让给中达集团,矿区占地 210 亩。中达集团承担债务,安置现有职工,为与大唐电厂配套,实施技改,并建设 2×2.5 千瓦煤矸石热电厂。(资料来源:旬邑吸引外资参与煤炭企业改造. http://biz.allnet.cn, 2005-10-11)		
115	河北中达集团	概况	同 114	陕西省彬县	参见 29。虽然生产总值总量有所变化,但在省内、市内的位次无明显变动
		项目	2001 年 4 月与彬县签约,由中达集团承包并接管火石咀煤矿。中达集团先后投资 3.6 亿元进行技改,使其年产能由 9 万吨提高到 300 万吨,较好地与当地电厂配套。(资料来源:正在崛起的陕西火石咀煤矿. http://www.zgkyfz-gov.cn, 2007-12-17)		

续表

序	转移企业概况		转入地区位概况	
	名称	企业转移特征概况	名称	当年区位特征概况
116	河北中达集团	概况：同114	陕西省子长县	参见22。虽然生产总值总量有所变化，但在省内、市内的位次无明显变动
		项目：2008年3月竞拍获取1.1亿吨煤炭的开采权。一期控股建设年产120万吨的煤矿、一个精洗煤厂和年产98万吨的煤化工项目，仅此煤化工项目投资就达50亿元。(资料来源：李希会见河北中达集团董事长一行. http://www.yadaily.com, 2008-05-14)		
117	中国石油集团	概况：同56	新疆维吾尔自治区新和县	隶属阿克苏地区(生产总值236.8亿元，全疆各地、市、州的平均值162.9亿元)，总面积8223平方千米、总人口14.6万、生产总值7.5亿元(列全市9个县的第3位)。314国道、南疆铁路贯穿县境，库车县飞机场离新和县40千米。水源丰富，地表水径流量21.9亿立方米，主要来自渭干河。矿产资源极其丰富，已探明天然气地质储量656.3亿立方米、原油储量2600万吨，还有盐山、石膏矿、铜矿等资源尚待开发。执行西部大开发的政策，并制定了招商引资的优惠政策
		项目：2005年12月开工建设英买力气田群，设计年产天然气25亿立方米。2007年4月25日，英买力气田建成投产，并开始向"西气东输"供气。英买力气田群由英买力、羊塔克和玉东三座油气田组成，合计探明天然气地质储量650多亿立方米。(资料来源：西气东输第二大主力气田新疆英买力气田群投产. http:///www.chinanews.com/cj/hgjj/news, 2007-04-28)		
118	永城煤电集团	概况：同39	新疆维吾尔自治区伊宁县	参见25。虽然生产总值总量有所变化，但在区内、州内的位次无明显变动
		项目：由伊犁农四师国有资产投资有限责任公司、伊犁南岗建材(集团)有限责任公司联合永城煤电集团、贵州安龙金宏特种树脂有限责任公司、中国化工新疆化工(集团)共同发起成立伊犁南岗特种树脂有限责任公司。公司40万吨/年聚氯乙烯化工项目于2007年11月28日开工。(资料来源：伊犁建材重型"航母"扬帆出海. http://www.xj.xin huanet.com, 2007-11-29)		

附录1　中国境内资源枯竭型企业跨区转移项目概况汇总表

续表

序	转移企业概况			转入地区位概况	
	名称		企业转移特征概况	名称	当年区位特征概况
119	永城煤电集团	概况	同39	贵州省黔西县	参见27。虽然生产总值总量有所变化，但在省内、区内的位次无明显变动
		项目	2004年9月，永城煤电集团投资建设与黔西电厂配套煤矿——杨柳井煤矿，该矿建设规模为120万吨/年。（资料来源：黔西六煤矿加盟"西电东送". http://www.cn.cwestc.com, 2004-09-01）		
120	永城煤电集团	概况	同39	贵州省关岭县	位于安顺市（生产总值106.1亿元，全省各市、州平均值226.8亿元）西南部，总面积1648平方千米、总人口32.4万人、生产总值10.2亿元（列全市6个县、区的第5位）。贵黄高等级公路直达县城，国道320线和省道214线贯穿全境，长达114千米。建成电站装机容量65600千瓦，年发电量3.2亿度，以五座35千伏的变电站为骨架的县电网已并入国家电网，水资源蕴藏量250万千瓦。矿产资源丰富，主要有煤、石灰石、白云石、大理石、铁、汞、铜等，其中煤炭储量7.2亿吨，优质电石灰石1355万吨。执行国家西部大开发的各项政策措施，并出台了本地招商引资优惠政策
		项目	2005年永城煤电集团投资3.8亿元开发贵州关岭县丙坝煤矿，设计产能60万吨/年，建设周期为2008年到2010年。这一项目是永城煤电集团实施资源扩张战略的又一重大举措。（资料来源："三部曲"凸现新观念. http://www.gzrb.gog.com.cn, 2006-01-29）		
121	兖矿集团	概况	同45	陕西省榆阳区	同51
		项目	在陕西榆林开工建设的煤制油项目始于2006年4月，兖矿控股将耗资千亿元。全部工程分两期进行，一期当年计划2013年建成，年产500万吨油品，投入资金500亿元。（资料来源：煤变油，是现实还是美丽神话. http://www.xin zhoujj.gov.cn, 2006-09-28）		

续表

序	转移企业概况			转入地区位概况	
^	名称		企业转移特征概况	名称	当年区位特征概况
122	兖矿集团	概况	同45	新疆维吾尔自治区昌吉市	隶属于新疆昌吉州(生产总值1367.3亿元,全疆各州、地区平均值826.4亿元),位于天山北麓、准噶尔盆地南缘,地处亚欧大陆中心。总面积8215平方千米、总人口54.7万人、生产总值398.0亿元(位列7县、市之首)。东距乌鲁木齐市30千米、地窝堡国际机场18千米,312国道、乌奎高速公路和北疆铁路穿城而过。矿产资源有煤、铁、金、白矾、芒硝等,特别是煤炭储量大、品位好,已探明地质储量达220亿吨以上
^	^	项目	2019年12月20日,新疆昌吉州人民政府与兖矿集团签约。兖矿集团规划十年内在昌吉州新增总投资1000亿元,实现年产值1000亿元,利税259亿元,煤炭年产能4000万吨,煤化工年产能1000万吨。(资料来源:1000亿! 兖矿与新疆昌吉举行合作项目签约仪式. 昌吉日报,2019-12-20)	^	^
123	兖矿集团	概况	同45	内蒙古自治区东胜区	参见65。虽然生产总值总量有所变化,但在省内、区内的位次无明显变动
^	^	项目	2018年3月27日与内蒙古矿业(集团)有限责任公司在北京签署合作协议。在鄂尔多斯建成3对千万吨特大型矿井和180万吨煤制甲醇项目,收购和改造升级2对煤矿;加快建设荣信化工二期。(资料来源:兖矿集团与内蒙古矿业集团签署战略合作协议. https://www.sohu.com/a, 2018-04-04)	^	^
124	冀中能源集团	概况	总部位于邢台市的一家以煤炭为主业、综合发展的大型国有企业。入选2019年中国企业500强	新疆维吾尔自治区库尔勒市	参见100。虽然生产总值总量有所变化,但在区内的位次无明显变动
^	^	项目	2019年7月8日,冀中能源集团与美克集团合作投资20亿元的新疆塔什店煤矿开工。该矿年生产能力为200万吨,服务年限为60年。(资料来源:河北省援疆单体投资最大项目塔什店煤矿昨日开工. http://he.people.com.cn/gb/n2, 2019-07-09)	^	^

附录1　中国境内资源枯竭型企业跨区转移项目概况汇总表

续表

序	转移企业概况			转入地区位概况	
	名称	\multicolumn{2}{c}{企业转移特征概况}	名称	当年区位特征概况
125	冀中能源集团	概况	同124	新疆维吾尔自治区拜城县	参见38。虽然生产总值总量有所变化，但在区内的位次无明显变动
		项目	2012年6月18日，冀中能源峰峰集团察尔齐煤矿举行开工仪式。总投资9亿元，开工150万吨/年建设项目，是南疆地区单井规模最大的全现代化矿井。(资料来源：投资40亿元冀中能源峰峰集团布局新疆煤炭开发. http://district.ce.cn/zg/2012-06-19)		
126	开滦集团	概况	同43	新疆维吾尔自治区库尔勒市	参见100。虽然生产总值总量有所变化，但在区内的位次无明显变动
		项目	2019年12月，开滦集团联合中化明达控股集团，通过竞价成功收购新疆金川集团49%股权。新疆金川集团拥有资源储量3.3亿吨。(资料来源：开滦集团外埠煤炭资源开发实现新突破. http://www.kuangyeren.net, 2020-07-16)		
127	开滦集团	概况	同43	内蒙古自治区准格尔旗	地处内蒙古鄂尔多斯市(生产总值3605.0亿元，全蒙各市、盟平均值1434.4亿元)东部。总面积7692平方千米、总人口36.7万人、生产总值938.2亿元(列全市9旗、区的第1位)。黄河年过水量248亿立方米，地下水探明储量28.5亿立方米。境内有大准铁路、准东铁路和在建的呼准铁路，年货运能力达1亿吨。109国道横贯东西，在建的呼和浩特至鄂尔多斯高速公路穿境而过，与建成的呼包、包东高速公路连为一体。煤炭探明储量544亿吨，远景储量1000亿吨，且地质构造简单、低瓦斯，发热量均在6000大卡/千克以上
		项目	2020年5月19日，开滦集团在内蒙古投资建设的第一座特大型煤矿红树梁矿通过准格尔政府批复全面开工建设。矿井工业储量748亿吨，设计储量640亿吨，可采储量458亿吨。矿井设计生产能力500万吨/年，服务年限近70年，规划投资近20亿元。(资料来源：内蒙古公司红树梁矿全面开工建设. https://www.sohu.com/a/399898578_732581, 2020-06-04)		

续表

序	转移企业概况			转入地区位概况	
	名称		企业转移特征概况	名称	当年区位特征概况
128	开滦集团	概况	同43	内蒙古自治区准格尔旗	参见127。虽然生产总值总量有所变化，但在区内的位次无明显变动
		项目	2019年3月7日，开滦集团决定投资66.4亿元建设40万吨/年煤制乙二醇项目及其配套工程，建设期3年，投产后年均销售收入达27.7亿元。(资料来源：开滦集团66亿元40万吨煤制乙二醇项目落地内蒙古. http://m.coalnews.com/news, 2019-03-07)		
129	淮南矿业集团	概况	1998年5月由原淮南矿务局改制为国有独资公司，现有12处生产矿井、14个子公司，资产总额1490亿元。入选2016年中国企业500强	内蒙古自治区东胜区	参见65。虽然生产总值总量有所变化，但在区内的位次无明显变动
		项目	2015年1月27日，淮南矿业集团投资开发的内蒙古塔然高勒矿区泊江海子煤矿项目通过国家能源局的核准批复。该矿建设规模为300万吨/年，总投资额为28.1亿元。(资料来源：国家能源局正式核准淮南矿业西部煤电基地煤矿项目. http://news.bjx.com.cn/html, 2015-01-27)		
130	中煤集团	概况	同35	新疆维吾尔自治区呼图壁县	隶属昌吉州(生产总值1367.3亿元，全疆各州、地区平均值826.4亿元)，地处准噶尔盆地南缘，东距乌鲁木齐68千米。总面积9721.6平方千米、总人口21.7万人、生产总值157.6亿元(列全州7县的第5位)。北疆铁路、312国道、乌奎高速公路穿境。地表水年径流量4.9亿立方米、地下水总储量2.1亿立方米。已查明矿藏有煤、石油、沙金等，煤总储量13亿吨
		项目	2019年2月2日，国家能源局核准批复中煤能源新疆鸿新煤业有限公司苇子沟煤矿一期工程项目。井田面积25.3平方千米，设计可采储量316.9百万吨，生产能力240万吨/年，服务年限93年。(资料来源：喜讯 | 新疆鸿新煤业苇子沟煤矿一期工程项目核准获批复. https://www.sohu.com, 2019-02-02)		

附录1　中国境内资源枯竭型企业跨区转移项目概况汇总表

续表

序	转移企业概况			转入地区位概况	
	名称		企业转移特征概况	名称	当年区位特征概况
131	中煤集团	概况	同31	新疆维吾尔自治区呼图壁县	同130
		项目	2019年11月16日，中煤能源新疆天山煤电有限责任公司106煤矿项目通过竣工验收，成为中煤集团大屯煤电(集团)有限责任公司第一个走出去开发建设并建成投产的煤矿项目。(资料来源：喜讯丨天山公司顺利通过国家一级安全生产标准化验收. https://www.sohu.com, 2019-12-18)		
132	中煤集团	概况	同35	甘肃省崆峒区	隶属甘肃省平凉市(生产总值395.2亿元，全省各市平均值584.6亿元)，地处甘肃省东部、六盘山东麓，总面积1936平方千米、总人口53.3万人、生产总值137.6亿元(位列7县、区的第1名)。宝中铁路、天平铁路、西平铁路，以及福银高速公路、平定高速、西长凤高速、福银高速等通过境内。地表水可利用量1.1亿立方米，地下水储量12亿立方米。地下矿藏有煤、铁、铜、磷、陶土、黏土、石膏等16种12大矿点
		项目	2019年7月11日，国资委企业改革局同意将甘肃灵南煤业有限公司80%的股权无偿划转大屯煤电(集团)有限责任公司。灵南煤业所属唐家河、南川河2座煤矿拥有煤炭资源17.8亿吨，其中唐家河煤矿产能为500万吨/年，南川河煤矿产能为400万吨/年。(资料来源：中煤大屯公司2019年十大新闻. https://datun.chinacoal.com/art, 2020-01-21)		
133	山东能源集团	概况	山东省属国有独资公司。注册资本100亿元，现有员工23万人，资产总额1673亿元，位列中国企业500强的第75位	内蒙古自治区鄂托克前旗	参见30。虽然生产总值总量有所变化，但在区内的位次无明显变动
		项目	山东能源集团和中信泰富能源合资建设装机容量4×1000兆瓦，一期建设2×1000兆瓦超临界间接空冷燃煤发电机组，当年计划于2019年投入运行。(资料来源：总投资65.91亿元山东能源内蒙古盛鲁电厂一期主体工程开工. http://news.bjx.com.cn/html, 2017-05-25)		

续表

序	转移企业概况			转入地区位概况	
	名称		企业转移特征概况	名称	当年区位特征概况
134	紫金矿业集团	概况	同42	新疆维吾尔自治区哈巴河县	隶属阿勒泰地区(生产总值40.2亿元,全疆各州、地区平均值90.2亿元),位于新疆西北边缘,与哈萨克斯坦、俄罗斯两国接壤。总面积8180平方千米、总人口8.8万人、生产总值12.1亿元(位列7县、市第三名)。年均径流量116亿立方米。已发现32种矿产,其中铜、金资源储量分别为360万吨、200吨。执行国家西部大开发的各项政策
		项目	紫金矿业集团2002年受让新疆阿舍勒铜矿46%股权,成为第一股东。该铜矿工业储量91万吨,年产能4万吨,名列全国前茅。(资料来源:紫金矿业投资1亿多元控股开发新疆阿舍勒铜矿.矿业快报,2003(7))		
135	紫金矿业集团	概况	同42	吉林省珲春市	隶属于延边朝鲜族自治州(生产总值142.9亿元,全省各市平均值225.8亿元),总面积5145平方千米、总人口22.6万人、生产总值14.2亿元(位列8县、市第四名)。已有铁路线总长78公里,通过珲春铁路口岸,窄轨铁路可以直达俄罗斯的波谢特港,也是我国从水路到韩国东海岸、日本西海岸,以及北美、北欧的最近点。市辖区内铜矿资源保有储量1.24亿吨,金矿资源保有储量72吨。出台了招商引资优惠政策
		项目	2002年12月16日与珲春金铜矿业有限责任公司签订了联营协议,成立珲春紫金矿业有限公司。该公司投入11亿元对曙光金铜矿进行改扩建,由850吨/日提高到25000吨/日,并延长矿山服务年限。(资料来源:紫金矿业的有色帝国-铜篇. https://www.sohu.com/a/257424081_99904063, 2017-09-07)		
136	紫金矿业集团	概况	同42	青海省玛沁县	隶属青海省果洛藏族自治州(生产总值6.1亿元,全省各市、州平均值42.6亿元),系国家级"三江源"生态保护区,总面积1.4万平方千米、总人口4万人、生产总值1.4亿元(位列6县之首)。多年平均径流量17.3亿立方米。有省道宁果路、花阿公路、昌大公路、大甘公路等穿越县境。自然资源丰富,已探明矿产有铜、金、银、钴、硫和沙金及其他稀有金属,矿产储量达4676万吨,潜在价值60亿元以上
		项目	青海威斯特铜业有限责任公司是紫金矿业集团的全资子公司,成立于2003年1月,注册资金1.2亿元人民币,主要经营铜、铁、钴、硫矿等资源的勘探开发和德尔尼铜矿项目,项目计划于2004年8月开工建设,2008年底实现达产达标。(资料来源:同135)		

附录1　中国境内资源枯竭型企业跨区转移项目概况汇总表

续表

序	转移企业概况			转入地区位概况	
	名称		企业转移特征概况	名称	当年区位特征概况
137	紫金矿业集团	概况	同42	黑龙江省嫩江县	隶属黑龙江省黑河市(生产总值120.2亿元,全省各市平均值424.1亿元),总面积1.5万平方千米、总人口51.0万人、生产总值41.9亿元(位列全市6县、区的第1名)。齐加铁路过境直达大连港口,111国道及嫩黑、嫩呼等多条高速路纵横相间。水资源蕴藏总量为20.9亿立方米。已发现矿产62种,金属矿产18种,探明储量的有7种,其中铜的储量位居黑龙江省之首,全国第三
		项目	黑龙江多宝山铜业股份有限公司成立于2006年1月,注册资本6亿元人民币,由紫金矿业集团控股,主要开发经营第三大铜矿——多宝山铜(钼)矿。铜资源储量38265万吨,占矿床总矿石储量的75%。计划投资30亿元,于2011年正式投产。(资料来源:同135)		
138	紫金矿业集团	概况	同42	西藏自治区谢通门县	隶属西藏自治区日喀则市(生产总值98.1亿元,全藏各市、地区平均值86.3亿元)。总面积13960平方千米、总人口4.7万人、生产总值2.2亿元(位列18县、区的第8名)。县乡公路网基本形成,通车里程570千米。形成了以县城为中心的通信网络。县域河流密布,常年流水总量达12154万立方米。主要矿藏有金、铜、铁等,素有"矿源大县"之称。执行国家西部大开发的各项政策
		项目	紫金矿业集团通过其下属控股子公司收购金川集团(香港)资源控股有限公司持有的金鹰矿业普通股,获占总股本的45%,进而间接持有西藏天圆矿业100%股权。西藏天圆矿业拥有西藏谢通门铜金矿项目。两地勘探许可证的矿权面积达123.32平方千米。(资料来源:紫金矿业斥资26亿西部"掘金矿"。https://news.cnal.com,2011-11-08)		
139	紫金矿业集团	概况	同42	甘肃省礼县	地处甘肃省陇南市(生产总值197.7亿元,全省各市、州平均值294.3亿元)北部。总面积4299.9平方千米、总人口53.7万人、生产总值19.6亿元(位列8县、区的第6名)。247国道、7011高速纵贯全境。已发现矿产以稀贵金属和有色金属为主,包括金、银、铜、铁等20余种。执行国家西部大开发的各项政策,出台了礼县招商引资优惠政策
		项目	2011年11月4日,紫金矿业集团通过其控股子公司出资1.8亿澳元(约合人民币11.58亿元)收购勇士科技有限公司持有的陇省资源100%股权,拥有金矿石量为5229万吨。(资料来源:同138)		

续表

序	转移企业概况			转入地区位概况	
	名称	企业转移特征概况		名称	当年区位特征概况
140	紫金矿业集团	概况	同42	吉林省珲春市	参见135。虽然生产总值总量有所变化，但在区内的位次无明显变动
		项目	建立吉林紫金铜业有限公司，注册资本5000万元，占地面积40万平方米，总投资40亿元，2012年5月开工建设，2015年10月建成投产。年产阴极铜10万吨、黄金5吨、白银20吨，年产值约50亿元。(资料来源：同135)		
141	紫金矿业集团	概况	同42	黑龙江省富拉尔基区	隶属齐齐哈尔市(生产总值1270.7亿元，全省各市、区平均值1160.3亿元)，总面积375平方千米、总人口25.6万人、生产总值36.9亿元(位列16县、区的第5名)。号称"亚欧大陆桥"的滨洲铁路横贯东西城区，铁路支线覆盖区内各大中型企业。有县级以上公路七条，通车总里程342.3千米。有港口距区中心8千米，机动船上溯可达嫩江县，下行可至哈尔滨；并建有千吨级泊位两个，年物资吞吐能力近26万吨，年水运量2.3万吨。建立了铜产业园并形成铜基新材料的产业体系。出台了一系列招商引资优惠政策
		项目	黑龙江紫金铜业有限公司成立于2016年7月13日，注册资本8亿元，产能规模为年处理铜精矿45万吨，年产阴极铜15万吨，当年计划于2017年5月开工建设，建设期2年。(资料来源：同135)		
142	紫金矿业集团	概况	同42	西藏自治区墨竹工卡县	隶属西藏自治区拉萨市(生产总值617.9亿元，全藏各市、区平均值252.2亿元)，总面积5620平方千米、总人口5.7万人、生产总值27.7亿元(位列8县、区的第3名)。境内海拔平均4000米以上，山川相间，草原广布，森林覆盖率35.9%。年降水量515.9毫米，降水集中在每年的6~9月。拉林高等级公路穿过县境，公路里程803.7千米。主要矿产资源有金、锑、铬、银、铜等。甲玛乡赤康多金属矿床中储铜6.7万吨、储铅5.4万吨
		项目	2020年6月，以38.83亿元收购了西藏巨龙铜业50.1%股权，西藏巨龙铜业持有驱龙铜多金属矿、荣木错拉铜矿和知不拉铜多金属矿三个矿权，共拥有铜金属量为795.8万吨，伴生钼金属量为37.1万吨。(资料来源：紫金矿业38.83亿控股巨龙铜业欲打造中国最大铜矿。https://www.360 kuai.com, 2020-06-08)		

附录1　中国境内资源枯竭型企业跨区转移项目概况汇总表

续表

序	转移企业概况			转入地区位概况	
	名称		企业转移特征概况	名称	当年区位特征概况
143	浙江省能源集团	概况	2001年2月，以原浙江省煤炭集团公司和浙江省电力开发公司为基础组建而成的国有大型企业。下属企业151家，资产总额达到1242.6亿元	新疆维吾尔自治区伊宁县	参见25。虽然生产总值总量有所变化，但在区内的位次无明显变动
		项目	2017年5月17日，与新汶矿业集团共同投资160.9亿元开发伊犁年产20亿立方米煤制气项目获批。(资料来源：总投资160.9亿元浙鲁合建最大单体煤制气项目获核准. https://www.sohu.com/a/, 2017-05-19)		
144	淮北矿业集团	概况	同102	甘肃省宁县	隶属于甘肃省庆阳市(生产总值530.3亿元，全省各市、州平均值358.6亿元)，总面积2633平方千米、总人口55.6万人、生产总值47.2亿元(位列8县、区的第7名)。马莲河穿境而过，为最主要河流，总面积2633平方千米。有国道1条，全长53千米；省省道2条，全长85千米。矿产资源主要有煤、石油、煤层气、石灰石、矿泉水。其中煤炭探明总储量1027亿吨，占全省预测储量的73%。执行国家西部大开发的各项政策
		项目	2012年6月，与庆阳市签署项目合作协议，淮北矿业集团计划总投资约500亿元，建设总规模2000~4000万吨/年的煤矿项目及燃煤电厂或煤化工等煤炭深加工项目，并配套建设水利、铁路、运煤通道等基础设施项目。(资料来源：淮北矿业强力推进转型跨越发展. http://xhs.anhuinews.com/sys-tem, 2012-12-21)		
145	淮北矿业集团	概况	同102	内蒙古自治区乌审旗	参见103。虽然生产总值总量有所变化，但在区内的位次无明显变动
		项目	2019年1月，淮北矿业集团收到自然资源部《矿产资源勘查许可证》，勘查项目：内蒙古自治区东胜煤田陶忽图井田煤炭资源；地理位置：内蒙古自治区乌审旗；勘查面积：71.9平方千米。(资料来源：淮北矿业集团成达公司喜获陶忽图井田探矿权. http://xhs.anhuinews.com/ system, 2019-04-12)		

续表

序	转移企业概况			转入地区位概况	
	名称		企业转移特征概况	名称	当年区位特征概况
146	神华集团	概况	同84	宁夏回族自治区灵武市	参见14。虽然生产总值总量有所变化，但在区内的位次无明显变动
		项目	2016年12月28日，全球单套规模最大的煤制油项目——神华宁煤集团年产400万吨煤炭间接液化示范项目正式投产。该项目承担着37项重大技术、装备及材料的国产化任务，探索出了科技含量高、附加值高、产业链长的煤炭深加工产业发展模式。该项目国产化率达98.5%，每年可转化煤炭2046万吨，年产油品405万吨。(资料来源:神华宁煤煤制油示范项目正式投产．煤炭加工与综合利用，2017(01))		
147	兖矿集团	概况	同45	内蒙古自治区伊金霍勒旗	位于鄂尔多斯市(生产总值4162.2亿元，全自治区平均值1480.8亿元)的中南部，东与准格尔旗相邻，西与乌审旗接壤，南与神木县交界，北与康巴什新区隔河相连。总面积5600平方千米、总人口25万人、生产总值675.5亿元(列全市9区、旗的第3位)。公路总里程达4259千米，其中高速公路116千米，铁路运营里程达238千米；伊金霍洛国际机场坐落境内，可直达北京、上海、广州、西安等大中型城市，是呼、包、鄂、榆及周边地区重要的立体化交通枢纽。森林覆盖率达36.4%，植被覆盖率达88%。已查明煤炭资源储量约560亿吨，保有储量325亿吨，是全国第三大产煤县和国家重要的能源战略基地之一。执行国家西部大开发的各项政策
		项目	2015年7月14日，兖州煤业鄂尔多斯能化有限公司所属转龙湾矿井及选煤厂项目，获得国家发改委核准。矿井建设规模为500万吨/年，配套建设相同规模的选煤厂，项目总投资23.6亿元。(资料来源：兖州煤业拟投资超23亿元建设新煤矿．http://www.chinacrane.net/news, 2015-07-16)		

附录1　中国境内资源枯竭型企业跨区转移项目概况汇总表

续表

序	转移企业概况			转入地区区位概况	
	名称		企业转移特征概况	名称	当年区位特征概况
148	冀中能源集团	概况	同124	山西省沁源县	隶属于山西省长治市(生产总值1646亿元,全省各市平均1361.2亿元)。地处太岳山东麓,长治市西北部。总面积2549平方千米、总人口16.45万人、生产总值122.9亿元(位列12县、区的第6名)。公路里程946.1千米。境内有沁河、汾河两大水系,年均降水量656.7毫米,是山西省相对富水区。已发现煤、铁、铝矾土、石灰岩等18种矿产。煤炭总贮量128亿吨,是全国重点产煤县
		项目	2018年2月9日,旗下邯矿与山西黄土坡煤业集团签订《鑫能煤业矿井安全生产管理项目协议》,托管开发井田达18.9平方千米,地质储量1.3亿吨,年生产能力120万吨。(资料来源:集团公司与山西黄土坡煤业集团签订《鑫能煤业矿井安全生产管理项目协议》. http://news.qcc.com/postnews, 2018-02-11)		
149	冀中能源集团	概况	同124	山西省临县	隶属于山西吕梁市(生产总值1420.3亿元,全省各市平均值1361.2亿元)。总面积2979平方千米、总人口65万人、生产总值69.3亿元(位列13县、区的第9名)。公路网密度为26千米/百平方千米。水资源主要依靠大气降水,总量为1.3亿立方米/年。已探明各类矿产17种,含煤面积约2570平方千米,占临县总面积的86%,煤炭储量311.7亿吨
		项目	2018年2月27日,与临县裕民焦煤有限公司签订《矿井安全生产管理项目协议》,托管开发井田11.8平方千米,资源储量约2.9亿吨。(资料来源:山西金地公司与山西临县裕民焦煤有限公司签订煤矿托管合作协议. http://www.pinlue.com/article, 2018-03-03)		
150	冀中能源集团	概况	同124	内蒙古自治区阿巴嘎旗	隶属于内蒙古自治区锡林郭勒盟(生产总值813.9亿元,全自治区各市、盟平均值1345.1亿元)。总面积2.8万平方千米、总人口4.4万人、生产总值64亿元(位列13个县、旗的第6名)。公路网总里程达1058千米,煤田铁路专线通过核准,锡林浩特至二连浩特铁路阿巴嘎旗段启动建设。有主要河流5条,湖泊138个。年径流量4420万立方米。有矿产20余种,探明煤炭总储量200亿吨。执行国家西部大开发的各项政策
		项目	2019年2月21日,国家发改委批复内蒙古查干淖尔矿区一号井(500万吨/年)项目,标志着冀中能源峰峰集团查干淖尔煤电一体化项目取得重大突破性进展。查干淖尔矿区地质资源储量约为41.3亿吨。(资料来源:冀中能源峰峰集团锡盟查干淖尔一号井项目获国家发改委批复核准建设. http://www.jznyjt.com, 2019-08-30)		

续表

序	转移企业概况			转入地区区位概况	
	名称		企业转移特征概况	名称	当年区位特征概况
151	淮南矿业集团	概况	同129	内蒙古自治区准格尔旗	参见127。虽然生产总值总量有所变化，但在区内的位次无明显变动
		项目	2010年8月与包头市恒通(集团)有限责任公司联合开发鄂尔多斯市唐家会煤矿，注册资金9亿元，规划面积35.1平方千米，资源储量8.1亿吨。矿井设计能力600万吨/年，系统能力不低于1500万吨/年。(资料来源：鄂尔多斯市华兴能源有限责任公司. http://www.hkhxny.com, 2010-08-30)		
152	淮南矿业集团	概况	同129	内蒙古自治区东胜区	参见65。虽然生产总值总量有所变化，但在区内的位次无明显变动
		项目	2010年12月，淮南矿业集团与中能源电力燃料有限公司签订合作协议，开发色连二号井煤矿，井田规划面积105平方千米，资源储量10.3亿吨，计划2013年建成投产。(资料来源：内蒙古鄂尔多斯市中北煤化工有限公司. https://baike.baidu.com/item, 2010-12-30)		
153	皖北煤电集团	概况	由皖北矿务局于1998年改制为国有独资公司，总部位于安徽省宿州市，拥有17个子公司，员工总数近4万人，以采掘业为主，煤电、煤炭物流、非金属材料开发为支撑，是中国企业500强，年生产原煤1400万吨、煤化工产品80万吨	山西省尧都区	参见1。虽然生产总值总量有所变化，但在区内的位次无明显变动
		项目	2019年12月2日，山西省能源局发布公告，核准安徽省皖北煤电集团临汾天煜恒昇煤业有限责任公司生产能力为150万吨/年。(资料来源：山西省能源局公告(2019)第322号. http://nyj.shanxi.gov.cn, 2019-12-03)		

附录1　中国境内资源枯竭型企业跨区转移项目概况汇总表 ·359·

续表

序	转移企业概况			转入地区位概况	
	名称		企业转移特征概况	名称	当年区位特征概况
154	山东能源集团	概况	同133	甘肃省灵台县	是平凉市(生产总值456.6亿元,全省平均584.2亿元)代管县,位于甘肃省东南部,东南与陕西省长武县、彬县接壤,西北与甘肃省崇信县、泾川县毗邻。总面积2038平方千米、总人口22.9万人、地区生产总值29.9亿元(位列7县、区的第3名)。境内河流主要有达溪河、蒲河、黑河三条干流及190条支流。公路总里程达到1270千米,公路网密度为62千米/百平方千米。地下矿藏资源主要有煤炭、天然气、石油三种,其中煤炭资源储量面积约为200平方千米,储量在15亿吨以上。执行国家西部大开发的各项政策
		项目	2020年7月3日,山东能源集团在兰洽会上现场签约灵台电厂4×1000兆瓦煤电一体化项目,加快"陇电入鲁"工作落地实施,实现双方互利共赢。(资料来源:山东能源集团灵台电厂4×1000兆瓦煤电一体化项目在甘肃第二十六届中国兰州投资贸易洽谈会上签约.https://www.sohu.com,2010-07-03)		
155	江苏新光集团	概况	始建于1970年6月,1996年12月改制为新光集团有限公司,企业注册资金1.6亿元人民币,现有全资和参股企业13家,主要分布在江苏、安徽、山东、云南等省份,从业人员2287人,各类专业技术人员291人。企业净资产5.8亿元,年生产能力达到200万吨以上,年创利1000多万元	安徽省相山区	是淮北市(生产总值35.9亿元,全省各市的平均50.1亿元)主城区。总面积89.3平方千米、总人口24.7万人、生产总值13.8亿元(列全市4个县、区的第2位)。北连陇海铁路,南接津浦铁路。连云港至霍尔果斯、合肥至徐州的高速公路穿越境内。年吞吐量100万吨的青龙山港口,可将货物直入淮河、长江。距徐州观音国际机场仅50千米。年平均降水量870mm,有闸河、龙岱河等十多条河流。地下水储量为11570立方米,平均年可开采5506万立方米。矿产资源丰富,在查明储量的16种矿产中,煤、铁、铜储量为最。煤总储量达149亿吨。相山煤炭生产一直是带动区域经济发展的支柱产业之一。执行淮北市鼓励外来投资优惠政策
		项目	新光集团自1992年开始进入淮北开发刘东煤矿,投资约3亿元人民币,于1998年12月建成投产,生产能力为45万吨/年。同时配套建设一座入洗能力为30万吨/年的洗煤厂。(资料来源:新光集团淮北刘东煤矿:安全高效和谐的地方煤矿.中国煤炭工业,2010(1))		

资料来源:1992~2020年中国矿业网、中国能源网、中国煤炭资源网、中国煤炭网、中华石油信息网、《中国统计年鉴》《中国工业年鉴》《中国国土资源年鉴》《全国各省各城市各县区各年度统计公报》和相关报刊公布的数据及相关省(直辖市、自治区)、市(地区、州、盟)、县(市、区、旗)关于本地区位特征资料公布的数据,《中国分行业规模以上工业企业主要经济指标统计》中资源型企业(煤炭开采业、石油和天然气开采业、黑色金属矿采选业、有色金属矿采选业等)的网站关于本企业发展状况公布的数据,并经作者整理。

附录 2　访谈提纲汇集

开场语：您好！本次访谈旨在了解资源枯竭型企业跨区转移行为及其溢出效应和胁迫效应的相关问题，以便为我们的研究提供重要参考。访谈以问答的形式进行，访谈内容将严格保密，也不会占用您太多的时间，十分感谢您对我们研究工作的热心支持！

问题 1：您所在单位的名称是什么？

问题 2：您所在单位发展的基本状况如何？

问题 3：您所在单位是否实施了跨区转移？如果实施了跨区转移，那么为何转移？转移的方式和项目如何？

问题 4：您所在单位的优势要素有哪些？如何评价这些优势要素？

问题 5：您所在单位转向了何处？为何选择转向这个区位？这个区位的优势要素有哪些？如何评价这些优势要素？

问题 6：您所在单位的跨区转移问题由谁来决策？通过何种方式决策？

问题 7：您所在单位与当地同类企业的合作方式、供求关系如何？合作和供求关系可能受何影响？

问题 8：您认为您所在单位的跨区转移行为成功的一面是什么？不足的一面是什么？

问题 9：您所在单位如果没有实施跨区转移，那么目前有没有进行跨区转移的计划？

问题 10：您认为影响一个企业跨区转移行为的主要因素有哪些？其中首要的因素是什么？

问题 11：您所在单位如果是中西部省区的原有企业，那么是否与转入企业进行了合作？与转入企业的供求关系如何？合作和供求关系可能受何影响？

问题 12：您所在单位如果是中西部省区的政府部门，那么您认为转入企业与当地企业的合作和供求关系如何？转入企业与当地企业的合作和供求关系受何影响？

问题 13：您认为中西部省区的资源开发存在哪些问题？企业跨区转移会对转入地环境产生破坏和污染吗？如果会，您认为对于这类破坏和污染的主要影响因素有哪些？

问题 14：您认为资源枯竭型企业的跨区转移行为，与一般工业企业的跨区转移行为有不同吗？有哪些不同？为什么？

问题15：您认为作为政府管理部门，对于资源枯竭型企业的跨区转移行为应该采取什么样的态度？为什么？

问题16：您认为作为政府管理部门，对于资源枯竭型企业跨区转移行为可能产生的溢出效应需要采取哪些策略？可能产生的胁迫效应又需要采取哪些策略？为什么？

附录3 跨区系统评价指标斜率关联度计算程序

```
clc;
clear all;
A1= xlsread('f:\ziyuanouhe\object_matrix');
B1= xlsread('f:\ziyuanouhe\xiangguanyinsu_matrix');
[M1,N1]=size(A1);
[M2,N2]=size(B1);
guanlian_matrix=zeros(M2,M1);
A=zeros(M1,N1);
B=zeros(M2,N2);
for i1=1:M1
    for j1=1:N1
        A(i1,j1)=A1(i1,j1)/A1(i1,1);
    end
end

for i2=1:M2
    for j2=1:N2
        B(i2,j2)=B1(i2,j2)/B1(i2,1);
    end
end

for m2=1:M2
    for m1=1:M1
        C=[B(m2,:);A(m1,:)];
        [m,n]=size(C);
        leijianjuzhen=zeros(m,n-1);
        dianguanliandu=zeros(m-1,n-1);
        greyguanliandu=zeros(1,m-1);
        F=zeros(1,2);
```

```
for i3=1:2
    sum1=0;
    for j3=1:n
        sum1=sum1+C(i3,j3);
    end
    F(1,i3)=sum1/n;
end

for i=1:m
    for j=1:n-1
        leijianjuzhen(i,j)=C(i,j+1)-C(i,j);
    end
end

for j=1:n-1
    s=abs(leijianjuzhen(1,j)/F(1,1)-leijianjuzhen(2,j)/F(1,2));
    t=abs(leijianjuzhen(2,j)/F(1,2));
    dianguanliandu(1,j)=(1+t)/(1+t+s);
end
sum=0;
for s=1:n-1
    sum=sum+dianguanliandu(1,s);
end
guanlian_matrix(m2,m1)=sum/(n-1);
    end
end

disp(guanlian_matrix)
```

后 记

光阴似箭，日月如梭，转眼间踏上徐州这片热土已经整整 40 年。40 年岁月峥嵘、40 年栉风沐雨、40 年奋斗求索，既领略了徐州历史文化的博大精深，又经历了古彭改革开放的沧桑巨变，也贡献了资源型城市转型蝶变的绵薄智慧。

徐州，古称彭城，史列华夏九州之一，具有 5000 多年的文明历史和 2500 多年的建城史，地处江苏省西北部、华北平原东南部、长江三角洲北翼，自古便是"五省通衢"、北国锁钥、南国门户、兵家必争之地，更有"千古龙飞地、一代帝王乡"之誉和"百里煤海，乌金滚滚"之势。1882 年开始掘井建矿，最多时总数超过 250 座，累计出产原煤近 10 亿吨，为江苏经济建设贡献了 80% 以上的煤炭、60% 以上的电力、40% 以上的钢铁建材，也为全国早期的经济建设作出过重要贡献。但由于长期资源开采，30 万亩采煤塌陷区和采石宕口，成为刺眼的城市"生态疮疤"；"脏、乱、差"一度是外地人的"徐州印象"；更为严重的是，随着煤炭资源枯竭、全国去产能，徐州"以煤为源"建立的产业支柱，受到了前所未有的冲击。与全国 262 个资源型城市中的一批面临资源枯竭的城市一样，徐州走到了转型关口。资源枯竭型城市转型是一个国际性的难题，其核心问题和最大障碍是资源枯竭型企业的出路何在？

为了探究资源枯竭型企业的有效出路及其经济、社会、环境影响，2015 年我们在长期思索、广泛调研和充分论证的基础上，申报并获批了国家自然科学基金面上项目"资源枯竭型企业跨区转移行为的溢出效应和胁迫效应研究"（项目编号：71573110）。这一项目是针对资源枯竭型企业跨区转移行为与企业战略管理和区域经济调控研究中的一个具有重大理论意义与现实意义的课题。完成这一课题，不仅需要宽厚的理论基础、科学的研究方法、先进的研究手段，而且需要大量艰苦细致的调研支撑，特别是大量企业决策者的配合与支持，并非一蹴而就。为此，我们团队成员历经寒暑四易，心无旁骛、夙兴夜寐、孜孜以求，取得了一批可喜的成果，顺利结题，并在研究成果基础上进行深化、拓展而成本书。

在我们的研究和本书的写作过程中，得到了中国社会科学院李扬教授、金碚教授，中国科学院成升魁研究员、沈镭研究员，清华大学杨百寅教授，南京大学周晶教授、茅宁教授、王跃堂教授、吴福象教授，复旦大学袁志刚教授、范秀成教授，上海交通大学唐宁玉教授、朱庆华教授、蒋炜教授，哈尔滨工业大学于渤教授，同济大学罗瑾琏教授，天津大学王慧敏教授，国防科技大学谭跃进教授，北京理工大学魏一鸣教授、王兆华教授，北京航空航天大学范英教授，北京师范大学唐任伍教授、戚聿东教授，武汉大学方德斌教授，山东大学臧旭恒教授、杨蕙馨教授，华东理工大学马铁驹教授，上海对外经贸大学汪荣明教授、徐永林教授，南京航空航天大学周德群教授、吴和成教授，江苏大学田立新教授，南京财经大学华仁海教授，中国石油大学(华东)周鹏教授、天津财经大学于立教授，首都经济贸易大学高闯教授，以及加拿大蒙特利尔大学 Fennell M.L.教授、美国国家工程院院士 Fred Glover 教授等的指教；得到了徐州矿务集团、大屯煤电(集团)有限责任公司、兖矿集团等 37 家企业领导和高管的帮助，得到了国家矿山安全监察局等 9 个政府部门领导同志的支持；得到了 The 6th IAEE Asian Conference 2018、ICLEM 2014 等重要国际学术大会与会专家的点拨。在此我们向以上各位专家、有关领导同志表示衷心的感谢！

同时，令人难忘的是，我们的领导同志、同事们，特别是江苏师范大学校领导给予我们工作上关心支持，为我们的学习研究创造了良好的条件；江苏师范大学人文社会科学研究院、科学技术研究院、交叉应用研究院、淮海发展研究院和地理测绘学院领导对我们的研究工作给予了真诚的帮助。还有华东师范大学经济与管理学部及其工商管理学院、经济学院、统计学院和统计交叉科学研究院领导也对我们的研究工作给予了热忱的指导。另外，杨保华博士在进行关联度计算编程和 DEA 数据包络分析，董梅博士在应用 EVIEWS 软件、Stata 软件进行计量拟合，夏雨霏博士在应用 MATLAB 软件绘图等方面鼎力相助。张晓旭、杜沈悦、王维、张博等研究生主动担当，每人承担国家自然科学基金项目一部分研究工作，既顺利完成了学位论文，又为本书的研究提供了一定支撑。不仅如此，曾受挂职单位——江苏省宿迁经济开发区委派连续两年领队赴西安出席"中国西部经济洽谈会"，又方便和丰富了我们的调研工作。在此请一并接受我们诚挚的谢意！

深感内疚的是，由于忙于学院工作和国家自然科学基金项目研究，我很少回故乡探望二叔二婶、同胞姐姐、三位兄嫂及亲朋故旧，只有每逢清明才去父母坟前祭扫，抚慰心灵的遗憾。同时，也未能对爱人做出更多应尽的义务和帮助，在此向他们表示深深的歉意。

又感荣幸的是，在本书即将出版之际，受到两位专家的特别青睐。中国社会科学院学部委员、博士生导师、中国区域经济学会会长金碚教授，从国内外资源耗竭问题与可持续发展研究的视角审阅了全书，提出了珍贵的见地；中国科学院地理科学与资源研究所博士生导师、中国自然资源学会执行秘书长沈镭研究员，从我国资源型企业发展实际与国家政策导向的视角审阅了全书，提出了宝贵的意见。他们两位拨冗为本书作序,我谨向他们致以真诚的谢忱!

　　还要感谢的是审阅本书的各位读者。虽然本书倾注了我们很多心血,但仍显肤浅。所以,当我们把它呈现给各位读者时,不免有些汗颜,恳请批评指正。你们的指导与鞭策是我们学习进步的不竭动力。

初稿写于江苏师范大学玉泉河畔
定稿成于华东师范大学丽娃河畔
2021 年 3 月 27 日